동아시아,
인식지평과 실천공간

아연동북아
총서 _01

동아시아,
인식지평과 실천공간

| 이정훈, 박상수 엮음 |

아연출판부
고려대학교 아세아문제연구소

차례

아연동북아총서 발간에 부쳐

탈냉전 이후 동아시아의 역동적 발전은 역내의 정치-외교, 경제 질서뿐만 아니라 문화, 사상, 종교 등의 제 영역에서 새로운 변화를 추동하고 있다. 이러한 변화는 일국적 차원의 고찰로는 해명될 수 없는 복잡하고도 민감한 초국가적(transnational) 현상을 낳고 있다. 특히 동북아시아는 지리적 인접성, 공통의 역사-문화적 경험, 협력과 공존의 필요성 등으로부터 연유하는 초국가적 사고와 움직임이 활성화되고 있다. 이러한 동북아에 대한 이해를 심화 확대하고 새로운 해석과 전망을 제공하기 위해서는 국가별 연구나 학문 분과의 분절적 연구를 넘어 동북아시아를 분석의 단위로 삼는 다학문적·학제적 연구가 요청된다.

동북아시아 연구가 갖는 실천적 의미는 매우 중요하다. 주지하듯이 동북아시아는 세계의 어느 지역보다도 급속한 변화와 발전상을 보여 주고 있음에도 불구하고, 여전히 근대성의 문제와 냉전의 구도에 얽매여 있는 곳이다. 20세기 전반기의 제국주의 침략과 식민 경험은 오늘에도 국가적·민중적 기억을 지배하고 있다. 냉전의 산물인 남북 분단과 북한의 핵위협은 동북아시아의 커다란 불안 요소가 되고 있다. 국가 간 역사 및 영토 분쟁 또한 동북아의 평화로운 발전에 장애로 남아 있다. 그러나 우리는 불편한 역사적 경험과 현재의 불안정이 다른 한편으로 동북아시아의 여러 구성 요소들을 상호 긴밀히 연결시키고, 그로부터 문제 해결을 위한 공통의 기반이 마련될 수 있음에 주목한다. 동북아시아는 대립과 갈등의 무대이기도 하지만, 평화와 공존의 모색을 위한 토대이기도 하다. 이제 동북아 연구는 동북아가 처한 현실을 객관적으로 진단하고, 평화로운 미래를 건설하는 시대의 요청에 부응하지 않으면 안 된다.

고려대학교 아세아문제연구소(이하 아연)는 대표적인 동북아시아 지역 종합연구소로서 학제 간 연구를 통한 동북아 지역 연구를 이끌어 왔다. 1957년 설립된 이래 아연은 구한국외교문서와 공산권연구총서 및 동아시아연구총서, 중국연구총서, 한일공동연구총서, 민주주의총서 등 연구 성과의 체계적 집성을 통해 학문적 차원에서 현실을 진단하고 바람직한 미래의 방향을 전망하는 대학연구소의 역할을 충실히 수행해 왔다. 2008년부터는 한국연구재단의 인문한국(HK)사업 해외지역학 분야의 지원 기관으로 선정되어, '동북아시아의 초국가적 공간: 사상·사회문화·제도의 교류와 재구성'이라는 연구 어젠다를 중심으로 10년 기간의 대규모 프로젝트를 진행하고 있다. 이제 아연은 지난 50여 년 동안 축적된 연구 경험과 현재 진행 중인 인문한국사업의 성과, 각종 동북아 지역 연구 지원, 국내외 소장 학자 교류 지원 프로그램 등을 기반으로 하여 〈아연동북아총서〉를 발간한다. 이 총서의 성과가 동북아 공동의 문제를 해결하고 조율하며 바람직한 미래를 모색하는 장이 될 수 있기를 기대하면서, 관심 있는 분들의 격려와 질정을 바란다.

2010년 10월

아세아문제연구소장 이내영

서문

이 책은 고려대학교 아세아문제연구소가 발간하는 학술지 『아세아연구』가 동아시아 담론을 둘러싼 국내외 지식계의 현황을 다시금 점검하고자 하는 취지에서 마련한 특집 기획에 실린 글들을 새로 엮어 낸 것이다. 2009년 한 해 동안 진행된 특집 기획은 '초국가적 공간으로서 동아시아'라는 표제로 네 차례에 걸쳐 진행되었다. 여기에서는 그 가운데 쑨거, 천광싱, 허자오티엔, 스즈키 마사히사, 마루카와 데츠시, 쉬진위, 사카이 나오키, 류준필 등 여덟 분의 글에 이듬해 봄호에 이어서 실린 "한국발 '동아시아론'의 인식론 검토"(박상수)를 더해, 제1부와 제2부로 새롭게 나누어 엮었다.

제1부 '동아시아 담론의 인식적 지평'에서는 주로 기존 동아시아 담론을 비판적으로 재검토하거나 그 인식론적 토대를 다시 묻는 작업과 관련된 글을, 제2부 '지식-실천으로서의 동아시아'에서는 동아시아 각국의 지식 상황 속에서 동아시아 담론에 내재된 문제의식을 실질적으로 구현하고 있거나 상호 비교, 검토할 수 있는 글들을 실었다.

제1부 '동아시아 담론의 인식적 지평'에 실린 쑨거와 천광싱의 글은 동아시아 담론이 점차 국민국가적 경계 내부의 지식 생산을 넘어 각국의 지식 전통과 논쟁적으로 상호 침투할 수 있는 가능성을 점검하고 있다. 이제까지의 동아시아 논의가 대개 선언적 차원에서 동아시아적 시각의 필요와 당위성을 주장하는 것이었다면 쑨거와 천광싱의 글에서는 동아시아 담론이 동아시아 각 지역의 서로 다른 역사적, 지적 경험 속에서 현실을 재해석하는 데 활용될 수 있는 가능성을 새롭게 보여 주고 있다.

중국 지식계의 대표적 동아시아론자라 할 수 있는 쑨거는 전후 일본의 대표적 사상가 가운데 한 사람인 다케우치 요시미의 '방법으로서의 아시아'로 요약되는 사상적 유산의 현재적 계승이라는 문제를 중국 및 일본 지식계에 제기해 관련 토론을 활성화한 장본인이다. 중국어와 일본어로 다수 소개된 쑨거의 동아시아 관련 저작들은 한국에만도 벌써 두 권의 저서(『아시아라는 사상 공간』[창비, 2003], 『다케우치 요시미라는 물음』[그린비, 2007])가 번역, 소개되어 있을 정도로 동아시아 담론과 관련된 그의 지적 영향은 각별하다.

쑨거는 여기에서 기존의 동아시아를 둘러싼 상상이 한중일을 중심에 둔 근대화론적 시각, 유교 문명권으로서의 전통적이고 문명적인 동질성을 강조하는 '유학(儒學) 시각', 그리고 전쟁을 둘러싼 동아시아 '역사 기억'의 문제 등을 중심으로 전개되어 왔음을 지적하면서 이를 발전적으로 극복할 수 있는 새로운 시각을 제시하고 있다. 쑨거는 한중일 세 나라가 동아시아 담론에서 갖는 중요성과 주도성을 부정하지 않으면서도, 예컨대 북한 핵 문제와 같은 이슈를 통해 부각되는 북한, 미국, 러시아 등 그간 동아시아 담론에서 암묵적으로 배제되었던 국가들의 '존재감'을 문제 삼는다. 쑨거는 이 세 나라가 동아시아를 논하는 데 있어 근본적으로 배제되기 어렵다는 당연한 사실을 적시함을 통해, 더욱 개방적이고 확장된 동아시아 상상의 필요성을 주장한다. 쑨거는 동아시아 담론이 피해 가기 어려운 역사의 문제, 즉 냉전의 유산이라는 문제를 동아시아적 시각에서 다시금 살펴볼 것을 주문하는데, 이 글에서는 특히 구소련 사회과학아카데미 극동연구소가 발간한 잡지 『극동아시아의 여러 문제』를 분석의 대상으로 삼아 냉전적 구도가 어떻게 서로 다른 동아시아(극동아시아) 상상으로 귀결되는지를 실례로써 드러내고 있다. 쑨거의 분석에 따르면 구소련의 입장에서 볼 때 동아시아는 소련의 극동 지역, 몽골, 북한, 중국, 베트남을 중심으로 한 냉전의 자국 측 영역을 중심으로 구성될 뿐, 냉전의 또 다른 축인 미국의 압도적 영향 아래 놓여 있는 일본, 남한, 타이완은 자연스럽게 시야에서 배제된다. 극동아시아 혹은 아태 지역과 같은 특정한 지역적 범주의 사용이 지리적 인접성을 근거로 형성된 자연스럽고 투명한 범주가 아니라 미소 간의 지역적 갈등과 같은 역사적 제약 요인에 의해 형성된 일종의 내재적 긴장과 대립을 통해 상상되고 조직된 범주라는 것이다. 이렇게 볼 때, 한국의 지식인 사회가 은연중에 전제하는 한중일 중심적 동아시아관, 즉 근대화를 향한 발전의 정도와 속도를 동아시아가 갖는 균질적 아이덴티티의 중심에 두는 동아시아 상상은, 미국식 시장경제와 민주주의에 대한 절대화 같은 냉전적 사고와 긴밀히 연관된 것이라 하겠다. 우리가 남북 대결(핵 위기)이나 타이완 문제를 동아시아 전체의 내적 모순이 발현되는 구조적 위기로서가 아니라 근대화를 둘러싸고 경쟁하는 국민국가들 간의 갈등으로 취급하는 사고의 습관 역시 이 같은 동아시아 상상과 무관하지 않다는 쑨거의 지적은 각별히 재음미할 필요가 있다. 쑨거의 말처럼, 탈냉전의 도래가 냉전적 사유의 종결을 의미하지 않으며 오히려 탈냉전 시대의 개막과 더불어 이 지역에서 냉전의 일방을 차지했던 미국의 영향력이 배타적으로 확장되기 시작했고 오늘날 동아시아가 처한 총체적 상황에 대한 파악 역시 동아시아에서 미국의 '내재화'를 배제하고 사유되기 어렵다는 점 역시 자명하다. 이처럼 동아시아가 공유하는 냉전이라는 내부적 역사 경험을 통해 새롭게 동아시아를 바라본다면, 근대화나 유학, 전쟁 경험을 중심으로 한 기존의 인식론적 구도에 대한 발전적 극복의 계기가 열릴 것이다. 예컨대 동아시아라는 무대로의 북한의 등장, 러시아의 재등장 같은 최근의 사태들이 갖는 의미를 동아시아 담론의 견지에서 새롭게 조명하고 평가할 수 있을 것이다.

쑨거는 이런 복잡한 지역 내부의 역사적 경험들을 반추하고 결정화해 하나의 새로운 사상적 원리로 승화시킬 것을 특히 강조하는데, 루쉰(魯迅)이나 다케우치 요시미(竹內好)의 경우와 같은 동아시아의 내재적 사상 자원에 대한 재검토를 통해 '동아시아'를 인식론적 원리의 차원으로 끌어올릴 필요성을 강조하고 있다. 이러한 쑨거의 제안이 개념과 방법을 외부에서 도입하는 데 길들어 온 한국의 지식계에 어느 정도의 울림을 가질 수 있을지 미지수이긴 하지만 부디 그 제언이 한국 지식인 사회 내부에서 관행화된 '익숙한 것과의 작별'을 한시라도 앞당기는 계기로 작용하기를 희망한다.

천광싱 또한 쑨거에 못지않게 동아시아 각국의 지식계에 동아시아론의 지적 자극을 확산하는 일에 공이 큰 지식인이다. 그가 책임 편집을 맡고 있는 영문판 저널 『인터아시아문화연구』(*Inter-Asia Cultural Studies*)는 동아시아 담론을 포함해 아시아 각지에서 생산된 비판적 문화 연구자들의 지적 성과들을 전 세계로 소개하고 확산하는 데 중요한 기능을 담당하고 있다. 또 그가 오랜 동안 주도적 역할을 맡아온 타이완의 비판적 지식인 저널 『대만사회연구계간』(*Radical Quaterly*, 중문판) 역시 중국어권 지식인 사회에서 동아시아론의 문제의식을 확산하는 데 크게 기여해 왔다. 천광싱은 그 자신이 동아시아 담론의 유력한 생산자이기도 하지만 동아시아 지식계에 있어 동아시아론을 포함한 새로운 담론의 방향을 기획하고 상호 교류의 물꼬를 트는 지난한 작업을 실질적으로 맡고 있는 유능하고 헌신적인 기획자, 조직자, 편집자라 할 수 있다. 그가 최근 타이완에서 출판한 『세계화와 탈제국: '방법으로서의 아시아'』(중문판)는 그 자체로서 지난 10여 년에 가까운 국경을 넘는 아시아 지식인들의 교류를 통해 축적된 문제의식을 담고 있는 책으로, 타이완은 물론 중국 대륙, 홍콩, 동남아의 화교 지식인 사회에서 크게 주목을 받았다. 이 책은 그 내용뿐 아니라 지식 생산의 새로운(대안적) 방법과 경로를 보여 주고 있다는 점에서 동아시아의 지적 실천이 가지는 의미를 우리에게 제시해 준다. 『동아시아, 인식지평과 실천공간』에 실린 그의 글은 이 책의 핵심적 문제의식을 농축하고 있는 일종의 요약본 성격의 글로, '탈제국'이라는 종국적 비전의 실현에 있어 '아시아'가 어떻게 중요한 방법론적 참조 틀로 기능할 수 있는지를 다루고 있다. 그가 '방법으로서의 아시아'를 강조하는 이유는 포스트콜로니얼(후식민주의) 이론의 한계를 극복하려는 시도와 관련된다. 천광싱은 아시아에 눈을 돌림으로써 서구에 대한 동일시(identify)에서 벗어나 참조틀의 다양화를 시도하는 것에 중요한 의미를 부여한다. 이를 통해 그는 감정적으로 서구에 대한 뿌리 깊은 질투와 증오에 경사된 포스트콜로니얼 담론의 제약을 넘어서서 아시아 내부의 새로운 연대를 가능하게 하는 이론적 모델을 창출하고자 한다. 이러한 천광싱의 노력은 그 스스로 영어권 지식과 이론에 매우 숙달된 입장에서 그 한계를 넘어서려는 노력을 보여 준다는 점에서 한국 지식계에 동아시아론이 갖는 이론적 정치성에 대해 유의미한 시사점을 제공할 것으로 생각된다.

사카이 나오키는 미국의 비판적 동아시아(일본) 학계를 대표하는 학자 가운데 한 사람이다. 이 책에 실린 사카이 나오키의 "서구: 대화의 명령인가 대화의 금지인가?"[1]는 직접 동아시아 담론을 다루지는 않지만, 동아시아 담론의 존립 근거와 관련된 중요한 이론 문제를 높은 추상 수준에서 다루고 있는 글이다. 사카이가 이 글에서 시도하는 서구(the West)에 대한 인식론적 반성은 천광싱의 글에서도 다뤘던 동아시아 담론이 종국적으로 극복하고자 하는바, 서구적 근대에 대한 맹목적 절대화의 허구성에 대한 비판적 점검과 나란히 두고 읽어야 할 필요가 있다. 기실 동아시아 담론이 내장하고 있는 이론적 폭발력은 서구라는 보이지 않는 지식 형성의 원점에 대해 하나의 균열을 만들어 낼 수 있는 가능성과 무관하지 않다. 사카이에 의하면 "아시아는 특히 그 이후 관습적으로 서구(혹은, 서양)의 부정으로 정의되어 왔다. 오늘날 압축된 방식으로 많은 형태의 사회·경제적 불안을 표현하는 중층 결정된 서구의 본성은, 아시아에 관한 인문학적 지식 생산에서 민감하게 감지된다"(이 책의 132쪽). 그런 점에서 동아시아 담론을 염두에 두면서 사카이의 서구에 대한 발본적 질문을 음미하는 일은 동아시아 담론의 맥락 속에서 중요한 의미를 갖는다. 사카이는 이 글에서 서구라는 개념 자체가 갖는 착종성과 비역사성을 지적하는 한편, 서구라는 표준 혹은 원리가 시공간의 영역에서 동아시아에 강제적으로 투사되는 과정을 밝히고 있다. 이를 통해 서구라는 개념의 동아시아 지식인들이 동아시아를 논의할 때 흔히 간과하는 어떤 지점, 즉 동아시아라는 지적 구성물이 암암리에 서구 및

1_이 글은 *Social Identities* Vol.11 No.3 (May 2005)에 실린 동 저자의 논문 The West-A Dialogic Prescription or Proscription?를 완역한 것이다. 본래의 계획은 저자가 현재 편집에 참여 중인 *Anthology: The Trans-Pacific Imagination: Rethinking Boundary, Culture* (가칭)에 기고 예정이었던 The Trans-Pacific Imagination에 관한 논문을 이번 특집에 실을 예정이었으나 영문 편저의 출판 계획 변동 등의 사정으로 인해 관련 주제를 다룬 본 논문의 투고로 대체하였음을 밝힌다. 원고 청탁, 일정 조정 등 편집 관련 업무에 상기 영문 편저에 저자와 더불어 공동 편집자로 참여 중인 버몬트 대학 영문과의 유현주 교수의 도움이 컸음을 밝혀 둠과 아울러 감사의 뜻을 전한다.

서구의 경험으로서의 근대(성)을 자신에 대한 대타항으로 설정하는 것에 그 기원을 두고 있다는 점을 새롭게 부각시킨다. 서구는 동아시아 관련 담론에서 늘 직접 다루는 문제는 아니지만 동아시아 담론이라는 이론적 구성물을 가능하게 하는 암묵적 대립항이자 내면화된 필수적 근거로서 관련 논의 속에 숨은 중심항으로 기능하는 존재라 할 수 있다. 그러나 장차 동아시아 관련 논의가 심화되는 과정 속에서 동아시아와 서구 사이의 이 같은 아포리아에 대한 인식과 성찰이 점차 강조되어 간다면, 동아시아 담론의 전개는 궁극적으로 서구/동아시아라는 위계적 의존 구조 자체에 대한 전복적 사유로 나아갈 길을 열어 주게 될 수 있을 것이다. 이런 의미에서 동아시아 담론을 둘러싼 논의는 지역학적 구도로 축소된 동아시아, 특정 지역(동아시아)에 관한 특수한 지식들에 관한 논의의 차원을 넘어서 그 자체로서 하나의 대안적 보편성을 획득할 가능성을 가진다.

이상과 같은 사카이의 서구에 대한 해체적 독법을 통해 우리는 한국 지식계가 알게 모르게 빠져 있는 근원적 서구 추수 경향에 대한 근본적 비판으로서의 함의를 찾아낼 수 있을 것이다. 그러나 사카이의 논의가 이론적 젖줄을 대고 있는 포스트콜로니얼 담론은 그 자체로서 또 다른 (최신판의 유행) '서구 이론'이기도 하다. 그렇다면 이에 대한 무비판적 수용이 혹시 또 다른 방식으로 이뤄지는 서구 추수가 아닌가 하는 의문도 있을 법하다. 미셸 푸코(Michel Foucault), 자크 데리다(Jacques Derrida) 등 포스트콜로니얼 담론의 물꼬를 튼 프랑스의 후기 구조주의 사상가들이 서유럽에 대한 내재적 비판의 입장에 서있었다거나 그 뒤를 이은 가야트리 스피박(Gayatri Chakravorty Spivak)이나 호미 바바(Homi K. Bhabha) 등 (넓은 의미의 영어권에 속하는) 인도 출신의 탈식민주의 이론가들이 출신 지역의 역사적 경험에 대한 반성에 입각해 자신의 목소리를 냈다는 점을 인정하더라도 이러한 비판 담론이 동아시아의 역사적 경험 자체를 이론화한 것과는 거리가 멀다는 점을 인정하지 않을 수 없다. 이처럼 저항 담론에서조차도 서구 중심성을 완전히 탈각하지 못한 상황에서, 사카이의 이론 작업이 탈근대 담론 영역에 동아시아(주로 일본)의 근대 경험과 지적 유산, 사상 자원을 토대로 해 자신의 목소리를 내기 시작했다는 점은, 동아시아 지식 사회의 입장에는 그 자체가 일종의 변별 요인이 될 수 있다. 사카이의 경우는 서구의 경험을 농축해 일반화한 '이론'을 비서구의 역사와 현실에 단순히 적용하는 데 그치는 것이 아니라 '이론'이라는 개념적 도구 그 자체의 서구적 기원성을 문제 삼는 한편 아시아의 역사적 경험 및 그로부터 산출된 사상적 자원을 보편의 층위로 상승시킴으로서 대안적 이론화의 길로 나아가려는 노력을 일관되게 보여 주고 있다. 바로 이 점에서, 즉 일부 지역에서만 통용되는 특수한 담론으로서의 동아시아가 서구에 대한 내재적 비판 담론으로서의 포스트콜로니얼 담론과의 생산적 대화를 통해 또 다른 대항-보편으로서의 가능성을 열어가게 해준다는 점에서, 사카이는 매개와 소통의 중요한 인도자가 될 수 있을 것으로 기대된다.

박상수의 "한국발 '동아시아론'의 인식론 검토"는 1990년대 초 이래 지금까지 전개되어 온 한국 동아시아 담론 전반을 비판적 시각에서 계통적으로 정리하고 있는 글이다. 이 글은 동아시아 담론의 인식론적 토대를 진지하게 되묻는 작업을 수행했다는 점에서는 쑨거의 문제의식과 일맥상통하며 한국 동아시아 담론의 사회사상적 의미를 검토했다는 점에서는 제2부 류준필의 작업과 나란히 놓이기도 한다. 박상수는 그간 제출된 한국의 동아시아 관련 담론을 다음 세 개의 범주로 유형화하고 있는데, 그에 따르면 첫째는 서구적 근대에 대해 동아시아가 하나의 대안이 될 수 있다는 대안 문명론의 시각에 입각한 동아시아 담론, 둘째는 '아시아적 가치'를 강조하는 동아시아 정체성론에 입각한 동아시아 담론, 셋째는 향후 전개될 동아시아 (지역)공동체론의 전망과 결부된 동아시아 담론이 그것이다.

박상수는 이러한 한국의 동아시아 담론에 내재된 인식론적 '오구'(誤區)를 검토하면서, 첫 번째와 두 번째 경우 즉 동아시아 문명론과 정체성론은 아시아와 서구를 이분법적 대립의 관계로 설정해 그 대립 속에서 아시아의 가치나 속성을 역으로 밝히고자 한다는 점에서 (역)오리엔탈리즘의 혐의가 있다고 본다. '아시아'라는 범주 자체가 태생적으로 서구의 팽창 속에서 서구의 전도된 거울상으로 형성되었다는 원죄뿐 아니라 (그가 인용한 아리프 딜릭[Arif Dirlik]의 주장처럼) 동양에게는 "서양이 더 이상 뗄 수 없는 동아시아의 한 부분이 되었기 때문"에, 동서양에 대한 이분법과 우월론에 입각한 사고는 "그러한 주장들이 새로운 가면 아래에서 사회적 불의와 억압을 계속 연장하는 데 도움을 줄지 모르기 때문"(이 책의 158쪽)에 이에 대한 인식론적 자기 검토와 반성은 동아시아 담론에 있어 대단히 긴요한 문제다. 이와 함께 박상수는 세 번째 유형, 즉 동아시아 지역공동체의 전망과 결부된 동아시아 담론에 대해서도 비판적 독해를 시도한다. 그는 이러한 유형의 동아시아 담론이 세계화와 전 세계적으로 유행하는 블록화 및 지역주의의 대두 속에서 동아시아 나름의 지역적 이해를 관철해 나가고자 하는 일종의 '의도된 기획'으로서 등장했음을 적시하면서, 이런 지역적 이익 공동체의 형성의 당위가 오늘날의 복잡한 동아시아 현실 속에서 어느 정도의 현실적 설득력을 갖는지 따져 묻는다.

이처럼 동아시아 담론의 인식론적 문제점에 대한 비판적 점검을 통해 그가 제시하는 하나의 대안은 동아시아를 초국가적 공간으로 다시 정의하고자 하는 노력이다. 박상수는 근대 세계를 특징짓는 만국 공법에 입각한 국가 간-체제가 국제화(internationalization) 및 전 지구적 세계화(globalization)

로 나아간 오늘날의 입장에서 국민국가를 단위로 한 모든 분석은 그 의의가 지극히 제한적이게 되었다라는 점을 강조하면서 초국가적 공간을 분석의 범주로 삼아 동아시아를 새롭게 논의하고자 한다. 이러한 범주를 도입함으로써 동아시아가 영토로 구획화된 국민국가들로 이뤄진 고정적이고 절대적인 '지역'적 집합 개념을 넘어서서 새롭게 정의되고 파악될 수 있으며, 동아시아의 정체성 역시 고정불변의 특질이 아니라 공통적 요소들이 내부적 순환을 통해 동태적으로 특징지워질 수 있다고 본다. 박상수의 이 같은 이론적 구상은 근대성 담론, 탈민족주의 담론, 복합국가론 등 최근 한국 지식계의 주요한 쟁점들을 동아시아 담론과 적극적으로 결부지어 비판적으로 극복하고자 한다는 점에서 어느 정도는 공전(空轉)해 온 감이 없지 않았던 한국 동아시아 논의 지형에 중요한 자극 요소가 되리라 생각된다.

제2부 '지식-실천으로서의 동아시아'에서는 '비판적 지식의 상호 참조와 역내(域內) 순환을 위하여'라는 부제에서 밝혔듯이 동아시아 담론의 문제의식을 동아시아 각국의 현실 문제에 대한 비판 속에서 구체화하는 논의들을 모았다. 류준필의 "분단 체제론과 동아시아론"은 『창작과 비평』을 중심으로 한 한국의 동아시아 담론이 가지는 사상사적 의의를 밝히고 있으며 허자오티엔의 "중국 혁명과 동아시아 담론"은 유의미한 동아시아적 차원의 비판적 지식 교류가 가능하기 위한 조건으로서의 중국 혁명의 역사적, 현실적 의의에 대한 이해를 역설하고 있다. 이와 더불어 일본의 동아시아 관련 논의로는 스즈키 마사히사의 "다케우치 요시미의 중국관" 및 마루카와 테츠시의 "1960년 안보투쟁과 다케우치 요시미: 기시 노부스케와의 만남"을 통해 최근 동아시아 관련 논의의 핵심으로 떠오르고 있는 다케우치 요시미에 관한 최근의 논의를 소개했다. 아울러 한국에 있어서는 그 소개의 정도가 극히 미약한 타이완 지식계의 상황에 대한 이해의 폭을 넓히고자 타이

완의 대표적 지식인 잡지 가운데 하나인 『대만사회연구계간』에서 현대 타이완 사회의 문제를 비판적으로 요약한 글인 "공공화를 향하여, 탈권위주의를 넘어서: 타이완의 지식 상황과 극복 과제"(『대만사회연구계간』 편집위원회)와 "비판적 지식인의 사회적 책임과 현실 개입"(쉬진위, 천광싱)를 실었다.

류준필의 "분단 체제론과 동아시아"는 이제까지 추상적인 차원에서 다뤄졌던 동아시아 담론이 지금, 여기의 한국 사회에서 가지는 구체적 현실 극복 방안으로서의 문제를 다루고 있다는 점에서 기존 논의에서 진일보한 것으로 평가할 수 있다. 이 논의에서 류준필은 동아시아 담론의 문제 설정이 한국 및 한반도의 미래 비전이라는 절박한 현실 문제와 무관하지 않다는 점을 집중적으로 강조함으로써 '공전'하고 있는 동아시아 관련 논의가 나아가야 할 지향점을 설득력 있게 제시한다. 이 글에서 류준필은 한국 동아시아론의 형성과 전개에서 중요한 위치를 차지해 온 최원식과 백영서 등 중견 학자들의 창비 판(版) 동아시아론의 지적 성과를 검토하는 한편, 이를 창비 그룹의 좌장이라 할 수 있는 백낙청의 분단 체제론 및 변혁적 중도주의론과 연결 지어 전후 맥락을 상세히 검토하고 있다. 최근 한국 지식계에 만연한 '공통 언어의 소실 현상'을 감안할 때, 이러한 작업은 원로 및 중견 세대가 산출한 지적 성과물에 대한 뒷 세대의 진지한 수용과 천착 나아가 논쟁적 소통과 대화를 시도한 하나의 모범 사례로 기억할 만하다.

류준필은 창비의 동아시아 논의가 그간 한국 지식계 전반은 물론 동아시아 지식계에서 차지해 온 선도적 의의를 십분 인정하면서도, 혹시 분단 체제와 동아시아론이라는 두 개의 축을 중심으로 전개된 이 논의에 있어 양자 간의 관계가 혹시 그동안 비교적 느슨한 결합에 머물러 온 것은 아닌지 따져 묻고 있다. 최근 본격적으로 분단 체제론과 동아시아론 간의 이론적 상호 침투를 시도하며 비판적 지식인 집단이 주도하는 대안적 정책 생산에까지 관심의 폭을 확장한 최근 창비의 지적 행보를 상세히 검토하면서 동아시아를 한국이 처한 외적 상황이 아니라 내적 조건으로 과감하게 수용할 필요성을 역설한다. 다시 말해, 그간 한국의 동아시아 담론이 알게 모르게 빠져 있었던 한반도 중심성을 극복하기 위해서는 한국과 동아시아 간의 관계를 설정함에 있어 동아시아를 한국 외부에 존재하는 외면적 관계로서가 아니라 한국/한반도에 '동아시아'가 내재화되도록 인식의 근본틀을 수정할 필요가 있다고 주장하고 있다. 동아시아 내부의 여러 국가들 사이의 규모와 역량상의 현실적 비대칭성을 인정하되, 향후 전개될 국민국가를 넘어서는 단위의 지역적 정치체는 개방적 구조 속에서 다층적이고 통일적인 지역적 복합국가 모델로 나아가야 하며, 이러한 비전은 한반도의 분단 극복이라는 과제와 관련해서 "분단 체제 극복 과정 자체가 동아시아 지역 협력의 장이고 동아시아 공동체의 출현을 예비하는 공간으로 이해되어야 마땅하다"(이 책의 195쪽)고 강조하고 있다.

허자오티엔은 동시대 중국 현실에 대한 지적 대응이라는 문제에 관심을 집중하는 소장 학자다. 쑨거나 천광싱보다는 다소 젊은 세대에 속하지만 중국 지식계에 있어 허자오티엔의 비중 있는 역할은 그가 주도적으로 발간해 온 잡지 『학술사상평론』의 무게 있는 기획들을 통해 이미 잘 알려져 있다. 그런 점에서 허자오티엔도 천광싱과 마찬가지로 중국어권 지식인 사회에 있어 이론가일 뿐 아니라 유능한 편집자이며 지식인 네트워크의 중요한 조직자 가운데 한 사람이라고 하겠다. 허자오티엔은 쑨거, 천광싱 등의 영향하에서, 당대 중국 현실에 대한 사상의 대응이라는 구도 속에서 동아시아 담론이 던져 주는 의미를 검토하고 있다. 허자오티엔과 쑨거가 이미 각자의 글 속에서 밝혔듯이 오늘날 중국 지식계의 담론 구도 속에서 동아시아의 입지는 여전히 빈약하다는 점을 부인하기 어렵다. 허자오티엔은 한국, 일본, 타이완의 지식계를 중심으로 전개되어 온 동아시아 담론이 성공적으로 중국을 포괄해 내기 위해서는 혁명과 사회주의 경험을 둘러싸고 극심한 내부적 분열에 휩싸인 중국 지식계의 두 흐름(소위, 신좌파-자유주의 논쟁)에 대해 비판적 거리를 유지할 필요가 있다는 점을 지적한다. 중국 현대사의 흐름을 기성의 시각으로 재단하거나 편의적으로 취사선택하기보다 내부자의 고뇌와 곤혹에 진지하게 접근해 이를 공유하고 공감하려는 노력이 중요하다는 점을 강조한 허자오티엔의 글은, 얼핏 상식적인 차원에 머물러 있는 듯하지만 중국 지식의 현장 속에서 필자가 느낀 절실한 체험과 반성을 담고 있다는 점에서 무시하기 어려운 울림을 지닌다.

허자오티엔이 강조하고 있는바, 현재 중국 지식인 사회에 있어 가장 핵심적인 논쟁 구도는 오늘날 중국의 경제적 비약이라는 현실을 평가함에 있어 혁명과 사회주의 건설기(문혁을 포함한)의 역사적 경험을 어떻게 역사화할 것인가 하는 문제와 깊이 관련되어 있다. 그가 보기에는 중국에 깊은 관심을 가진 외국 지식인 역시 이 구도 속에 알게 모르게 깊이 휘말려 있는 것으로 파악되는데, 사회주의 경험을 부정적으로 평가하는 중국 내 주류 담론을 맹종하는 입장(첫 번째 유형)은 물론이고, 중국 사회주의 경험에 대한 회고와 향수에 빠져 중국의 현재를 평가하는 입장(두 번째 유형)이나 중국 사회의 오늘을 바라봄에 있어 은연중에 각자가 속한 국가, 사회에 결핍된 어떤 것을 중국에 투영하는 식의 낭만적 접근(세 번째 유형) 모두 문제점을 가지고 있다고 본다. 이렇게 볼 때, 동아시아론의 견지에서 현재의 중국을 균형감 있게 이해하기 위해서는 혁명과 사회주의에 대한 찬반에 입각한 이분법적 인식 구도를 버리고 중국 역사 내부의 복잡성 속으로 어떻게 진입할 것인가 하는 문제에 그 관건이 있는 셈이다.

이제까지 한국 지식인 사회의 비판 전통 속에서 저항적 민족주의가 차지해 온 위상은 상당한 것이었으며 한국의 동아시아 담론 역시 이러한 맥락에서 그로부터 일정한 제약을 받아 왔다고 할 수 있다. 즉, 일제 식민지를 겪어 온 역사의 원체험에서 배태된 '항일' 민족주의의 뚜렷한 지향성이 국민국가의 경계를 넘어 지역적 연대로 나아가고자 하는 동아시아적 전망의 현실화에 있어 넘어서야 할 하나의 현실적 제약 요인으로 작동해 왔다는 점 또한 이러한 맥락에서 이해할 수 있을 것이다. 다케우치 요시미가 남긴 동아시아론의 지적 유산은 바로 이 문제와 관련해 하나의 중요한 시금석이 된다. 동아시아 담론에 관한 한 일본의 지식계가 역사적으로 축적된 사상 전통을 보유하고 있음은 주지의 사실이며, 그 가운데서도 다케우치 요시미의 존재감은 특히 뚜렷하다. 그의 '아시아주의' 관련 논의 역시 진작 국내에 소개되었음에도 불구하고 국내의 동아시아 논의 구도 속에서 다케우치에 관한 전향적인 토론이 지금껏 부재한 이유는 그가 일찍이 대동아전쟁에 대해서 찬성의 입장을 밝힌 바 있다는 사상적 전력과 무관하지 않은 듯하다. '항일', 나아가 '반일'이라는 뚜렷한 지향을 가진 한국의 '저항적 민족주의'의 입장에서 볼 때, 다케우치의 '아시아주의'가 일제 시기 '대동아공영권'의 어두운 그림자로부터 얼마나 자유로울 수 있는가에 대해 의구심이 남기 때문이다. 그의 사상적 전력에 관한 이 같은 우려가 비단 한국 지식인 사회에만 존재하는 것은 아니다. 전후(前後) 민주주의의 입장에서 전전(戰前)을 비판해 온 일본 지식계에서도 다케우치에 대한 유보된 판단은 줄곧 존재해 왔다. 그러나 일본에서 쑨거의 다케우치 요시미론이 출판된 이래, 동아시아의 중요한 사상적 자원으로서 다케우치의 위상에 새롭게 주목하는 젊은 연구자들이 나타나기 시작한 최근의 변화된 양상은 주목할 만하다. 이 책에서 나란히 다케우치론을 전개한 스즈키 마사히사와 마루카와 데츠시, 그리고 최근 한국에서 『아시아 일본: 사이에서 폭력을 생각한다』(그린비, 2010)를 출간한 요네타니 마사후미(米谷 匡史) 등 일본 지식계의 젊은 세대가 보여주는 이론적 노력은 그간 일각에서 터부시해 오기도 한 다케우치 요시미의 사상적 유산을 동아시아적 시각에서 재해석하려는 새로운 모색이라 할 만하다.

스즈키 마사히사의 "다케우치 요시미의 중국관"은 일본 전후 사상 지형 속에서 다케우치 요시미의 특이성을 그가 사유의 기점으로 삼았던 '중국관'과 관련지어 설명하고 있다. 스즈키는 이 글에서 일본 전후 사상의 한계로 다음 세 가지를 지적하고 있는데, 첫째, 식민지에 관한 사고를 방기하고 전후 정의된 일국 일본의 테두리 안에서만 문제를 사고해 왔다는 점, 둘째 서양 사상의 자원을 반성적 사고의 배타적 자원으로 삼아 왔다는 점, 셋째 이러한 서양 사상에 대한 신앙과 더불어 아시아 이웃 나라들을 경시하는 서양 중심주의가 내면화되었다는 점이 그것이다. 다케우치 요시미는 이처럼 이미 일본 지식계에 보편화된 서양 경도 현상에 대해 자각적으로 비판적 입장을 견지했는데, 그 좋은 사례 가운데 하나로 스즈키는 1951년 개최된 '제2차 세계대전 중의 프랑스 저항문학에 관한 좌담회'에 참석한 다케우치의 입장을 소개하고 있다. 다케우치는 이 좌담회에 참석해 "프랑스의 저항만이 찬미의 대상이 되고 중국의 저항에는 관심을 가지지 않는다는 것은 (일본의) 저항에 대한 문제의 수용 방식에 뭔가 근본적인 결함이 있는 게 아닐까 하는 느낌이 든다"고 일갈한다. 이러한 서구 사상 일변도의 풍토 속에서도 다케우치는 "일관되게 중국을 사상의 기점으로 잡음으로써 일국의 범위를 넘어서는 문제를 사고할 수 있는 동시에 서양 중심주의에 함몰되는 것을 피할 수 있었다"(이 책의 232쪽)고 스즈키는 보고 있다. 따라서 스즈키에 의하면, 사상가로서의 다케우치에게 있어 그가 사상의 과제로 삼은바, 일본 문제에 대한 독립적 사유와 그가 사유의 방법적 기점으로 삼은 현대 중국 문제는 서로 분리할 수 없는 하나의 문제였다는 것이다.

이처럼 다케우치는 서양 중심주의로 함몰되기 쉬운 근대주의의 딜레마 속에서 일본의 당면 문제를 '독립'적으로 사유하고자 노력했으며 이 과정에서 인접한 타자로서의 중국의 시각을 적극적으로 도입함으로써 역사의 구체적 과제, 예컨대 침략 전쟁 및 식민 지배의 문제를 회피하지 않고 적극적으로 사유할 수 있는 길을 열었다. 다케우치적 의미에서 중국, 나아가 아시아가 '방법'이 되었다는 것은 이상과 같은 논의 구도 속에서 길을 잃지 않으려고 발버둥친 그의 지적 노력에 대한 상황 설명을 통해 이해될 수 있을 것이다.

마루카와 데츠시의 "1960년 안보 투쟁과 다케우치 요시미: 기시 노부스케와의 만남"은 1960년에 벌어진 일본과 미국 사이의 신안보조약 개정 반대 운동 속에서 그의 생애에 있어 예외적으로 열심히 집회에 참가하고 파업 현장을 시찰했던 다케우치 요시미의 말과 글을 자세히 추적함으로써 전후 일본 사상의 전개 속에서 사상가로서의 다케우치가 가지는 전체상을 파악하고자 한다. 마루카와의 분석에 따르면, 다케우치에게 있어 안보 투쟁 참여는 전후 일본 혹은 근대 일본의 좀 더 근본적인 문제를 짚어 내겠다는 내적인 동기에서 비롯된다. 다케우치 요시미에게는 일본의 패전을 공화제 실현의 날로 만들지 못했다는 '굴욕감', 즉 그가 열렬히 기대했던 전후 일본의 사회혁명이 미소 간 냉전의 압력 아래 무산될 수밖에 없었다는 자각이 자리하고 있었다는 것이다. 이런 점에서 다케우치의 안보 투쟁 참여는 단순한 지식인의 사회적 실천을 넘어 미국의 군사적 지배 아래 자발적으로 편입됨으로써 '독립'을 포기하는 일본의 노선에 대한 그의 비판적 역사의식이 전면적으로 분출된 사건이라고 밝힌다. 일본의 이 같은 선택은 언제나 중국을 사유의 방법적 준거로 삼아 온 다케우치의 입장에서 보면, 일본의 불충분한 독립(대미 종속)이 중국과의 적대적 관계를 다시 부활시킴으로써 아시아를 화해와 연대가 아닌 적대와 분열 속으로 몰아넣게 될 위험한 선택에 다름 아니었다. 다케우치 요시미가 안보 투쟁의 격렬한 투쟁 속에서 패전 전 만주국의 핵심 관료 출신으로 대미 종속적 안보조약 체결을 강행하고 이에 항의하는 국민들을 진압하기 위해 자위대를 동원하려다 실패하고 사퇴한 당시 수상 기시 노부스케(岸 信介)를 만난 사실은 의미심장하다. 기시 노부스케는 만주국 군관학교 출신의 박정희가 평생 마음의 스승으로 삼았던 인물로도 유명하다. 일본 우익의 아시아주의 노선을 일찍이 만주국의 군사 관료 체제를 통해 실험했던 기시 노부스케와 비판적 좌익 지식인의 입장에서 아시아주의의 유산을 전유하고자 한 다케우치의 만남은 그런 의미에서 역사적이라 할 만한데, 냉전이라는 조건 속에서 '아시아주의'라는 사상적 과제가 좌와 우 양쪽에 의해 서로 다른 방식으로 수용되는 상황을 보여 준다. 마루카와에 따르면, 기시가 대표하는 우익적 입장은 전전의 '아시아주의'를 포기하고 적극적 대미 종속, 대중(아시아) 적대 노선을 선택했으며, 다케우치가 대표하는 좌익적 입장(의 한 갈래)는 대미 종속적으로 냉전 구도에 편입되기를 거부함으로써 일본의 진정한 '독립'을 지향하는 한편 '아시아주의'의 주체적 전유와 계승을 시도했다. 그러나 이런 다케우치의 선택은 마루카와의 지적처럼, 요시모토 다카아키(吉本 隆明) 등 자유파 지식인의 입장과 대립하는 등 우여곡절을 겪으면서 종국에는 비판 담론의 주류적 지위를 확보하지 못하고 약화되어 역사 속으로 소멸되어 가고 말았다. 오늘의 시점에서 안보 투쟁 당시의 다케우치의 말과 행동에 실린 역사의 무게를 새롭게 가늠해 보고자 하는 마루카와의 작업은, 당시 전후 일본의 사상 국면에서 '아시아'를 둘러싼 다양한 가능성의 교착을 인식함으로써 탈냉전이라는 조건 속에서 다시 한 번 우리에게 사상적 과제로서 제출된 '아시아'의

가능성을 적극적으로 탐구하고자 하는 노력에 다름 아니다. 이 책에 실린 두 편의 다케우치 요시미 관련 논문을 통해 이제껏 오해되어 온 그의 '아시아주의'에 대해 한국 지식계가 보인 경계심이 어느 정도 누그러지고 동아시아 담론에 있어 그의 사상적 기여 및 전후 일본 사회의 맥락에서 다케우치의 사상이 가졌던 비판적 의의 등이 좀 더 널리 공유될 수 있기를 희망한다.

한국 지식계에 있어 타이완의 지식 상황에 대한 관심은 같은 동아시아권에 속하고 있으면서도 중국 및 일본의 경우와 비교할 때 지극히 제한적이다. 이 책에 실린 두 편의 글, "공공화를 향하여, 탈권위주의를 넘어서: 타이완의 지식 상황과 극복 과제" 및 "비판적 지식인의 사회적 책임과 현실개입" 두 편의 글은 한국 지식계의 이러한 맹점에 대한 반성의 계기를 제공하기에 부족함이 없을 듯하다. 제1부 쑨거의 글에서 지적된 바처럼, 한국을 포함한 기존의 동아시아론은 은연중에 한중일 삼국을 동아시아 담론의 실질적 포괄 범위로 생각하는 경향이 있다. 한국을 중심으로 두고 중국, 일본과의 관계에 치중하는 '삼국정립'적 동아시아를 상상할 때 빠지게 되는 함정이 있다. 제2부 첫 번째 논문에서 류준필이 강조한 바와 같이, 북한이나 타이완, 오키나와와 같이 동아시아의 일부를 이루는 특정 지역이 동아시아 담론의 시야로부터 소실 혹은 배제된다는 점이다. 분단 문제라는 특수한 과제를 우리에게 제시하는 북한의 경우를 차치한다 하더라도 한국의 동아시아 인식에서 타이완의 부재는 이성적 차원에서는 납득하기 어려운 현상이 아닐 수 없다. 1992년 중국과 수교 직전까지 한국과 혈맹 관계의 우방이었으며 정치적, 경제적으로 가장 가까운 아시아의 이웃이었다는 과거사를 굳이 들먹일 필요도 없이 타이완은 여전히 동아시아라는 복잡한 정치·경제적 복합 구조 속에서 중요한 한 축을 차지하고 있는 지역이다. 미국의 동아시아 반공 전진 기지로서 냉전 구도하에서 한국과 유사한 전략적 역할을 할 당받아 온 타이완은 엇비슷한 수준의 경제나 민주주의의 발전 수준 등을 고려할 때 한국의 현재를 비추어 볼 가장 좋은 거울이라 할 수 있음에도, 한국 지식계의 타이완에 대한 관심이나 이해는 지극히 낮은 수준에 머물러 있다.

"공공화를 향하여, 탈권위주의를 넘어서: 타이완의 지식 상황과 극복 과제"는 원래 타이완의 비판적 지식인 저널 『대만사회연구계간』이 창간 15주년을 기념해 2003년 개최한 학술 대회의 기조 논문으로서, 타이완 사회에 대한 『대만사회연구계간』 편집 동인들의 선언적 입장 천명인 셈이다. 길지 않은 편폭 속에서 장제스(蔣介石)에서 '아볜'(阿扁, 陳水扁) 집권 시기에 이르는 타이완 사회의 정치적 변화 양상과 각 시기의 극복 과제를 다루고 있다.

'편집 동인' 전체 명의로 발표된 이 글은 외부자들이 타이완에 대해 흔히 갖게 되는 상식적 이해, 즉 타이완 사회가 오랜 국민당의 권위주의적 통치에서 벗어나 성공적으로 민주화를 진전시켜 가고 있다는 주류적 관점에 대해 회의적 입장을 표명한다. 타이완이 권위주의 시대에서 포스트 권위주의 시대로 이행해 왔다는 점은 부정할 수 없지만 과연 이 포스트 권위주의 시대가 권위주의로부터의 해방과 민주주의의 실질적 확대로 평가할 수 있는지 의문이라는 것이 이들 '편집 동인'의 주장이다. 이들은 이전의 권위주의 시대를, 친미 반공 이념에 입각한 장제스의 고전적 권위주의의 첫 번째 시기, 자유주의의 입장을 흡수한 장징궈의 개혁적 권위주의의 두 번째 시기, 리덩후이에 의해 주도된 대중적 권위주의의 세 번째 시기로 세분해 설명하는데, 이처럼 타이완에 있어 권위주의적 통치는 시대와 상황에 따라 그 형식과 작용 양태를 달리하는 다양한 적응과 변용을 통해 긴 생명력을 이어 왔다는 것이다. 그러나 오랜 권위주의가 역사의 뒤안길로 물러난 것처럼 보이는 현재의 타이완 상황, 즉 포스트 권위주의 시기라 할 수 있는 2000년대 이후의 상황은 과연 어떠한가? 필자들은 국민당(남색) 진영과 민진당(녹색) 진영 간의 무절제한 권력투쟁이 '선거'라는 형식을 통해 표출되었을 뿐 민주주의의 실질적 진전은 답보 상태에 빠져 있다고 진단한다. 이러한 양자 간의 '너 죽고 나 살기' 식의 격렬한 정치투쟁은 기실 양자가 깊은 차원에서 맺고 있는 공생적 관계를 은폐하고 있으며 이런 소모적 공방 속에서 정치는 공적인 성격을 상실한 사적인 정치로 전락하고 있다는 것이다. 타이완 사회에서 선거는 더 이상 공공적 의제에 대한 토론과 선택의 장이 아니며 대중들을 단지 타이완 출신이냐 본토 출신이냐 하는 성적(省籍, 출신지)의 아이덴티티 문제로 분열시킨 후 집권에 필요한 거수기로 동원하는 장이 되고 말았다. 이런 점에서 이들은 현재의 포스트 권위주의 시대가 '선거'라는 민주적 외피를 통해 자신의 본질을 은폐한 또 다른 형태의 권위주의의 연속에 불과하다고 본다.

필자(들)은 이러한 문제를 극복하기 위해서는 첫째, 현재 타이완의 정치 위기를 특징짓는 정체성 소환의 정치의 기초가 되어 온 '성적 문제'에 대한 집착을 해소하는 것이 그 첫걸음이 되어야 한다고 주장한다. 복잡한 계급적, 계층적 이해관계 및 정책적 갈등들을 '출신 지역'이라는 하나의 단일한 코드로 흡수한 후 무력화하는 타이완의 정치 구조는 지역 갈등 구조의 조장을 통해 생명력을 이어가는 한국의 보수적 정치 상황과도 지극히 유사한 양상을 보이고 있으며, 이는 자못 흥미로운 사실이다. 타이완 특유의 이 '성적' 문제의 정치적 최종 귀결점이 향후 타이완의 정치적 비전, 즉 대륙과의 통일이냐 타이완 독립이냐를 묻는 이른바 '통일/독립 문제'로 이어진다는 점도 대북 화해/대결 노선이 정치의 핵심적 변별 요소로 기능해 온 작금의 한국 상황과 매우 흡사하다. 필자(들)은 '성적 문제'와 '통일/독립 문제'가 뒤얽힌 타이완의 논의 구도 자체에 포함된 양자택일의 허구성에 대해 지적이 필요하다고 주장한다. 1980년대 후반에서 90년대 초 소위 타이완에서의 사회운동 고양기에 등장했던 수많은 진보적 사회운동 세력들이 이후 정치적 실패에 처한 가장 큰 이유 또한 바로 이 '출신지'와 '통/독'이라는 독이 든 잔에 대한 선택으로 자신을 내몰았을 뿐 이 논의 구도 자체를 거부하지 못했기 때문이라는 것이 이들의 주장이다. 따라서 이러한 함정에서 벗어나는 한편 천수이볜 시기 만연한 '사사(私事)화된 정치'의 폐해를 극복하기 위해서는 '출신지' 문제로 귀결되지 않는 다양한 정체성에 대한 평등한 승인의 지향과 분배의 정의 및 사회복지 등 사회적 공공성을 중심 의제로 설정하는 논의가 본격화 되어야 한다는 점을 강조하고 있다.

쉬진위와 천광싱의 공동 명의로 발표된 "비판적 지식인의 사회적 책임과 현실 개입"은 이상에서 보여 준 『대만사회연구계간』 편집 동인들의 타이완 사회에 대한 비판적 입장을 향후 자신들이 참여한 구체적 실천의 경험과 관련지어 자세히 소개하고 있다. 이 글에서는 2003년 발표된 "공공화를 향하여, 탈권위주의를 넘어서" 이후 약 5년간의 타이완의 변화, 즉 민진당 천수이볜의 재집권 및 그 뒤를 이은 국민당 마잉주(馬英九) 정권의 성립 등의 현실 상황이 잘 반영되어 있는데, 이 기간 동안 이들 편집 동인들의 각종 논쟁 참여, 저작 및 실천 활동 등을 통해 타이완 지식계의 주요한 이슈들을 일목요연하게 제시해 준다는 점에서 타이완의 지식 상황에 대한 우리의 이해를 확장하는 데 크게 도움이 될 수 있으리라 생각된다. 1988년 계엄령 해제 이후, 장기간에 걸친 반공적 냉전 체제가 이완됨에 따라 타이완 사회의 문제를 극복하고자 하는 지식계의 열망은 국가권력에 대한 독립적이고 비판적인 지식인의 담론 공간의 확립을 과제로 삼았다. 『대만사회연구계간』의 성원들은 지식 담론 공간의 확장에 주도적으로 참여했는데, 동남아시아를 향한 아류 제국주의적 욕망을 드러내는 것으로 새로운 정권의 정당성을 확보하려 한 리덩후이 시대의 이데올로기(소위 '남진'[南進] 담론)에 대한 비판(천광싱), 국가의 포퓰리즘에 입각한 새로운 권위주의 노선에 대한 비판(왕쩐환, 첸융샹), 국가 주도의 관치 경제에서 국가와 자본의 새로운 결탁에 대한 비판(취완원) 등의 주요한 이슈들을 본격적으로 제기했다. 또한 타이완의 민족주의 열풍에 대한 반성적 사고(자오강), 동성애, 트랜스젠더, 성노동자 등 사회적 소수자 불관용 정책에 대한 비판(주웨이청, 허춘루이, 닝잉빈) 등 다양한 사회적 정치적 이슈들을 활발한 논의의 장으로 이끌었다. 이러한 지식인의 사회참여는 그간 타이완에서 주류적 위치를 점해 왔던 개발주의의 성과 및 경쟁력 분석에 치중해 온 서구 지향적 개발 담론을 비판함으로써 비판적 지식의 입지와 토론 공간을 확장하는 데 크게 기여했다. 이 같은 활동을 통해 형성된 비판적 지식인들의 사회적 책임과 연대의 필요에 대한 자각은 이후, SSCI 등 타이완 교육 당국이 도입한 학술 평가 제도의 과도한 영어 의존성 문제에 대한 반대 운동, 천수이볜 일족의 부정부패 스캔들로 인해 촉발된 2006년 9월의 '붉은 티셔츠'(홍샨쥔 紅衫軍) 시위에의 적극적인 결합 등을 통해 사회적 공론장에 대한 더욱 깊은 결합으로 귀결되었다. 이들의 분석에 따르면, 민진당 집권 기간 동안 타이완 사회는 탈권위주의 시대의 도래라는 정치적 자유화의 이면에서 공공성의 약화와 사유화의 심화라는 심각한 문제가 은폐된 채로 누적되어 갔다. 이와 더불어 민진당이 집권의 정당성을 강화하기 위해 강조해 온 반대륙 노선, 즉 타이완 독립의 주장은 중국의 경제적 부상 속에서 중국과의 좀 더 긴밀한 호혜 관계를 형성하는 데 지장을 초래했고, 이는 자본의 일방적 대륙 이탈로 귀결되어 타이완의 경쟁력을 약화하고 국제적 입지를 축소하는 뜻밖의 결과를 낳게 되었다. 타이완 민족주의와 본성/외성인을 차별하는 종족 차별(族群)의 거센 물결 속에서 정치는 국민당(남색 진영)과 민진당(녹색 진영) 간의 극한적 정치 공방으로 퇴색하고 말았으며, 냉전과 개발독재의 시대에 이어 신자유주의와 타이완 민족주의가 착종된 복잡한 국면이 도래하게 된다. 이러한 국면 속에서 타이완 사회가 처한 문제를 발견하고, 그 대안을 창출해야 할 지식인의 책임은 민주(녹색)/국민(남색) 양 진영의 기성 정치 세력 중 어느 쪽을 지지할 것인지에 대한 선택 행위로 간단히 대체될 수 없는 것이다. 이런 점에서 『대만사회연구계간』 편집 동인들이 보여 온 그간의 노력들은 타이완 지식계의 스펙트럼 전체를 온전히 대표할 수는 없다 하더라도 현대사회에서 비판적 지식인이 감당해야 할 사회적 책임, 이론적 개입과 실천 행동에 있어 하나의 모범 사례라 할 수 있다. 유사한 사회 발전 경험과 정치적 변화의 궤적을 그려 온 한국 사회의 지식인들에게 있어서 이는 또한 하나의 훌륭한 참조점을 제공할 수 있을 것이다. 만약 우리가 타이완의 경험에 대한 진지한 독해를 통해, 한국과 타이완이 걸어 온 역사적 행로의 동질성과 차이의 배후에 자리하는 냉전 등 동아시아적 상황의 숙명성을 재발견한다면 현재 한국이 처해 있는 남북 관계의 실상이 결국은 타이완과 중국 사이의 양안관계와 나란히 두고 볼 때 가지는 근원적 유사성, 즉 냉전이 낳은 쌍생아에 해당함을 새삼 절감할 수 있을 것이다. 따라서 타이완의 상황을 동아시아론의 사유 구도 속에 위치 짓고 이를 현재 한국이 처한 상황과 상호 참조해 가는 작업은, 단지 한국발 동아시아론을 이 담론의 주변인 타이완으로까지 확산한다는 것에 만족하고자 하는 것이 아니라 타이완을 사유의 매개로 삼아 남한과 북한, 남한과 중국의 관계 등 오늘날 한국이 처해 있는 지난한 과제의 배후에 자리한 '동아시아적 조건'을 재인식하는 것으로 이어질 수 있을 것이다.

엮은이를 대표해 이정훈 씀

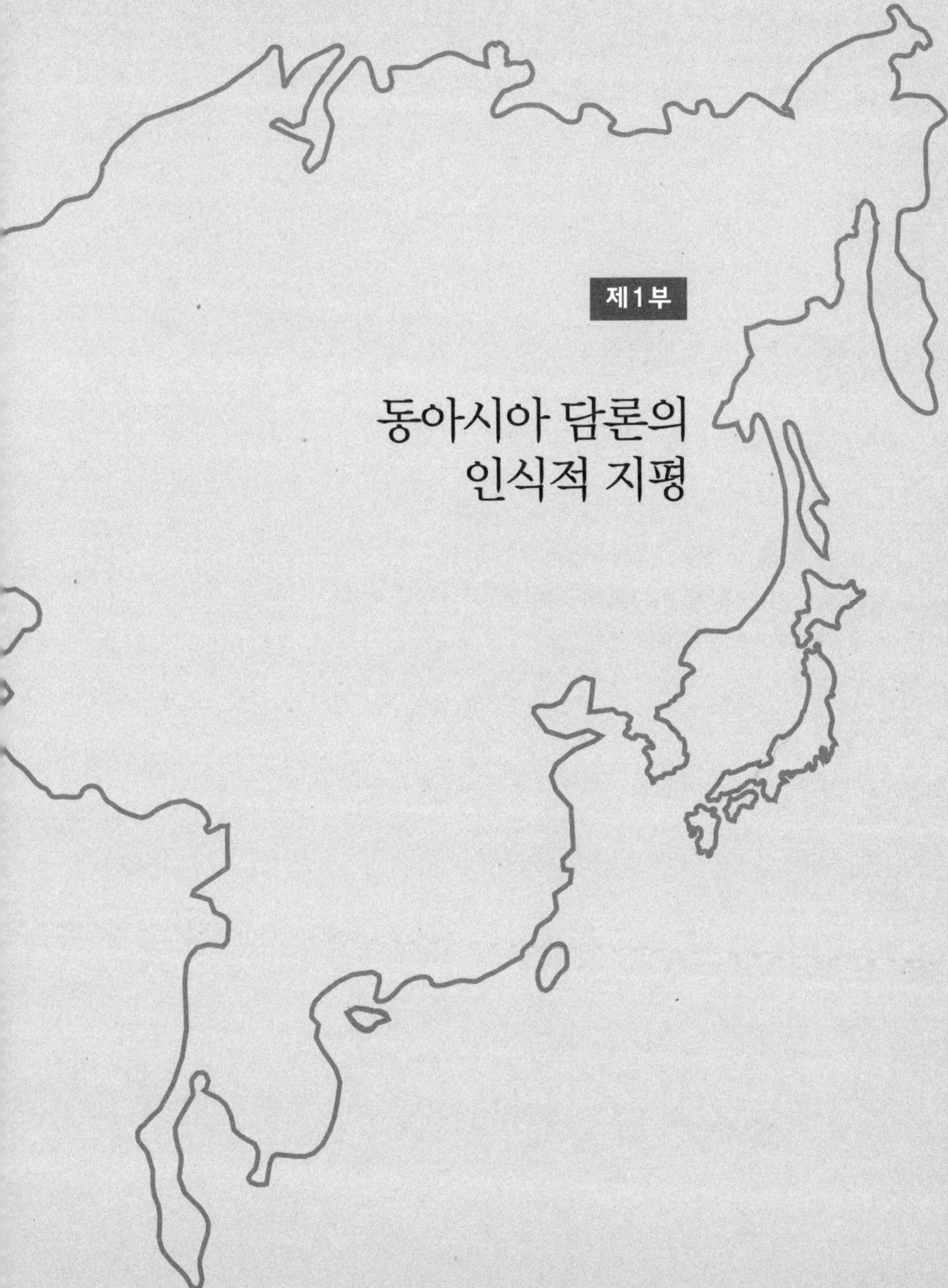

제1부

동아시아 담론의 인식적 지평

1장

동아시아 시각의 인식론적 의의

_쑨거

1. 중국 사회의 기존 동아시아 시각 및 그 문제

동아시아라는 말을 들으면 어떤 대상을 바로 떠올릴 정도로 현재 동아시아에 대한 논의는 상당히 축적되어 있다. 그러나 조금만 더 살펴보면 그 대상이란 것이 다소 모호하다는 점을 금방 알게 된다. “그것은 중·일·한 삼국을 가리키는가 아니면 여기에 북한을 더한 것인가? 아니면 베트남이나 동남아까지 더한 것인가?”, “우리는 과연 중·일·한이라는 가장 흔히 접하게 되는 틀을 동북아라고 칭할 것인가 아니면 그저 모호하게 ‘동아시아’라고 칭할 것인가?”

이들 지리적 차원의 문제보다 한층 더 어려운 문제가 있다. 오늘날 중·일·한 삼국의 지식인들이 교류할 때면 곧잘 부딪히곤 하는, “중국 사회에는 왜 아시아 의식이 결핍되어 있는가? 이러한 현상은 중국 중심의 대륙 의식과 관련되어 있는가?”의 물음이 그것이다.

국제 관계를 연구하는 중국의 지식인들은 종종 이른바 '동아시아 담론'을 수행하느니 차라리 동서양이 직접적으로 대화하는 것이 낫다고 생각한다. 혹은 기타의 영역을 설정함으로써 더욱 현실적인 긴박함을 갖추고자 한다. 예컨대 중국과 러시아, 인도 삼국의 지식인 간 대화는 대체로 동아시아 간 대화보다 더욱 현실적으로 긴박하다고 할 수 있다. 그들은, 중국이 동아시아, 남아시아, 서아시아, 그리고 매우 드물게 언급되는 단위지만 '북아시아'와 모두 접해 있다 보니 동아시아라는 틀에 몰입하기 어렵다고 말한다. "왜 반드시 동아시아를 얘기해야 하는가?"

확실히 중국에서 전개된 동아시아 담론을 추적해 보면 그것이 결코 중국의 지식 토양에서 '자연적으로' 성장·발생한 것이 아님을 알 수 있다. 솔직히 말해 이식된 색채가 무척 농후하다고 하는 편이 나을 듯싶다. 이식은 주로 다음의 두 방면으로부터 시작되었다. 하나는 개혁개방 이후의 근대화[1] 이데올로기다. 이로 인해 중국 사회의 여론이 일본과 한국(혹은 '아시아의 네 마리 작은 용')에 주목하기 시작했다. 또한 경제일체화(經濟一體化)의 추세로 인해 냉전 시기에는 결코 하나로 묶이지 않았던 동아시아가 하나의 총체[2]로 간주되었다. 여기에 일본과 한국에서의 동아시아 연구와 각종 산하 재단에서 기획한 동아시아 연구 주제들이 중국의 동아시아 담론에 매우

1_[옮긴이] 원문은 '現代化'다. 이는 'modernization'의 중국어 역어다. 그러나 우리말에서는 이를 근대화라는 표현으로 주로 대신하기 때문에 이 글에서는 일관되게 '근대화'라고 번역했다. 한편 이 글의 필자는 '근대'라는 용어를 특정 시기의 역사를 지시할 때 주로 사용했다. 곧 중국의 경우는 개항부터 사회주의 정권 수립전의 시기를, 일본의 경우는 개항부터 제2차 세계대전 이전의 시기를 가리킬 때 주로 '근대'라는 용어를 사용했다.

2_[옮긴이] 원문은 '整體'이다. 중국어의 경우 이는 개체들이 모여 집체를 이룬 경우를 가리키는 말이다. 그러나 우리말에서의 '정체'는 그러한 뜻이 아닌 까닭에 이 글에서는 공히 '총체'(總體)로 번역하기로 한다.

큰 영향을 미쳤다. 다른 하나는 미국의 지역 연구틀로부터 비롯되었다. '아태 지역'이라는 시야와 미국 대학의 동아시아학과라는 틀은 모두 동아시아를 상대적으로 독립된 지역으로 탈바꿈시켰다. 국제적으로 이뤄지는 갖가지 새로운 추세에 대응하기 위해 중국의 언론계 또한 동아시아를 주요 화제의 하나로 다뤘다. 그 결과 동아시아는 본래부터 중국의 의식 속에 있었던 것처럼 자연스럽게 느껴지게 되었다.

그러나 중국에서 형성된 동아시아 시각은 상대적으로 박약하다. 중국에서 동아시아라는 용어가 사용되지 않는다는 뜻이 아니다. 또는 동아시아를 하나의 유기적인 총체로 보는 연구 성과가 충분하지 못하다는 것도 아니다. 다만 동아시아에 관한 연구가 중국의 지식계에서 그와 상응하는 인식론적 자리를 잡지 못했음을 언급하고자 할 따름이다. 중국의 지식계는 상술한 여러 문제를 반드시 답해야 하는 문제로 여기지 않는다. 따라서 그에 대한 답변도 거의 없는 상태다. 게다가 동아시아 연구는 기본적으로 경험의 층위에 머물러 있는데 대부분의 경우 경험적인 연구의 본체론적 대상은 거의 의심되지 않곤 한다. 따라서 사상과 지식의 생산이라는 측면에서 볼 때 중국 내 동아시아 연구의 자리매김은 명료하지도 않고 자각적이지도 않다. 이것이 동아시아 연구를 둘러싼 중국의 기본적인 상황이다. 이러한 상황을 감안할 때 우리는 동아시아라는 시각에 관해 현재 구축되어 있는 모종의 공통 인식을 논의를 위한 간략한 윤곽으로 삼을 수 있을 것이다.

제법 통용되고 있는 동아시아 시각으로는 첫째, 전통 유학의 시각[3]을 들 수 있다. 이 시각은 고도의 추상화 방식을 기반으로 중국과 한반도, 일본

3_[옮긴이] 아래에서는 '유학 시각'으로 통일해 번역하기로 한다.

이 유학이라는 틀을 통해 하나의 통일된 총체가 되었다고 본다. 이 지역에서 유학의 가장 기본적인 관념, 예컨대 '인'(仁)이나 '중용'(中庸) 같은 추상적 가치 관념이 구비하고 있는 보편성을 논증하는 데에 힘을 기울인다. 그러나 이러한 방식의 유효성에는 한계가 있다. 설사 직관적 차원이라 할지라도, 유교가 동아시아 지역에서 동일한 역할을 수행했다고 단언하기는 매우 어렵다. 똑같이 유학의 영향을 받았으면서도 일본은 어째서 자본주의의 길로 나섰고 중국은 사회주의를 선택했는지를 해석할 수 있는 길을 찾을 수 없다. 더욱이 한반도가 핍박에 의해 양분된 후에도, 상이한 사회체계에서 도대체 어떻게 그들의 '유학'이 공히 작동될 수 있었는지를 해석할 방도가 없다. 만약 유학을 이미 흘러가 버린 역사 단계의 산물로 치부하여 중·일·한 삼국의 근대적 전개와 무관하다고 본다면 우리는 다음과 같은 문제를 피할 수 없게 된다. 곧 유학이 동아시아 각각의 국가에서 상이한 역사적 형태를 지녔다면 유학이 전성기를 누릴 때조차 이데올로기로서의 유학은 아무런 매개 없이는 이 세 나라를 하나로 묶어 내지 못한다는 점이 그것이다. 각각의 국가에서 유학이 상당 정도로 상이한 내용을 지니고 있었다면 그것은 해당 사회 자체의 역사적인 제약을 받은 것이기 때문에 추상적으로 독립된 것이 될 수 없다. 더욱이 근대 이후 동아시아의 서로 다른 사회에서 발휘된 유학의 잠재적 공능은 상이했다. 이 점은, 구체적인 관련 연구가 이미 많이 나왔다는 사실을 통해서도 익히 알 수 있다. 따라서 유학 시각이 동아시아의 출발점이 된다면 우리는 어쩔 수 없이 각 사회에서 유학이 지닌 유사성이 아닌 차이들로부터 출발할 수밖에 없게 되며 따라서 조정이 필요한 것은 직관적인 경험이 아니라 역사의 구조에 대한 상상력이 된다. 설령 '커뮤니케이션이론'[4]의 사유로 이 지역에서 유학이 걸어온 바를 확인하려 한다고 해도 대체 누가 '시조'였고 누가 '후계자'였는지를 설정하려는 목표의 달성은 매우 어렵다. 또한 커뮤니케이션 과정에서 일어난 변화에 더더욱 주목해야 할 필요가 있다. 이 과정에서 가장 기본적인 문제는 상이한 정치 공동체가 유학에 대해 가한 '재구조화'의 공능에 있다. 유학이 종래로 정치 환경에서 벗어나 진공상태에서 '여행'할 수는 없었기 때문이다. 따라서 유학을 하나의 시각으로 삼아 동아시아 담론을 구축하고자 하고 동시에 직관적인 태도로 동아시아 각국의 유학을 동일한 것으로 간주하고자 한다면, 이렇게 구축된 동아시아 시각에는 역사성과 현실성이 결핍되어 있기 때문에 동아시아 담론은 한 조각의 공론이 되고 말 것이다.

사실 엄밀히 따진다면 유학 시각은 결코 동아시아 시각과 동등할 수 없다. 이는 후에 부가된 역사서술로, 결코 역사논리[5] 그 자체와 동등할 수 없다. 유학 그 자체는 동아시아라는 틀을 결코 필요로 하지 않는다. 그러나 동아시아라는 후대에 성립된 역사서술의 틀에서는 유학은 반드시 있어야 하는 접착제다. 따라서 유학은 '오늘날의 시각'으로서, 그 효능은 '동아시아의 역사'를 인식하는 데에 있지 않고 현재 내재적인 응집력을 지닌 채로 존재하는 동아시아를 힘써 논증하는 데에 있게 된다. 기존의 '동아시아 유학' 담론을 살펴보면 이러한 담론의 효능이 '유학'을 통해 동아시아(기본적으로 중·일·한)의 내재적 차이를 해소함으로써 상호 연관된 통일적인 서사구조를 수립하는 데 있음을 발견할 수 있다.

4_[옮긴이] 원문은 '傳播學'이다. 이는 'communication studies'의 중국어 역어다.

5_[옮긴이] 이 글의 필자는 '역사서술', '역사논리', '역사과정'을 모두 전문적인 술어로 사용하고 있다. 역자가 이 글에서의 용례만으로 파악한 바에 의하면 '역사서술'은 실제 전개된 역사적 사실을 특정 사관에 입각해 기록하는 행위를, '역사논리'는 역사를 독자적인 자기 전개 능력을 지닌 유기체로 보고 그것에 내재되어 있는 자기 전개의 원리를, '역사과정'은 역사가 현실에서 전개된 실제를 가리키는 것으로 보인다.

동아시아와 관련된 두 번째 시각은 일본의 영향을 받은 것이다. '근대화' 시각이 바로 그것으로, 동아시아를 서방을 따라잡거나 그것에 대항함으로써 근대화의 구현을 도모하는 지역으로 간주한 것이다. 이는 일본이 메이지(明治)유신 이래로 줄곧 복잡하고 착종된 방식으로 추구해 왔던 관념이다. 이 관념은 일본 지식인의 동아시아에 대한 사고를 잠재적으로 규정해 주는 시각으로, 오늘날 일본의 동아시아 담론에서도 이 관념이 여전히 재생산되고 있다. 이 관념에 입각하면 중국과 일본, 한반도는 말하자면 서로가 서방에 대항하는 맹우라기보다는 서방을 따라잡는 일종의 경쟁 상대였다.[6] 또한 누가 동아시아를 대표하는가 역시 줄곧 잠재되어 있던 문제였다. 개혁개방 이후 중국에서 근대화는 사회의 공인된 이데올로기였다. 이에 따라 일본의 동아시아 담론 역시 중국에 들어올 여지가 넓어졌다. 동아시아에 관해 담론함으로써 동아시아에서 수행된 근대화의 양태에서 그 발현 방식을 발견했고 나아가 "이는 장래 동아시아가 상대적으로 정합적이고 체계적인 기

6_이 관념을 대표하는 최고 수준의 역작은 당연히 야마무로 신이치(山室信一)의 『사상 과제로서의 아시아: 기축·연쇄·추동』(岩波書店, 2001)이다. 이 책은 대량의 자료를 동원해 일본 내지 동북아의 근대 전환기 '근대화에 대한 조바심' 문제를 집중적으로 토론하고 있다. 이 책은 동북아시아의 각 지역과 나라를 서방 근대의 도전에 대한 반응으로 간주했고 서로 근대화의 주도권을 쟁탈하는 경쟁 상대로 보았다. 아시아주의는 동북아시아 지역이 17세기 이래의 서방의 세계 인식과 조우한 후에 발생한 자신을 인지하는 방식의 변화로, 그것은 일련의 사상 관념과 문화 습속 내지 정치 실천의 연쇄반응을 동반했다. 이 책에는 매우 정채로운 분석과 실마리가 된 자료가 많이 제공되어 있으며 특히 '국가이익'과 사상 이데올로기 사이의 관계가 충분히 고려되어 있다. 이 책은 일본 아시아주의의 맥락을 이해하는 데 있어서 중요한 저작이다. 다만 구조화된 의식으로 인해 아시아주의 문제에서의 중국, 일본, 조선 사이의 비균질적인 특성을 완전히 무시했으며 근대 전환기의 동북아시아 지역의 근대화에 대한 조바심을 아시아주의의 절대적인 전제로 삼았다. 나아가 이러한 사상 과제가 국경을 넘어설 때 발생하는 역사적 복잡성을 객관이라는 차원에서 단순화했다. 그럼에도 일본 근대 이래의 아시아주의를 이해한다는 맥락에서 볼 때 이 책은 여전히 높은 수준의 대표성을 지니고 있다.

초가 될 것"이라는 잠재적인 공통 인식을 형성했다. 다만 근대화 시각의 동아시아 담론에는 경향성이라는 오류가 감춰져 있다. 곧 동아시아 지역의 근대화의 정도가 시간의 선후에 따라 수직적으로 배열되고 이에 따라 각국 혹은 각 지역의 이른바 '근대화'의 내용적 차이가 단칼에 제거되며, 단일한 정합적인 형식으로 추상화되어 '서구 모식'이 고정적인 근대화 견본으로 간주되어 마치 근대화에는 이러한 형태만이 있는 것처럼 되었다. 이것이 바로 산업화와 후(後, post)산업화로써 '복지사회'의 건설을 완성한다는 입장이다. 이러한 시각에서 우리는 동아시아 담론이 암암리에 품고 있는, 상이한 사회 발전 단계에 놓였던 동북아시아 지역은 결국 다 함께 근대화라는 동일한 목표를 향해 나아갈 것이라는 진화론적인 논리를 목도할 수 있게 된다. 따라서 먼저 발전한 나라는 필연적으로 나중에 발전하게 된 나라의 현재를 자신의 '어제'로 간주하게 되고 반대로 나중에 발전하게 된 나라는 먼저 발달한 나라들의 오늘을 자신의 '내일'로 간주하게 된다.

세 번째 시각도 있다. 이는 전쟁에 관한 상흔의 기억이라는 시각이다. 동북아시아 지역이 총체적인 담론의 틀을 구성할 수 있는 까닭은 전쟁 기억이라는 이 무시할 수 없는 인자가 있기 때문이다. 일본은 동아시아의 잔혹한 '접착제'였다. 그들은 제2차 세계대전 이전에 이미 이러저러한 기회를 틈타 중국 대륙을 침략했고 뒤이어 전쟁의 불길로 동남아 국가를 불태웠으며 한반도와 타이완에 대한 식민 통치를 강화했다. 지금까지도 전쟁 기억이라는 층위에서 동아시아 사회는 상대적으로 한층 심화된 공통 인식을 지니고 있는데 주로 동북아시아 지역이 그렇다. 여기서 꼭 언급해야 할 바는 일본의 진보세력이 전쟁 책임의 규명과 전쟁 기억의 정확한 전승을 위해 수행한 노력은 저평가될 수 없다는 점이다. 이로 인해 동아시아 피해 당사국의 전쟁 기억이 일본 사회변동의 외재적인 압력으로 전화될 수 있었고 동시에 피해 당사국 민중이 지닌 상흔의 기억에 대해서도 일정 정도의 반향을 끌어낼 수 있었다. 근년의 교과서 관련 사건, 야스쿠니 신사 참배 사건, 위안부 소송, 세균전 소송, 일본군이 버려두고 간 화학무기로 인한 피해자 손해배상 청구와 같은 일련의 사건으로 인해 일본의 전쟁 처리 문제는 '국제화'될 수밖에 없었다. 이 과정에서 전혀 예상치 못한 수확이 있었는데 동아시아의 민간 부문 차원의 융합이 어느 정도 달성됐다는 점이다. 동아시아의 관련 인사들이 국경을 넘어 함께 서게 됨으로써 모종의 공통 인식이 형성되었고 이는 매우 중요한 진전이었다. 그러나 우리는 이러한 진전에는, 다음과 같은 상당히 깊은 내재적 긴장이 수반된다는 점도 아울러 목도할 수 있었다.

첫째, 전쟁 상흔의 기억에 관해 토론할 때 개인의 기억은 총체화되어 국가라는 틀 차원의 담론에 편입되어야만 비로소 역사적 기억의 형태를 띨 수가 있다는 점이다. 그런데 이때에는 '국가이익'이 절대적인 전제를 구성하게 마련이다. 따라서 한 국가라는 틀 내에서는 문제가 될 수 없었던 시각이 '동아시아'로 진입하는 순간에 문제가 될 수도 있다. '삼국의 역사 교과서'의 서술은 일종의 매우 소중한 탐색으로서 이 방면에 대한 유의미한 정보를 제공해 준다. 연관되어 있는 역사 사건의 평가 문제는 삼국의 집필자가 매우 곤혹스런 협조를 진척시켜야 비로소 상대적으로 통일된 담론을 형성할 수 있게 된다. 이는, '국가이익'은 가뿐하게 뛰어넘을 수 있는 그러한 유의 제약이 결코 아니기 때문이다. 문제는 여기에 있다. 전쟁이라는 이 근대성의 가장 핵심적인 사건은 국가를 단위로 수행되는 것이고 동시에 가해국과 피해국, 패전국과 전승국으로 나눠지게 되는 것이기에, 문제는 무차별적인 '국민국가에 대한 비판과 초월'로 그다지 쉽게 단순화되지 않는다. 무차별적인 비판은 앞서 언급한, 구체적 상황 속에서 배태된 갖가지 역사적 맥락을 뒤섞어 버리기 때문에 객관적으로는 가해국에 면죄부를 주게 된다. 그러나 동시에 국민국가의 비판과 부정을 꼭 따라야 하는 주어진 시각으로 간주하지 않는다면, 그렇다면 역사서술은 반드시 피해국과 전승국의 일방적인 국가이익과 동일시돼야 한다는 뜻이란 말인가? 특히 피해국(전승국)이 하나이지 않고 또한 상호 간에 이익이 충돌될 때 총체적인 차원에서 이분법을 사용해 전쟁의 역사를 처리하는 것은 엄청난 인식론적 곤경에 빠질 수도 있다. 다시 말해 이는 사람들이 복잡하게 뒤얽혀 있는 그러한 관건적인 분기점들을 피해 가게 만들고 '찬성 혹은 반대'와 같은 조잡한 판단을 추상적으로 사용하며 문제를 회피하게 한다. 국제정치학의 기본 원리를 건드리는 문제들은 본래부터 매우 복잡하다. 게다가 일본 정부는 전후에 미국의 통제를 받았고 타이완하고만 단독으로 조약을 맺었으며 중국 대륙과의 전후 처리 작업은 1970년대까지 미뤄지다가 비로소 진행되었기 때문에 많은 문제들이 유보된 채로 남겨졌다. 이러한 상황에서 피해국으로서의 중국은 매우 많은 역사적 실마리들과 대면하게 되었고 이로 인해 중국 대륙의 사회 여론 역시 여간해서는 국가라는 틀 밖에서 전쟁을 수습하는 시각을 모색하지 못하게 되었다. 이것이 객관적인 차원에서 제기할 수 있는 동아시아 시각에 대한 도전의 하나다.

둘째, 전쟁 기억을 어떻게 처리할 것인가의 문제의 경우 기실 각국의 양식 있는 인사들도 기본적으로는 자국의 역사적 맥락과 사회 사조의 제약을 받기 때문에 그들의 문제의식과 사상적 태도는 결코 단숨에 '동아시아화' 될 수 없다는 점이다. 이는 동아시아 각 지역의 양식 있는 인사들조차도, 일치된 행동을 할 수 있고 서로 깊이 이해하는 단계에 결코 진입하지 못했음을 뜻한다. 사실 동아시아의 진보적인 인사들 사이에서도 매우 많은 중대한 문제에 대한 공통 인식이 구축되어 있지 못하다. 특히 냉전 이데올로기가 아직도 진정으로 해체되지 않은 지금의 상황에서 일찍이 냉전의 양대 진영에 각각 속해 있었던 중국과 일본·한국의 진보적 지식인과 운동가들은 아직 냉전적인 상상력을 뛰어넘어 사상적인 차원에서 공통 인식을 달성하는 데까지 이르지는 못했다. 그 전형적인 예가 난징(南京) 대학살과 관련된 수치의 문제다. 물론 일본의 많은 양식 있는 인사들은 이미 좌파 사학가들이 고증한 사망자 수를 믿지 않는다. 그러나 꽤 길었던 시기 동안, 일본의 좌익 인사들이 고증한 사망자 수치의 힘은, 과장됐음에도 불구하고 일본 우익의 '난징 대학살 허구론'에 타격을 가하기 위한 것만은 아니었다. 그것에는 언론과 학술의 자유가 결핍되어 있다는 '권위주의[7]적인 중국'에 대한 상상도 암암리에 내포되어 있었다. 한편 중국의 사회 여론 역시 일본 좌익의 이러한 고증 방식에 대해 역사적인 분석과 공감어린 이해가 결여되어 있었던 탓에 때로는 몹시 단순화된 이분법을 적용해 그들을 '우익'에 귀속시키기도 했다.

이와 같이 전쟁 기억으로서의 동아시아 시각은 지금까지도 여전히 생명력을 지닌다. 다만 기본적인 요소 하나가 빠져 있는데, 일본의 침략 전쟁과 제2차 세계대전 및 전후의 냉전 상황으로 이어지는 역사의 흐름(유동성[流動性])에 대한 주목이 바로 그것이다. 특히 반세기 남짓을 겪고 난 후인 지금 1940년대의 국제정치 세력 간의 조합 관계가 이미 완전히 새로운 구조로 변했지만 이 새로운 구조가 공교롭게도 제2차 세계대전으로부터 비롯되어 나온 것인 까닭에 중국과 일본이 전쟁 역사를 토론할 때에는 제2차 세계대전 이후의 국제적 정황의 전개 양상을 무시해서는 안 된다. 전쟁 책임

7_[옮긴이] 원문은 '集權主義'이다. 이는 'authoritarianism'의 중국어 역어다.

을 밝혀내는 작업과 역사의 흐름에 주목하는 작업은 이처럼 확연하게 둘로 가를 수 없는 것이다. 그렇지 않고 역사를 단순하게 절단한다면 여간해서는 역사논리 자체를 명쾌하게 밝히지 못하게 된다. 다만 여기서 전후의 역사를 역사 시야로 거둬들이고자 한다면 우리는 반드시 문제를 새롭게 설정해야만 한다. 곧 동아시아(여기서는 잠정적으로 동아시아를 우선 동북아시아와 동일한 것으로 친다)를 단순히 중국 대륙과 타이완, 북한, 한국, 일본의 집합체로 간주할 수 있는가의 문제가 그것이다.

실제로 상술한 세 가지의 동아시아 시각에서 언급된 대상 영역은 원래 서로 일치될 수 없었다. 유학 시각은 유학이 공능을 실질적으로 발휘했던 지역을 포괄하고 있다. 그래서 베트남이나 싱가포르와 같은 동남아의 일부 지역도 마땅히 이 시각의 시야에 편입되어야 한다. 근대화 시각은 아무렇지도 않게 한국을 한반도의 대표로 간주하며 심지어 북한은 아예 존재하지도 않는 것으로 처리한다. 또한 이 시각에 입각해 중국과 일본, 한반도를 동시에 포괄할 수 있는 시기는 얼마 되지 않으며 국가 간의 동태적인 평형이 깨지게 되면 이 시각은 어쩔 수 없이 전쟁 기억 시각에 의해 대체될 수밖에 없다. 전쟁 기억 시각의 경우 이를 이론적이 아니라 역사적으로 설정한다면 동아시아 상상이 내향적이고 독립된 시각으로 성립될 가능성은 거의 사라지게 된다. 이 단계의 역사에서 미국과 소련 등을 동아시아의 바깥으로 배제할 수 있는 방도는 없기 때문이다. 더구나 미국의 군사기지가 지금도 여전히 일본과 한국의 영토에 남아 있는 상황에서, 게다가 한반도의 남북 사이에는 지금도 단지 '휴전' 상태일 뿐 아직도 '정전'이 진정으로 실현되지 않은 상황에서야 무엇을 더 말하겠는가! 중국 대륙과 타이완의 관계도 아직까지 여전히 "털 하나를 잡아당겨 온몸을 움직이게 하는" 폭발력을 내포하고 있는 문제로서 전체 아태 지역의 평화에 대해 홀시할 수 없는 영향력을 지니고 있다.

그러나 우리가 동아시아를 토론할 때에는 이런 갖가지 차이가 도리어 당연한 듯 무시되었고 그 결과 추상적인 '동아시아 틀'이 형성되었다. 여기에 일본과 한국의 동아시아론이 암암리에 '중·일·한(때로는 중국과 일본, 한반도)'이라는 틀을 내포하고 있음이 더해지면서 동아시아 담론의 고정적인 이미지가 강화되었고 더 나아가 이 세 국민국가의 조합이 곧 동아시아인 것처럼 되고 말았다. 공교롭게도 이러한 동아시아 시각의 추상성으로 인해 본래 중국의 역사와 가장 밀접하게 붙어 있던 '동아시아'가 중국의 정신과 사상 세계에서 적절한 자리를 찾지 못하게 되었다. 나아가 개개 사안에 대한 많은 연구가, 그 유효성에도 불구하고, 효과적으로 중국 지식계의 사상적 자원으로 전화될 수 있는 매개가 결핍되기에 이르렀다.

동아시아 담론의 시각을 구축하는 것은 역사성이 매우 강한 논제다. 이는 유동적이고 고정시킬 수 없는 시각이기 때문에 매우 심하게 변이하는 형태를 띠고 있다. 동아시아 시각을 통해서 우리가 관찰할 수 있는 것은 어떤 고정적인 이미지가 아니라 그러한 이미지들이 역사과정에서 유동하는 양태들이다. 공교롭게도 이렇게 유동하는 양태들을 통해 우리는 우리 자신이라는 주체 형성의 핵심적인 고리를 발견할 수 있으며 그 가능한 변혁의 방식을 토론할 수 있게 된다.

이러한 역사성을 지닌 시각을 구축하기 위해 나는 오늘의 우리 자신이 그 속에 처해 있는 '동아시아'를 출발점으로 삼아 전후부터 지금까지를 효과적으로 살펴볼 수 있는 동아시아 시각을 구상하기를 희망한다. 이는 결코 이미 구축되어 있는 기존의 틀을 부정하기 위해서가 아니다. 오히려 반대로 기성의 동아시아 분석틀에 하나의 새로운 구상을 더함으로써 상술한 시각들에서 홀시되거나 회피된 문제들과 대면하기를 희망한다. 초보적인 탐색으로서 나는 이 토론이 계기가 되어 기존의 아시아 혹은 동아시아 관련 토론이 줄곧 대면할 수 없었던 기본적인 곤혹, 곧 "우리는 왜 동아시아를 말하지 않으면 안 되는가?", "이러한 시야는 독립적으로 존재할 필요가 있는가?"와 같은 과제가 활성화되기를 희망한다.

2. 현대사의 역사과정에서 나타난 동아시아 내부의 불균형 상태

동아시아 시각을 수립하기 위해 부정할 수 없는 기본 전제가 하나 있다. 동아시아는 상대적으로 독립적일 수 있는 대상이어야만 한다는 점이다. 담론 단위로서 동아시아는 마땅히 상대적으로 자족적이며 최소한 특정 사유 논리에 의거해 총체로서 조합될 수 있는 단위여야 한다. 이것은 명제로서 '동아시아 공동체'가 존재할 수 있는 까닭이기도 하다. 지금도 동아시아 지역의 내재적인 긴장이 아직 해소되지는 못했지만, 그래도 '공동체'라는 구상은 "조합된 총체를 이룰 수 없다면 동아시아는 무슨 자격으로 독립적인 범주로서 존재할 수 있다는 말인가?!"와 같은 주관 의지를 완강하게 발산한다.

에드워드 사이드(Edward Wadie Said)를 원용할 필요도 없이 기본적으로 확인할 수 있는 사실은, 동아시아는 서방의 명명으로부터 성립되었다는 점이다. 그러나 우리가 이 명제의 '출신 문제'를 언급할 때에 연관된 문제를 충분히 도출해 냈던 것은 아니다. 이 '출신 문제'에는 한층 진전된 논의가 필요한 두 가지 문제가 잠재되어 있기 때문이다. 첫째, 동아시아가 서구의 반명제라면, 예컨대 서구가 자아의식을 구축하기 위해 그것을 매개로서 제조한 것이라면 동아시아의 일체성도 서구라는 명제로부터 인신(引伸)되어 나온 것인가? 다시 말해 우리가 오늘날 동아시아라는 이 범주의 '서구 출신'을 강조하는 것은 이른바 동아시아의 '비(非)서구본질주의'[8]라는 상상을 깨기 위한 것인가 아니면 동아시아의 인식론적 특징을 더욱 깊이 규명하기 위한 것인가? 전자라면 이 문제는 기본적으로 토론에 부쳐야 하는 전망이 아닌 하나의 결론으로서 이미 충분히 그 정당성을 확보하고 있다. 그러나 후자라면 이 문제는 명쾌하게 밝혀야 할 필요가 있다. 동아시아인에 대한 분석과 함께 놓고 보자면 이 범주는 단지 서구의 강제라는 차원에서만 존재하는 것은 결코 아니다. 거기에는 동아시아인들이 자신을 서구와 동일시하려는 욕망도 내포되어 있다. 다만 그것은 서구의 근대에 대항하기 위한 대명사로서 간주되었기 때문에, 더욱이 일본은 일찍이 동아시아 상상을 '대동아공영권'으로 전환했고 그렇게 일본을 중심으로 설정한 채 전쟁 폭력이라는 피비린내 나는 과정을 수반한 적이 있기 때문에 동아시아라는 명제는 단지 '서구의 극동아시아에 대한 상상'이 주축이 될 수만은 없게 되었다. 그것은 오히려 우리 역사의 가장 깊은 부분들을 불투명하게 만들기 때문이다.

둘째, 앞의 명제와 표리 관계를 이루는 것으로 동아시아 지역은 서구에 대한 상상에 있어 똑같이 '총체성'[9]이라는 특징을 지니고 있다는 것이다. 서구인들(유럽연합 회원국의 지식인을 포함해)은 자신들을 하나의 총체로 보는 관점이나 서구를 총체로서 상상하는 동아시아인의 서구 상상을 결코 수용하려 들지 않는다. 외재적인 시각은 늘 상대방을 하나의 총체로서 조합하는 경향을 띠고 내재적인 시각은 반대로 내부의 차이들에 주목하는 경향을 띤

8_[옮긴이] 원문은 '本質主義'이다. 이는 'esentialism'의 중국어 역어다.

9_[옮긴이] 원문은 '整合性'이다. 이는 개별적인 것들을 하나의 총체로 조합하는 성향을 뜻한다.

다. 이러한 의미에서 동아시아가 누구의 개념인가는 결코 중요하지 않으며 이러한 시각의 역사적인 전개로 인해 어떠한 자아 인식들이 야기되었는지의 문제가 중요해진다.

근대 이전에는 동아시아라는 범주는 진실로서의 의미를 지니지 못했다. 지정학[10]적 범주로서 동아시아라는 존재는 서구 근대의 내침 및 삼투와 직접 연계되어 있다. 그러나 이 범주가 일단 형성되자 그 역할은 자신을 형성해 준 원인으로부터 벗어나 독립적인 의미를 지니는 방향으로 작동됐다. 주의할 점은 역사과정에서 동아시아 담론을 하나의 유기적인 총체로 간주하기는 곤란하다는 점이다. 특히 일본이 '아시아주의'로 시작해 '대동아공영권'으로 끝난 비극적 에피소드를 겪고 난 후 동아시아는 그 총체로서의 윤곽이 모호해지고 말았다. 우리는 동아시아 담론에 기실 근본적인 난제가 내포되어 있음을 발견할 수 있는데 누가 동아시아를 대표하는가의 문제가 바로 그것이다. 왕년의 쑨원(孫文)의 '대아시아주의'는 '왕도'(王道)로서의 의미를 분명하게 드러내고 있었다. 따라서 국가 중심적인 담론이라기보다는 문명 담론이라고 하는 편이 낫다. 다만 현실에서 쑨원이 처한 정치적 환경이 어떠했는가와 상관없이, 또 당시의 중국이 정말로 근대적 국가의 하나라는 자각을 했는가와 무관하게, 쑨원의 '대아시아주의'는 결국 다원주의적인 국제정치 담론은 아니었다. 이 역시 '대국 중심주의'라는 연상과 비판을 야기하는 것으로부터 벗어나기 힘들었다. 그러한 비판 가운데 한국으로부터 제기된 비판이 이 담론의 오늘날의 자리매김 문제를 명쾌히 하는 데 도움이 된다(白永瑞 1999 참조). 사실 문제는 쑨원이 중화 중심주의자이냐에 있지

10_[옮긴이] 원문은 '地緣政治'이다. 이는 'geopolitics'의 중국어 역어다.

않다. 그보다는 우리가 동아시아에 대해 논의할 때 중심의 설정을 제거할 수 있는가에 있다. 쑨원의 '대아시아주의'는 그 유토피아적 성격으로 인해 일본의 아시아주의와 뒤섞여 논의되지 않을 수 있었다. 그러나 일본의 아시아주의는 유토피아적 성격이 주도적이지 않았던 까닭에 '대동아공영'이라는 수렁으로 미끄러져 들어갔고 아시아 담론 역시 계면쩍은 상황에 처하게 했다. 쑨원이 동경했던 바는 어떤 형태의 무력이든 그것에 호소하지 않고 도덕적인 역량에 호소하는 아시아 담론이었다. 그는, 왕도와 대립적인 패도(覇道)는 그로부터 억압받는 것을 결국에는 소멸되게끔 만들므로 이는 역사의 비극이라며 비판했다. 그러나 객관적으로 따져 보면, 대아시아주의로서 언급된 내용은 차치하고 그 사유 방식만을 집중적으로 살펴볼 때 왕도와 패도는 구조면에서 서로 유사하다. 그들 모두 하나의 중심을 설정하고 있고 둘 다 자신을 중심으로 자처하고 있기 때문이다. 이 점이 바로 쑨원의 대아시아주의가 한국 학자의 비판을 받게 된 원인이다.

쑨원 사후 중국의 아시아주의는 그만큼 선명한 성격이나 새로운 논의의 시야를 지닌 것이 나오지 않은 채로 정체되었다. 반대로 이후 전개된 전쟁에 대한 태도와 전후의 전쟁 처리 과정에서 아시아에 대한 담론은 기타의 담론에게 그 자리를 물려주고 말았다. 이러한 상황에서 시각으로서의 동아시아는 기본적으로 중국의 현대사에서 중요한 역할을 수행하지 못하고 있었다. 동아시아를 하나의 총체로 조합해 통일체로 간주하는 것 역시 인식론 면에서 볼 때 매우 어려운 일이다. 제2차 세계대전 이후 동아시아는 그 자체가 냉전의 축소판이 되었고 한국전쟁이 조장되고 발발됨에 따라 한반도에 철의 장막[11]이 본격적으로 펼쳐지기에 이르렀다. 철의 장막 양 끝에 처했던 '한국–일본–타이완'과 '소련–중국–북한–몽골인민공화국'은 줄곧 동일한 이데올로기를 함께 향유할 수 없는 사회 대립과 정신적인 격절 상태에 놓이게 되었다. 이러한 역사과정에서 '동아시아'를 장차 총체로 간주하자는 논의는 가장 기본적인 조건조차 충족시키지 못했던 것이다. 그러나 베를린 장벽의 해체로부터 야기된 이데올로기적 후유증 가운데 하나가 자본주의 진영의 특정 이데올로기들(특히 '시장경제'라는 이 비정치적으로 보이는 이데올로기)에 대한 사회주의 진영 내부의 상대적인 관용이었다는 점에 주목할 필요가 있다. 이로 인해 냉전 시대의 두 이데올로기 간에 형성됐던 무미건조한 대립이 타파되었고 심지어 때로는 서구 자유주의 이데올로기가 주도적인 위상을 차지한 것처럼 보이기까지 한다. 이러한 상황에서 새로운 구상으로서의 '동아시아 공동체'(우선 경제체제에 대한 구상으로서의)가 총체적 담론을 수립할 수 있는 토양을 찾을 수 있게 되었고, 그 토양이 바로 근대화와 근대성 이론이었다.

그런데 동아시아 담론이 동아시아의 일부 지역에서 전개됐을 때 회피할 수 없는 문제가 발생했다. 곧 중국의 '동아시아 의식의 박약'이라는 현상을 어떻게 바라볼 것인가의 문제가 그것이다. 물론 중국 사회에서 동아시아 담론이 부족한 것은 아니지만 경제 공동체의 차원에서는 '동아시아'라는 범주는 이제야 중국의 여론과 사상 내지는 이론 공간에서 자신의 자리를 찾았다. 이러한 경제 시각에서의 동아시아는 동아시아 전 지역을 다 포괄하는 것은 아니다. 또한 근대화의 정도를 표지로 삼기에 "가난을 싫어하고 부유함을 좋아한다"는 의심을 받기도 한다. 또한 '동아시아'는 사상의 시의적인 역할 문제에 있어서도 기실 허공에 매달린 것과 같은 상태다. 바꿔 말해 동아시아에 관한 연구와 토론이 줄곧 수행되어 왔을지라도 그것들과 중국의

11_[옮긴이] 원문은 '鐵幕'으로, 냉전의 비유적 표현이다.

사상계, 지식계와의 관계는 도리어 불분명하다. 중국의 지식인에 대해 말해 보자. 자명하게 보이는 것이 오히려 늘 현안이 되어 왔다. 곧 "우리는 왜 동아시아에 대해 토론해야 하는가?"가 그것이다. 이를 동아시아 이웃 나라의 지식인의 입장에서 말해 보자. 중국 지식인의 이러한 애매한 태도는 바로 '중국 중심주의'로 간주된다. '중서(中西) 간의 대화'와 같은 이러한 애매한 틀은 항상 중국의 대륙 중심주의를 비판하는 표적이 되어 왔다.[12] 요즘은 중국의 지식인들이 동아시아 간의 대화를 수행하고자 노력하고 있음에도 이러한 상황은 여전히 근본적으로 변하지 않았다. 사실 동아시아 지역 간에 논의를 진행해야 하는가의 문제는 결코 중국 지식인들이 자신이 지녀 왔던 것을 내려놓고 마음을 열었는가, 아닌가의 문제를 의미하지 않는다. 그것은 동아시아 의식이 중국의 사상 공간에서 자리를 잡았는가, 그렇지 않은가의 문제를 상징한다. 만약 상응하는 자리를 확보하지 못했다면 우리가 캐물어야 할 것은 그 원인이 단지 대국 중심주의적인 의식 때문인가, 아닌가의 문제이며, 거기에 더욱 근본적인 역사적 원인이 있는가, 아닌가의 문제다.

독립적인 주권국가로서 중국이 주체적인 서사를 수립한 이후의 역사를 돌이켜 보자. 냉전 구조의 해체 전, 지역성을 기반으로 하는 시각 가운데 주요한 것으로는 다음의 두 가지가 있었다. 하나는 1955년 저우언라이(周恩來) 총리가 반둥회의(Bandung Conference)에 참가했을 때 동일시했던 '아시아-아프리카' 시각이고 다른 하나는 1970년대 초에 사용하기 시작한 '제3세계'라는 화법이다. 여기서 주목해야 할 점은 이 두 시각은 공히 중국이라는 콘텍스트 속에서 하나의 목표를 지향했다는 점이다. 곧 냉전 구조가 수

12_[옮긴이] '동서'(東西)에 비해 '중서'(中西)는, 중국이 동양을 대표한다는 중국의 대륙 중심주의를 암암리에 그러나 강하게 풍기는 표현이다.

반한 미국과 소련의 대립 구도로부터 필요한 거리를 유지하고 나아가 식민화의 위기로부터 벗어나 독립적이고 자주적인 권리를 획득한다는 것이 그것이다. 냉전 구조 속 완충지대로서의 아시아·아프리카·라틴아메리카의 민족해방운동과 제3세계운동으로 인해 동아시아의 정치적 역할이 복원되었고 동시에 '극동아시아'라는 이 국제정치 용어의 자리매김 문제가 중국의 면전으로 밀려 왔다.[13] 정말 예상치 못했던 것은 이렇게 반세기 가까이 겪었던 역사가 베를린 장벽이 붕괴되던 그 하룻밤 사이에 소멸되었으며 더구나 역사적으로 볼 때 냉전 구조 자체에 '아시아·아프리카·라틴아메리카'와 '제3세계'의 역사과정이 진정으로 포함된 적이 아예 없었다는 사실이다.

물론 이러한 역사가 하룻밤 사이에 소실될 수는 없다. 따라서 사상이 축적되어 가는 과정에서 강력한 동아시아 담론이 중국 사회에서 생산될 수 없었던 것은 다른 어떤 필연성이 있었기 때문이다. 설령 개혁개방이 야기한 절박한 경제적 필요에 의해 상대적으로 독립된 지역으로서의 동아시아가 내부적으로 정치적 상호 연동과 사상의 공동 향유를 실현했다고 치더라도 아직도 상당 정도의 준비가 더 필요하다. 만약 아시아·아프리카·라틴아메리카와 제3세계라는 담론 범주를 사용해 중국의 사상계에 대해 말한다면 이러한 범주는 일련의 역사적 맥락 속에서 그에 상응하는 자리를 찾을 수 있다. 그러나 상대적으로 자족적 단위인 동아시아에 대해 말한다면 그것의 역사적 맥락은 분명하지 않게 될 것이다. 오늘날 현대사 특히 전쟁사를 정리한다는 의미에서 동아시아는 하나의 담론 단위로 구성된다. 다만 이 담론 단위는 아직 주체의 자기 동일시 방식을 성찰하는 단계까지 발전하지는 못

13_吳建民(2007)에 따르면 저우언라이 총리가 반둥회의 석상에서 발언할 때 동아시아에 대해 언급하면서 쓴 표현은 '원동'(遠東: 극동)이지 '동아시아'라는 이 어휘가 아니었다고 한다.

했으며 그렇기 때문에 그것은 상당히 큰 한계를 노정하고 있다. 이와 동시에 우리는 동아시아 시각과 병행하는 또 하나의 시각 곧 '개발도상국가'라는 시각이 있음을 발견하게 된다. 이 '제3세계'라는 사상을 발전시킨 시각은 다음의 두 측면에서 강력한 공능을 발휘했다. 하나는 그것은 오늘날의 중국 사회와 마오쩌둥(毛澤東) 시대의 연속성을 암시했다는 측면이고, 다른 하나는 동아시아 시각이 중국 사상의 생산에 기여하는 역할을 제약했다는 측면이다. 곧 그것은 동아시아 담론에 대해, 동아시아라는 시야를 뛰어넘음으로써 실효를 잃게 된 역사 시야가 덮어 버린 문제들 — 그런데 이 문제들은 중국의 당대(當代) 정신생활의 주요 부분을 구성하고 있다 — 에 반드시 답변할 것을 요구했다. 이상이 동아시아 담론이 오늘날의 중국 사상계에서 아직 유효하게 자리매김 되지 못한 주요한 원인들이다.

일본에 대해 얘기해 보자. 일본의 경우 동아시아는 줄곧 피부에 와닿는 절실한 시야였다. 그것은 일찍부터 일본이 서양에 대항하는 문화 건설 단위(다만 오카쿠라 텐신[岡倉天心]의 담론에 서술된 것처럼 문화 단위로서의 '아시아'가 더욱 널리 사용됐던 시각이다)를 대표했고, 특정한 역사 시기에는 동아시아의 이웃 나라에 대한 실망(후쿠자와 유키치[福澤諭吉]의 '탈아론'[脫亞論]이 드러내고 있는 것처럼)을 나타낸 적이 있었다. 그것은, 일본이 중국을 대신하여 동아시아 내지는 아시아의 중심이 되겠다는 야심을 드러낸 것이었으며, 동시에 일본 군국주의 사상의 청산을 촉진하는 것이었다. 곧 '동아시아' 혹은 '아시아'는 근대 이래 일본 사상사의 기본적인 모티프 가운데 하나였다고 말할 수 있다. '대동아공영권'이 일본의 동아시아 담론에 짙은 그림자를 드리웠지만 자기 정체성 수립의 관건적인 문제로서 일본과 아시아 특히 동아시아의 관계는, 더 나아가 말하자면 일본의 아시아에서의 자리매김 문제는 줄곧 근대사상사에서 인식론의 핵심이었다. 이러한 의미에서 '대아시아주의'로부터 '대동아공영권'에 이르기까지, 다시 대동아공영 이데올로기의 반명제로서의 '일본의 동아시아로의 회귀'라는 담론에 이르기까지, 내포와 역할의 면에서는 이들을 하나의 동일한 범주로 귀속시킬 수는 없지만 일종의 역사 인식론의 형태로서 이들 사이에는 모종의 상호 긴장적인 일치성이 존재한다고 말할 수 있다. 어떤 유의 동기이든 간에 또 어떠한 목표를 지향하든 간에 담론 단위로서의 동아시아는 그러한 역사 단계마다 늘 막강한 제약이었다. 이 점은 중국이 아시아와 아프리카, 라틴아메리카 및 제3세계 및 개발도상국가를 담론의 단위로서 삼았을 때의 제약의 정도와는 매우 다른 것이다. 일본 사상계가 대면하고 있는 것은 그들의 인식 지평에 동아시아가 없다는 문제가 아니라 동아시아와 자신의 관계를 어떻게 처리할 것인가의 문제다. 그래서 동아시아 담론의 성립 여부가 문제가 되는 것이 아니라 동아시아를 도대체 어떻게 담론해야 하는가의 문제가 지리적 범위로부터 담론의 이념에 이르기까지 모두 일본 사상계의 논쟁적인 초점을 이루고 있다. 그러나 이러한 문제들은 중국에서는 여전히 기본적으로 아무런 의미도 지니지 못하는 것들이다.

한반도의 동아시아 의식에 관해서 나는 직접적으로 이해하고 있는 것이 별로 없어서 정확하게 판단할 수 없다. 다만 한반도의 전근대 역사 상황을 소급해 따져 보지 않더라도 제2차 세계대전 이후에 비로소 형성되고 또 한국전쟁 후에 정형화된 한국에 대해서는 다음과 같은 사실을 언급할 수는 있을 듯싶다. 곧 동아시아 의식의 흥기는 한국의 '포스트 냉전 사고'와 직접적으로 연계되어 있다는 것이 그것이다. 아직 한반도의 전후 처리 작업이 진정으로 완료되지 않았고 미군기지도 여전히 한국에서 철수되지 않고 있지만 한국 사회의 민주화 역정으로 인해 동아시아라는 정체성은 매우 피부에 와닿는 문제로 변모되었다. 한국 사회에서 자신의 정체성을 미국과 동일시할 것인가 아니면 동아시아와 동일시할 것인가의 문제는 주체의 구성과 연관된 중요한 문제였다. 더군다나 한국이 동아시아에서 자신의 자리를 잡아 가는 방식은 일본이나 중국 및 다른 지역의 자기 동일시 방식과는 달랐다. 곧 동으로는 미국이 있고(기실 미국은 한국 내부에도 존재한다) 서로는 중국이 있으며 남에는 일본이 있고 북에는 러시아가 있는 국제정치 환경에서 한국 사회 혹은 한국의 지식계(당연히 이를 한국 정부와 동일시해서는 안 된다)가 동아시아 정체성을 구축한다는 것은 그것이 전략적인 선택이었음을 의미한다. 더군다나 다음에서 언급하고자 하는 바와 제2차 세계대전 후 동아시아에 형성된 철의 장막은 한반도를 중심으로 하는 역사적 상황이었다는 점으로 인해 한국 사상계가 동아시아에 주목하는 태도에 특정한 역사적 함의가 배어들게 되었다. 따라서 짐작해 볼 수 있는 것은 한국의 사상계가 정체성을 동아시아와 동일시할 것인가 아니면 서방(미국과 서구는 여기에서는 응당 상이한 추세를 대표한다)과 동일시할 것인가의 문제에는 필연적으로 매우 뚜렷한 분기점이 존재할 수밖에 없다는 점이며, 그렇게 나눠진 자리매김은 모르긴 해도 일본과 중국의 사상계가 이를 내재적으로 이해하기에는 무척 어려울 것이다.

또 하나 매우 미묘한 문제가 있다. 곧 한국 사상계의 중국에 대한 태도다. 한국의 동아시아 담론에서 중국이 차지하는 위상은 상당히 중요하고도 크다. 한때 한자가 폐지됐던 것에서부터, 중국이 한국 정부의 요청을 받아들여 한성(漢城)을 서울(首爾)로 개명한 일, 고구려 문제 등이 야기한 사회적인 반향을 통해 한국 사회 내부가 중국에 대해 느낀 압박감은 매우 분명하게 표출되었다. 그러나 이는 한일관계와는 달라서 중국에 대한 한국 사회의 태도는 단순한 대항도 아니며 동정적인 이해도 아니다. 우리는 중국과 한국 두 사회 사이에서 한국과 일본 사이에서보다도 더욱 깊은 격절을 느낄 수 있다. 이러한 격절의 근원은 쌍방의 시야가 대칭적이지 않다는 데에 있다. 이로 인해 같은 문제에 대한 중국과 한국 사회의 태도에는 상당히 큰 격차가 존재하게 되어 사상 면에서의 상호 연동을 실현하는 데에 매우 큰 장애가 되고 있다.

그리고 중국 대륙의 학술계가 늘 빠뜨리는 지역이 있는데 바로 타이완이다. 제2차 세계대전 이후의 타이완에서 아시아 담론을 구축하는 것은 차라리 매우 곤혹스런 문제였다고 말하는 게 나을 듯싶다. 이는 타이완과 대륙과의 관계가 초래한 정체성 문제라는 복잡함 때문만은 아니다. 타이완이 일찍이 냉전 구조에서 동아시아의 중요한 마디였기 때문에 그렇다. 양안관계와 중미관계의 교착이나 한국전쟁 시기 타이완의 위상, 타이완과 일본의 역사적이고도 현실적인 관계 등으로 인해 타이완은 하나의 시각으로서의, 총체로서 조합 가능한 동아시아라는 인식을 지니기 어렵게 되었다. 이러한 와중에서 동아시아 내부의 지역 간 긴장이 도리어 타이완 사상계의 과제가 되었다. 대륙의 지식계는 타이완의 이러한 복잡한 과제를 거의 내재적으로 이해하지 못하고 있기 때문에 통일이냐 독립이냐는 문제로만 온통 관심이 집중되었고 그 결과 동아시아에서 타이완이 차지하고 있는 특수한 자리가 홀시되고 동아시아 시각이라는 이 문제를 타이완이 어떻게 구축했는지(혹은 얼마나 어렵게 구축했는지)에 대해 거의 주목하지 않는 지경에 이르렀다.

이상은 단지 동아시아 지역 일부의 상황일 따름이지만 상술한 상황을 통해 우리는 동아시아 담론의 지역적 불균형과 그 안에 내포된 내재적 긴장을 목도할 수 있었다. 사실 오늘날 성행하고 있는 동아시아 담론에서 우리들은 몇몇의 지역적 상황을 무시하고 있다. 곧 북한이나 몽골인민공화국, 베트남 및 동남아시아의 여러 국가들이 그 예다. 아마 시간이 흐름에 따라 이들 사회는 필시 동아시아 담론의 시야로 편입될 것이다. 다만 그때가 되면 또 다른 문제가 돌출될 것이다. 여러 요인으로 인해 지금은 동아시아 담론에 대해 목소리를 내고 있지 않은 지역들도 자신만의 동아시아 상상을 지니고 있을 수도 있고 이와는 반대로 어떤 사회들은 동아시아 담론을 절실하게 필요로 하지 않을 수도 있기 때문이다. 다시 말해 동아시아에 있는 모든 국가와 사회가 다 필연적으로 동아시아 담론을 지향하는 것은 결코 아니며 이는 해당 사회와 국가의 역사적 맥락에 의해 결정된다. 설령 동아시아 담론을 지향한다고 해도 그렇게 동아시아 담론을 통해 자신의 정체성을 구축한 사회라도 그들의 동아시아 담론에 담긴 내재적인 논리의 차이는 매우 현격할 것이다. 따라서 우리는 인식론의 차원에서 어쩔 수 없이 근본적인 곤경과 마주할 수밖에 없게 된다. 곧 직관적 혹은 논리적 층위에서 통일된 동아시아를 구축하는 불균형 상태는 장래에 틀림없이 의도적으로 무시될 것이라는 점이다. 또한 인위적으로 균형적인 동아시아 시각을 수립한다고 해도 그것은 실천의 층위[14]가 아니라 이론적인 층위에서만 '구동존이'라는 관념을 받든다는 점이다. 이것은 장차 역사의 차이를 최대치까지 말살할 수 있는 엄청난 통제 기능을 지니고 있기 때문에 현실에서 필연적으로 서로 다를 수밖에 없는 지점들을 대면하기 어렵게 만들고 제반 문제를 "동아시아는 정녕 일체가 될 수 있는가?"와 같은 추상적인 설정 쪽으로 끌고 갈 것이다.

14_국제정치적 실천의 경우 일치하는 점은 취하고 서로 다른 점은 그대로 두는(구동존이[求同存異]) 것은 단지 국가 간의 정치적 전략이지만 이는 국가 간의 정치적 입장 차이를 결코 회피하지는 않는다.

3. 냉전의 역사와 동아시아의 관계

인식론적 차원에서 동아시아가 독립적인 담론 단위가 될 수 있는가는 문제로서 성립된다. 그러나 이런 의문은 논리적인 예단으로부터 발원된 것일 뿐 역사에 대한 해석으로부터는 절대 직접적으로 발원되어 나올 수 없다. 실제로 '극동아시아'여도 좋고 '동아시아'여도 좋다. 둘 다 역사적으로 독립된 대상으로 구축되었지만 그들의 존재 방식은 결코 논리적이지 않으며 또한 그들은 결코 동아시아 바깥의 국제정치 관계의 배제를 전제로 하지도 않았다. 반대로 그들은 동아시아 외부의 정치 세력을 자신의 운동 과정에 꼭 필요한 요소로 간주했다.

이러한 국면을 조성한 것은 냉전의 역사였다. 냉전에 대해 중국은 이미 상당량의 빼어난 연구 성과를 보유하고 있다. 그 결과 우리는 이 시기의 역사를 회고할 때 참조할 만한 윤곽을 그릴 수 있게 되었고 이 글에서도 이 시기의 역사에 대한 서술을 생략할 수 있게 되었다.[15] 이런 기초 위에서 다음의 세 가지 문제에 대해서만 사전 설명을 덧붙일 필요가 있다. 이들은 아래에서 수행할 분석과 연관되어 있기 때문이다.

첫째, 냉전의 실제 역사과정과 냉전이라는 이데올로기는 반드시 구분해야 한다. 전자의 경우 그것은 제2차 세계대전이 종결된 후 영국과 미국 가운데 특히 미국이 소련으로 대표되는 공산주의 세력에 대해 취했던 적대적인 봉쇄정책과 한국전쟁 때에 도달한 백열화(白熱化) 단계[16]를 가리킨다.

15_여기서는 단지 필자가 읽은 매우 제한된 저작만을 언급하기로 한다. 沈志華 主編(2006); 牛軍 主編(2006); 楊奎松(2006); 沈志華·李丹慧(2006); 沈志華(2003); 孔寒冰(2004) 등.

16_[옮긴이] 어떠한 상황이 최고조의 상태로 되어가는 것을 말한다.

그러나 그 후에 냉전의 함의는 상이한 단계마다 조성된 국제정치 정세의 변화에 따라 부단히 변동되었고 냉전 구조를 떠받들고 있던 미소 간의 대립 역시 변화해 왔다. 후자의 경우 1946년 처칠이 연설할 때 사용했던 '철의 장막'과 1947년 미국의 전파 매체가 대대적으로 선전한 '냉전'이라는 용어가 이데올로기적 상상을 구성하는 열쇠말이었다. 이들은 냉전의 고정화된 이미지로서 부단히 변동하는 냉전 현실과 결코 정확하게 대칭되지 않았다. 냉전 구조가 사실상 해체된 상황에서조차 냉전 이데올로기는 여전히 상대적으로 독립된 채로 불변의 형태를 유지하고 있으며 갈수록 단순화되고 경직화되고 있다. 그것은 단순화되면서 권위주의적 정치(이는 통상 공산당이 통치하는 국가에 대한 별칭으로 간주된다)에 대한 추상적인 비판을 이끌어냈고, 자유주의 민주정치를 고도로 신화화했다. 그 결과 그것은 신자유주의 이데올로기의 발생과 직접적으로 잇닿게 되었다. 특히 반드시 지적해야 할 점은 냉전 이데올로기는 주로 서방 자본주의 진영에서 생산되어 공산당 통치 국가에 대해 공격을 감행하는 이데올로기였기 때문에 사회주의 진영의 이에 대한 태도는 냉담 그 자체였다는 사실이다. 서방으로부터 온 이데올로기에 대항하기 위해 사회주의 진영의 국가들도 서방 진영의 '공산주의 이데올로기'를 단순화하고 희화화했다. 이데올로기 전쟁은 냉전 시기의 매우 중요한 구성 인자였다. 그것은 물과 불처럼 양립 불가능한 태도로 복잡한 역사과정에 임함으로써 역사를 단순 명료한 형태로 그려 내었다. 의미심장한 것은 냉전 구조가 해체된 후에 서방 진영에서 냉전 이데올로기와 그것이 단순화된 형태인 '전 지구화'가 도입되었고, 이들은 민주와 자유의 이상향에 관한 서술로 전화되어 서로 다른 사회체제에 속한 지식 엘리트들에 의해 공유되고 있다는 점이다.

둘째, 냉전은 윈스턴 처칠(Winston Churchill)이 1946년에 행한 '철의 장막' 연설에서부터 1989년 베를린 장벽의 붕괴 사이의 역사 전체로 간주되지만 이 시기 동안 냉전은 결코 단일한 균질적 과정이 아니었다. 냉전은 본질적으로 소련을 영수로 하는 사회주의국가에 대한 서방 자본주의 세계의 경제적 봉쇄였기 때문에 그 주요 목표는 소련을 제어하는 것이었다. 따라서 중국과 같이 소련의 제어로부터 독립할 수 있는 큰 나라에 대해서는 신축성 있는 정책을 취했다. 이 점은 냉전 시기의 양 진영을 사회제도라는 단일한 기준으로 나누어 따져 보는 것을 어렵게 한다. 동시에 냉전 전략이라는 차원에서 볼 때 서방 진영 내부에도 다른 점들이 많이 존재했으며 공산당 통치 국가 사이에도 긴장과 충돌 관계가 존재했다. 예컨대 1950년대 후반부터 시작된 중국과 소련 사이의 갈라짐 내지 충돌은 냉전 구조를 상대화했고 심지어는 양 진영 사이의 균형을 깨기도 했다. 또한 1970년대가 시작될 즈음에 소련은 서독과 수교했고 중미(中美)와도 실질적으로 접촉하기 시작했다. 이들은 모두 내용적인 면에서 냉전의 상당히 큰 심지어는 본질적인 변모를 촉발했다.

셋째, '냉전'으로는 사실 제2차 세계대전 이후의 세계 구조를 개괄할 수 없다. 이른바 제3세계와 아시아·아프리카·라틴아메리카 시각은 모두 냉전 구조 바깥의 광대한 지역의 주체성을 강조하는 맥락에서 생성된 것이다. 제2차 세계대전 중 아시아의 많은 국가들은 아직 독립과 민족 해방을 이루지 못한 상태였고, 전후 영국과 미국의 냉전 구상은 단지 제2차 세계대전 동안 유일하게 그들에 대항할 수 있는 역량을 지닌 소련을 겨냥해 만들어진 것이었다. 또한 제2차 세계대전 이후 아시아의 형세에는 거대한 변화가 발생했다.[17] 중국은 공산당이 독자적으로 통치하는 국가가 되었고, 소련의 통제와 세계혁명이라는 전망의 구상으로부터 벗어났다는 맥락에서 중국은 실제적으로 매우 이른 시기에 냉전 구도로부터 일정 거리를 유지하게 되었다.

또한 인도라는 큰 나라와 동남아의 여러 나라들이 국제적인 사무의 처리 과정에서 수행하는 역할이 갈수록 중요해졌다. 예컨대 한국전쟁 시기 인도가 유엔에서 행한 발언이나 반둥회의 석상에서 보인 자와할랄 네루(Jawaharlal Nehru)의 태도 등은 모두 긴장 국면의 완화와 세계평화의 유지라는 맥락에서 중요한 역할을 수행했다. 상술한 바들은, 냉전 시각은 제2차 세계대전 이후의 세계 구도를 고찰하는 수많은 시각 가운데 하나라는 점을, 그것을 유일한 시각으로 삼아서는 안 된다는 점을 말해 준다.

상술한 세 가지의 문제를 전제로 냉전 구조 속의 동아시아 시각에 대해 토론해 보고자 한다. 특히 동아시아 시각의 이데올로기적 역할이 아니라 그것의 역사적인 특징에 주목하고자 한다.

1972년 소련과학원 극동연구소는 『극동아시아의 여러 문제』라는 계간지를 창간했고 동시에 일어판과 영어판(1980년부터는 스페인어판이 추가되었

17_Fleming(1961)의 *The Cold War and its Origins, 1917~1960*(일본어 역서는 『現代國際政治史』(岩波書店, 1966)로 서명을 바꾸었다)를 참조할 것. 냉전의 기원을 깊이 있게 분석한 이 빼어난 저작에는 이 점에 대한 풍부한 규명이 실려 있다. 제1부인 "적과 벗"에서 저자는 제2차 세계대전 동안 영국과 프랑스의 소련에 대한 공포가 독일에 대한 공포보다 더 컸음을, 공산주의에 대한 방어가 파시즘에 대한 저항보다 더 컸음을 지적했다. 히틀러가 소련의 역량을 약화 내지 제거하는 데 도움이 되기를 희망했기 때문에 서유럽 전선에서의 반파시즘 전쟁은 앉아서 좋은 기회를 놓친 셈이 되었고, 히틀러는 동유럽 전선에서 승승장구하면서 부단히 전선을 확대해 갈 수 있었다. 미국은 1917년 러시아혁명 직후부터 반공산주의 선전을 전개하는 한편으로 미국 의회 내의 사회주의자에 대한 청소를 진행했다. 그러나 16년 후인 1933년에 석유 위기와 히틀러의 공세에 쫓겨 루스벨트 정부는 어쩔 수 없이 소비에트 정부의 합법성을 승인할 수밖에 없었다. 플레밍이 이 책을 쓴 목적은 냉전 역사가 어떻게 서방 세계의 공산주의에 대한 공포 속에서 배태되고 양육된 점을 규명하는 데 있었다. 냉전 구도가 전기를 맞이했던 1960년대 초엽에 그는 제2차 세계대전 이래의 역사를 회고하면서 서방사회에 대해 공산주의 진영에 대해 '내재적으로 이해'함으로써 편견과 맹목적으로 과대 조성된 적대적 국면을 최대한 빨리 해소할 것을 촉구했다.

다)을 발행했다. 이 간행물은 1990년 경비 문제로 인해 일어판을 찍지 못하게 될 때까지 줄곧 일본의 대학에서도 발행되었다(몇몇 대학들은 계속 소련 대사관으로부터 기증을 받았다). 하여 일본의 많은 대학에서 이 잡지를 찾아볼 수 있는데 흥미로운 점은, 역사가 그리 오래되지 않은 문헌인 이 잡지를 어느 도서관도 창간호부터 하나도 빠뜨리지 않고 제대로 갖춰놓지 못했다는 사실이다. 내가 찾을 수 있었던 가장 이른 시기의 잡지는 1974년 6월에 출간된 제3권 제2기로 그 전 2년간의 잡지는 어느 도서관의 전자 색인에서도 발견할 수 없었다. 딱딱한 문체와 교조적인 논술로 인해 이 잡지를 읽는 것은 마치 밀랍을 씹는 것과 진배없다. 그간의 대출 상황으로 보건대 이 잡지는 그리 널리 주목을 받지는 못했던 듯싶다. 그러나 시간이 흐를수록 이 온전하지 못한 문헌이자 영락한 설교성의 논문들을 통해 상당히 중요한 정보들을 얻어 낼 수 있었다.

『극동아시아의 여러 문제』의 역할은 분명 어떤 하나의 학술 기구나 기관의 권한을 초월해 있다. 그것의 서두에는 늘 소비에트공화국 지도자의 강화나 글, 심지어는 성명이 놓여 있었고 이 잡지에 실린 상당수 글의 필법에는 관방의 발언과도 같은 숨결이 묻어 있었다. 때문에 결코 이들을 순수한 학술 논문으로 간주할 수는 없다.[18] 따라서 이 잡지가 소련 정부의 대변인

18_예를 들면 다음과 같다. 1975년 2호에는 브레즈네프 총서기가 아시아의 평화와 안전에 관한 국제회의에서 행한 강화가 실려 있고 1983년 4호에는 안드로포프 총서기의 미국에 대한 성명이 발표되어 있다. 1987년 2호에는 고르바초프 총서기가 레닌 훈장 시상 대회에서 행한 강연이 실려 있고 1988년 4호에는 중국의 『瞭望』 잡지의 인터뷰 내용에 대한 고르바초프의 회답이 발표되어 있다. 1989년 2호에는 고르바초프가 크라스노야르스크(Krasnoyarsk)에서 행한 강연이 실려 있고 동년 3호에는 고르바초프가 乌拉基尔 국제회의에서 행한 강화가 실려 있다. 이 외에도 이 잡지에는 소련과 인도의 공동선언이 발표되어 있는(1983년 1호) 등 소련이 아시아에서 행한 외교 문헌과 소비에트공화국 제25차, 26차, 27차 대표대회 중의 동

은 아니었지만 일정 정도는 이들을 소련 관방의 '학술 태도'로 간주해도 사실로부터 그다지 벗어난 것은 아닐 것이다.

이 잡지에서는 '동아시아', '아시아', '극동아시아', '아태 지역'과 같은 용어들이 호환되면서 사용되었다. 이들 사이에는 미세한 차이도 있고 일정 정도는 상호 중첩되는 부분도 있다. '동아시아'는 기본적으로 지리상의 동북아시아 지역을 가리켰다. 몇몇 논문에서 '동아시아'가 '동남아시아'(혹은 동남아국가연합)와 병렬되어 사용되었기 때문이다. 그러나 이 잡지에서의 '동아시아'는 현재 통용되고 있는 '중·일·한'이라는 틀의 내포보다 그 범위가 더욱 넓다. 소련의 '동아시아' 범주에는 소련과 몽골인민공화국 및 중국·북한·베트남이 포함되며 이 지역들은 '사회주의 진영'[19]이라는 맥락에서 '동아시아'의 주요 부분을 이루고 있었다. 반대로 일본과 한국은 이러한 구분 방식에 있어서 동아시아의 대표나 선진적인 지역으로 간주되지 않았다. 다시 말해 근대화 시각에서는 거의 의심받지 않았던 '중·일·한'이라는 시각이 여기서는 성립될 수 없었던 것이다. 일본과 한국은 미국의 동맹 내지 주구로 간주되었고 동아시아에서 평화와 지역 안정을 해치는 지역[20]으로 자리매김 되었다. 또한 일본과 한국에 군사기지를 가지고 있다는 맥락에서 미국은 『극동아시아의 여러 문제』에서 동아시아 문제가 언급될 때마다 한 번도

아시아 관련 정책들이 실려 있다. 이들 정부 문헌에 대해 해석해 놓은 글 및 이와 관련된 글들도 상당히 많이 실려 있다.

19_이 잡지가 출판된 1970년대부터 1990년대에는 중국을 제외한 다른 국가들에 대한 소련의 장악도는 상대적으로 비교적 높았다.

20_특히 언급할 만한 것으로 이 잡지는 1988년까지는 '한국'이라는 호칭의 사용을 줄곧 거부했고 '남조선'이라는 호칭을 사용했으며 남북한을 두 개의 국가로 간주하는 것은 미국의 극동아시아에 대한 전략적 사고로부터 비롯되어 추진된 음모라고 생각했다. 그리고 타이완은 독립적인 지역으로 간주되지 않은 채로 서술되었다.

빠진 적이 없었다.

'아시아'라는 범주를 사용할 때 이는 본래 구체적으로는 동북아와 동남아, 남아시아의 국가들을 통합해 지칭했다. 인도와 소련의 관계도 '아시아'라는 이 범주에서 처리되었다. 소수의 글에서 이라크-이란 전쟁이나 파키스탄과 이스라엘의 충돌 문제(예컨대 1983년 3월에 출판된 제12권 1기에 실린 "소련-인도 공동선언"에서 중근동아시아의 형세를 언급한 것과 같이)와 같은 중근동아시아의 문제에 대해 언급한 것을 제외하고는 중근동아시아의 국제 관계를 전적으로 논한 글은 없다. 이는 대체로 극동연구소의 임무가 극동아시아 문제의 연구로, 서아시아와는 직접적인 관련이 없었기 때문으로 보인다. '극동아시아'라는 개념은 전략적인 색채를 더욱 분명하게 띤다. 지리적으로 그것에는 동아시아 지역이 포함되고 소련 내부의 '극동 지구'[21] 도 포함된다. 이와 동시에 반드시 지적해야 하는 기본적인 사실이 있다. 곧 '동아시아'라는 이 개념이 비록 동아시아인들 자신이 창조한 것이 아닐지라도 그것은 결국 동아시아 지역에서 자리 잡을 수밖에 없는 시각이라는 점이다. 이에 비해 '극동아시아' 시각의 설정은 유럽(당연히 이 안에는 전 소련이 포함된다)과 미국을 기준으로 하고 있다는 점이 분명하기 때문에 이것의 '외부성'은 '동아시아' 시각의 그것을 훨씬 상회한다. '극동연구소' 자체는 냉전이 가장 극렬했던 시기가 지난 후인 1967년에 설립되었지만 이 연구소는 여전히 '냉전 전략'이라는 국제정치의 의도를 충실하게 구현하고 있었다. 『극동아

21_예를 들면 다음과 같다. 1975년 3월에 출판된 제4권 1기에는 소비에트공화국 중앙정치국 후보위원인 梭羅門契耶夫의 "국민에게 공헌한 시베리아와 극동아시아 자원"이라는 글이 실려 있다. 1988년 8월에 출판된 제17권 4기에는 소련국가계획위원회 지역설계총국 부의장인 斯克罗霍多夫의 "소련의 극동: 문제와 전망"이라는 글이 실려 있는데 여기서 토론한 내용은 전부 다 소련 내부의 지역 자원 문제였다.

시아의 여러 문제』에는 상당히 학술적인 문학과 문화 연구도 실려 있지만 이는 기본적으로 소련의 '중국학' 영역의 제한을 받았던 까닭에 '극동아시아' 내지 '동아시아' 등의 범주와는 무관했다.

상술한 범주 외에 '아태 지역'이라는 또 하나의 개념이 있다. 이것은 '극동아시아'와 유사하게 사용된 부분이 있는데 이 역시 제2차 세계대전 후의 국제정치 관계에 대한 용어다. 이것의 지시 대상은 통상적인 맥락에서 볼 때 '환태평지구'였고 주로 미국의 극동아시아 정책을 비판하는 맥락에서 중점적으로 사용되었다.

상술한 몇 가지의 개념들은 매우 중요한 차이를 지니고 있다. 그러나 이 개념들의 범주를 구분하는 작업은 결코 상상만큼이나 중요하지는 않다. 1970년대 초에 출간되어 1990년 일어판의 출간이 정지됐던 소련의 이 정기간행물에서 우리는 근 20년 동안 소련에 존재했던 관성적인 시각을 발견할 수 있다. 곧 미국을 대립점으로 삼는 동아시아 상상이 그것이다. 이렇게 전략적으로 설정된 적에 대해서 소련은 동아시아 내지 남아시아를 유기적인 총체로 구성했다. 여기서 동아시아는 결코 자연적인 지역이 아니라 국제정치의 역학 관계로 인해 조성된 '장력(張力)의 그물'이었다. 동아시아에 관한 담론은 결코 '공통적인 것의 추구'라는 이 직관적인 맥락에 의거한 총체감 위에서 수립되지 않았다. 공교롭게도 그와는 정반대였다. 만약 내재적인 대립적 긴장과 외재적인 압력이 없었다면 소련의 경우는 동아시아(극동아시아) 담론이라는 틀을 구성해 낼 수 없었을 것이다.

가장 주목을 끄는 것은 이 잡지가 근 20년 동안의 이데올로기에 대한 진술이라는 점이다. 이는 그 자체로 소련 정부와 소련 사회가 수행한 매우 심각할 정도로 굴절된 동아시아 상상의 역사적 전개 상황이기도 하다. 그중에서 가장 두드러지는 것은 중국에 관한 서사다. 창간 후 처음 10년간 이 잡지는 중국에 대해 매우 적대적인 태도를 취했다. 매 기마다 상당량의 논문 주제가 중국의 이데올로기에 대한 비판이었고 마오쩌둥 개인과 '마오주의'에 대한 비판이 반드시 실려 있었다. 특히 언급할 만한 점은 이 잡지에는 '이데올로기'라는 이름이 붙은 특집란이 있었는데 그 절대 다수의 내용이 '마오주의'에 대한 비판이었다는 사실이다. 물론 특집란에는 '이데올로기'로서의 마르크스레닌주의가 소련 이외의 나라(예컨대 몽골)에서 발휘한 영향력을 본격적으로 다룬 선전용 문장도 소수이지만 실려 있다. 다시 말해 '이데올로기'라는 이 특집란은 논적의 이데올로기를 비판하거나 자신의 이데올로기를 선전하는 두 종류의 역할을 담당하고 있었다. 기본적으로 논적들을 비판할 때 "현실에서 괴리됐다"는 죄명과 등치되곤 하는 '이데올로기'의 상식적인 용법과는 달리 『극동아시아의 여러 문제』는 이데올로기에 대한 다른 이해의 사례를 제공해 준다. 곧 사상 투쟁 도구로서의 이데올로기에게 합법성과 정당성을 부여했다는 것이 그것이다.

『극동아시아의 여러 문제』가 1970년대부터 1990년대 소련 고위층이 지닌 동아시아 지역에 대한 이데올로기를 전달했다고 봤을 때, 가장 주목할 것은 극심하게 변동했던 이 20년간 그 이데올로기가 재빠르게 조정되었다는 점이다. 그보다 앞선 10년 동안의 이데올로기는 다음과 같이 귀납될 수 있다. "사회체제와 정치 이념을 현실 평가의 최고 기준으로 삼는다." 이런 기준 아래에서 정치·경제와 사회 연구를 위주로 하고 문화 연구를 보조로 삼은 이 잡지가 줄곧 끝까지 견지했던 바는 냉전의 최대 적, 미국에 대한 적대적 태도였다. 그러나 동아시아의 각국에 대한 태도는, 그들 자신이 동아시아에서의 미국과 한 패인 악당으로 배척한 일본을 포함해, 매우 큰 폭의 조정을 거쳤다. 이러한 조정은 1980년대 중반 이후에 집중적으로 나타났고 가장 현저했던 때는 80년대 말이었다. 이 잡지는 소련과 일본 간 경제협력의 추진 실현성에 대해 토론하기 시작했고 소련이 일본에 있어 가장 적합한 경제 동반자임을 강조했다. 80년대 중반부터 『극동아시아의 여러 문제』는 논의의 중점을 사회체제와 정치 이념으로부터 경제구조의 조정으로 옮겼고 극동아시아 지역과의 경제협력을 고찰한 논문이 증가하기 시작했다. 그리고 상대적으로 극동아시아 지역에서의 미국의 침투를 어떻게 저지할 것이며 사회주의 성과를 어떻게 유지해 갈 것인가를 다룬 논문은 감소하기 시작했다. 가장 두드러진 변화는 중국에 대한 태도다. 여전히 중국을 비판하는 글이 조금씩이라도 꾸준히 실렸지만 88년을 전후로 이 잡지는 개혁 과정의 실패를 포함해 중국의 개혁을 사회주의 진영의 내부 개혁의 한 시도로 간주했다. 또한 그러한 경험과 교훈을 공유하고자 소련과 중국의 우호 및 관계 개선을 강조하기 시작했다. 이런 변화는 확실히 85년 고르바초프의 집권과 관련 있다. 그가 소련에서 추진한 개혁 정책은 소련과 동아시아 각국의 관계에 변화를 야기했다. 아직 이데올로기 담론에 분명한 변화가 발생한 것은 아니었지만 활용 빈도와 강조점의 변화는 그전의 사회제도와 정치 이념을 기준으로 하던 진술에서 경제적 요구와 사회생활에 대한 진술로의 방향 전환을 암시하고 있었다. 특히 89년부터 중소관계가 눈에 띄게 개선되어 양국의 문화 교류가 복원되었을 뿐 아니라 오랫동안 회피했던 '소련과 중국의 우호'와 같은 유의 화법도 이 잡지에 등장하기 시작했다. 이는 중소관계가 외교의 차원에서 변화가 발생했음을 의미함과 동시에 소련의 경우 '극동아시아'가 이미 내부 개혁의 한 중요한 외연(外延)으로 변모되었음을 의미한다. 물론 이러한 자리매김 자체에는 소련이 여전히 사회주의 진영의 수뇌부 노릇을 하겠다는 의도가 관철되어 있다. 그러나 동시에 이러한 주체적인 태도로 인해 이 시기 소련의 서사는 서방의 냉전 이데올로기와는 다른 새로운 해석 가능성을 제공할 수 있게 되었다.[22]

1991년 이후의 이 잡지 사정을 알 수 없기 때문에 몇몇 추론은 이를 실증할 수 있는 방도가 없다. 다만 1990년대 이후 동아시아의 국제정치 관계로 보건대 냉전 구조의 와해와 전 소련의 해체라는 조건에도 러시아가 동아시아에서 퇴출되지는 않았다. 반대로 러시아는 더욱 깊숙한 층위에서 동아시아의 여러 일에 개입해 동아시아의 유기적인 구성 인자가 되었다. 북한의 핵 문제를 둘러싼 '6자 회담'은 동아시아 근대화 서사에 의해 배제되었던 북한을 동아시아의 시야로 끌어들였을 뿐 아니라 러시아를 동아시아의 일원임을 각인시켜 주었다. 지적해야 할 바는 지금 중·일·한에서 통용되는 '동아시아 시각'에서 북한의 핵 문제는 결코 동아시아라는 틀과 연계되어 인식되지 않고 있으며, 단지 일회적인 국제정치 문제로, 즉 동아시아 담론 중의 한 유형이 아닌 것으로 간주되고 있다는 점이다. 이는 이 글의 서두에서 지적했던 바의 세 가지 동아시아 시각에 냉전의 형성과 해체가 동아시아에 가져온 국제적 변동이라는 이 역사적 시야가 빠져 있기 때문에 나타난 현상이다. 그러나 우리가 『극동아시아의 여러 문제』가 구축한 새로운 해석 시각의 도움을 받는다면 북한 핵 문제로 인해 생겨난 6자 회담을 '동아시아' 문제에 귀속시킬 수 있을 뿐 아니라 상하이협력기구(上海合作组织

22_고르바초프의 집권 이후 이 잡지는 중국의 개혁에 대한 연구를 연속적으로 실었다. 1989년부터는 〈중국의 개혁의 길〉이라는 특별란을 두고는 중국의 개혁에 대해 지속적으로 주목하며 연구를 수행했다. 1990년 2권 3호에 발표된 V. Zotov의 "중국 정치 위기의 원인과 결과"라는 논문은 경제적, 사회적 각도에서 천안문사건에 대해 상당히 깊이 있는 분석을 수행하고 있어, 서구의 전파매체가 이 사건을 '민주의 압살'이라는 이데올로기적 상징으로 단순화시킨 것과는 달랐다. 주목해야 할 바는 이 글의 주체적인 태도다. 이 글은 중국에서의 개혁이 처한 곤경을 사회주의 진영에서 개혁을 수행하는 과정 중의 한 실험으로 보았으며 결코 강 건너 불구경하는 태도를 취하지 않았다. 실제로 이 잡지에 발표된 중국의 개혁에 관한 연구들에는 이러한 주체적인 태도가 그 기저에서 관철되고 있다.

Shanghai Cooperation Organization, S.C.O.)도 동아시아 담론으로 편입할 수 있을 것이다.

경직화된 이데올로기의 서술은 차츰 사회를 주도하는 효능을 상실해 가고 있기 때문에 오늘날의 입장에서 보자면 『극동아시아의 여러 문제』는 직접적으로 역사과정 그 자체로 간주되기는 무척 어렵다. 그러나 그것은 순전히 이데올로기의 형식이었던 까닭에 도리어 그러한 기본적인 틀거리에 해당되는 전제들을 비교적 용이하게 분간해 낼 수 있다. 전 소련의 경우 동아시아는 냉전의 한 중요한 진지였다. 그렇기에 오늘날 우리가 동아시아가 일체화될 수 있는가의 여부를 놓고 토론하다 보면 냉전이라는 이 역사의 페이지를 단순하게 번역할 방도가 없게 된다. 미국은 동아시아에 자신의 군사기지를 두고 있기 때문에 이를 동아시아 담론에서 제거해 버릴 수는 없으며, 전 소련이나 지금의 러시아 역시 동아시아 시야에서 배제할 수는 없다. 그러나 문제의 또 다른 측면에 대해 언급해 보자. 냉전은 소련과 미국이 두 나라가 대립해 온 역사과정이고 이 과정에서 동북아의 어떤 국가들의 역할은 공교롭게도 이러한 구조와 비대칭적 혹은 대립 관계를 유지하고 있었다. 예컨대 전후의 중국 역사처럼 말이다. 이런 맥락에서 우리는 전후의 동아시아 역사를 '냉전적 대립의 역사'로 단순화해 귀납할 수 없다. 곧 소련과 미국으로 상징되는 이데올로기적 대립 구조를 단순하게 전후의 동아시아 역사 속으로 끌어들여 활용할 수는 없다.

나아가 동아시아 시야에서 다뤄 온 냉전의 역사는 국제 관계라는 대상으로서의 냉전의 역사와 또한 같지 않다. 그것은 냉전 전 단계의 만장한 역사과정과 관련되어 있기 때문에 하나의 자족적인 연구 대상이 될 수 없다. 동아시아 역사서술의 한 페이지로서 냉전 이데올로기와 냉전 및 포스트 냉전 시기 역사의 진정한 구조적 관계는 동아시아의 근대화 과정 전체와 긴밀한 연관을 지니고 있다. 그래서 동아시아 연구 속의 냉전의 역사는 응당 원리적인 것이지 시사적인 것이 아니다. 동아시아 연구의 착안점은 결코 냉전 역사의 전개 그 자체에 놓여 있지 않고 그 배후의 구조적인 전변 과정에 놓여 있다. 이런 맥락에서 전후 동아시아의 냉전 과정에 대한 분석은 필경 이 글의 서두에서 지적한 세 가지의 동아시아 시각과 관련되기에 이른다. 냉전 시각의 극심한 유동 상태로부터 힌트를 얻어 낸다면 우리는 이미 수립된 동아시아 관련 담론이 정태적이지 동태적이지 않으며, 서술적이지 사변적이지 않다는 것을, 또 추상적이지 역사적이지 않다는 것을 비교적 용이하게 분간해 낼 수 있게 된다. 이상에서 서술한 여러 원인들로 인해 동아시아 담론은 아직도 자신의 원리적인 가치를 생산해 내지 못한 채 단지 직관적인 맥락에서의 '지역적인 동일시' 정도의 차원에 머물러 있다. 특히 중국의 개혁개방과 베를린 장벽의 붕괴, 전 소련의 해체 후에는 '중·일·한'과 같은, 근대화를 잠재적인 논리로 삼은 담론 틀이 신속하게 구축되고 강화되어 동아시아에 관한 다른 상상들이 모두 이 틀의 파생물로 간주되었다. 이 담론은 그 자체는 역사적 정당성을 지니고 있지만 이를 절대화해 제반 동아시아 담론의 선행 전제로 삼는다면 문제가 된다. 깊이 생각해 보지도 않고 이 틀을 동아시아 역사과정의 기본 구조로 간주하게 되면 우리는 다음과 같은 곤혹스러움에 처하게 된다. 타이완 문제와 한반도의 대결 문제가 기본적으로 '중·일·한'이라는 틀에 부속된 문제로 귀결되고 말아 그들을 동아시아 현대사의 주요 고리로 다룰 수 없게 된다. 또한 동남아에 대한 담론도 동일하게 근대화 서사에 기대고 있는 까닭에 동남아 사례의 역할은 중·일·한이라는 틀의 최대 포괄 범위를 상대화하는 것이 아니라 주되게는 마치 그 틀의 외연을 확대하는 데에 놓인 듯해진다. 그리고 이와 상응해 '중국과 일본'이라는 차원은 늘 동아시아 틀의 주요 부분으로 간주된다는 것이다. 이러한 동아시아 시각이 상대적으로 안정적이고 지속될 수 있는 시각으로 묶인됐을 때 역사의 복잡성을 동아시아 담론 안으로 끌어오는 일은 몹시 힘들어진다. 그렇기에 우리는 앞으로 다음과 같은 곤경에 처하게 될 것이다. 곧 동아시아를 토론하는 것은 동아시아 이외 지역(예컨대 유럽연합이나 미국과 같은)을 상대하기 위한 이데올로기를 만들기 위해서인가 아니면 이 지역의 역사를 직시하기 위한 것인가, 만약 후자라면 우리는 어떻게 두 차례의 세계대전과 그 이후의 냉전이라는 사실을 단지 '국제 관계 연구'의 대상으로 삼지 않고 역사 시야로 편입시킬 것인가의 문제가 그것이다.

4. 포스트 냉전 시기의 역사 시야와 동아시아 서사의 사상 품격

포스트 냉전 시기가 막 시작되었을 때 그것은 냉전 이데올로기의 종결을 의미하지는 않았다. 예컨대 서방의 전파 매체는 중국과 러시아를 서술할 때 기본적으로 냉전 시기의 상상을 뛰어넘지 못하고 있었다. 냉전 시기에 이미 서방은 공산국가를 경제적·군사적으로 통제하고 있었으며, 포스트 냉전 시기에는 자본의 전 지구화 과정에 수반해 동아시아 지역의 경제와 금융 구조 내부로 더욱 깊숙이 침투해 들어왔다. 그리고 이는 동아시아 지역에 일련의 내재적인 긴장을 야기했다. 동아시아 사회 내부에서 냉전 이데올로기가 수행해 온 역할은 양 진영 간 사회제도 사이의 표층적인 대립 형국이 해소된 후에 상당히 큰 변화를 겪게 되었다. 그 하나는 자본주의체제에 대한 이상화로서 이는 개발도상국가로서의 공산국가 내부에 '시장 민주화'라는 환상을 불러일으켰다. 또 하나는 역으로 서방 세계의 경제적·제도적 위기로 인해 개발도상국가 내부의 사상가들이 시선을 돌이켜 체제개혁 중인 동아시아의 후발 개발도상국에서 새로운 가능성을 모색하고 이를 이상화하려 했다는 점이다. 그러나 이러한 모색과 긍정은 여전히 냉전 시야를 틀거리로 삼은 것이며 또한 냉전 시기의 사회제도 간 대립이라는 것은 방치한 채로 냉전 시기의 이데올로기 중 하나인 '서방의 시장경제 모델'을 인식론적인 전제로 삼은 것이다. 결국 동아시아의 국제 관계하에서 냉전 구조의 해체는 냉전 이데올로기가 동아시아에서 더욱 내재화되는 계기가 되었지 그 반대는 아니었다. 곧 그것은 동아시아가 냉전 구조로부터 탈피해 새로운 국제 질서를 구축하는 것을 촉진하지는 못했다.

현실 층위에서 보자면 동아시아의 지역적 총체화는 근본적으로 미국의 내재화를 배제할 방도가 없기 때문에 현 단계에서 동아시아를 독립적으로 존재하는 총체로 간주하려는 시도는 매우 큰 인식론적 곤경과 마주한다. 뿐만 아니라 북한의 등장과 러시아의 진입에 따라 동북아시아는 현재 새로운 총체화를 모색해야 한다는 틀거리 차원의 문제에 봉착했다. 시시각각으로 변모하는 시국 상황에서 기존의 '중·일·한' 틀은 역사적으로도 절대화하기 어렵고 현실에서도 그 절대적 유효성을 빠른 속도로 상실해 가고 있다.

전파 매체에 의해 주도되는 현실 인지 양식은 동아시아 국제 관계의 급속한 변화에 발맞춰 부단히 조정되어 간다. 매일같이 새로운 국면과 마주하게 되는 현대 세계에서 현실에 대한 추인과 예측은 인식론 그 자체의 맥락을 거의 상실한 채 단지 일종의 패스트푸드 문화의 소비 행위와 유사하게 변질되었다. 동아시아 담론 역시 이러한 맥락에서 가혹한 시련을 겪고 있다. 곧 사상으로서의 중임을 떠맡아 이 복잡다기하고 변화막측한 동아시아라는 국제 관계의 장에서 원리적인 사고를 제련해 낼 수 있는가의 여부가 그것이다.

동아시아의 사상 원리의 경우 지금까지는 동아시아 각국이 공동으로 생산해 낸 것이 없다. 이는 동아시아의 모든 지역이 '동아시아'라는 인식론적 시각을 필요로 하는 것이 아님을 말해 준다. 예컨대 동북아의 경우, 일본은 가장 먼저 그리고 가장 심하게 동아시아 내지는 아시아 서사에 집착했다. 그러나 이러한 시각이 일본의 근대화 과정에서 침략 전쟁과 뒤얽히는 바람에 일본에서 근대 이래로 축적되어 온 동아시아 관련 사상 자원은 그 모두가 벽장 속에 방치된 채로 거들떠보지 않게 되었다. 역으로 사람들이 이러한 자원을 발굴하고자 시도했을 때는 비역사적인 방식으로 추상적인 토론을 진행하는 것이 고작이었다. 예컨대 오카쿠라 텐신과 같이 이러한 추상적인 방식으로 아시아 가치관의 상징적인 의미를 강조하는 사상가는 자신이 처한 역사로부터 괴리될 수도 있다. 그래서 그가 제창한 '사랑'의 철학은 직접적으로 보편화되어 아시아의 자기 동일시 양식이 될 수는 있을지라도 그 자체는 매우 중대한 인식론적 오류를 조장한다. 일본의 동아시아 관련 사상 자원을 근대 일본의 침략 이데올로기에서 완벽하게 떼어 내게 되면 당시 역사의 참된 모습을 파악하기가 몹시 어려워진다. 그 결과 우리는 다만 침략 이데올로기에서 시작해 일본의 현대사를 부정적으로 다룰 뿐, 역사의 해석 권한은 두 손 모아 야스쿠니 신사에 있는 유취관(游就馆)[23]에다 넘겨주게 되었다.

2절에서 논한 것과 같이 중국 근대사에도 '동아시아' 의식이 지속적으로 결여되어 있었다. 이로 인해 중국 현대사상이 축적되는 과정에서도 동아시아라는 차원이 빠져 왔다. 최근 20여 년 남짓 일본과 한국 사회의 동아시

23_[옮긴이] 야스쿠니 신사에서 제사지내는 이들의 약력이나 유물 등을 전시해 둔 곳. 일본이 침략 전쟁을 미화하는 상징으로 활용되는 곳이다.

아 서사가 중국에 영향을 미치고 이와 동시에 시장과 자본의 기제가 동아시아를 상대적으로 총체화했을 때, 여기에 서구로부터 유래된 동아시아 시각이 중국 지식계에 미친 영향이 더해지면서 중국의 동아시아 서사는 다급하게 이뤄질 수밖에 없었다. 이런 상황에서 동원할 수 있는 사상 자원은 '유학'이라는 이미 고도로 비역사화된 기호뿐이었다. 이 기호는 일본의 오카쿠라 텐신의 논의에 비해 더 큰 보편성을 지닌다. 최소한 중국과 일본, 한반도에서 유학은 일찍부터 사회제도와 문화 형성의 매개 역할을 수행해 왔으며 근대 이후에도 일정 정도로 간접적인 사회적 역할(설사 적극적 혹은 주요하게는 결코 아닐지라도)을 수행했기 때문이다. 따라서 중국에서 동아시아 담론의 자원을 찾는다면 유학일 가능성이 가장 커 보인다.

그러나 인정할 수밖에 없는 것은 일본의 아시아주의이든 중국의 유학이든 간에 그들의 '순수한' 형식 그 자체로 오늘날의 '아시아 원리'를 담당하기에는 매우 큰 어려움이 따른다는 점이다. 그들은 다 사회구조의 기본 축을 도무지 형성해 내지 못하며 더욱이 인식론적 의미에서의 원리를 담당할 길이 없기 때문이다. 이들이 담당할 수 있는 역량은 단지 학술회의장에서 표명되는 선량한 희망 정도일 따름이다. 따라서 이러한 사상 자원들이 아시아 담론의 원리로 전화되려면 그들은 상당히 복잡한 전화의 과정을 거쳐야만 하며 또한 이 과정에서 부득불 이질적인 요소와 결합될 수밖에 없게 된다. 이러한 이질적인 요소는 본토에서 생산된 것이 결코 아니지만 근대화 과정에서 이미 '본토화'된 이른바 '서구'의 원리다.

오늘날 동아시아를 서구와 직관적으로 대립시킨다는 명제는 그 허구성으로 인해 굳이 공박할 필요도 없이 거의 무너진 상태다. 그런데 이른바 "중학을 체(體)로 삼고 서학을 용(用)으로 삼는다"(일본인의 화법은 '화혼양재'[和魂洋才]이다)는 설정은 다시 정밀하게 따져 볼 필요가 있다. 구미의 군사적·

경제적 침탈에 발맞춰 형성된 근대세계 인식이 동아시아 사회(가장 먼저는 인식론을 생산하는 동아시아 지식 엘리트층)에서 접수됐을 때 "서학을 체로 삼고 중학을 용으로 삼는다"는 인식론 내지는 정치와 사회적 실천 과정은 활활 타오르던 '민족주의 서사'의 저층에서 일찍부터 은밀하게 전개되고 있었다. 동아시아의 '민족주의'가 긍정되거나 부정될 때 그들은 단지 서구와 북미의 인식론적 틀에다 동아시아라는 재료를 밀어 넣었을 따름이었다. 서구화와 민족화 사이의 공모 관계는, 마치 자본의 전 지구화와 민족국가의 공모 관계와 마찬가지로 보기에는 무척 난해한 듯하지만 이미 돌이킬 수 없는 사실이었다. 이는, 우리의 세계 인식이 반드시 조정을 겪어야 하며, 하나의 극단에서 다른 극단으로 뛰어넘어 가는 식의 기존의 인지 양식은 반드시 폐기되어야 함을 의미한다. 구체적으로 말하자면, 실체로서의 '동아시아 원리'가 동사시아의 역사와 현상을 인식한다는 자신의 임무를 결코 진정으로 완수할 수 없다고 할 때에도, 우리는 동아시아 원리에 대한 탐구를 방기해서는 안 되며, 인식론적 시각으로서의 '동아시아'는 아무런 의미가 없다고 잘라 말해서도 안 된다는 것이다. 서구가 식민 국가를 식민화하는 과정에서 발생한 유서 깊은 명패인 '근대 인식'과 미국의 전 지구화 전략에 의해 제조된 '세계 경관'이 그 단순화된 상상으로 인해 갈수록 폐단을 속출해 내고 있을 때 이미 매우 긴박한 과제의 하나가 우리의 면전에 놓여 있었다. 그것은, 만약 선발 산업화 지역으로부터 유래되고 폭력을 수반해 전 지구로 퍼지게 된 인식론적 자원을 최대치까지 인류의 사상적 유산으로 삼고자 한다면, 단지 지금의 이론 틀에만 기대어 그들을 '보편적인 서술'로 간주하는 것으로는 불충분하다는 점이다. 그들은 반드시 먼저 '특수화'되어야 하며 지역적인 사상 자원의 하나로서 간주되어야 한다. 이러한 필수적 과정을 거쳐야만 비로소 '서방'은 진정으로 전 인류에게 귀속될 것이다.

바로 이런 맥락에서 동아시아 인식은 다음의 두 방면을 결여해서는 안 된다.

1. 인지적 측면에서 개방적인 통합 모식을 창출해야 한다. 지금까지의 주체에 관한 인식론 가운데 서방에서 유래한 '동아시아(극동아시아) 인식'을 포함해 배타성을 전제로 한 인식론적 전제를 내포하지 않은 것은 하나도 없다. 그 까닭에 '타자'는 늘 외부에 존재하고 자기와 구별되는 이질적인 것으로 자아와는 대립적인 관계를 맺는다고 여겼던 탓에 그것은 자아에 내포될 수가 없었다. 식민이라는 수단으로 세계를 정복했던 적, 서방에 살고 있는 사상가의 경우에 동방을 마주하면서 철저하게 자아를 부정하는 방식[24]의 창출은 그렇게 할 이유가 없는 것이었다. 따라서 서방 사상가의 견지에서 보자면, 동아시아(아시아)의 의의는 그것이 서방과 다르다는 데 있다. 설령 서방의 사상가가 본질주의적인 상상을 배제한다는 맥락에서 동아시아에 대해 그 개방성과 '보편성'을 정의한다고 해도 동아시아는 동아시아이어야 한다. 서방의 시야에서는 여전히 그것에 의거해 서방 세계의 '자신과 다른 속성'에 상대해야 하기 때문이다. 동아시아 지식인의 견지에서 보자면, 이들의 사상 과제는 결코 단순히 서방 지식인들의 이러한 복잡한 요구에 회답하는 데에 있지 않다. 우리는 동아시아의 역사과정 자체를 직시해야만 하며 그것이 타자와 주체를 통합해 온 힘들고 어려운 과정을 직시해야 한다. 이렇게 고통스럽게 자신을 열어 가는 과정은 서방의 이론으로부터는 직접적으로 도출해 낼 수 없는 그러한 인식론적 시각을 요청하게 될 것이며 이는 동아시아의 역사 그 자체로부터만 비롯될 것이다. 바로 이것을 원리로

24_이는 단지 '타자'가 주체의 자아 부정 과정에서 지니게 되는 파괴적인 역할만을 의미하는 것은 아니다. 이러한 파괴적인 역할은 동시에 '자아'가 '타자'가 되는 것도 거부한다.

만들어내는 것이 동아시아 인식의 사상 과제다.

사실 오늘날 우리는, 예컨대 중국에서는 루쉰(魯迅)이 남겨 준 주체의 존재 방식에 관한 사유 같은, 일본에서는 다케우치 요시미(竹內好)가 일본 주체성 문제를 정리한 작업 같은 사상 자원을 이미 확보하고 있다. 그러나 이런 사상 자원들은 서방에서 통용되는 이론 방식을 채용하지 않았기 때문에 왕왕 홀시되곤 했다. 이와는 반대로 혹자는 이들을 서방 이론의 특정 문제점에 대한 동방의 해석 버전에 해당하는 것으로 보기도 했다. 이러한 지식 생산 방식은 기실 우리가 원리적인 사고를 창출할 수 없다는 것의 한 방증이다. 그러나 동아시아 인식이 만약 자신의 존재 이유를 갖추고자 한다면 그것은 반드시 원리적인 인식능력을 갖춰야만 할 것이다.

그러나 인식론의 층위에서 개방적인 통합 모식을 창출해 내는 것은 다음과 같은 근본적인 곤경에 처해 있다. 국제 관계 담론에는 윤리와 정치라는 두 종류의 인지 대상 사이의 관련 방식이 불명확하게 처리되어 있어서, 시각의 혼란 및 부분으로 전체를 규정하는 담론상의 오류를 초래하게 된다는 점이 그 첫 번째다. 두 번째는 '통합'의 폭력성과 진행 중에 있는 동아시아라는 주체 존재 방식에 대한 총체적인 상상이 결여되어 있다는 점이다.

첫 번째의 경우 중국을 예로 들어 보면 중국 사회에 보편적으로 존재하는 사유의 정해진 추세는 정치와 윤리를 똑같이 추상화하는 것이다. 이러한 사유는 정치를 권모술수로 간주하고 도덕을 정치를 심판하는 근거로 간주하는 것이다. 이는 사람들이 정치를 일상의 경험으로부터 분리해 내게끔 하고 사회생활 그 자체로부터 외재화해[25] 결국은 '국가권력투쟁'으로 귀결되

25_[옮긴이] 원문은 '外化'이다. 이는 'externalize'의 중국어 역어다.

게 한다. 또한 자기와는 무관한 것으로 추상화되게끔 한다. 바로 이런 맥락에서 중국 사회는 여전히 비역사적인 형태로 추상화된 유교 가치관으로써 정치의 도를 만들어 낼 수 있다고 믿는다. 이러한 사유 양식은 국제정치를 분석할 때에도 활용되어 우리가 볼 수 있는 것은 단지 사건의 표층만으로 사건을 논하는 식의 분석일 따름이다. 이는 정치와 도덕이 똑같이 추상화된 까닭에 동아시아 국제 관계의 역사와 현상을 도무지 해석할 수 없게 되었기 때문이다. 더욱이 이로 인해 다음과 같은 기본적인 사실은 대면조차 할 수 없게 되었다. 동아시아뿐만 아니라 전 세계의 국제정치 형국은 모두 두 차례의 세계대전을 거쳐 조성된 것들이며, 이러한 기본적인 형국은 서방의 강대국들이 세계의 자원 대부분을 점유하고 있고 동시에 세계를 해석하는 담론 권력을 향유하고 있는 현실을 반영한다. 또한 국제정치라는 영역 내부의 윤리 도덕 기준은 서방 강대국 자신의 이익에 의해 결정되는 것으로 결코 선재적(先在的)이라든지 절대적인 것이 아니라는 점을 의미한다. 물론 이와 동시에 전후 아시아와 아프리카, 라틴아메리카 국가들의 주체 의식 각성은 국제정치의 윤리 기준에 대한 새로운 해석을 수반할 수밖에 없었는데 이러한 새로운 해석은 '정의'와 '평화'와 같은 일련의 관념들의 내포에 대한 질문이 부단히 제기되었음을 의미한다. 또한 아시아, 아프리카, 라틴아메리카 국가들이 국제 정의 기준을 제정하는 과정에 참여했음을 의미한다. 이라크전쟁이나 북한과 이란의 핵실험, 코소보 독립이 야기한 대립은 모두 도덕에 대한 해석권을 서방 세계가 독점하던 상황에 동요를 일으키고 있다. 이는 동태적으로 진행되고 있는 정치적 대립 과정이고 부단히 조정 중에 있는 것이다. 그러나 이 과정이 윤리와 정치의 관계에 있어 새로운 변화가 발생했다는 것을 의미하는 것은 결코 아니다. 오늘날의 세계에서 국제정치의 '윤리 기준'은 여전히 국력 사이의 역학 관계에 의해 제어되고 있다. 아시아와 아프리카, 라틴아메리카 국가들의 '국가이익' 역시 마찬가지로 민족국가로서의 자기중심적 논리에 복종하고 있다. 또한 그들 역시 윤리적인 맥락에서 정책 결정을 유도해 낼 수 있는 방도를 지니지 못한 채로 단지 이와 상반되게 정치의 각도에서 윤리의 기준을 제정하고 있다. 서로 다른 점은 단지 두 차례의 세계대전 시기에는 자본의 전 지구화라는 잠재적인 기능이 아직 무대에 오르지 않았고 오늘날에는 그것이 이미 되돌릴 수 없는 강력한 추세가 되었다는 점이다. 이로 인해 '국제 관계'는 결코 나라와 나라 사이에만 존재하는 것이 아니라 국가 내부에도 존재하게 되었고 그 결과 오늘날의 국제정치 영역에서 도덕 기준의 문제는 더욱 많은 방면의 제약을 받게 되었다. 심지어 이제는 국가를 근거로 하는 시각으로는 인지할 수 없게 되기도 했다.

이러한 상황에서 우리가 동아시아를 도덕적인 '통합체'로서 간주할 수 없는 것은 자연스러운 일이다. 동아시아 통합 방식의 정치적 성격은 새로운 인식 논리로 서술할 필요가 있다. 더욱이 역사 상황을 다룸에 있어 현실 추종적이지 않은 원리적인 시각을 수립할 필요가 있다. 그러기 위해서는 정치와 도덕의 관계를 새롭게 처리해야만 한다.

두 번째의 경우, 전쟁을 필두로 한 근대적 사건에 대해서는 지금까지 이미 상당히 많은 토론이 진행되어 왔다. 더욱이 일본의 진보적 지식계의 '민족국가 비판'과 '민족주의 비판'은 동아시아 지식계가 그러한 폭력적 통합 과정을 인식하는 데에 유효한 시각을 제공해 준다. 다만 이러한 비판은 통상 어느 특정한 차원 하나를 출발점으로 삼기 때문에 폭넓게 보지 못했다는 한계를 지니고 있다. 예컨대 동아시아 내부를 폭력적으로 통합하고자 하는 일본의 기도 — 이것이 구체화된 것이 대동아공영권이라는 구호였다 — 에 대한 비판은 통상적으로 태평양전쟁 말에 일본 내지는 동북아를 폭력적으로 '통합'하려 했던 미국의 욕망과 일본을 통제권에 두려고 했던 소련의 기도를 의도적으로 무시한다. 역으로 미국의 극동아시아 정책에 대한 비판이 일본의 침략 전쟁과 결합되어 토론되는 일은 매우 드물다. 나아가 전후에 일본이 미국의 점령 정책을 이용해 자국을 재건해 가는 복잡한 과정의 경우는 이를 다룰 만한 유효한 시각이 아직도 나오지 않고 있다. 실제로 우리는 다음과 같은 기초적인 사실을 목도할 수 있다. 곧 폭력에 의존해 달성된 동아시아 내부와 외부의 복잡한 통합 과정을 다루기 위해 기존의 분석은 폭력적인 부분은 말살하고 단지 통합의 결과만을 강조하든지 아니면 어느 한 쪽의 폭력이 '부득이해서 가해진 것'임을 강조함으로써 통합의 불안정성을 암시하고자 했다는 점이다. 전자는 일본의 식민 지배가 타이완 등지에 초래한 근대화의 결과를 분석한 고바야시 요시노리(小林善紀)가 대표적인 경우다. 후자는 일본 사회의 우익 보수 세력이 부단히 재생산하고 있는, 일본이 아시아를 대표해서 서방에 대항한다는 '근대화 모식'으로 대표된다. 이는 야스쿠니 신사의 유취관에 전시되어 있는 역사 해석이 이데올로기로 전화된 경우다. 상황이 기본적으로 이렇기 때문에 양차 세계대전 이래 다시 총체를 이루자는 부단한 요구에 대해서는 이를 유효하게 분석할 수 있는 새로운 시야를 구축해야만 한다. 실제로 고바야시 요시노리의 『대만론』(臺灣論)이나 야스쿠니 신사의 역사 해석에 의거해 표층적인 차원에서만 논하고 마는 비판으로는 기본적으로 이러한 이데올로기의 부정적인 영향을 청산할 수 없다. 오직 새로운 역사 해석 틀이 제공되어야만 상술한 대항 혹은 비판이 이러한 전제 아래서 비로소 주효할 수 있을 것이다.

2. 동아시아 인식은 불가피하게 우리에게 이미 습관이 되어 일상화된 가치판단 체계의 새로운 청산을 요구하게 될 것이다. 극심한 변동을 겪었던 중국 현대사의 경우 기성의 정치적이고 사회적인 가치판단은 주로 상이한

역사 단계마다 생성된 이데올로기들의 총체적인 공능에 의존하고 있다. 그러나 그 내용이 어떻든 간에 거기에는 역사과정에 대한 이원 대립적인 판단이 도리어 일관되게 작동되고 있다. 특히 근대 이래로 수행된 전통사회에 대한 극심한 부정으로 인해 현대의 인식론은 갈수록 이원 대립적인 가치판단으로 흘러왔다. 사상계에서 논쟁이 벌어질 때마다 그 결과는 이러한 이원 대립을 강화하는 것이었고 이로 인해 "번호에 맞춰 정해진 좌석에 앉는" 식의 사유 방식이 엄격한 분석과 판단을 대신하기에 이르렀으며, 그 결과 가치 체계가 조잡하고 단순화되었다. 이런 상황에서 조잡한 수준의 인식론으로 인해 우리는 늘 역사의 풍요로움으로부터 멀리 벗어나게 되었고 나아가 역사로 진입할 수 있는 기회를 상실했다.

동아시아 시각이 확립될 때도 우리는 반드시 그 시각과 각 국가별 시각에 어떠한 다른 점이 있는지를 따져 봐야 한다. 앞에서 이미 논술했듯이 동아시아 시각은 국가별 시각의 집합체와 동일할 수 없다. 이 점은 1절의 전쟁 기억 시각 부분에서 이미 언급했는데 여기서도 이 문제의식을 계속 심화해 가고자 한다. 일본의 중국 침략과 제2차 세계대전 이후의 중국 내전 및 전후의 냉전과 한국전쟁 등으로 인해 동아시아는, 통합을 가장 확실하게 파괴할 수 있는 기능을 지닌 전쟁 기억이라는 그림자로부터 벗어날 수 없게 되었다. 만약 국가를 단위로 하는 가치판단 틀을 수립하고자 한다면 우리는 역사를 부득불 찢어야만 한다. 예컨대 제2차 세계대전의 종결 전까지 일본은 중국의 적이었고 미국은 중국의 맹방이었다. 그래서 중국의 현대사 서술은 주저하지 않고 긍정적인 태도로 도쿄전범재판을 기록했다. 그러나 국공내전(國共內戰)[26]이 종결되고 공산당이 전국의 정권을 잡은 후에는 일본을 점령한 미국이 중국의 적이 되었다. 한국전쟁이 발발했을 무렵 타이완 해협을 둘러싼 국제 관계는 이 시기 중국 정권과 미국 사이에 형성됐던 긴장 관계의 한 결절점이었다. 이 시점에서부터 역사를 소급해 올라가다 보면 도쿄전범재판부터 시작된 동아시아의 전후 역사가 한 걸음씩 한 걸음씩 동아시아 내부로 깊이 파고든 미국의 개입 과정과 중첩되어 있음을 발견할 수 있게 된다. 이러한 상황에서 전후 미국이 동아시아에 진입하는 과정을 평가하고자 한다면 우리는 반드시 도쿄전범재판 과정에서 드러난 미국의 패권적 야심에 대해 새롭게 논의해야 한다. 동아시아 피해 당사국의 의지가 진정으로 존중되지 않았던 이 재판을 일말의 주저함도 없이 긍정하는 것은 곧 자기 모순적이다. 역으로 조금도 주저하지 않고 이 재판을 부정하는 것은 역사논리에 위배된다. 이는 일본이 행한 침략 전쟁의 정당성을 인정하는 셈이 되기 때문이다. 여기서 다시 역사를 소급해 보자. 일본과 미국의 안보조약 체결서부터 오키나와의 일본 반환에 이르기까지, 전후 미국의 일본평화헌법의 설계에서부터 일본을 무장시켜 그들의 탱크에 묶어 두게 된 때까지, 미국은 일본과의 공모 관계를 안정적으로 닦았고 나아가 동아시아의 군사기지를 공고히 다져 왔다. 또한 미국이 군사적 수단을 이용해 세계를 통제할 수 있는 유효한 터전을 제공받아 왔다. 한편 중국과 소련의 관계도 부단히 변했다. 러시아가 나날이 동아시아로 진입하고 있는 오늘날 중국과 전 소련의 계면쩍었던 관계를 어떻게 처리할 것인가의 문제는 중일관계에 비해도 결코 쉬운 일이 아니다. 이와 같이 반세기 남짓한 동안의 역사에서 중국과 미국, 소련(러시아) 및 일본과 한반도의 관계는 '국가이익'이라는 맥락에서 부단히 변했고 그러한 변화 하나하나가 모두 그 전 단계에 있던 모종의 판단에 대한 부정을 의미했다. 시각을 역사의 어느 한 횡단면에 고정한

26_[옮긴이] 1945년 일본의 패망 후 1949년 중화인민공화국의 수립까지, 중국의 통치권을 사이에 두고 국민당과 공산당이 벌였던 내전을 말한다.

다면 내릴 수 있는 평가가 분명해질 수 있다. 그러나 역사를 종단해 평가하고자 한다면 이러한 변화들을 피해 갈 수 없게 된다. 그렇다면 이러한 변화들을 단순히 '국제 외교 전략'으로 귀결시킬 수 있는가? 사실 사상계는 이 문제를 다룸에 있어 기본적으로 사상사에 대한 연구를 결여하고 있다. 이는 이러한 역사과정을 사상 원리라는 맥락에서 다루게 되면 필시 국가 간 관계보다 크면서 동시에 복수의 국가들의 단순한 집합체와는 다른 시각을 갖춰야만 하고, 따라서 그것과 기존의 절대화된 '국가 시각'을 어떻게 절충해 갈 것인가가 장차 또 하나의 문제가 되기 때문이다. 더구나 지금까지 '국제연합'이 여러 측면에서 실제로는 통상 소수의 힘 있는 국가들의 의지를 체현하고 있을 뿐인 상황으로 보건대 이는 작은 문제가 아니다. 만약 개별 국가들의 조합이라는 기초 위에서 '국가를 뛰어넘는 시각'을 건립하고자 한다면 소수의 국가가 국면을 통제하는 형국을 벗어나기 어려울 것이다. 그렇다고 유토피아적인 방식으로 국가를 초월할 수 있는 가능성을 모색한다면 이러한 노력은 기존의 곤경에 고스란히 직면하게 될 터인데 그러한 곤경을 피해 간다면 그것은 진정한 의미에서의 사상적 잠재력을 갖추기 어려울 것이다.

오늘날까지 중국의 동아시아 연구는 기본적으로 상술한 두 방면의 문제를 거의 다루지 않았다. 이로 인해 그것은 그럴듯하면서도 실제로는 그렇지 않은 모종의 자각적이지 않은 상태에 머물러 있었다. 이런 상황은 다시 일부 중국 지식인들이 동아시아 담론의 필요성에 대해 회의를 품게 되는 원인이 되었고 동아시아 담론의 사상으로서의 품격 또한 제자리를 찾기가 무척 힘든 상황을 초래했다. 포스트 냉전 시기에 우리가 당면한 문제는 점점 더 기성의 가치판단으로는 처리할 수 없는 상태가 되었고 이에 이 복잡한 상황을 대면할 수 있는 사상과 인식론을 만드는 것이 긴박한 과제가 되었다.

그러나 문제는 설령 우리가 개방적인 통합 모식에 의거해 기성의 단순화된 가치판단을 청산하는 작업을 수행한다고 해도, 또한 역사 상황에 대해 다원적인 가치관을 구비했다고 해도, 이것이 바로 우리가 이미 수립한 인식론적 원리와 같을 수는 없다는 데에 있다. 우리는 아직도 자아 인식을 수립하는 초보적인 단계에 처해 있기 때문에 목전의 임무는 청산에 있지 구축에 있지 않다. 문제의 청산에 대해 일정 정도의 공통 인식을 획득한 연후에 우리는 비로소 '가짜 문제'[27]로 인한 얽매임으로부터 벗어날 수 있을 것이다. 인식론 층위에서 동아시아 시각을 따져 묻는 목적이 바로 여기에 있다. 아마도 동아시아 시각의 현재적인 의의는 그것이 지식의 혼란 상태에서 우리들을 인식론적 자각으로 견인해 준다는 데에 있을 것이다. 물론 이러한 자각 상태에 도달한다고 해도 우리는 여전히 또 다른 매개가 필요하지만 동아시아 시각의 대체 불가능성은 그것이 특정한 역사과정에서 결정된 것이기 때문이다. 결국 역사적인 전환을 야기한 몇몇 중요한 사건들은 오로지 '동아시아'라는 이 특정한 시야에 놓일 때만이 비로소 종합적인 분석이 가능해질 것이며, 역사과정이 쉼 없이 전개됨에 따라, 인식론적 시각으로서의 '동아시아'는 앞으로 새로운 사유 차원의 모색과 사상 자원의 구축에 이바지하게 될 것이다.

■ 옮긴이 | 김월회

27_[옮긴이] 원문은 '僞問題.' 여기서는 잘못 설정되거나 의도적으로 왜곡 설정함으로써, 핵심적이고 본질적인 문제를 은폐하거나 호도하는 등의 오류를 범하고 있는 문제들을 가리킨다.

2장

세계화와 탈제국, '방법으로서의 아시아'

_천광싱

1. 서론

이 글은 '식민-지리-역사'적 유물론이라는 분석틀을 제시하고, 이 분석틀을 통해서 과거 식민지였던 세계에서 현재 나타나고 있는 문화적 형식, 실천, 조직 등에 대해 적절하게 설명하는 것을 목적으로 한다.

포스트콜로니얼(후식민[後植民]) 문화 연구는 현재 교착 상태에 빠져 있다. 이른바 서구에 대한 비판에 지나치게 집착하는 태도를 가지고 있기 때문이다. 그러다 보니 비판의 대상에 의해 거꾸로 제약당하고, 그것에 대한 질투와 미움에 얽매여서 적극적으로 주체성을 확보하지 못하고 있다. 물론 서구에 대한 비판은 필요하다. 그러나 이것에만 눈을 두게 되면 막다른 골목으로 빠져든다. 그리고 세계가 이미 식민주의와 작별하고 후식민 시대로 접어들었다는 생각에 대해 회의를 품게 된다. 현대 식민주의의 기본적인 동력은 서구로부터 온 것이다. 따라서 후식민 담론이 고도의 비판의식을 확보한다 하더라도 그것은 식민 역사가 한정하는 범위 내에 갇힐 수밖에 없고, 식민주의에 기생하는 운명을 벗어날 수 없다.

'방법으로서의 아시아'(亞洲作爲方法)라는 명제를 제시하는 것은 여기서 한 걸음 더 나아가, 어떻게 하면 포스트콜로니얼리즘에 근거한 비판의 한계를 넘어설 수 있을까를 고민하기 위해서다. 그 주요한 동력은, 분석의 장(field)을 아시아적 맥락으로 옮겨와 역사적으로 적극적 의의를 지니는 탈제국(脫帝國)의 문제에 초점을 집중하는 데서 얻어질 수 있다. 아시아로 눈을 돌리자고 제안하는 것은, 아이덴티티를 투사하는 대상을 다원화하고 식민주의와는 다른 유형의 참고 모델을 만듦으로써만이 서구에 대한 뿌리 깊은 질투와 미움으로부터 벗어날 수 있다고 보기 때문이다. 또한 질투와 미움의 정치를 해소함으로써, 정치에 얽매인 여러 가지 형태의 제약을 뛰어넘어, 새로운 정세 속에서 진실한 연대를 이룰 수 있을 것이다.

후식민 연구의 문제점이 서구에 대한 비판에 집착하는 데 있다면, 세계화 담론의 가장 큰 문제점은 세계화와 식민제국주의의 관계를 너무 쉽게 망각하고 부정하려는 데 있다. 필자는 이 글에서 식민주의와 제국주의의 역사를 세계화 연구와 담론으로 가져와서, 식민주의와 제국주의의 궤적을 온전히 파악하지 못하면 세계화가 이뤄지는 기본적인 조건을 이해할 수 없고 게다가 모순으로 가득한 이 과정에 개입할 수는 더욱 없다는 점을 밝히고자 한다. 수동적인 비판에만 머물지 않고 세계화에 적극적으로 맞서는 진보적 상상은 탈제국의 전제 위에 수립되어야 한다. 탈제국화 운동을 동반하지 않은 세계화란 세계를 정복하려는 신제국주의의 진면목을 은폐하는 것에 불과하다. 새로운 세계화 시대의 도래가 평화로운 신세계, 증오가 사라지고 평화공존이 가능한 신세계의 등장을 의미한다면, 우리는 그 어떤 형태의 제국주의적 전횡도 용납해서는 안 된다. 그리고 제국주의가 인류 역사에 남긴 고통과 오류, 특히 지금까지도 큰 폐해가 되고 있는 문제들을 심각하게 되새겨야 한다. 이러한 반성이 지금 탈제국화 운동으로 나아가는 기본적인 출발점이 될 것이다.

과거 대부분의 아시아 연구는 아시아 외부 지역에서 이뤄졌다. 지역 연구의 전통이 깊은 유럽과 미국 등의 연구가 대표적인 예다. 그러나 세계정세가 변화하고 아시아 경제가 성장함에 따라 새로운 현상이 나타나기 시작했다. '아시아인 스스로에 의한 아시아 연구'와 같은 발상이 폭넓은 관심을 끌게 된 것이다. 이러한 새로운 담론은 아시아의 통합 과정 중에서, 과거 구미 지역에서 아시아에 관한 지식 생산 체계와는 다른 새로운 지식 체계를 아시아 스스로가 필요로 하면서 등장한 것이다. 그것은 아시아의 각 부분에서 필요로 하는 주변국과 전체 아시아에 대한 인식 틀이며, 제국주의의 시각을 빌려 자신과 이웃을 보던 기존의 자기 인식과는 완전히 다른 것이다.

'아시아에 의한 아시아 연구'라는 개념과 관련해서는 숙고할 점이 있다. 사실 우리는 본래 우리의 방식으로 아시아 연구를 진행해 왔다. 다만 자신의 지식 생산 체계에 대해 '아시아 연구'라는 이름을 붙이지 않았을 뿐이다. 이는 우리 자신의 아시아에 대한 의식이 박약함을 반증하는 것이다. 아시아 연구의 범위를 가장 넓게 잡는다면, 연구의 분석 대상을 아시아로 삼는 것이 될 것이다. 그렇다면 우리가 지금까지 해온 것은 거의 대부분이 다름 아닌 아시아 연구가 된다. 아시아의 학자들은 줄곧 자신이 속해 있는 사회에 대해 이해하려고 시도해 왔다. 그러나 이를 폄하하는 구미 학계의 특수한 주의나 이론을 도입해서는, 스스로의 연구를 고급스럽지 못하고 이론적이지도 않으며 보편성도 떨어지는 것으로 간주했다. 그리고 자신이 아시아 연구에 종사하고 있다는 사실까지 부인했던 것이다. 결국 우리가 인정하건 인정하지 않건, 세계에서 가장 많은 아시아 연구 인력은 아시아 바깥의 구미 지역이 아니라 바로 아시아 자체에 존재하고 있는 셈이다. 물론 중요한 것은 아시아 연구라는 무대를 누가 차지하느냐가 아니라, 아시아에서 아시아 연구에 종사하는 것이 무엇을 의미하는가, 그리고 더욱 활력 있는 지식을 생산해 낼 수 있는가이다. 이 문제에 대한 관심이야말로 이 글을 쓰는 주요한 동기 가운데 하나라 할 수 있다.

이러한 접근은 인식론적 차원에서 매우 중요한 의의가 있다. 우리가 줄곧 아시아 연구에 종사해 왔듯이, 유럽이나 북미나 중남미, 아프리카 사람들도 자신의 역사적 한계를 넘지 못한 채 자신의 본토 연구에 매달려 왔다. 마르틴 하이데거(Martin Heidegger)나 자크 데리다(Jacques Derrida), 미셸 푸코(Michel Foucault), 피에르 부르디외(Pierre Bourdieu) 등이 수행한 것도 사실은 유럽 연구일 뿐이었다. 그들 연구의 기본적인 참조 체계는 유럽의 경험이었다. 그런 점에서, 이른바 이론의 보편주의를 내세우는 것은 너무 성급한 일일 수 있다. 바로 이 '탈제국화'의 과정을 통해 우리는 기실, 인간의 지식이 대단히 제한적이라는 사실을 새삼 깨닫게 될 것이다.

2. 동아시아의 역사적 경험: 탈식민, 탈냉전, 탈제국의 동시성

탈식민과 탈제국이라는 과세는 그동안 제대로 실현될 수가 없었다. 이른바 세계화 시대가 도래하면서 비로소 그 실현의 계기가 마련된 셈이었다. 여기서 언급하는 탈식민이란 흔히 이해하듯이 제2차 세계대전 이후 독립된 민족국가들의 등장을 통해 표현된 반식민 운동만을 지칭하는 것은 아니다. 더욱 주요하게는 피식민자가 고도의 자각을 이룸으로써 정신, 문화, 정치,

경제 등 총체적인 차원에서 자신과 식민자 사이의 (새로운) 역사적 관계를 이해하고 대응하는 것을 가리킨다. 이런 과정은 종종 폭력과 고통을 수반한다. 그리고 자기비판과 부정, 자아에 대한 재발견이 이뤄진다. 그 결과로 존엄하고 자주적인 의식을 갖춘 주체성을 얻게 된다.

탈식민이 기본적으로 피식민자의 적극적인 노력을 통해 이뤄지는 것이라면, 탈제국화는 식민자 자신의 반성이 필요한 것이다. 그리고 탈식민과 마찬가지로 고통이 수반된다. 과거에 자신의 국가/국민이 범한 잘못을 우선 깨달아야 하고, 다음으로 피식민자와의 사이에 새로운 관계를 수립할 길을 찾도록 노력해야 한다. 이러한 반성의 임무는 식민과 제국의 관계에 대해 정서적 차원에서 '마음'으로 이해하고자 하는 주체에게 주어져 있다. 과거의 동력, 행위, 욕망, 그리고 특히 제국주의가 초래한 장기적인 역사적 산물들이 자신과 타자의 주체성에 미치는 영향에 대해 이해해야 하는 것이다. 탈식민과 탈제국은 서로 영향을 주고받고 엇갈리고 교차하는 운동이다. 다만 그 운동의 강도와 효과는 매우 불균등하다. 단순하게 보자면 탈제국화란 상당히 포괄적인 범주다. 그것은 동력의 출발점이고, 이 개념을 통해서 우리는 제국주의의 역사적인 영향력을 비판적으로 다시금 살펴볼 수 있다.

이 글에서 쓰는 세계화란 개념은 신자유주의에서 말하는 것과는 거리가 멀다. 즉 제국주의가 이미 역사의 뒤안길로 사라졌고 지금의 세계는 서로 의존하고 연결되어 상호의 이익을 도모하고 있다는 생각과는 거리가 먼 것이다. 필자가 말하는 이른바 세계화는 자본주의가 주도적인 동력이 되어 전에 없는 자유를 누리면서 지구상의 모든 공간을 식민화하고자 하는 경향, 원래의 국경을 무너뜨리고 동시에 이전까지 한 번도 연계된 적이 없는 지역들을 통합시키는 경향이다. 이러한 세계화 과정 중에 권력관계의 불평등은 더욱 심화되고, 제국주의는 새로운 형태로 등장하고 있다.

이 글에서는 분석의 초점을 동아시아의 역사적 경험에 집중시킨다. 그 이론적 전제는, 제2차 세계대전 이후의 탈식민과 탈제국 운동이 냉전 체제로 인해 급속히 쇠퇴했다가 1980년대에 냉전 체제가 와해되고 세계화의 존재 조건이 마련되면서 비로소 새로운 출발의 계기를 얻게 되었고 억압되었던 역량을 회복했다는 것이다. 그런데 세계대전 직후와 달리 이 시기의 탈식민 운동은 단지 식민의 문제만 처리하면 되는 것이 아니라, 탈냉전과 탈제국화의 문제에 동시에 직면해야만 했다. 사실상 탈식민, 탈냉전, 탈제국이라는 세 가지 운동은 동시에 진행될 수밖에 없는 것이었다. 식민과 냉전, 제국화란 서로 얽혀서 전개된 동일한 역사적 과정이기 때문이다. 이 삼위일체의 운동이 동시에 진행되지 않는다면 (전)식민지는 물론이고 (전)제국의 중심에서도 9·11 사건과 유사한 비극적 사건은 끊임없이 되풀이될 수밖에 없을 것이다.

3. 지역적 통합을 위한 반성적 탈식민·탈제국 운동

그러면 위에서 언급한 이론적 전제를 천천히 검토해 보자.

이전까지 모호했다가 근래에 들어서 명확해지는 추세가 있다. 블록화가 세계화의 주요한 진행 방향이고, 여러 차원의 지역적 (재)통합이 세계 각지의 대세라는 것이다. 아프리카연합(the African Union), 라틴아메리카통합연합(the Latin-American Integration Association), 유럽연합(EU), 그리고 동남아국가연합＋3(ASEAN＋3) 등은 모두 이러한 추세의 구체적인 표현이다. 9·11 사건 이후 계속된 부시 정부의 무차별적 군사행동은 전 세계의 블록화를 더욱 가속화했다. 미국 제국주의가 다시금 확장되는 것을 제어하려는 필요 때문이었다. 그런데 동아시아 지역에서는 지역적 통합이 시도되기는 했지만 상술한 다른 지역에 비해서는 그 속도가 매우 느렸다. 이 지역 내에 남아 있는 역사적 적대감과 불신이 통합을 어렵게 만든 것이었다.

과거에 동아시아의 중심이었던 '중화제국'(中華帝國)[1]은 18세기 이후 점차 와해되었고, 중국을 중심으로 이뤄졌던 비교적 안정적인 지역 체제, 즉 조약과 조공 체계를 바탕으로 구축되었던 '세계 질서' 역시 해체되기 시작했다.[2] 따라서 지역 전체의 권력관계에도 변화가 일어났다. 주변부에 위치해 있던 일본이 중국의 중심적 지위를 대신하게 된 것이다.

그러나 봉건적 조공 체계가 붕괴되었다고 해서 이 지역 내에서 오랜 시간동안 유지되어 온 '국제 관계'가 하루아침에 무너지는 것은 아니었다. 비록 동아시아의 정치 구조가 새롭게 만들어지고 현대적 민족국가라는 것이 등장하기는 했지만, 오랜 세월동안 누적되어 온 역사적 유산은 쉽사리 해체되지 않았다. 지금 벌어지고 있는 지역 통합의 지연은 이러한 복잡한 역사적 관계 때문이다. 제2차 세계대전 이후 만들어진 독립적 민족국가들은 이

1_'동아시아'나 '중화제국'은 모두 현대의 개념으로, 중국 왕조의 교체, 그리고 주변국과의 사이에 형성된 상호관계 등을 포괄적으로 지칭하는 것이다. 왕후이(汪暉)의 연구에 따르면 '중화제국'이라는 개념은 현대 민족국가가 등장한 이후의 산물이며, 그 이면에는 진화론의 그림자가 짙게 드리워 있다. 낙후된 제국이 진보적인 민족국가로 진화되었다는 것이다. 이에 관한 자세한 내용은 汪暉(2004)를 참조.

2_Takeshi(2003). 이 글은 광범위한 내용을 다루고 있고, 복잡한 논증과 풍부한 잠재적 해석력을 보여 주고 있어 추천할 만하다. 다만 동아시아의 굴기(崛起)에 지나치게 집착하고, 특히 중국이 지난 두 세기 동안 서구가 행사해 온 패권에 대항할 수 있다는 식의 낭만적인 서술을 하고 있다는 점에서는 문제가 있다. 분명한 점은, 이 책이 유럽 중심주의적 역사관에 대한 반발에 지나치게 매달려 있기 때문에, 거꾸로 그 다루는 대상으로부터 제약을 당하고 있다는 것이다.

미 새로운 강대국과 약소국의 관계로 재편되었지만, 기본적으로는 과거의 종주국(suzerain)과 속국(vassal state)의 구분에서 크게 달라지지 않았다. 물론 중국은 이미 민족국가로 바뀌었고, 일본과 한국, 베트남 등도 독립국이 되었다. 유일한 예외가 있다면 오키나와(琉球)다.[3]

간단히 말해서, 현재 동북아시아의 '국제 질서'는 중국 중심의 오랜 역사적 구조와 현대적인 민족국가의 체계가 뒤섞여서 만들어진 것이다.[4] 이러한 모순과 이질적인 역사적 경험이 기존의 식민주의로 이 지역에 대해 서술하는 것을 더욱 어렵게 만든다.

예를 들어, 중국 대륙은 서구 열강에 의해 분할되어 조차(租借)된 적은 있을지언정, 전체 영토가 '식민지'화 된 적은 없었다. 식민지와 조차지는 구별될 필요가 있다. 양자의 법률적인 지위가 다르기 때문이다. 이 양자가 지칭하는 것은 상이한 두 가지 형식의 통치와 피통치의 주체성이다.[5]

동북아시아 지역에서 근대 들어 최초로 식민지가 된 것은 홍콩으로, 1842년 아편전쟁 이후 영국에 할양되었다.[6] 일본은 1872년에 오키나와를 병합

3_1870년대까지 독립적인 왕국이었던 오키나와는 1880년대에 일본에 병합되었다.

4_이러한 복잡한 뒤섞임 때문에 오늘날까지 동아시아 지역의 사람들은 '민족국가'라는 개념의 실질적인 의미를 제대로 이해하지 못하는 것인지도 모른다. 중국어, 일본어, 한국어 번역을 비교해 보면 민족국가에 대한 이해에 상당한 차이가 있음을 발견할 수 있다. 일본어로는 '국민국가'라고 번역되는 것이 중국어로는 '민족국가'로 번역된다. 같은 한자이지만 '국민'과 '민족'이 일본어와 중국어에서 갖는 의미는 상당한 차이가 있다.

5_Law(2003)는 'collaborative colonialism'이라는 말로 홍콩과 영국의 통치 관계를 묘사한 바 있다.

6_홍콩의 역사는 상당히 복잡하다. 쥬룽(九龍) 섬은 1860년 제2차 아편전쟁 이후 영국에 할양되었다. 그러나 현재 홍콩의 주요 영토인 신계(新界: 홍콩 전체 면적의 92%) 지역은 1898년에 영국에 99년간 조차되었다. 따라서 홍콩이 전체적으로 볼 때 식민지인지 조차지인지는 역사적으로 논란의 여지가 있다.

했고, 1895년 청일전쟁 이후에 타이완을 점령했다. 러일전쟁 이후 1905년에는 조선이 일본의 보호국이 되었고, 1910년에는 정식으로 일본제국에 합방되었다.[7] 1911년에 아시아 최초의 공화국이 중국 대륙에 세워졌지만, 타이완은 여전히 일본에게 점령된 상태로, 공화국의 일부가 되지 못했다. 1932년에는 만주국이 중국의 동북 지역에 세워졌지만, 실질적으로는 일본에 종속된 괴뢰정권이었다.[8] 일본은 1937년에 중국 대륙에 대한 전면적 침략을 감행해 8년 동안 전쟁을 벌였고, 마침내 1945년에 항복을 했다.

역사를 되돌아보면 동북아시아 지역 통합의 어려움은, 역사적으로 중국이 오랫동안 지배적인 지위를 차지하고 있었던 것과, 일본의 팽창적인 식민주의와 제국주의가 제2차 세계대전 이전부터 이 지역 전체에 불안과 긴장을 초래했던 것 때문임을 알 수 있다.

여기서 우리는 다시 한 번 식민주의와 제국주의를 구분할 필요가 있다. 타이완과 조선에 대한 일본의 통치는 표준적인 식민주의다. 그러나 중국 대륙에서 벌인 행위는 제국주의의 형태였다. 즉 식민지의 인민들은 직접적으로 외래 정권의 통치를 받지만, 중국 대륙은 한 번도 타이완이나 조선반도처럼 '식민지'가 되거나 '점령'된 적이 없었다. 이전의 상하이나 톈진, 그리고 이후의 홍콩이나 마카오 등과 같은 조차지와 달리 타이완이나 조선은 일본의 식민지가 될 때 만기가 정해져 있지 않았다. 식민 통치가 잠정적인 것이고 예정된 기한이 지나면 끝날 것이라는 상상을 인민들이 할 수 없었던 것이다. 식민지인가 아닌가라는 차이는 근본적으로 다른 생존의 조건이다. 추상적으로 보자면 식민주의는 제국주의의 심화된 형태다. 식민주의는

7_초기의 중요 연구로 Myers and Peattie(1984) 참조.

8_근래의 연구로 Duara(2003) 참조.

필연적으로 제국주의이지만, 제국주의가 반드시 식민주의인 것은 아니다.[9]

식민지의 피통치자들을 이른바 대동아전쟁에 적극적으로 동원하기 위해, 일본의 식민 통치 기구는 1937년에 황민화 운동을 시행해 타이완과 조선의 피식민 인구들을 급속히 황민화 주체로 전화했다.[10] 황민화는 표면적으로는 피식민 주체들을 '동화'시키는 작업이었다. 그러나 과거에는 홀시되었던 사실이 있다. 제국 중심의 인민들 역시 동시에 '황민화'되었다는 것이다. 일본의 황민화 운동을 통해 우리는 이 제국화의 역사적 과정이 식민지와 식민 모국 모두에서 진행된 것임을 알 수 있다.[11]

이 점을 이해하는 것은 매우 중요하다. 황민화는 'imperialization of the subject'로 번역된다. 이를 중국어로 다시 번역하면 주체/인민의 '제국화'다. 식민자가 식민지를 '자신'의 방식을 통해 '자신'과 같은 '문명'의 생존 상태로 전화하는 것을, 우리는 과거의 학술 용어 가운데 '동화'라는 말로써 표현해 왔다. 이 경우 동화란 일방적인 과정으로서, 피식민자는 영원히 식민자를 향해 동화되어 갈 뿐이다. 제국 중심의 인민들은 식민지와 아무런 관계가 없으며, 식민 통치 기구는 식민지가 더해짐으로써 만들어지는 새로운 정세에 대응하기 위해 내부적인 조정을 기할 필요가 없다. 한편 그동안 '제국화'가 중요한 분석의 어휘가 되지 못한 것은 그 속의 쌍방향의 운동 과정을 확실히 입증하지 못했기 때문이다. 이는 핵심적인 부분이다. 우리는 제국화

9_이런 점을 앞의 논의에 적용해 보면, 이론적으로 탈제국은 탈식민보다 더 광범위한 운동이라고 할 수 있다.

10_Chou(1996)의 비교 연구 참조.

11_동화와 황민화의 차이에 대해서는 Leo T. S. Ching의 중요한 연구인 *Becoming 'Japanese': Colonial Taiwan and the Politics of Identity Formation*의 제3장 참조. 이는 필자가 본 것 가운데 황민화에 관한 가장 깊이 있는 논의로 생각된다.

과정이 식민지에서뿐만 아니라 동시에 제국의 중심에서도 진행되었다는 점을 인식할 필요가 있다. 근래의 연구는 이 점에 관해 상당히 근거 있는 입증을 하고 있다. 예를 들어 캐서린 홀(Catherine Hall)은 제국의 신분으로 식민지와의 사이에 동일화를 행한 직접적인 관계에 대해 논증한 바 있다.[12] 일본의 황민화 운동은 이러한 쌍방향 과정에 대한 문제의식을 이끌어 낸다.

이러한 추론이 타당하다면, 논리적으로 매우 획기적인 접근을 시도할 수 있다. 제국이 와해되는 과정에서 탈제국화는 식민지뿐만 아니라 식민 모국에서도 일어나야 한다는 것이다. 만약 이러한 탈제국화의 과정이 생략된다면 무슨 결과가 벌어질까?

1945년에 일본이 패전하고 탈제국화의 과정이 시작되었을 때, 일본은 미국의 군사 제국주의에 의해 '식민지'가 되었다. 이후 7년 동안(1945~52) 일본은 맥아더 군사정권에 의해 통치되었고,[13] 일본의 지위는 식민자에서 피식민자로 급속히 변해 갔다.[14] [15] 이런 상황은 일본이 내부적으로 탈제국화의 반성을 진행하는 데 장애물이 되었고, 이전의 식민지인 조선과 타이완, 그리고 만주국과의 역사적 관계를 청산하는 것은 요원한 일이 되어 갔다.

1950년에 한국전쟁이 일어나자 한민족은 내부적으로 동족상잔의 비극을 벌였고, 이후 남북한은 분단국가(partitioned states)가 되었다.[16] 그리고

12_Hall(2002) 참조.

13_이 시기에 관한 논의는 Downer(1999) 참조.

14_오키나와는 1972년에야 일본으로 '반환'되었다. 1945년에서 1972년까지 오키나와의 인민들은 미국의 군사 통치 아래서 고통스러운 삶을 지속했다. 이는 미국 제국주의 역사상 가장 추악한 한 페이지이면서 동시에 가장 홀시되는 부분이기도 하다.

15_전후 오키나와의 변화에 관한 중요한 연구는 Atsushi(2003)를 참조할 것. 지금까지도 오키나와는 미국의 세계 정복의 가장 생생한 증거가 되고 있다. 그러나 미국 정부는 1945~72년에 자신들이 오키나와에서 벌인 군사적 무력 통치에 대해 여전히 사과하지 않고 있다.

1956년 한국전쟁이 종결된 후 전 세계적인 냉전 체제가 동아시아 지역에 확립되었다.

냉전 체제는 동아시아 지역을 20년 동안 갈라놓았다. 이러한 경직된 국면은 1970년대 말 중국 대륙에서 개혁개방 정책이 실시되면서 비로소 바뀔 수 있었다. 냉전이 한창이던 기간에 일본과 오키나와, 남한, 타이완은 미국의 보호국이었다. 이 기간에 일어난 가장 중요한 일은 동아시아 자본주의 진영에 광범위하고 장기적인 '친미 반공' 체제가 구축되었다는 것이다. 이 체제는 지금까지도 확고하게 자리 잡고 있다.[17]

이러한 체제의 확립은 다음과 같은 중요한 의미를 지닌다. 첫째, 이 체제는 사회주의 세계를 악마로 둔갑시키고 공산주의 분자들에 대한 부정적인 이미지를 만들어 내는 데 성공함으로써, 자본주의 진영의 반민주 세력들이 연대하는 구실을 제공했다. 공산주의자를 이질적인 존재로 간주하도록 만드는 기본적인 구조는, 동아시아 지역의 권위적인 군사독재 체제와 우익 보수 정부가 미국 신제국주의의 비호 아래 풀뿌리 민주주의의 역량을 억압할 수 있게 하는 역사적 근거였다. 이러한 구조가 빚어낸 이데올로기적 환상으로 말미암아 반정부는 곧 공산당을 지지하는 것으로 간주되었고, 권위적인 파쇼 체제가 자신을 반대하는 세력을 무분별하게 탄압하는 것은 정당하다고 여겨졌다. 그리고 자본주의를 비판적으로 사고하는 좌익적인 사조는 명맥이 끊어졌다.

둘째, 일본의 탈제국화와 오키나와, 소선, 타이완, 일본(심지어 홍콩과 마

16_한국전쟁과 한국 현대사에 관한 주요한 저작으로는 Cumings(1981) 참조.

17_'친미 반공'에 대응한 동아시아 지역 사회주의 진영의 상태를 어떻게 묘사해야 할지에 대해 연구자들은 곤혹스러움을 느낀다.

카오까지)의 탈식민을 이끌 동력이 사라져 버렸다. 이렇게 탈정치화된 사회적 에너지는 전후의 경제 발전에 모두 투입되었다. 과거 식민자와 피식민자의 역사적 관계를 되돌아보는 것은 금기가 되었다. 과거를 반성하는 것은 미국이 이끄는 이른바 '민주 진영'의 내부 분열을 초래하고 공산주의 세력에게 호기를 제공하는 것으로 간주되었던 것이다. 따라서 식민주의의 역사적 문제에 관한 논의는 오랜 시간동안 이뤄지지 못했다.

셋째, 과거의 식민지가 주체성을 다시금 발견하고 수립할 계기를 상실했다. 동시에 일본, 오키나와, 타이완, 남한이 미국이 보호하는 준식민지가 됨으로써, 동아시아 지역의 주체성에는 농후한 미국적 색채가 입혀졌다. 정확히 말해서 미국이 동아시아 내부에 존재하게 되었고, 동아시아의 주체성을 구성하는 일부가 된 것이다. 냉전은 역사의 연속과 단절을 동시에 가져왔다. 미국의 신제국주의는 일본 식민주의의 연속적 계승이면서 동시에 단절이었다.[18] 바꿔 말하면, 냉전은 구식민주의와 신제국주의를 중개한 셈이었다.

1960년대의 베트남 전쟁은 친미 반공 체제를 더욱 심화시켰다. 미국은 베트남 전쟁에서 패배했지만 그 영향은 미국 본토에서 그다지 크게 작용하지 못했고, 반전운동은 전면적인 탈제국화 운동으로 발전하지 못했다. 만약 이러한 운동이 총체적으로 일어났다면 이후 미국의 군국주의가 계속 강화되는 일은 벌어지지 않았을 것이다. 그러나 상황은 그와 반대였다. 미국의 패전은 각 지역의 친미 반공적 경향을 더욱 공고하게 했다. 냉전 체제는 1970년대 말 중국이 개혁개방을 시작하면서 비로소 약화되었다. 그리고

18_동아시아 지역에서의 미국의 패권 행사에 관한 중요한 연구로는 Cumings(1999) 참조.

1980년대 말에 '사회주의의 몰락, 자본주의의 승리'라는 구호가 유행할 때 냉전 체제는 더욱 크게 퇴조했다. 이는 세계화라는 말이 성행하던 바로 그 무렵이었다. 특히 1990년대 초 이후로 '세계화'는 대학 캠퍼스의 화두가 되었다.

되돌아보면 우리는 냉전 시대 동안 분열된 절반의 세계에서 살아왔다. 그러다가 신자유주의자들이 주도적인 발언권을 확보한 뒤로, 냉전 후의 세계화 체제가 만들어지고, 그것이 오늘날 세계가 나아가는 방향이 되었다. 표면적으로 그들은 이데올로기의 종언과 제3의 길을 표방했지만, 그 이면에는 고도의 이데올로기가 잠재해 있다. 자본이 세계 전체를 대상으로 '자유 시장'을 차지하도록 모든 장애물을 제거하려는 것이다. 하지만 동시에 우리는 자본을 동력으로 하는 신자유주의적 세계화가 동북아시아 지역에서 새로운 기회를 만들어 내고 있다는 점도 인정하지 않을 수 없다. 이전까지 서로 단절되어 있던 지역 간의 왕래가 서서히 회복되고 있기 때문이다. 예를 들어, 중국 대륙과 타이완은 1980년대 말 이후 점진적으로 교류를 시작했다. 남북한 간에도 2000년 이후로 제한적인 상호 방문이 가능해졌다. 지역 내의 화해가 진행되고 있는 것이다. 더욱 중요한 점은, 냉전을 완화시키고 세계화의 추구를 가능하게 한 동력으로 말미암아 타이완이나 남한 등지의 민주화 운동이 더욱 유리한 국제적 환경을 얻게 되어, 억압을 뚫고 항쟁을 일으킬 수 있었다는 사실이다.

이렇게 뒤늦게 찾아온 민주화의 바람은 탈식민의 새로운 출발점이라고 할 수 있다. 이 지역의 민주화 운동은 한편으로는 미국 제국주의가 배후에서 지원하는 권위주의 체제에 맞서야 했고, 다른 한편으로는 봉인되어 있는 전쟁 이전 식민주의의 역사를 개봉해 그것을 바탕으로 탈식민 운동의 기본적인 형태를 갖춰야만 했다. 이러한 정치적 민주화 운동의 등장 배경에는 매우 광범위하고 뿌리 깊은 역량이 존재한다. 이른바 '본토화' 운동이다. 애쉬스 낸디(Ashis Nandy)의 말을 빌리자면, 본토화 운동이 내포하는 함의는 '자아의 상실과 재생'이다.[19] 전통의 재발견과 민족(國族) 역사 다시 쓰기는 이 운동의 주요한 표현 형태라고 할 수 있다. 1970, 80년대 이후 남한의 '문화 부흥'(revitalization) 운동과 타이완의 본토화 운동은 모두 정치적 민주화 운동의 문화적·사회적 기초가 되었다.[20]

그런데 세계화라는 새로운 국면에 들어서면서, 탈식민이라는 과제는 국가의 독립이 급선무이던 반식민 운동 시기 때보다 훨씬 더 복잡하게 되어 버렸다. 냉전 시기 동안 누적된 여러 정치적 산물들 때문이었다. 타이완의 경우 다음과 같은 원인이 존재했다. 첫째, 탈식민 운동이 전쟁 후 적시에 곧바로 일어나지 못해, 타이완과 일본의 역사적 관계가 깨끗이 정리되지 못했다. 둘째, 국민당 권위주의 체제의 선전 기구에 의해 중국공산당의 이미지가 악마와 같은 모습의 공산주의 괴뢰로 고착되었다. 셋째, 미국이 '민주주의'의 유일한 모델로 간주되어, 미국에 대한 그 어떤 비판과 반성도 허용되지 않았다. 그 결과 1949년에 타이완으로 온 외성인(外省人)들, 그리고 중국 대륙은 타이완 민족주의라는 본토화 운동의 공격 대상이 된 반면, 일본과 미국은 타이완이 오늘날의 '번영'을 누리게 해준 은인으로 여겨졌다.

19_Nandy(1983). 특별히 지적할 점은, 역사적 현실로서의 본토화에 대한 인식이 선행되어야 비로소 민주화 운동이 발생하게 된 조건을 이해할 수 있으며, 개인적 선호에 상관없이 본토화는 탈식민의 기본적인 형태 가운데 하나라는 것이다. 필자는 여기서 정치적 입장에 따라 무조건 본토화 운동을 지지하려는 것이 아니다.

20_이 운동은 현재도 진행 중이기 때문에 이에 관한 경험적인 연구는 거의 찾아볼 수 없다. 타이완이나 남한 모두에서 본토화 운동은 대규모로 문화의 생산이나 소비 영역으로 진입했고, 일상생활의 의식주 차원에까지 깊이 파고들었다.

그러나 이러한 제약 요인에도 불구하고, 기존에 금기시되는 영역이었던 일본 점령 시대의 역사는 1990년대에 들어 타이완에서 각광받는 분야가 되었다. 물론 역사를 대하는 그 방식에는 큰 문제가 있었다. 기본적으로 '통일이냐 독립이냐'라는 입장을 벗어나지 못한 상태에서 역사를 연구했던 것이다. 하지만 이것 역시 궁극적으로는 미완성의 탈식민의 길을 따라 전진하는 과정이었다. 타이완과 비교할 때 남한은 일본과의 식민적 관계를 훨씬 일찍부터 청산하기 시작했다. 위안부 문제나 역사 교과서 문제가 그 대표적인 예이고, 2002년에 한국에서 제작되어 일본에서 크게 히트한 텔레비전 드라마 '겨울연가'는 한일 간 화해 무드의 대표적인 상징물이었다. 더욱 중요하면서도 복잡한 문제로 남한의 노무현 정부 시기 착수한 미군기지 철수/이전 문제를 들 수 있다. 2005년에는 한중일 3국의 학자들과 교사들이 공동으로 편찬한 『미래를 여는 역사: 한중일이 함께 만든 동아시아 3국의 근현대사』가 정식으로 출간되었다. 이러한 사례들은 동아시아 지역 내부의 화해 무드라는 큰 추세 속에서 남한이 주도적인 역할을 담당하고 있음을 보여 주는 사건이었다.[21] 시민사회의 민주적 역량이라는 측면에서 남한이 타이완보다 훨씬 앞서 있는 것은 부인할 수 없는 사실이다. 그러한 역량은 이 지역 내에서 총체적인 변화를 이끌어 내는 힘으로 작용하고 있다. 전반적으로 볼 때, 타이완과 남한의 탈식민 운동이 어느 정도까지 발전할 수 있을지는 지속적으로 관심을 가지고 논의할 필요가 있다.

동아시아 지역에서 가장 복잡하고 모호한 상대가 되어 버린 것은 일본의 위치다. 일본은 전쟁 전의 식민자에서 전쟁 이후 피식민자로 변해 버렸

21_한중일3국공동편찬위원회(2005) 참조.

다. 식민자로서 일본은 대동아공영권이라는 미명하에 저질렀던 제국주의적 침략의 과거를 해결해야 하고, 아시아 이웃 국가들에 대해 영원히 씻을 수 없는 죄의식을 가져야 한다. 반면 피식민자로서의 일본은 미국과의 사이에 존재하는 매우 모순적인 애증 관계를 해결해야만 한다. 어떤 점에서, 전후 일본의 사상사는 끊임없는 자아비판의 역사라고 할 수 있다. 마루야마 마사오(丸山眞男) 같은 이의 정치사상으로 대표되는 전통은 일본 국민과 국가기구의 공모 관계를 바라보는 이러한 노선을 잘 보여 준다. 이들은 일본 민족의 파시스트적인 성격을 정면으로 비판하고 있다. 하지만 냉전 체제 아래서 벌어진 일본 내부의 좌우 분열로 말미암아, 이전 식민지나 피침략 지역과의 역사적 관계를 제대로 해결하는 일은 실현되지 못했다. 좌우 대립에 역사적 문제들이 묻혀버린 것이다. 좌익은 중국을 지향하는 모델로 삼았지만, 문화대혁명이 발생하자 곤혹스러움을 겪고 이내 환멸에 빠지고 말았다. 우익은 남한과 타이완에서 식민의 향수를 느꼈다. 그들은 타이완을 진정한 중국으로 간주했고, 심지어 이미 존재하지 않는 진정한 일본의 그림자로 여기기도 했다.

일본의 '탈식민지화'[22]라는 사고는 1990년대 중반 이후에야 비판적 지식인들 사이에 등장하기 시작했다. 그 요지는 제국주의 역사에서 일본과 식민지가 맺은 관계를 정면으로 바라보자는 것이다. 위안부 문제에서 촉발된 이러한 문제의식은 시민운동가인 하나사키 고헤이(花崎皐平) 등에 의해 활발한 논의로 이어졌다.[23] 현재 일본의 비판적 지식인들은 오키나와의 미군

22_탈식민지화(decolonialization): 이는 선배 운동/사상가인 무토 이치요(武藤一羊)가 번역한 개념으로, 우리가 말하는 탈제국화다.

23_Kohei(2000) 참조.

기지 문제를 통해 미국과의 관계에 대한 관심을 불러일으키고 있으며, 9·11 사건 이후 아시아 지역 평화운동의 적극적인 연대를 이끌어 내려 하고 있다. 향후 10년 동안 미국과의 관계 문제는 일본 지식인들의 가장 곤혹스러운 부분이면서 동시에 적극적으로 대응하지 않을 수 없는 도전이 될 것이다.[24]

지금까지는 18세기 중화제국의 점진적 와해 이후 전개된 역사에 대해 서술했다. 이제는 현재의 중국에 관해 살펴볼 차례다. 약 한 세기 동안 서구 제국주의의 침략을 받은 후, 마침내 사회주의혁명을 통해 1949년에 '새로운 중국'이 건설되었다. 그리고 잃어버렸던 영토 주권을 점차로 회복하기 시작했다. 1997년에 홍콩이 반환되었고, 1990년에는 마카오를 회복했으며, 이제 남은 것은 타이완뿐이다. 한 세기 넘게 반제국주의의 경험을 거치면서, 현대 중국의 국민국가(國族)적 정체성은 반제의 기초 위에 세워졌다고 해도 과언이 아니다. 중국과 (전)제국주의 사이의 역사적 관계는 사실상 아직도 완결되지 않았고, 이러한 역사는 여전히 중국인들의 가슴 속에 잠재해 있다. 중국이 완전히 '현대화'되고 부흥한 이후 중국인들은 분명 이러한 문제들을 다시금 마주하게 될 것이다.

중국 역사의 내부적 관점으로 볼 때, 국민당과 공산당 사이에 1945년부터 1949년까지, 그리고 그 이후에도 계속 이어진 내전은 현대성의 나아갈 길을 둘러싼 일종의 노선 투쟁이라고 할 수 있다. 필자가 이 글에서 사용하

24_필자는 근자에 일본의 비판적 지식인들의 토론에 참여한 적이 있으며, 그 내용을 "아시아 독립의 문제"(亞洲獨立的問題)라는 제목으로 일본에서 발간되는 지식인 잡지 『현대사상』(現代思想) 반일 특집호(2005)에 발표했다[옮긴이_이 특집은 후에 한국에서 『반일과 동아시아: 사상 과제로서의 반일』(소명출판, 2006)이라는 제목으로 번역 출간된 바 있다].

는 분석적 언어로 말하자면, 서로 다른 탈식민과 탈제국의 전략 선택에 관한 투쟁인 셈이다. 일찌감치 휴전협정이 체결된 남북한의 상황과 달리 국공 간의 내전에서는 정식으로 종결이 선언된 바가 없다. 그리고 1949년 이후 국민당은 미국의 보호 아래 자본주의화를 추동하는 길을 선택했다. 반면 공산당의 사회주의적 현대화의 길에는 소련의 영향이 크게 작용했다.

사회주의혁명이 계급 정치의 명목으로 반자본주의를 확장하는 탈식민, 탈제국 운동의 일종이라면, 중국 대륙에서 탈식민은 1955년 반둥회의 때 정식으로 형성된 제3세계 동맹이 중요한 기점이 된다고 할 수 있다. 이전에 식민지였던 제3세계와의 연대는 중화제국의 자기중심적 세계관을 깨뜨리는 계기가 되었다. 예를 들어, 1950년대부터 1970년대 사이에 집중적으로 번역 소개된 제3세계 각지의 문학은 지식인들에게 큰 영향을 미침으로써, 일시적으로나마 중국과 서구라는 뿌리 깊은 이원 대립적 인식론의 틀을 깨뜨리는 작용을 했다. 제3세계 동맹을 바탕으로 한 탈식민 운동의 시기는 그리 길지 않았지만, 이것이 당대 중국의 지식계에 남긴 영향은 결코 과소평가될 수 없는 것이었다.[25]

1970년대 후반 중국이 세계로 복귀한 것은, 지금에 와서 보면, 신자유주의 세계화가 이뤄지기 위한 중요한 조건이었다. 동아시아 지역의 경우는 특히 그러했다. 중국 내부적으로 변화의 의의는 매우 심원한 것이었다. 덩샤오핑(鄧小平)은 1992년에 '남순강화'(南巡講話)를 통해 변화의 핵심적인 내용을 정식으로 선포했다. '시장'으로 나아간다는 것이었다. 동아시아 지역의 여타 자본주의 국가들처럼 경제 발전에 총력을 투입한 중국은 1990년

25_제3세계 동맹의 시기가 중국 대륙의 지식계에 남긴 장기적 영향에 관해서는 첸리췬(錢理群 2005)이 근래에 쓴 중요한 글인 "우리 세대의 세계 상상"(我們這一代人的世界想像) 참조.

대 이후 급속한 총체적 변화의 한가운데 놓이게 되었다. 경제 발전은 이미 국민운동이자 민족적인 운동이 되어 있었다. 이렇게 돈 버는 길로 일로매진하는 운동은, 1950년대 이후 경제 발전 경쟁에서 잠시 물러나 있었던 것에 대한 자기 보상의 성격이기도 했다. 전후의 일본, 오키나와, 타이완, 남한의 경험을 참고한다면, 억압된 탈식민과 탈제국의 에너지는 경제가 도약하면서 다시금 부활할 가능성이 크다. 그렇다면 중국에서도 조만간 제국주의 역사에 대한 문제가 다시 제기될 것임을 짐작할 수 있다.

흥미로운 점은, 중국 경제의 흥성이 중국을 세계 권력의 중심으로 이동시켰을 뿐만 아니라, 동시에 동북아시아 지역 통합에 관한 상상을 불러일으켰다는 것이다(이는 긍정적인 측면과 부정적인 측면을 동시에 가지고 있다). 이러한 중심의 이동은 새로운 지역체제를 만들어 내고 있다. 물론 과거 중화제국의 조공 체계가 재현되는 것으로 이러한 흐름을 이해한다면 이는 터무니없는 일이며, 받아들여질 수도 없다. 그럼에도 중국의 지도자들은 지역 내의 불안감을 해소하기 위해 '화평굴기'(和平崛起)라는 구호를 내세우고 있다. 또한 다양한 형태의 '중국위협론'이 엄연히 각지에서 성행한다. 이러한 복잡한 상황은 누적된 오랜 역사의 결과물이다. 새로운 지역체제가 어떤 모습으로 발전할지는, 무수히 많은 변동 요인이 관련된 문제이므로 현재로서는 예측하기 어렵다. 다만 동아시아의 지식인들은 대국과 소국이 존재한다는 사실을 냉정하게 인식하고, 각국이 그 역량에 따라 책임을 적절하게 나누어 짊어지는 평등한 관계를 발전시키도록 노력해야 한다.[26]

26_과거 10년간 이 지역 내에서 활동한 개인적 경험으로 미뤄 보건대, 각 국가의 크기와 힘이 다른 엄연한 현실 속에서 이 핵심적인 문제를 정치적인 방식으로 정확히 해결하기는 어렵다. 싱가포르와 중국을 나란히 놓고 보면, 싱가포르의 지식인들에게 중국 대륙의 지식인들과 동

지금과 같은 중요한 시기에 지역적 통합을 진척시키기 위해서는, 반성적 의의를 갖는 탈식민과 탈제국 운동을 전개하는 것이 절실하다. 이는 중국의 비판적 지식인뿐만 아니라, 동아시아 전체의 비판적 지식인들에게도 가장 중요한 도전이고 책임이다. 비판적인 화인(華人)/중국 지식인들(나도 여기에 포함된다)은 두 가지 문제에 동시에 대응해야 한다는 점에서 정치적으로 어려움을 겪을 수밖에 없다. 한편으로 그들은 한 세기에 걸쳐 일어난 서구와 일본의 제국주의적 침략이라는 고난의 역사와 마주해야 한다. 이러한 역사를 겪은 중국이 다시금 부흥하는 과정에서 일방적인 민족주의적 감정이 유행하는 것은 불가피한 일이고, 이를 정치적인 방식으로 정확히 처리하기는 쉽지가 않다. 다른 한편으로 그들은, 중국이 다른 아시아 국가들과 비교할 때 '제국(심지어는 제국주의)'의 신분이었으며, 특히 과거에 동아시아 지역 전체에서 패권적인 힘을 행사했다는 사실을 반성적으로 되돌아봐야 한다. 지금 이 시점에서 중국이 미국을 대신하는 대제국인가, 또는 향후 대제국이 될 것인가를 따지는 것은 사실상 별 도움이 되지 않는다. 중요한 것은 역사 속에 잠재해 있는 가치 있는 이념을 다시금 적극적으로 찾아내는 것이다. 제3세계주의나 국제주의, 심지어는 쑨원(孫文)의 대아시아주의 같은 것이 그런 예라고 할 수 있다. 이러한 이념들을 통해 반성적으로 과거를 되돌아봄으로써만이, 중화제국과 미국제국이 최후로 남아 대결을 펼치는 암울한 미래의 장면을 막아낼 수 있을 것이다. 중화제국과 미국제국의 대결이라는 이러한 상상은 제국의 욕망이 만들어 낸 악몽이다. 이는 중서 이원대립이라는 과거의 논리를 다시금 등장시키고 중국 중심주의를 되살리며,

---

등한 책임을 부여할 수는 없다는 점을 알게 된다.

세계의 나머지 사람들 모두를 시야에서 배제시켜 버린다.

4. 결론

이상에서는 동아시아 현대사의 (탈)식민, (탈)제국에 관해 압축적으로 살펴보았다.[27] 그 목적은 지금의 우리 상황을 이해하고, 역사가 어떤 방향으로 변화 발전하게 될지를 살펴보기 위함이었다. 비판적인 지식인으로서 우리는 전 세계적인 탈식민의 계획들이 이미 성공을 알리는 상황, 그리고 특히 프란츠 파농(Frantz Fanon)이 40~50년 전에 『검은 피부, 하얀 가면』과 『대지의 저주받은 사람들』에서 제기한 중요한 경고들이 현실에서 목도되는 상황을 기대했다. 탈식민 운동 중에 부르주아계급이 권력을 장악해, 구식민주의나 신제국주의적 권력과의 사이에 결탁이 이뤄지는 상황 같은 것들이 그것이다. 그러나 동아시아의 역사적 경험은 우리의 이러한 순진한 주관적 기대와는 어긋나는 것이었다. 우리가 처해있는 것은 탈식민과 탈제국이 막 시작된 맹아적인 상황이고, 냉전 후 세계화가 도래하면서 운동도 비로소 점차적으로 시작되는 상황이다. '맹아'라는 말로 운동이 지금 처해있는 상태를 정의하는 것은 대규모의 반성적 사고가 이제 겨우 시작되는 단계이기 때문이다. 또한 지금이 관건적인 시점이라고 하는 것은 운동의 방향이 아직 정해지지 않은 상태로 매우 모호해, 자칫 잘못하면 파농이 말하는

27_나는 탈식민을 서술의 틀로 삼고 있는 Berger(2004)의 최근 저술에 주목한다. 하지만 탈식민에 대한 그의 시각은 나와는 거리가 멀다.

함정으로 빠질 수 있기 때문이다.[28] 이렇게 모호하고 복잡한 정세를 적극적으로 논의하지 않고 방치한다면, 미래에 약육강식의 제국주의 시대로 돌아가게 될 가능성이 크다. 9·11 사건 이후 동아시아 국가권력들이 미국의 무차별적 군사적 행동을 지지한 것은 이러한 현상의 등장을 알리는 신호라고도 할 수 있다.

동아시아의 상황이 이처럼 탈식민과 탈제국이 막 시작된 맹아적인 상태라면, 세계의 다른 지역은 어떨까? 아시아의 기타 지역과 아프리카, 라틴아메리카의 이전 식민지들은 모두 탈식민의 계획을 완성했을까? 유럽과 북아메리카에서는 탈제국 운동이 완성되었을까?

필자는 세계사를 연구하는 전문가가 아닌 까닭에 이러한 문제에 답하기는 어렵다. 다만 동아시아의 경험이 특수한 것이 아니라는 점은 추측할 수 있다. 앨버트 메미(Albert Memmi)는 일찍이 1957년에 이렇게 호소한 바 있다. "드러날 것은 다 드러났다. 진리의 잔혹함도 이미 인정된 바다. 유럽과 이전 식민지 사이의 관계는 반드시 새롭게 사고되어야 한다. 식민의 틀을 버린 후 중요한 것은 우리 모두가 공존할 수 있는 새로운 방식을 찾아야 한다는 것이다"(Memmi 1991). 그러나 반세기가 지난 이 시점에서도 메미의 호소가 온당한 대답을 얻었는지는 의심스럽다. 남아시아와 동남아시아 등의 지역에서 민족국가의 독립이라는 형태의 탈식민은 이미 완료되었다. 하지만 이전 식민자와의 사이에 존재하는 역사적 관계는 적절하게 마무리되지 못했다. 영국, 프랑스, 네덜란드, 포르투갈, 스페인, 미국 등은 모두가 탈제국화를 일정 정도까지만 진행시켰고, 이 지역에서 자신들이 저지른 일을

28_타이완 독립운동을 대표하는 세력인 민진당이 집권 후에 국민당 시기보다 훨씬 더 친미적인 성향을 드러낸 것을 떠올려 보라. 이 시기에 친미 반공의 구조가 오히려 더욱 심화되었다.

공개적으로 인정하지 않고 있다. '방법으로서의 아시아'의 의의가 바로 여기에 있다. 아시아의 경험에 대한 비판적인 연구는 세계사를 이해하는 다른 시각을 열어 주고, 새로운 문제를 제기한다.

9·11 사건 이후 미국 제국주의의 이라크 침공에 대한 반대는 유사 이래 최대 규모의 전 세계적인 시민운동이었다. 이 운동의 열기는 전 세계적인 탈식민과 탈제국 운동이 막 시작되었음을 잘 보여 주었다. 9·11 사건은 결과적으로 미국제국에 대한 세계 각지의 애증을 집약시킨 셈이었다. 전후 미국이 자본주의 세계에서 차지한 패권적인 위치는 냉전이 와해되고 경쟁자가 사라진 후 세계 전체로 확대되었다. 아시아, 아프리카, 라틴아메리카 등 제3세계뿐만 아니라 유럽의 과거 제국까지도 정치, 경제, 문화 등의 차원에서 미국의 '식민'적 영향력 아래 놓이게 되었다. 부시의 이라크 침공이 미국 내부에서 민중들의 대규모 지지를 받는 반동적인 현상이 벌어진 것은, 미국이 전후에 탈제국화의 세례를 전혀 받지 않았음을 반증하는 것이다. 따라서 9·11을 진정으로 전 세계적인 사건으로 만든 것은 식민자(미국)와 피식민자(나머지 세계)의 정면 대치라고 할 수 있다. 이러한 시각이 타당하다면, 전 세계적인 탈식민과 탈제국 운동의 전개를 호소하는 것은 매우 시급한 일일 것이다.

위와 같은 상황에서, 아시아의 지역적 통합은 매우 중요한 의미를 지닌다. 그런데 이러한 통합을 일반적인 블록화의 의미로 단순하게 이해하는 것은 곤란하다. 이는 9·11 사건 이후 전개된 전 세계적인 정치의 맥락에서 사고될 필요가 있다. 그것은 단순한 블록화가 아니라, 국제주의와 세계주의를 지향하는 것이다. 아프리카연합, 라틴아메리카통합연합, 유럽연합이 형성된 것처럼, 동남아국가연합과 남아시아지역협력연합(South Asian Association for Regional Cooperation)을 기초로 아시아 전체가 통합을 형성할 수 있다면 군사 제국 미국을 제어할 구조를 만들 수도 있다. 지금 이 시점에서 전 세계가 블록화를 추진하는 것은 일종의 정치적 필연인 셈이다. 그 목적은 미국이 유일한 초강대국으로서 계속해서 권력을 남용하는 것을 막기 위함이다. 지역적 균형을 유지하는 것이 세계의 평화적인 변화로 나아가는 첫 걸음이라면, 아시아의 통합은 세계적인 요청이라고 할 수 있다.

이라크가 서아시아의 핵심 지역에 위치한 국가로서, 아시아의 일부라는 사실을 잊어서는 안 된다. 만약 단일한 아시아연맹이 존재해 외부 역량의 간여를 막아냈더라면, 부시의 제국주의가 이렇게 손쉽게 이라크를 침공할 수 있었겠는가?

신자유주의 세계화에 맞서기 위해서는 우선 전 세계적인 탈식민과 탈제국 운동을 전개해야 한다.[29] 이러한 과정 없이 이전의 식민자와 피식민자가 식민제국주의의 역사에서 초래된 상처에 직면한다면 전 세계적인 연대를 이루는 것은 요원한 일이 된다. 세계라는 무대에서 제국의 정복과 그에 맞서는 저항이 계속 반복되는 것을 막으려면, 지식이나 정치 등 모든 면에서 '탈제국'이 추구되어야 한다.

• 옮긴이 | 김진공

29_이 부분이 필자와 네그리, 하트와의 차이다. 네그리와 하트는 *Empire*(2000)에서 변화의 근본적인 작용자로서 '다중'(multitude)이라는 모호한 개념을 제시하지만, 동시에 탈제국화의 역사 및 정치적 문제들을 회피한다. 그들이 신자유주의 세계화에 맞서는 데 중요한 역할을 하고 있다는 점은 인정하지만, 탈제국화라는 개념을 피해서 제국 핵심의 탈제국 문제에 접근하는 것은 서방 제국주의와의 공모 관계에 빠지는 결과로 귀결될 수 있다.

3장

서구

대화의 명령인가 대화의 금지인가?

_사카이 나오키

대화라는 개념은, 우선적으로 그것의 정서적-윤리적 강도(intensity) 속에서 환기되는데, 이는 대화를 지속하는 것이 얼마나 어려운지 내가 이미 알고 있기 때문이다. 대화는 역경 속에서 강해지는 것으로, 이를테면 대화는 십중팔구 다른 사람(또는 한 집단의 사람들)에게 계속 말하려는 노력을 포기하고픈 유혹에 저항하기 매우 어려워질 때 문제적으로(thematically) 요청된다.

대화는 그 어려움에도 불구하고 반드시 지속되어야만 하는 것이다. 만약 내가, 함께 대화하고 있는 사람에게 일부러라도 계속 열려 있지 않는다면 — 다시 말해, 대화에 집중하지도, 살 받아 주지도 않는다면 — 나는 대화적 관계로부터 물러서게 될 것이다. 그러한 개방성이 없다면, 나는 대화 상대가 배제된 익숙하고 친밀한 영역이나 환경으로 후퇴하게 될 것이다. 그렇게 익숙한 내부 영역 또는 환경은, '가정'이라는 단어를 통해 상징적으로 표현되듯, 다분히 환상적(fantasy)인 것이지만, 그것이 가족으로서의 가정·홈

그라운드·고향·고국, 그리고 궁극적으로 가장 그로테스크한 은유(metaphorics)인 국토 보안과 같은 일련의 메타포들과 관련되어 있기 때문에, 불길하게도 사람들은 그것에 집착한다. 그것은 사람들이 대화로부터 물러서서 돌아가는 보안의 장소다. 내가 그녀에게 열려 있기를 그만두자마자, 그녀는 더 이상 내가 말 걸거나 들어주는 수신인도, 나의 의도가 겨냥되는 인격체도 아니게 된다. 전형적으로 야만인·이교도·테러리스트로 간주되는 그녀는, 차라리 내가 이야기하는 소재나 대상, 나의 익숙한 환경으로부터 추방된 사물이라고 할 수 있다. 대화가 시도되어야만 하고 지속되어야만 하는 것은 정확히 그러한 적대적 상황에서다. 따라서 대화라는 단어는, 한편으로는 타자와 개인적 관계를 지속하기 위한 내 몫의 자발적인 진취성을 내포하고 있는 것처럼 보이지만, 다른 한편으로는 나를 잠재적 수신자로부터 분리시키거나 단절시키는 거리 혹은 무관계에 대한 예상을 내포하고 있는 것처럼 보인다. 물론 이러한 거리는 물리적이거나 지리적인 측정값과 곧바로 동일시될 수 없다. 그것은 당연히 사회적이거나 개인적인 속성의 거리 — 배제, 차별, 소외 또는 비인간화 — 를 의미한다. 그것은 나와 수신자와의 관계를 붕괴시키며, 내가 타자에게 말 거는 것을 막아버릴 수 있다. 따라서 대화와 차이라는 두 단어에 대해 고찰할 때, 나는 이러한 예상된 거리 혹은 무관계를, 즉 대화하고자 하는 나의 의지를 방해할지도 모르는 것이나 나의 대화가 극복해 내길 바라는 것들을, '차이'라고 부르는 게 적절하다고 생각한다.

대화와 연관되어 있는 한, 차이는 인식의 문제일 뿐만 아니라 요구와 결단의 문제로 간주되고 인지된다. 대화적 관계에서 너와 나 사이의 차이는, 우리가 어떻게든 그것을 극복하고 해결할 목적에서 서로를 향해 지속적으로 작용하게끔 유도하는 방식을 통해, 반드시 까다롭고 쟁점적이며 적어도 문제적인 것으로 인식되어야만 한다. 대화는 두 당사자의 지속적 참여를 필요로 하며, 인지된 차이는 반드시 미래라는 차원을 대화적 관계 맺음 속에 기입(mark)해야 한다. 이것이 바로 대화가 의사소통 모델에 따르는 의사소통으로도, 정보의 이동으로도 이해될 수 없는 까닭이다. 그러므로 의사소통 모델이나 정보라는 개념 모두 미래성(futurity)이라는 대화의 시간적 차원을 포착하는 데 성공하지 못하는데, 왜냐하면 이 같은 관점에서 보았을 때 대화는 하나의 인식론적 사건으로서 완전한 양상 속에 파악되고 배타적으로 관찰되기 때문이다. 우선 차이는 두 사람 혹은 두 집단의 사람들 사이에서 발생한다. 그런 점에서 대화가 공간적으로 발생한다는 것은 사실이지만, 만약 대화가 당사자들의 결단에 영향 받는 사건, 그리하여 미래성 때문에 결정되지 않은 채 미완으로 남아 있는 사건의 순서를 따르지 않는다면, 그러한 사실은 의미가 없다.

따라서 대화에서의 차이는, 전통 논리학에서 구체적 차이(diaphora)로 해석된 개념적 구별도, 균일한(uniform) 공간에서의 국지화 가능한(localisable) 전치도 아닌 것처럼 보일 수 있다. 대화는 의심의 여지없이 다양한 시공간적 틀 안에서 발생하지만, 그것은 단선적인 일련의 연대기나 공간 좌표와 같은 단일 체계의 관점에서는 확정될 수 없다. 그것은 척도들(measures)이나 속성들(properties)의 외연적(extensive) 공간에서라기보다는 거리들(distances)의 강도적(intensive) 공간에서 발생한다.[1]

'대화와 차이'에 관한 그러한 피상적 고찰에 이어, 서구와 나머지 세계 사이의 관계를 차이와 대화의 차원에서 이해하고자 하는 것은 합리적이다. 서구와 나머지라는 이분법은, 의심할 바 없이 지난 몇 세기 동안 공고화된

1_강도적 공간과 외연적 공간에 대한 좀 더 자세한 논의는 Delueze and Guattari(1987, 474-500)를 참고할 것.

전 지구적 현실에 대해 유효한 수사로 기능한다. 이는 아직도 휴머니티의 한 계급을 또 다른 것으로부터 강력하게 분리하고 단절하는 그러한 차이들을 우리가 어디에 자리매김할 수 있는지에 대해 요약적으로 설명해 주는, 여전히 영향력 있는 수사다. 바로 그 때문에 우리는 오직 서로에 대해 이야기하고 서로를 향해 말할 뿐이다. 그러므로 그것은 또한 차이의 정치를 구성하는 감정적 수사다. 그것은 분명 오늘날까지도 우리 삶 속에 남아 있는 사회적 부조리들의 기원에 대해 가르쳐 주며, 다양한 장소에서 겪는 인종적·종족적 차별 사이의 제휴와 연합에 대해, 더욱 더 그리고 진정으로, 우리를 민감해지도록 할 수 있다. 따라서 서구와 나머지라는 이분법은, 대화적 관계 맺음을 통해 대항해야만 하는 바로 그 곤경의 궤적(locus)을 재현한다. 이런 점에서, 내가 이해하는 한 서구와 나머지 사이의 차이는, 차이와 대화, 자아 형성이라는 감정적·정서적 정치의 내적 일치성을 인종적·성적·종족적·문명적 정체성의 관점에서 살펴볼 수 있는 전형적인 문제다.

서구와 나머지라는 이분법이 대화를 목적으로 파악되자마자, 이러한 이분법은 자신의 모호한 성질을 드러낸다. 서구와 나머지의 차이는 지도학적이고 지리학적이며 지정학적인 함축을 완전히 피할 수 없으면서도 동시에 시간적이고 불확정적이어야 하는데(예컨대 이는 스튜어트 홀[Stewart Hall]이 자아의 특정 기술들이 배치되는 서구-와-나머지 담론을 가정해야만 했던 이유 가운데 하나다), 이는 그것이 사회적(그리고 대화적) 관계 맺음이기 때문이다. 이러한 차이 속에서, 사람들은 서로에 대해 자신을 연기(演技, act)하고, 바꾸고, 재정의한다. 서구와 나머지라는 이분법이 수반하는 것은 주체적 기술의 집행 결과로, 명령적(prescriptive) 안무(按舞, choreography)를 통해 또 다른 주체와의 관계 속에서 한 주체의 위치를 공고화하는 것이다.[2] 하지만 서구와 나머지라는 이분법이 지도학적 차원에서 배타적으로 보이는 순간, 그것은 서구와 나머지를 균일한 공간을 차지하는 두 개의 세부 항으로 공소(共塑, co-figure)하고 재현하는 도식처럼 기능한다. 사건으로서의 이 같은 차이가 재현 속에서 함께 공소되는 한, 대화라는 사건의 일시적이고 가변적인 양상들은 지워지게 된다. 그것은 대화를 의사소통 모델에서 말하는 정보의 교환으로 몰아넣는 것이나 마찬가지다. 그렇게 되면 모든 중요한 대화의 순간들 — 곤경의 예상, 타자가 어떻게 반응할 것인지에 대한 불안감, 타자의 매체(medium)에 대한 잠재적 이해 불가, 타자의 거절에 대한 염려, 기타 등등 — 은 간과되고 말 것이다.

그런 이유로 나는 이 같은 이분법을 흐리는 제도화된 가정에 대해 질문하고 싶은데, 그에 따르면 서구와 나머지는 공통적 일반성에 포함되는 두 개의 정체성과 두 개의 세부 항으로 여겨진다. 서구의 예외적인 독특함에 대한 이런 추정은 어떻게 유지되고 양성되는가? 나는 서구가 경계 지어진 영역(bounded domain)으로 존재한다는, 다시 말해 서구가 — 심지어 전통에 대한 해석학적 지평[3]으로서의 — 외부와도, 서구의 윤곽을 명백하고 뚜

2_내가 주체적 기술이라고 부른 것에서, 나는 이 '기술'을 유럽어 'subject'에 대한 한 가지 번역어인 명사 슈타이(しゅたい, 主体)에서 유래한, 일본어 형용사 슈타이-테키(しゅたいてき, 主体的)를 붙여 수정하고 싶은데, 이는 주체(슈타이)가 자신을 구성하고 만들어 내는 수단을 의미하는 슈타이-테키 혹은 주체적 기술이, 미리 결정된 목표를 위해 주관('subject'의 다른 번역어인 슈칸しゅかん, 主観)이 대상을 조작하고 바꿀 때 사용하는 수단이라는, 기술 — 이는 슈칸-테키(しゅかんてき, 主観的) 기술이라고 할 수 있다 — 에 대한 평범하고 틀에 박힌 이해와 내비될 수 있기 때문이다. 슈칸-테키 기술에서, 기술적 조작의 대상은 언제나 대상에 수단으로서의 기술을 적용하는 주체이기보다는 타자로 머물러 있는 반면, 슈타이-테키 기술의 경우에서는 그러한 안정적인 구분이 주체와 대상 사이에 존재하지 못하는데, 이는 슈타이-테키 기술의 목적이 주체의, 주체에 의한, 주체를 위한 자아 형성이기 때문이다. 이 주체적 기술과 안무(按舞, choreography)에 대해서는 Legendre(1974)와 Sakai(1991, 280-319)의 9장을 참조.

3_'내부'에 대한 좀 더 완전한 논평은 Sakai(1991, 209-279)의 7장과 8장을 참고할 것. 7장에서,

렷한 것으로 상상하게끔 만든 지식 생산에 관한 역사적 조건들과도 구분되는 내부로서 존재한다는, 널리 퍼져 있는 가정에 대해 검토하고 싶다.

'서구'는 기묘한 구성물이다. 무엇보다도 그것은 신화적 구성물인데, 첫째, 그것은 특정한 지리적 장소의 이름, 더 나아가 거기에 거주하는 사람들의 이름으로 보이기 때문이다. 우리가 서구는 본래 상당히 뚜렷한 윤곽을 지닌 지리적 지정(指定, designation)이라는 다소 왜곡된 가정을 받아들이고 있기 때문에, 서구는 특히 인문학에서 지식 생산의 재현 방식을 규제할 수 있다. 그러나 나는 서구가 결속된(affiliated) 주민을 지닌 지리적 영토라는 사실이나 통일된 사회·문화적 형성물이라는 사실을 믿지 않는다. 그것은 항상 추정적 일체로 남아 있으며, 그러한 일체는 내재적 분열과 분산에 상관없이 이미 운명 지어져 있다. 그것은 사실상 신화적 일체다.

비록 서구의 일관성에 대한 감각이 빠르게 증발하고 있긴 하나, 서구라는 추정적 일체가 한때 인문학 분과 학문의 구성에 특정한 일관성을 부여했다는 것은 사실이다. 그것은 인류학적·종족적·지역적 연구의 대상이 될 수 있거나 될 수 없는 지역 및 민족(peoples) 사이의 구별, 즉 널리 퍼진 인종적 위계와 식민 질서 덕분에 이전에는 어느 정도 확인 가능했던 구별을 두드러지게 만드는 역할을 수행해 왔다. 이러한 맥락에서, 서구 사람들은 연구 대상으로서의 지위를 확정 받을 필요가 없기 때문에 '종족적' 속성을 받아들이지 않는 듯하다. 다시 말해, 연구되고, 알려지고, 인식되기 전에, 그들은 연구하고, 알고, 인식하는 데 적극적인 태도를 취할 것으로 기대된다. 수동적으로

나는 번역의 체제와 관련해 내부의 형성에 대해 논의했다. 또한 이해의 지평으로서의 내부에 대한 논평을 오규 소라이(荻生徂徠)의 모노(もの, 物) 개념에 대한 논의의 맥락에서 참조(280-319).

조사·분류·비교·분석되는 대신, 그들은 스스로의 조사·분류·비교·분석 수단을 대상에 적용하는 일에 참여해야 하는데, 이때 그 대상은 바로 그들 자신이다. 한 집단의 사람들이 공동체의 관습과 지역의 역사 속에 한정적으로 묘사될 때, 그들은 자신의 주체적 능력을 박탈당한 것처럼 재현된다. 그들은 종족성으로 강등되어 마치 서구 관찰자적 응시 — 설령 그 견본이 유럽이라는 지리적 영토 내에서 취해질지라도 — 의 말 없고 수동적이며 익명적인 대상인 듯 다뤄진다. 요컨대, 이러한 지식의 거래 속에서 서구는 지식의 대상으로서의 특질이 아닌, 주체적 능력과 생산력의 측면에서 확정되기를 고수한다.

이와 유사하게, 사람들이 자신을 인문학적 지식 생산과 연관시키는 대략 두 가지 구별되는 방법이 있다. 지역적·문명적·민족적·종족적 정체성 때문에, 일부 사람들이 분과 학문의 합법적 대상으로 선별된다. 그렇게 합법성이 부여된 사람들은 지식 생산 분야 내부에 주로 미가공 데이터 및 사실 정보의 공급자로 참여한다. 달리 말하면, 그들이 분과 학문 안에서 누릴 수 있었던 가장 적극적인 참여적 역할은 정보원의 역할이었던 것이다. 그들은 분류 시스템의 적용에도, 그러한 데이터를 처리하는 과정에서의 평가 방법에도, 데이터를 일반적·해석적 내러티브로 전유하기 위한 지식 틀의 준비에도 모두 참여할 필요가 없다. 그러한 작업뿐만 아니라, 그들은 지식 생산 수단에 대한 비판적 검토나 혁신에도 참여할 필요가 없다. 비판적 검토나 혁신에 대한 책임을 지지 않기 때문에, 그들은 기존 인문학 지식이 처한 현실, 다시 말해 분과 학문 내부에 유포되어 있는 추정과 절차들이 체계적으로 일관되거나 완성되어 있지 않다는 현실을 거의 직시하지 못한다. 실제로, 그것들은 철저히 조사되고 끊임없이 개정되는 중이며, 더구나 인문학은 자신의 지식 생산 방식에 대한 끊임없는 개정과 혁신에 의해 유지되고 재생된다. 인간의 과학을 움직이는 것은 이처럼 만족을 모르는 자기 극복의 운동으로, 이러한 의미에서 과학은 근대성의 궤적, 즉 미셸 푸코(Michel Foucault)가 '인간'이라고 불렀던 것이 차지하는 모호한 위치에 전적으로 종속된다. 따라서 인간 과학은 인간의 역사성이라는 요소 안에서 생산되며, 역사적 지식의 일부가 될 수밖에 없다. 그러므로 만약 지식에 대한 역사적인 극복에 참여하지 않는다면, 이는 근대적 인간에 대한 담론에 적극적으로 참여하고 있는 것이라 할 수 없다.

미가공 데이터와 사실 정보를 공급하는 사람들은 인문학적 지식 생산에 연루되어 있지만, 그들은 '인간'으로서 거기에 참여하고 있는 게 아니다. 물론 그들은 인간이며, 인간의 자격으로 휴머니티와 인간 본성의 특수한 사례들에 관한 정보를 제공한다. 그들은 서구의 바깥에서 가장 빈번하게 발견되는데, 좀 더 정확히 말하자면 서구라는 추정적 공동체의 외부를 구성하는 존재로 간주된다고 할 수 있다.

한편 휴머니티와 인간 본성에 대해 알고자 하는 또 다른 종류의 사람들이 있는데, 그들은 미가공 데이터의 공급자가 되는 것에 결코 만족하려 하지 않는다. 그들에게 있어 안다는 것은 존재의 핵심적인 부분이기에, 그들의 삶의 방식은 지식 생산에 대한 그들의 관계가 바뀜에 따라 영향 받게 될 것이다. 그들은 미가공 데이터에 대한 수집·평가·비교·분석에 필수적으로 참여하지만, 좀 더 중요한 것은 그들이 기존의 삶의 방식에 대한 비판적 검토 및 새로운 방식의 발명과 계속해서 연관된다는 점이다. 삶에서의 주체적 조건들에 대한 그들의 관심은 거의 도덕적인 의무와도 같은 중요성을 지닌다. 그들에게 있어 휴머니티와 인간 본성에 관한 지식은 다양한 특수 사례들로 구성되어야 할 뿐만 아니라, 휴머니티와 인간 본성에 관한 삶의 방식을 바꾸고 창조하는 프로젝트에의 헌신도 수반해야 한다. 그들은 자신들의 성과가 지닌 한계를 극복하기 위해 반드시 끊임없이 노력해야 한다. 그들은 분과 학문 내의 기존 지식을 파괴하는 존재(iconoclastic)로 운명 지어진 것이다. 서구라는 추정적 일체 안의 모든 사람들이 자동적으로 이 집단의 내부에 속하는 것은 아니지만, 그들은 서구의 대표이며 오직 거기에서만 발견될 수 있는 듯하다. 앎의 방식을 바꾸고 창조하는 프로젝트는 때때로 '이론'(혹은 철학)이라고 일컬어지며, 서구를 구별 짓는 이정표, 혹은 서구의 사명으로 간주된다. 이런 의미에서 '이론'은 서구 휴머니티의 정수인 듯한데, 특히 철학이 더 이상 서구 이성의 초상으로 자부하지 않는다는 사실을 생각했을 때 그러하다.[4]

따라서 인문학적 지식 생산에 대한 서로 다른 두 가지 관계들은 서로 다른 두 가지 개념의 휴머니티를 전제한다. 휴머니티는 인간의 본성에 관한 다양한 사례들과 특수한 표현을 통해 연구된다. 세계의 다양한 민족들이 공통적으로 지니는 것을 추출해 냄으로써 궁극적으로 '인간 본성'에 대한 지식이 달성될 것이라고 가정된다. 그러한 사례에서, 기본 원칙(guiding principle)으로서의 휴머니티의 개념은 인간에 대한 모든 특수한 표현에 포함되어 있는 일반적 휴머니티의 그것이다. 그러나 완전히 다른 관계 또한 가능

4_미학의 영역에서 서구적 휴머니티에 상당하는 것은 모더니즘이다. 근대성의 미학적 차원은 예술에서의 모더니즘 운동에서 가장 분명하게 나타나는데, 모더니즘은 실험주의와 혁신을 위한 끊임없는 연구를 특징으로 하며, 기존의 재현 형태를 문제 삼는 한편, 과거로부터 다시 현재를 강조한다. 모더니즘의 파괴적 에너지가 대중매체와 소비 산업에 의해 주류 문화로 전유되어 옴에 따라, 모더니즘은 '이론'과 포스트모더니즘으로 불리는 영역으로 옮겨 왔다. 근대적 '인간'의 궤적은 소위 포스트모던 이론에서 이러한 방법을 통해 살아남았다. 사실 나는 포스트모더니즘에 내재된 유럽 중심주의를 들어 그것에 대한 의례적 비난을 반복하는 데 별 흥미가 없다. 여기서 내가 관심을 갖는 부분은, 이론적 추구 속에서 근대적 '인간'의 현존에 의해 포스트모더니즘에 부과된 역사적 제약이다. 포스트모던 이론들이 오늘날 서구의 전위(轉位, dislocation) 문제에 심각하게 직면했던 적이 있는가? '이론'과 포스트모더니즘의 장소, 혹은 장소들을 오직 '서구'로만 표현하는 것이 여전히 가능한가?

하다. 그것은 지식 생산과 반성적으로 관계되며 새로운 앎의 조건을 만들고자 노력하고, 그리하여 지식 생산을 위한 대상의 구성 및 앎의 주체적 조건 모두를 변형시킨다. 지식 생산에 대한 후자의 관계에서, 휴머니티는 모든 특수한 사례들을 둘러싸고 있는 일반성으로서뿐만 아니라 주체성의 조건이라는 측면에서도 문제시된다. 휴머니티는 앎에 대한 자기반성적 앎 속에서, 그리고 '인간'이 자신을 기꺼이 종속시키는 새로운 앎의 방식의 입법 속에서 자신을 표현한다. 두 번째 관계에서 추구되는 휴머니티는 따라서 인식론적일 뿐만 아니라 실천론적이다. 여기서 이슈가 되는 것은, 일반성과 보편성 사이의 칸트적 구별을 사용하자면, 일반적 휴머니티가 아닌 보편적 휴머니티다. 그리고 이러한 인식론과 실천론 사이의 균열은 아마도 근대적 '인간'이 머무는 장소일 것이다. '인간'은 일반적으로 휴머니티의 구성원으로만 머물지 않는다. 서구의 '인간'을 나머지와 구분해 주는 것은 이론적 보편성에 대한 그의 헌신이다.

우리는 이 같은 서구 예외주의의 수사(rhetoric)에 대해 도대체 어느 정도까지 관대해지고 너그러워질 수 있는가? 무엇 때문에 우리는 서유럽과 북미 바깥에서, 유럽 인문학·과학의 틀 속에서 비서구 사람들에 의해 수행된 철학적 탐구 및 이론적 혁신을 계속해서 간과하는 것인가? 비유럽 언어와 지식 생산에 대한 제도적으로 강요된 무시와 무지 때문에, 일부 지식인들이 즉자적으로(immediately) 확실하게 서구인인 양 스스로를 만들어 내면서도 부끄러워하지 않는 것인가? 왜 우리는 서구 이성이 부여된 서구의 '인간'보다 소위 제3세계 사람들과 경제적·사회적·문화적 지위 면에서 훨씬 더 공통점이 많은 유럽인·북미인들의 거대한 존재를 계속해서 무시해야만 하는가? 이런 질문들이 비록 절박하기는 하나, 어려운 질문은 잠시 나중으로 미뤄 두자.

지난 두 세기 동안, 인문학적 지식 생산에 대한 이러한 두 가지 관계들 사이의 차이점은 후마니타스(humanitas)와 안트로포스(anthropos)라는 두 가지 고전적 유사어(analogue)의 병치를 통해 암시되어 왔다. 인류학의 역사적 진화가 제시하듯, 안트로포스가 점차 첫 번째 스타일에서만 지식 생산에 참여했던 사람들을 의미하게 되었던 반면, 후마니타스는 첫 번째와 두 번째 관계 모두에서 지식 생산에 종사할 수 있었던 사람들을 의미해 왔다. 후마니타스적 의미의 휴머니티는 그렇게 서구 혹은 유럽의 휴머니티를 명시하게 되면서 나머지 휴머니티로부터 구분되었다. 후마니타스와 안트로포스의 구별 내지 차별은 우리가 서구라는 추정적 일체를 신봉하고 주장하는 한 타당하다고 할 수 있다. 말하자면 후마니타스적 휴머니티는 서구와 '나머지'라는 바로 그 구별에 권위를 부여하는 것이다. 하지만 이러한 구별은 이제 과거 시제로 논의되어야 한다. 후마니타스와 안트로포스야말로 혼란스러운 용어의 일부이기 때문이다. 그 용어들을 혼동(confusionism)하는 것에 대한 역사적인 연구야말로 우리가 착수해야 할 과제다.

일반적으로 장소를 명시한다고 여겨지긴 하지만, 서구는 연대기적 순서를 따르는 과거와 현재, 그리고 미래의 사건들까지도 공간적으로 재현하기 위해 그 지시적 기능이 환기되는 이름이다. 그러므로 그것은 연대기적 기록의 토포스이자, 원시사회와 대립되는 것으로서의 선진 사회 및 발달사의 전체적 틀을 이해하는 데 꼭 필요한 토포스다. 이렇게 지도학적 평면 위에 연대기적 순서를 공간적으로 그려 낸 덕분에, 서구는 나머지 세계보다 앞서 있다는 의미심장한 발언이 가능했다.

하지만 연대기적 순서를 이렇게 지도학적으로 그려 냄으로써 얻게 되는 것이, 서구와 나머지에 대한 언급 혹은 구별이 명확히 진술되는 바로 그 장소에 공간적 방향의 모습으로 — 즉 부유한 상인과 시골 농민 사이에, 식민지 개척자와 원주민 사이에, 교육 받은 상류계급 식민지 관료와 가난한 떠돌이 '혼혈' 사이에, 그리고 부유한 지방 지주와 수탈당한 이주 노동자 사이에 — 존재하는 특수한 사회관계에 대한 확증이라는 점은 중요하다. 세계에 대한 지도학 속에서 공간적 구별로 보이는 것은, 두 개의 대비되는 주체적 위치 사이에 존재하는 사회적 구별에 대한 재현일지도 모른다. 한 개인은 매우 다양한 주체의 위치를 차지한다. 따라서 이러한 위치들을 단순한 이분법 속에 깔끔하게 배치하는 것이 얼마나 어려운지 알 수 있다. 하지만 서구와 나머지라는 이분법은 정확히 그것을 해내면서 이러한 위치들의 분류에 이성의 외양을 부여한다. 서구라는 추정적 일체는, 불가능한 실재적 일관성 대신 명백한 분류적(taxonomic) 일관성을 생산하기 위한 이 같은 작용의 한 가지 결과에 불과하다. 여기서, 이러한 사회적 역학을 공간적 재현 없이 시간적으로 상상하는 것 또한 마찬가지로 가능하다는 점을 명심할 필요가 있다. 근대인의 스스로에 대한 시간적 관계는 초월의 형태나 자기 극복의 형태로 거듭 개념화되어 왔다. 그 황홀한 형태의 아포리아적 — 자기 모순적이며 패러독스적인 — 시간성이 '근대적 주체성'의 핵심적 특징으로 인식되어 왔음은 두 말할 나위도 없다.[5] 하지만 근대성에 내재된 그러한 아

5_나는 근대적 주체성의 한 가지 특징 — 이는 지난 몇 세기 동안의 유럽 텍스트에 특징적으로 한정되어 있는 것이 아닌, 18세기 이래 그 지역의 문학적·이론적·철학적 텍스트에서 관찰되는 것이다 — 은 순간적인 것에 대한 문학의 끝없는 추구에 있다고 생각하는데, 그것은 현재의 구어적인 말과 오래된 문학적 스타일의 말 사이의 모순을 강조하는 스타일의 혁신과 동시에 일어났다. 바로 이것이 내가 『과거의 목소리들』(*Voices of the Past*, 1991)에서 드러내고자 했던 점이다. 이러한 모순이 현재의 새로움만을 강조하는 것은 아니다. 영속적인 매개가 정지된 상태에서 질적으로 새로운 것을 파악하기란 불가능하다는 점, 즉 글쓰기 속에서 말하기를 포착하기란 불가능하다는 점 역시 강조된다. 그리하여 동시대의 말을 전사(轉寫)하려는 노력은, 전사의 시간과 전사된 시간이 분열적으로 존재하는, 아포리아적인 이중의 시간성을 폭

포리아적 시간성은 공간적으로 재현될 때 무시되기 마련이다. 말하자면, 공간적 재현 속에서 근대성은 근대화로 축소된다는 것이다.

여기서 아무리 강조해도 지나치지 않는 것은, 공간적 재현과 시간적 형태의 대립이, 근대성의 사회적 역학을 파악하는 의도적이며 대안적인 양식으로부터 유래한다는 것이다. 번역의 재현과 번역 작업 사이의 분열적 관계에 대해 내가 다른 곳에서 주장했듯이(Sakai 1997, 12-16, 51-63), 공간적 재현과 시간적 형태는 분열의 논리적 관계 속에서 서로 연결된다. 만약 사회적 역학이 공간적 방향으로 재현된다면, 그것의 시간성은 상상될 수 없을 것이다. 만약 그것이 근대적 주체성에서 아포리아적 시간성의 사례로 파악된다면, 그것은 공간적 재현으로부터 자유로워진다. 그리고 '인간'과 인간 자신의 관계에 대한 시간적 개념 및 이러한 관계의 공간적 재현 사이의 분열은, 서구와 나머지라는 도식에서 후마니타스와 안트로포스 사이의 구별, 즉 똑같은 평면 위에 단지 한 계급과 또 다른 계급을 병치한 것에 불과할 뿐 전혀 분열적이지 않은 그런 구별과 논리적으로 양립할 수 없으나 그럼에도 불구하고 그것은 서구와 나머지라는 이분법 위에 전치되고 투사된다. 이것이 바로 서구와

로할 수밖에 없었는데, 그 분열 속에서 현재의 진술은 진술된 내용보다 더 높은 차원에 있는 것으로 가정되어야만 했으며, 그로 인해 현재의 진술은 가장 가까운 과거에 진술된 것과도 구별되었다. 시간은 확정되고 객관화된 과거와 불확정적이고 객관화할 수 없는 현재 사이의 역동적인 파열이나 절창(切創, incision)이 되었다. 근대 시간 의식에서의 이러한 불연속의 순간은 종종 근대성의 대표적 특징으로 언급된다. 18세기 서유럽에서 이 이중의 시간성은 미셸 푸코(Foucault 1973, 303-387)가 '경험적-초월적 이중성'이라고 불렀던 매트릭스에서 명확히 드러났으며, 자신을 결정된 자아와 결정하는 에고(ego)로 분열시킴으로써 스스로를 객관화하고 구성하는 행위자를 의미하는, '주체'라는 신조어를 발생시켰다. 따라서 근대적 주체는 결정된 자아와 결정하는 에고 사이의 변증법적 구성물로 파악되며, 여기서 후자는 전자와의 관계에서 메타-언어의 역할을 수행한다. 이러한 아포리아적인 이중의 시간성은 근대적 휴머니즘의 기본 형태를 설명해 준다고 할 수 있다.

나머지라는 이분법이, 주어진 것을 주체적 위치들 사이에 시간적·사회적 구별로서 본성화하고 본질화한다는 점에서 변함없이 인종주의적 분류에 속하는 이유다. 따라서, 서구와 나머지라는 환상적인 이분법은 중층 결정되어 있으면서도, 다양하고 이종적(異種的, heterogeneous)이며 때로 모순적인 차별들을 압축하는 결절점으로 기능한다는 점을 다시 한 번 역설할 필요가 있다. 결국, 나머지가 인류학적으로 남겨지도록, 그리하여 '근대적' 역사성을 박탈당하도록 운명 지어졌던 데 반해, 서구의 휴머니티가, 마치 그들이 자기 초월적 시간성의 측면에서 그들 자신과 배타적으로 관계 맺을 수 있는 양 '인간'의 지위를 얻게 되었던 것은, 바로 이러한 전치와 응축을 통한 것이다.

요컨대, 서구는 한 주체의 위치와 또 다른 주체의 위치 관계를 공간적으로 공소하는 일을 수행하는, 서구와 나머지라는 이분법의 한 축이다. 경계 지어진 영토를 지정하는 대신, 그것은 구체적 장소에서 방향 혹은 기울기를 표현한다. 서구와 나머지는, 한 기울기에서 양극과 음극이 가리키는 반대되는 두 방향에 더 가깝다. 한 장소에서의 벡터가, 그것이 또 다른 장소에서 가지고 있던 것과 반드시 똑같은 방향을 가리키는 것은 아니다. 게다가, 똑같은 장소에서조차 서구는 다양한 벡터들과 쉽게 연관되는데, 그 벡터들 각각은 물론 다른 기울기를 가지고 있다. 예를 들어, 이란계 미국인 과학자는 대다수의 타이완 주민들과의 관계에서는 서구인으로 간주되겠지만, 그곳을 방문한 독일인 관광객들에 대해서는 아시아인일 것이다. 혹은, 통킹 출신의 혼혈인(métis)은 식민지 싱가포르 주민들 사이에서는 서구인으로 간주되겠지만, 인도차이나의 가난한 백인 주민들의 교육·도덕 수준에 대해 조사하는 영국 식민지 행정관에게는 아마도 비서구인으로 다뤄질 것이다.[6] 마찬가지로, 1920년대에 유럽으로 가던 길에 인도에 들른 일본인 방문객은, 그곳 주민들을 영국 식민 통치자들이 그랬던 것과 거의 똑같은 방식으로 묘사했을 것이며, 그리하여 인도 '원주민'들에 대한 그의 '서구적' 위치성을 역설했을지도 모른다. 인도 주민에 대한 그의 관점과 인류학자적(anthropologizing) 태도는, 명백히 비서구 원주민들에 대해 그 자신을 서구인으로 형성하고자 열망하는 자의 그것이었다. 그러나 같은 사람이 마르세이유에 도착하자마자 자신을 아시아의 대표로 묘사하기 시작했다.[7] 마찬가지로, 서유럽에서 '비서구인'으로 여겨지는 한 사람은 자신이 일반적으로 '서구인'으로 여겨지고 서구인으로 '통하는' 지역이라면 아무리 외딴 곳에서라도 그녀나 그 자신을 '서구인'으로 형성하기 위한 모든 기회를 포착할 것이다. 그러나 이것들을 기이한 사례로 여겨서는 안 된다. 서구라고 일컬어지는 자아 형성의 자아이상(自我理想, ego-ideal)은 이러한 방식으로만 존재할 수 있다. 본질적으로 서구인인 사람들과 단지 서구인으로 통할 뿐인 사람들을 구별 짓는 근본적인 방식은 없다.

내가 여기서 인식한 동력은, 공소적 관계에서의 인정(recognition)에 대한 열망과 상관관계가 있다. 그 열망은 두 주체들 사이에서 한 쪽의 위치가 늘 나머지와의 관계 속에 확정되는 개인적 관계를 규정한다. 서구와 나머지라는 이분법의 극성(極性, polarity) 구조는, 두 주체적 위치 사이의 공소적 관계를 반영한다. 어떤 주체적 위치를 상대가 차지하길 원하는가에 따라 자신의 주체적 위치가 표명된다. 예컨대, 그 일본인이 유럽으로 가는 여정 중에 인도 주민에 대해 광범위하게 묘사해 놓았던 것을 보면, 그 일본인 방문

6_유럽 식민지 혼혈인 및 가난한 백인들의 불안정한 지위에 대한 분석은 Stoler(2002, 79-111, 특히 4장)를 참조.

7_전후(戰後) 일본의 주요 철학자인 와츠지 테츠로(和辻哲郎)를 적절한 사례로 들 수 있다. 그의 전전(戰前) 여행기인 『풍토』를 참조. 와츠지의 명백한 인종주의적 언급들은 영어 번역본에서는 삭제되었다.

객이 갈망했던 것은 영국의 식민주의적 인류학자처럼 원주민들을 자신과 반대되는 상대로 묘사함으로써 그 자신을 욕망하는 주체로 만드는 것이었음을 알 수 있다. 그는 자신과 그들의 주체적 위치를 공소하기 위해 이러한 묘사로 인도 '원주민들'에게 자신을 표명했다. 본질적으로 하나의 기울기로서, 즉 일종의 변별적 매트릭스로서, 서구-와-나머지라는 구도는 매우 다양하고 불평등한 사회관계들에 강요될 수 있다. 이것이 바로 서구가 역사적 경향이나 방향을 주어진 사회관계 속에 드러내는 그토록 강력한 수사가 될 수 있는 이유 가운데 하나다. 게다가, 기울기는 항상 파생적인 기능을 포함하기 때문에, 설령 공간적 재현에 종속되어 있을지라도 시간적 변화의 일부 양상을 유지한다. 그리고 이것은 또한 왜 서구가 그렇게 빈번하게 역사적 시간 및 진행에서 앞서나가는 것의 동의어로, 또는 주체의 자기 초월을 위한 투영된 궤도(projected trajectory)로 여겨져 왔는지에 대해서도 설명해 준다.

역사적 방향을 특수한 관계 속에서 표현할 수 있기 때문에, 서구-와-나머지라는 이분법은 세계의 다양한 지역과 장소에서 매번 다양한 집단의 사람들을 연루시키며 반복되었다.

19세기 말 20세기 초, 그 일본 엘리트는 당시 사람들이 가장 진보된 문명으로 생각했던 것을 연구하고 학습하기 위해 서유럽으로 파견되었다. 유럽 사회에서 목격한 번화한 대도시와 날로 심해지는 인종주의는 방문객들을 압도했고, 그들은 그 후 유럽 중심주의적 세계관의 문명적 위계에 따라 자신들을 종족적·인종적으로 식별하기 시작했다. 강력하고 세련된 문명과 마주했던 이러한 경험이 일본의 진보와 근대화를 향한 그들의 결단을 일으켰던 것과 동시에, 그들은 자신들이 얼마나 동양적이며 비서구적이었는지를 깨닫게 되었다. 서구라는 현실을 살아가며 경험했기 때문에, 그들은 자신들이 거기서 배제되어 있다는 것을, 그리고 그들의 일본 종족으로서의 정체성이 서구와의 대조를 통해 공소적으로 구성되었다는 것을 예리하게 인식하고 있었다. 그러나 일본으로의 귀국과 함께, 그들은 (유럽 중심적 세계 질서에 대해 거의 혹은 전혀 몰랐던) 지방의 평민들을 문명화하고 근대화해야 했으며, 이러한 평민들의 민족적 주체를 창조하는 임무를 떠맡게 되었다. 이 같은 새로운 방향 속에서, 그들은 이제 일본 본토에서, 나중에는 식민지 한국·타이완·만주에서 '서구인'의 역할을 수행해야만 했고 그들 자신과 '미개한 대중들' 사이의 위계적 관계를 반복해야 했다. 기독교 선교사들처럼, 그들은 대중을 민족적 주체로 문명화하는 임무를 수행해야 했던 것이다. 서구로부터 배제되어 있다는 생각은, 서구의 가공할 위력이 곧 잠잠해질 것이라는 믿음과는 거리가 있었으며, 오히려 그들로 하여금 (그들이 생각하기에 나머지 안에 있었던) 지역공동체 안에서 서구의 인류학자적 태도를 되풀이하고 지역의 '원시'적인 현실을 근대성의 민족지(誌)적(ethnographic) 틀 안에 자리매김하도록 유도했다. 이는 일본인들이 왜 스스로를 아시아의 백인으로 형성했는지, 왜 후마니타스와 안트로포스의 관계와 똑같은 관계를 아시아 사람들에게 재생산했는지에 대해 설명해 준다.

'원시'에 대한 그들의 지칠 줄 모르는 조사는, 그리하여 그들 자신을 나머지에 대한 서구의 위치, 즉 근대화의 연대기 속에서 저개발국보다 앞선 선진국의 위치를 차지하는 존재로 형성하려는 욕망에 의해 촉진되었다. 저개발/원시에 대한 추구를 강조하는 것은 부정성의 운동인데, 그것은 주어진 사회를 객관화하고 (따라서 주체를 반성적으로 가정하고), 그것을 이제 도래해야만 하는 무엇으로 바꾼다. 주어진 사회를 원시적이라고 보는 것은, 그 사회를 바뀔 수 있는 것으로 보기 위한 필수 단계이자, 사회 형태를 자연적으로 주어진 것이 아닌 만들어진 것으로 인식하기 위한 필수 단계이다. 그런 의미에서, 레이 초우(Rey Chow)가 뛰어나게 설명했듯, 원시는 근대 주체성에 있어 필수적인 순간이다(Chow 1995, 22, 199). '원시'라는 개념을 한 문화의 또 다른 문화에 대한 공간적 외부성이 아닌 시간성의 측면에서 파악해 보면, 지역적 현실을 원시적인 것으로 보는 것은 주체 형성과 상관관계가 있는데, 이때 주체는 자신뿐만 아니라 환경까지 바꿈으로써 스스로를 구성한다.[8]

그러나 '우리' 또는 '그들' 안에 있는 것으로 파악될 수 있다는 점에서, 원시는 매우 모호하며 불안정하다는 점을 강조할 필요가 있다. 원시를 시간적으로 볼 수도 있지만, 공소의 도식적 배치 속에서 그것을 이국화하고(exoticize) 타자에게 투사하는 것 역시 똑같이 가능하다. 어떻게 원시를 묘사하는가의 문제는 결코 묘사하는 사람의 위치성에 대한 욕망과 떨어져 있지 않다.

두 개인 혹은 두 집단 사이의 어떠한 관계도 단일하게 결정될 수 없다. 각 참가자가 차지하게 될 대조적인 주체적 위치들의 집합은, 바로 어떤 기록(register)이 선택되었는가에 따라 강조되기 때문이다. 마르그리트 뒤라스(Marguerite Duras)는 자전적 소설 『태평양의 장벽』(*Un barrage contre le Pacifique*)에서, 가난한 프랑스 식민지 정착자 가족의 어린 딸 쉬잔과 1930년대 식민지 베트남의 매우 부유한 지방 지주 아들인 무슈 조 사이의 강렬하지만 억압된 사랑을 묘사한다(Duras 1985; 1997[1950], 153-367). 그들의 끔찍한 가난 때문에, 프랑스령 인도차이나에 사는 가난한 백인들의 대표인 쉬

8_레이 초우가 언급했듯이, 원시적 열정은 정치적으로 양면적이다. 그것은 의심의 여지없이 '이제 공유 장소와 상식, 즉 공유 지식이면서 참조점이 되지만 우리의 현존재에 앞서서 존재했던, "민주적으로" (재)구성된' 민족적 기원의 발명에 관심이 있다(Chow 1995, 22). [옮긴이 - 레이 초우를 인용한 따옴표 안의 내용은 『원시적 열정: 시각·섹슈얼리티·민족지·현대 중국 영화』(정재서 옮김, 이산, 2004) 45쪽을 참고해 번역했다.]

잔의 가족은 프랑스 국가 질서에 대한 잠재적인 위협이다. 무슈 조와 쉬잔 가족의 만남에서 일어나는 것은 투쟁으로, 그 투쟁을 통해 소설의 등장인물들이 맡을 수 있는 주체적 위치, 특히 식민자와 피식민자라는 정치적으로 구성된 이분법을 입증하는 관계는, 이 내러티브 속에서 전복되고 파괴되고 재구성된다. 이 사랑에 작용하는 가장 강력한 기록은 인종·'식민지 유럽 공동체의 중앙 조직 원리'·'인종주의적 사고는 원주민과 유럽인을 구별 짓는 비판적이며 계급적인 논리의 일부다'라는 기록이지만, 인종주의가 정확히 '잠재적으로 체제전복적인 백인 식민지 주민을 길들이는 장치의 일부였'기 때문에(Stoler 2002, 13), 독자들이 이 소설을 뒤라스의 이후 작품들, 예컨대 『연인』(*L'Amant*)과 『북중국의 연인』(*L'Amant de la Chine du Nord*)을 참고해 읽은 후에야 그 함의를 알 수 있게 되는 많은 암시들을 제외하면 — 화자는 무슈 조가 어떤 인종으로 간주되었는지에 대해, 혹은 그 연애가 틀림없이 인종 간 성교와 관련 있었다는 점에 대해 결코 언급하지 않는다 — 그 기록은 이 소설 전체에서 거부되었다고 할 수 있다. 뒤라스의 이후 소설에서 두드러지는 것은, 그녀가 자신만의 역사적 기억 속에서 파시즘과 식민주의의 제휴를 명명백백히 그려 냄과 동시에 무의식의 작용을 다루었다는 점이다.

근대적 주체성의 한 가지 특징은 일상적 삶에 존재하는 덧없는 것·일시적인 것·즉각적인 것에 대한 추구 속에서 발견된다. 이러한 추구가 현재의 새로움만을 강조하는 것은 아니다. 영속적인 매개가 정지된 상태에서 질적으로 새로운 것을 파악하기란 불가능하다는 점, 즉 현재 속에서 현재를 포착하기란 불가능하다는 점 역시 강조된다. 이러한 이유 때문에 원시로서의 과거가 요청된다. 따라서 오직 과거를 대조적인 용어로 나타내야만, 현재는 부정적이고 반성적으로 지시될 수 있다. 근대성 속에서, 시간이 과거·현재·미래가 발생하는 연속적인 매개로 기능하는 것은 불가능해졌다. 대신, 그것은 확정되고 객관화된 과거와 불확정적이고 객관화할 수 없는 현재 사이의 역동적인 파열이나 절창(切創, incision)이 되었다. 이러한 동력 속에, 확정되고 객관화된 과거를 제공하는 것은 바로 이국적인 것들이다. 시간은 그리하여 끊임없는 자기 초월의 운동이 된다.[9] 따라서, 실체적 개념 대신 관계적 개념을 의미하는 '주체'라는 용어는 미분(微分, differential calculus)의 구조를 구체화함으로써 근대성의 이 같은 특징을 설명한다.

여기서, 원시적인 것은 근대성의 패러독스 같은 것이 된다. 이국적인 것을 가정함으로써 한 개인은 외국인의 위치 및 불확정적이고 객관화할 수 없는 현재의 위치를 차지할 수 있게 되는데, 그의 응시 속에서 원시는 불확정적이고 객관화할 수 없는 과거, 즉 '경과된 것'으로 나타나게 된다. 그러나 베트남에서 태어나 '프랑스 문화'에 대해 직접적으로는 전혀 알지 못하는 쉬잔 같은 사람이 자기 외부의 이국적인 것들을 가정하는 것은, 백인의 특권 및 그녀 인종의 본성화된 정체성에 대한 편견에 호소하지 않는 한 매우 어렵다. 그녀가 가정교육과 '출생지' 환경에서 본질적으로 서구적인 것을 거의 아무것도 발견할 수 없다는 바로 그 이유 때문에, 그녀는 백인성과 서구의 융합에 호소해야만 한다.

이러한 이국화와 비슷한 방식으로, 일본 지식인들은 그들의 지역적 현실을 원시적인 것으로 바라보기 시작했다. 일본인이며 아시아인이라는 그들의 감각은, 따라서 한편으로는 서구를 향한 그들의 모순적인 동경과, 다른 한편으로는 서구에 대한 그들의 분노와 밀접하게 뒤섞여 있다.[10] 일부

9_주체 개념에 대한 훌륭하면서도 간략한 역사는 Balibar(1991, 33-57)와 Critchley(1999, 51-82)를 참조.

10_Komori(1998, 170-198)가 서구에 대한 일본 지식인들의 태도를 분석한 부분은 매우 유용하다.

문학사가들이 주목해 왔듯,[11] 합병된 영토 출신 식민지 엘리트들이 일본 식민주의의 전성기 동안에 도쿄나 교토 같은 대도시를 향해 동경과 분노를 보였던 모습 속에서 이와 완전히 똑같은 방향이 감지될 수 있다는 사실은 매우 놀랍다. 가산 하게(Ghassan Hage)가 주장했듯이, 피에르 부르디외(Pierre Bourdieu)가 과잉동일시라고 칭했던 것과 똑같은 모순적 공현존성(共現存性, copresence), 즉 영국 중상층 계급의 가치들을 향한 과도한 동경 및 동경이 금지된 자들의 절망적인 반항을, 영국 상층계급 가치들로부터 충분한 문화적 자본을 축적해 낸 호주의 영국인 후손들 사이에서 감지할 수 있다는 점은 주목할 만하다(Hage 1998, 195). 파리·런던·베를린이 식민지 베트남의 가난한 백인·'앵글로 오스트레일리안'[12]·일본 지식인들에게 '서구'를 상징했던 것처럼 도쿄와 교토도 '근대성'의 이미지를 구현했는데, 예컨대 일본 현지의 일본 대학에서 교육받은 타이완 엘리트들은 자신들의 지역적이며 토착적인 '원시'적 현실을 바꾸는 임무를 받아들이면서 그러한 근대성을 향해 전향했다.

그러므로 똑같은 일본 지식인이라도, 한 기울기에서는 전형적인 나머지의 대표가 될 수 있지만 또 다른 기울기에서는 '서구인'의 역할을 수행할 것으로 기대된다. 다양한 기울기들은 심지어 한 사람 안에서도 병존한다. 그리고 이것은 분명 일본인의 경우에만 국한되지 않는다. 후마니타스와 안

11_Chen(1995, 389-406)과 Tarumi(1995, 51-101)를 참조. 근대성에 대한 피식민 지식인들의 헌신이, 식민지 독립 이후 식민 통치에 대한 일종의 공모 행위였는지의 여부를 둘러싸고 빈번한 심문의 대상이 되었다는 점에 주목할 필요가 있다. 근대성과 세계 식민지화 사이에는 구체적인 역사적 맥락을 넘어서는 밀접한 관계가 있었던 것으로 보인다.

12_하게는 오스트레일리아의 소설가 C. J. 코치의 다음과 같은 언급을 인용했다. "런던에 뿌리를 둔 문화는 우리 세계의 상상 속 북극성이었다"(Hage 1998, 194).

트로포스의 쌍은 세계의 많은 장소에서 — 여기서 후마니타스와 안트로포스 사이의 구별을 세계의 지도학적 평면에 그려 내는 것은 근본적으로 오해를 불러일으킨다는 점을 반복해서 강조해야겠다 — 공산품의 전 지구적 순환과 유럽-미국-일본 군사 지배의 확장을 따라 복제되는 것처럼 보이는데, 이것은 서구가 세계 어디에나 있는 것처럼 느껴졌던, 여전히 느껴지는 이유들 가운데 하나다. 내가 보편주의와 특수주의의 공모에 관해 주장했듯이, 서구의 보편성으로 보일지도 모르는 것들은 서구-와-나머지 같은 이분법을 복제하는 특정 방향이나 기울기를, 외딴 곳, 즉 유럽 대도시로부터 멀리 떨어진 곳에 발생시키는 능력으로 구성된다.

또한 그러한 각각의 방향이나 기울기는 항상 특정한 자격 요건과 관련된다는 점을 강조해야겠다. 예를 들어, 교육 수준이 높은 기술자가 일본 제국의 외딴 지역에서 토착 주민들과 구별되는 서구인의 역할을 수행하기 위해서는, 자질들의 구체적인 대립 — 예컨대 과학적으로 생각하고 행동할 수 있는 능력과 그것의 결여 사이의 대비 — 이 강조된다. 일본 본토와 타이완의 관계는, 과학적 이성을 소유하고 있었던 것으로 알려진 사람들과 여전히 미신적 전근대성에 안주했던 사람들이라는, 두 집단 사람들 사이의 모호한 대비에 의해 종종 재현되었다. 그리고 연대기적으로 측정된 이 같은 전근대성으로부터 근대성으로의 방향 속에서, 개인이 자신에게 일본인의 자격을 부여하고 자신을 일본인으로 형성하기 위해서는 — 비록 일본 본토에 사는 압도적 다수의 일본인들이 교양 있는 타이완인들과 비교했을 때 과학적 이성을 결여하고 있었음이 매우 명백했음에도 불구하고 — 과학적 이성의 표지를 드러내야만 할지도 모른다.

이와 유사하게, 전근대성으로부터 근대성으로의 방향 속에서, 개인은 자신에게 서구인으로서의 자격을 부여하고 자신을 서구인으로 형성하기 위해 — 집단주의적 복종에 반대되는 것으로서의 — 개인적 자율성의 표지들을 나타내야만 한다. 그러나 또 다른 방향에서, 서구 유럽의 언어 가운데 하나를 할 수 있는 능력은, 한때 일본어를 할 수 있는 능력이 일부 일본 식민지에서 근대성의 상징으로 간주되었던 것처럼, 서구에 소속되기 위한 자격 요건으로 간주된다.

분명 매우 다양한 자격 요건과 방향들이 서구의 특징으로 여겨진다. 서구나 근대 모두, 단 하나의 자격 요건이나 기울기로 확정되지 않는다는 것이다. 개인을 사로잡는 기울기들은 결코 단수적이지 않은데, 이는 사람들이 항상 다수의 기울기들과 연관되기 때문이다. 그러나 두 자질에 대한 추론은 다른 병존하는 자질들에도 적용되며, 그 결과 설령 다수의 자질들이 똑같은 서구를 참조한다고 할지라도, 그것들이 반드시 함께 가능하다거나 서로 모순된다거나 하지는 않다. 내가 보기에, 그리고 많은 사례들이 이미 보여 주었듯, 서구는 결코 내부적으로 일관된 일체가 아닌 것이다. 서구는 일면 유기적으로 체계화된 속성들의 집합으로 구성된 주체처럼 보일지도 모른다. 그러나 나의 논증이 보여 주듯, 서구는 사실상 서로 독립적인 속성들의 우연한 합성물로 간주되어야만 한다. 서구는 많은 변수들의 합성물이며, 그 가운데 어떤 것도 불변으로 남아 있지 않다. 반복하자면, 서구의 정체성을 정의하는 데 적절한 단 하나의 자질은 없다. 기독교·경제적 우위·민주적 가치·환상적(fantasmatic) 생리(生理)라는 백인성 — 사실상 이 모든 것을 전부 합친 것 — 으로도 충분하지 않다. 따라서 서구와 나머지 모두 속성들의 일관된 체계가 아니다. 그 속성들 중 어느 것도 실체로 가정될 수 없다. 서구는 무엇보다도 추정적 일체이기 때문에, 그것의 객관성 속에서 배타적으로 정의될 수 없다.[13]

따라서 사회 계급과 마찬가지로 특정한 자격 요건과 자질들을 획득하기 위한 수단과 자원이 균등하게 분포되어 있지 않다는 점은 일단 차치하고, 한 개인이 서구에서든 나머지에서든 한결같이 일관되게 존재하는 경우란 거의 없다. 사실 그러한 수단과 자원은 특정한 집단 안에 그런 식으로 집중되어 있기에, 특권 집단의 사람들이 서구성의 자격 요건들을 획득하는 것은 다른 사람들보다 더 쉽기 마련이다.

우리로 하여금 서구라는 전체에 내재된 모순들과 중층 결정을 간과하도록 유도해 온 역사적 조건들은 빠르게 사라지고 있는 중이다. 서구-와-나머지라는 이분법을 특징짓는 그러한 자질들이 마치 견고한 기반에 고정되어 있는 듯 보이게 했던 사회적·경제적 현실이 사라져 왔기 때문이다. 세계적으로 많은 사람들이 그들의 사회·경제·문화적 정체성에 대한 불안에 압도되어 있다는 사실은 놀랍지 않다. 근본적으로, 그동안 도마 위에 올랐던 것은 유일하고 통일되어 있는 지시물(referent)로서의 서구의 지위다. 아시아는 특히 그 이후 관습적으로 서구(혹은, 서양)의 부정으로 정의되어 왔다. 오늘날 압축된 방식으로 많은 형태의 사회·경제적 불안을 표현하는 중층 결정된 서구의 본성은, 아시아에 관한 인문학적 지식 생산에서 민감하게 감지된다.

그럼에도 불구하고, 흥미롭게도 '서구'라는 용어는 세계 어느 곳에서도 보편적 호소력과 즉각적 인지가능성(intelligibility)을 상실하지 않은 것처럼 보인다. 세계 어느 곳에서도 그것은 객관적 실재의 위력을 상실하지 않았

13_바로 이런 맥락에서 나는 몇 가지 통찰, 특히 니시다 기타로(西田幾多郎, 1870~1945)의 바쇼(芭蕉) 론의 중요성에 대해 재고해 보고 싶다. 니시다 기타로는 근대적 주체성의 문제를 다루기 위해, 그의 전집(1965) 4, 5, 6권에서 아리스토텔레스적 히포케이메논(hypokeimenon)과 플라톤적 코라(chora)의 관점에서 철학적 논변을 창조해 내고자 했다.

다. 특히 동아시아에서, 서구는 민족적·문화적·인종적 정체성을 서구와 나머지에 대한 공소적 재현 속에 확정하고자 했던 지역 민족주의와의 관계에서 계속해서 지배적인 지표(master index) 역할을 수행해 왔다. 하지만 그와 동시에, 동아시아의 사회집단과 일상적 양상들이 초점의 선택에 따라서는 나머지보다 서구 내부에 더 많이 위치하게 될지도 모른다.

그런데 서구는 자신의 즉각적 인지가능성을 어떻게 계속 유지할 수 있는 것일까? 세계 여러 장소들의 사람들은 서구의 불안정성·일시성·중층 결정에 대한 명백한 증거에도 불구하고 어떻게 계속 그것을 믿을 수 있는 것일까? 이제 우리 자신의 사례, 식민지적 관계와 서구-와-나머지라는 이분법의 오버랩으로 되돌아가 보자. 타이완의 이란계 미국인 과학자가 서구/비서구 사이에서 겪는 동요에 대한 전형적인 관찰에서, 사람들은 그가 단지 비유적으로(figuratively)만 서구인일 뿐 실제로는 아니라고 주장하며 그럴듯하게 반응할 수 있다. 이러한 주장에서, 사람들은 원래부터 그 자체로 서구적인, 이란계 미국인 과학자는 애초부터 포함되지 않는 그런 '본성적' 서구인이 틀림없이 있을 것이라고 가정할지도 모른다. 또한 사람들은 모든 역사적 변천을 넘어 서구의 실체를 가정하는 것이 가능하다고 주장할지도 모른다. 이것은 (나머지뿐만 아니라) 서구라는 가계(家系, pedigrees)를, 견고하고 변하지 않으며 본성적이라고 가정된 특정한 토지 위에 뿌리내리고 다지는 것을 넘어, 본성화하려고 시도하는 본질주의적 주장이다.

호미 비비(Homi Bhabha)는 고정성이라는 개념을 통해 식민 담론에서 피식민자뿐만 아니라 식민자의 주체화 과정 및 타자성의 이데올로기적 구성도 분석했다(Bhabha 1994, 66-84). 우리는 이렇게 가정된 고정성에 대한 강박이 특히 후기 독립국가들에서 영원한 '민족애'(peoplehood)를 향한 민족주의적 갈망으로 쉽게 전유될 수 있다는 것과, 그 국가들에서 유럽-미국

-일본 식민 정부에 대한 복종의 기억이 여전히 생생하다는 것 역시 알고 있다. 서구의 가계에 대한 추정적이고 본질주의적인 주장과 관련해 내가 상상해 보려는 것은, 고정된 본질과 태곳적 과거를 향한 이러한 욕망과는 약간 다르다. 민족주의에 대한 이러한 추정적 주장은 서구-와-나머지라는 정체성의 근본적 불안정성에 대한 인식, 즉 별다른 이유 없이 혹은 이유도 모른 채, 누구는 단지 몇몇 '자격 요건' 때문에 우연히 서구인이 되고 누구는 다른 자격 요건 때문에 비서구인이 된다는 사실을 상쇄하기 위해 의도된 것이다. 전 지구화에 의해 야기된 와해를 부정하는 것은, 한때 서구-와-비서구라는 정체성을 특징짓는 자질들이 본질로부터 발현되는 양 보이게 했던 역사적 조건들의 와해를 보상하는 거의 본능적인 반응이다. 그 주장은, 부르디외가 귀족들이 본질주의적이라고 주장했던 것과 같은 의미에서 본질주의적이다.

> "존재를 본질의 발현이라고 생각하기 때문에, 이들은 …… 공훈이나 비행에 내재적 가치를 부여하지 않는다. 이들은 오직 어떤 행동이 비록 형태는 조금씩 다르더라도 각 행위가 수행될 수 있도록 해주는 어떤 본질을 영구화하고 널리 알려 주는 특정한 영감에 따른 결과라는 사실이 분명하게 드러나는 경우에만 그 행동을 상찬한다"(Bourdieu 1984, 24; Hage 1998).[14]

부르디외가 주목했던 사회 계급의 구별과는 달리, 서구와 나머지의 구별은 종종 분리된 양쪽 당사자들에 의해 그들 스스로에게 강요된다. 서구-와-나머지는 모두 그들의 변별적 자질들과 자격 요건들을 본성화하고 싶

14_[옮긴이] 이 인용문에 대한 번역은 『구별 짓기: 문화와 취향의 사회학(上)』(최종철 옮김, 새물결, 2005) 57쪽의 번역을 그대로 옮겼다.

어 한다. 따라서, 서구-와-나머지라는 각자의 가계에 대한 추정적이고 본질주의적인 주장은 일종의 본성화를 요청한다. 여기서 다시 본성적 취향에 대한 부르디외의 언급을 인용해 보자.

> "취향은 태어나면서부터 타고난다는 이데올로기가 그럴듯해 보이고 나름대로 효력을 발휘하는 이유는, 일상의 계급투쟁에서 파생되는 모든 이데올로기 전략이 그렇듯이 실질적인 차이를 자연화하고=본성화하고, 문화 획득 양식의 차이를 본성의 차이로 전환하기 때문이다. 이것은 취향이 형성되어 온 과정의 뚜렷한 흔적을 전혀 갖고 있지 않으며, '학교에서 가르치거나', '전문 학술적이고', '책에 나오고', '감동을 받고', '연구될 만한' 것이 하나도 없으며, 그 대신 편안함과 자연스러움을 주는 진정한 문화는 자연이라고(이것이야말로 처녀 수태라는 태곳적 신비의 현대판 재현이라고 할 수 있다) 주장하는 문화(또는 언어)와의 관계만을 유일하게 정통적인 것으로 인정하기 때문이다"(Bourdieu 1984, 68).[15]

(나머지와 마찬가지로) 이질적(disparate)이고 중층 결정되어 있으며 이종적인 서구가 통일된 것으로 보이는 것은, 바로 이러한 본성화하려는 충동을 통해서이다. 그러므로 서구라는 일체는 항상 추정적인 일체다. 그것은 추정적이며 본질주의적인 투자 속에서 요청되어야 하는 것임에도 불구하고, 이미 주어진 것처럼 본성화되고 가정된다. 이는 또한 서구-와-비서구의 구별이 인종주의의 기운(aura)으로부터 자유로울 수 없는 이유에 대해서도 설명해 준다. 여기서 우리는 인종주의를 좁게, 다시 말해 한 개인의 사회·문화적 자질들을 그/그녀의 생리적 특징들, 예컨대 피부색, 머리카락 타입, 뇌 기능

15_[옮긴이] 이 인용문에 대한 번역은 『구별 짓기: 문화와 취향의 사회학(上)』(최종철 옮김, 새물결, 2005) 135쪽의 번역을 그대로 옮겼다.

의 분포 등으로 환원해 이해할 필요가 없다. 인종주의를 구성하는 것은 근본주의적 투자, 즉 인지된 자질들과 차이들은 반드시 종족 문화·백인성·민족적 혹은 서구적 전통·언어와 같은 본질화된 속성들 속에 본성화되고, 뿌리내리고, 다져져야 한다는 요구다. 이런 면에서 서구는, 에티엔 발리바르(Etienne Balibar)의 용어로 말하자면, 또 다른 종류의 허구적 종족성(fictive ethnicity)이다. 그러한 뿌리내리기용 용어들 중 어느 것도 인지된 자질들·차이들보다 더 믿을 만하거나 덜 유동적이거나 하지 않음은 두말할 나위가 없다.

끊임없는 분산·분열·변이에도 불구하고 서구와 나머지의 구별은 그대로인 것처럼 보이는데, 이는 다만 역사적 조건들의 와해를 상쇄하기 위한 노력, 즉 우리로 하여금 바로 그 서구/나머지라는 구별에 내재되어 있는 분산과 중층 결정을 간과하도록 했던 노력이 언제나 작동 중이기 때문이다. 달리 말하자면, 서구와 나머지의 구별은 변화에 민감하다고 할 수 있다. 그 구별은 역사적 변화들을 억압하려는 시도다. 자신의 서구적 정체성을 완고하게 주장하는 사람들이, 대개 서구인이 되기 위한 그들 자신의 자격 요건에 대해 가장 불안하게 느끼는 사람들이란 점은 놀랍지 않다. 그러한 구별에서 보존되는 것은 부르주아 유럽에서 일어났던 불평등한 세력 간의 만남, 그 역사적 조건들인데, 바로 그 안에서 식민지 열강은 즉각 나머지로 일괄될 것들을 점차 지배하기 시작했다. 서구는 역사적 구성물이며, 역사적 구성물로서 역사적 변화에 끊임없이 노출된다는 점에는 의심의 여지가 없지만, 그 상쇄적 경향 속에서도 작동하고 있는 서구라는 추정적 일체는, 역사적 변이를 계속 기록하고 있다는 점에서 역사적이지 않다. 오히려 그것은 역사적인 것들을 억압한다. 요컨대 서구라는 추정적 일체는 시간에 속해 있지 않은 것이다. 그것은 대신 서구와 나머지의 구별에 대한 적절한 이해가 추구되어야 하는 식민지 무의식의 지형학 속에 있다.

만약 서구와 나머지 사이의 구별이 지리·인종·종족 문화·민족성으로부터 점점 떨어져 나와 개인의 사회경제적 지위를 형성하는 문화 자본의 문제가 된다면, 사람들은 서구와 나머지가 변별적·수행적으로(performatively) 현시되는 자격 요건들의 사회경제적 형성에, 그리고 그러한 자격 조건의 획득을 위한 투자 방식에 주의를 기울일 수 있다. 사회적으로, 서구인으로서의 자격도 아시아인으로서의 자격도 얻지 못하게 된 사람들이 점점 증가하고 있다.

하지만 여기서 서구가 나머지로부터 더 이상 변별되지 않을 것이라는 결론을 이끌어 낼 수는 없다. 나 역시, 전 지구화의 불가피한 결과인 점진적 분열과 분산 때문에 서구는 더 이상 실재가 아니라고 주장하지는 않을 것이다. 인종의 사회적 범주가 사회적 실재에 대한 인지(perception)에 곧 부적절해질 것이라는 가정이 공허하듯 — 전 세계적 통상의 증가로 인해 서구가 소산(消散)될 것이라 기대한다면 내가 치명적인 실수를 범하게 되는 것과 마찬가지로 — 인종이라는 개념 역시 너무나 추상적이고, 개념적으로 파편적이고, 발생적으로 조리가 없고, 사회학적으로 임의적이고, 역사적으로 유동적이고, 지리적으로 변덕스럽고, 한마디로 말해서, 비이성적이기 때문이다.

나는 대화와 차이에 관한 이 회의의 전략적 중요성이 어디선가 지금 당장 명확해지기를 바란다. 대화에서의 차이는 결코 서구와 나머지 사이에 존재하지 않는다. 대화는 절대 이러한 이분법에 갇혀서는 안 된다. 서구와 나머지라는 이분법을 대화에서의 차이와 대조함으로써, 우리는 이 같은 대화가 늘 그러한 공소를 배반한다는 것을 드러낼 수 있다. 우리의 대화가 모든 논의를 서구와 나머지라는 이분법으로 간단히 바꿔 버렸던 바로 그 역사

혹은 역사들에 의해 방해받으리라는 점을 이미 알고 있다고 해서, 우리는 우리 자신을 서구와 나머지라는 똑같은 위치들로 다시 집어넣으려 하지는 않을 것이다. 우리는 대화라는 사건 속에서 서로를 연기(演技)하고, 바꾸고, 변화시키기 때문이다. '우리'에게 대화 상대를 추방하고 쫓아내는 국토방위 속으로의 후퇴를 거부할 능력이 있는 것처럼, 우리에게는 확실히 서구라는 추정적 일체를 확증하는 대신 서구를 전위(轉位, dislocation)하고 분산할 능력이 있다.

• 옮긴이 | 김은영

4장

한국발 '동아시아론'의 인식론 검토

동아시아 연구, '초국가적 공간'으로부터 접근하자

_박상수

1. 서론

길게 잡아 약 20년 만에 한국발 '동아시아'(최원식 2000)가 맹위를 떨치고 있다. 이제 '동아시아'를 말하는 사람들은 민간의 일부 학자나 정부 관료에만 국한되지 않는다. '동아시아'는 실재(reality)를 넘어 실재를 규정하는 재현(repre-sentation)으로서의 '담론'(discourse)의 지위[1]를 구축하기에 이르렀다.

'동아시아' 담론의 스펙트럼은 넓고도 현란하다. 국민(민족)국가 단위의 자국 중심 사고가 초래한 대립과 분쟁을 동아시아가 해결해 줄 것으로 보

• 이 논문은 2008년 정부(교육과학기술부)의 재원으로 한국연구재단의 지원을 받아 수행되었다(KRF-2008-362-A00001).

1_'담론 권력'이라고 불러도 좋을 것이다(장인성 2005, 4).

는가 하면, 서구적 근대에 대한 '탈근대적 대안'을 동아시아에서 찾기도 하고, 자본주의 세계화에 맞서는 유력한 수단을 동아시아 공동체가 제공해 줄 것으로 기대하기도 한다. 최소한 일군의 사람들은 생기 없는 세계경제에 활력을 불어넣어 줄 희망으로 동아시아를 생각한다. 이제 '동아시아'는 근대 이래 인류가 해결해야 할 난마(亂麻)와 같은 역사적 과제들을 일거에 해결해 줄 쾌도(快刀)이며, 암혼(暗混)한 인류의 미래를 이끌 새로운 '문명'의 등불인 듯하다.

'동아시아'를 통해 말하고자 하는 바가 이처럼 넓고도 큰 만큼 담론의 형성과 전개 과정에서 비판과 대응, 오해와 성찰, 변전(變轉)과 진화가 관찰된다. 본고는 '(동)아시아' 출현의 맥락을 추적해 보고, 다양한 담론 지형을 가능한 한 축약해 살핀 후,[2] 담론이 내포하고 있는 몇몇 인식론적 오구(誤區)를 비판적으로 검토한다. 그리고 앞으로의 연구가, 동아시아라는 '초국가적 공간'에서 발생했고, 또 발생해 가고 있는 다양한 현상과 움직임들에 더욱 주의를 기울일 것을 제언한다.

2. 근대의 '(동)아시아'

'아시아', '동아시아' 등은 단순히 방위와 인접성에 기초한 지리적 개념

2_'동아시아'를 논한 글이 많은 만큼 이를 검토한 글도 다양하다. 대표적인 연구로는 장인성(2005); 박명규(2005); 이욱연(2007); 임우경(2007); 고성빈(2007); 이정훈(2007); 박승우(2008); 류준필(2009) 등이 있다.

만은 아니다. 그것은 비교적 가까운 과거에 형성된 역사적·정치적 개념이다. (동)아시아가 고유의 속성 혹은 동질성을 갖는 하나의 실체로서 사고되기 시작한 것은 19세기 유럽 제국주의에 의해서였다. '표준 시간'을 장악한 유럽 제국주의는 유럽 중심의 역사적 목적론(teleology) 속에서 아시아 개념을 세웠고, 거기서 아시아는 유럽의 개화, 우등, 근대, 이성, 역동에 대비된 미개, 열등, 전통, 정실, 정체의 이미지로 주변화되었다.

이러한 유럽인의 오리엔탈리즘(orientalism)(사이드 2007)은 아시아인에게도 공명을 일으켰다. 서구의 타자로서 정치적으로 조작된 '(동)아시아'가 아시아인의 이른바 전도된 오리엔탈리즘(역오리엔탈리즘: orientalism in reverse)을 통해 아시아인에게 내면화되었던 것이다. 아리프 딜릭(Arif Dirlik)이 날카롭게 지적하고 있듯이, 아시아가 "자율적인 존재로서 스스로를 주장하고 있는 것 같은 순간에도 서구는 적극적으로 관여하거나 또한 직접 관여함이 없이 아시아의 자아 발견에 상당한 부분을 이루게 되"었다(딜릭 2000, 82, 93).

20세기 전환기 (동)아시아 각국에서 제기된 아시아 연대론은 주로 인종적 견지에서 (동)아시아에 대한 사고를 강화했지만 서구의 오리엔탈리즘을 벗어나지 못했다. 예컨대, 후쿠자와 유키치(福澤諭吉)는 '탈아론'(脫亞論)을 발표하기 전 '동양 연대론'을 주장했다. 이는 유색인종이면 누구나 연대해 서구 열강과 맞설 수 있다는 인식까지는 아니었지만(그는 이웃 나라의 혁신을 전제로 한 연대를 구상했다), 연대감과 확상욕의 역설을 포함하는, 서구 열강에 대한 강한 저항 의식 속에 동양을 구상한 것이었다(쑨거 2003, 65). 오카쿠라 텐신(岡倉天心)은 '아시아 일체론'에서 서양 문명에 대항하는 '동양의 이상'을 통해 아시아주의를 구상하고, 하나 된 아시아가 제3의 문명을 제시해야 한다고 주장했다(오카쿠라 1997[1903]). 쑨원(孫文)은 중국과 일본이 제휴해 서양의 패도(覇道) 문화에 대항하고 동양의 왕도(王道) 문화를 수호하자는 '대아시아주의'를 제창했다(쑨원 1997[1924]). 안중근도 '동양 평화론'에서 20세기 전환기의 정세를 인종 간의 대립과 충돌로 파악하고 동양적 연대만이 활로임을 주장했다(안중근 1997[1910]). 이러한 세기 전환기의 아시아 연대론은 서구에 대한 대항 담론으로서 실천적 의미를 갖는 것이었지만 서구에 의해 타자화된 '아시아'라는 사유 구조를 깨고 새로운 아시아를 재구성하기는커녕, 오히려 내면화된 오리엔탈리즘을 통해 서구가 마련한 진화론적 약육강식의 논리 속에서 아시아를 사고했다(전형준 1997, 282).

1930~40년대 일본이 차례로 내세운 '동아 (신질서, 연맹)'와 '대동아 (공영권)' 등은 서구에 대한 저항 담론으로 등장한 위의 아시아 연대론에 더해 아시아 역내 국가에 대한 침략의 논리로 등장했다. 왕도, 덕치, 예, 충 등의 유교 윤리와 종족적·문화적 동질성을 강조한 동종동문(同種同文)의 담론들을 동원한 동아시아 만들기(史桂芳 2002)는 일본의 '지도'를 빼고는 성립할 수 없었다. 이 지점에서 '동아시아'는 서양에 대한 저항적 실천 담론으로서의 사명을 다하고 한 국민(민족)국가의 국내적 억압과 국외적 팽창을 정당화하는 지배 이데올로기로 전락하고 말았다. 요컨대, '(동)아시아'는 20세기 중반까지 근대 유럽 제국주의의 아시아 침략이란 역사적 조건 속에서 창안된 후 동아시아인에게 내면화되고, 또 다른 침략의 정당화 논리로 활용된 정치적 개념이었다.[3]

동아의 맹주를 자처한 일본의 패전에 따라 '동아시아'에 대한 사고는 자취를 감추었다. 전후 대부분의 동아시아 국가들이 국민국가 건설을 위한 민

3_한 연구자는 '동아시아'는 오리엔탈리즘이라는 원죄를 갖고 탄생한 '심상 지리'라고 표현한 바 있다(강상중 1997).

족주의에 매달리면서 국민국가 단위의 사고가 비등했다. 냉전이 강요한 '진영'에 따른 양분된 편 가르기도 '동아시아'를 사고하기 어렵게 만들었다. 기껏해야 동아시아는 세계적 냉전 질서 속의 하위 지역으로 언급될 뿐이었다.

그러나 세기말 냉전 구조의 해체는 동아시아 역내의 국가 간 적대감을 넘어 우선 물류(物流)와 인류(人流)로부터 시작되는 여러 민간 교류를 가능케 했고, 마침내 한·중 수교(1992) 등 정치적 관계 개선으로까지 이어졌다. 냉전으로 쪼개진 지역이 아니라 '동아시아'를 다시 새롭게 상상할 수 있는 조건이 마련되었던 것이다(최장집 2004). 이제 새로운 '동아시아'를 본격적으로 모색하는 사람들이 등장하기 시작했다.

3. 한국발 '동아시아'론

1) '동아시아론' 출현의 맥락

근대 이래의 '(동)아시아'가 타율적으로 기획되고 수동적으로 수용된 것이라면, 세기 말에 '귀환'한(백영서 2000b) 동아시아 담론은 분명 "주체적으로", "자율적이며 능동적"으로 '상상'되고 있을 뿐만 아니라(박사명 2008, 14), 고유의 한국적 맥락을 통해 등장했다. 21세기로의 전환기에서 한국 사회의 논의 구조를 뒤덮었던 소위 '동아시아론'은 20세기 전환기의 '아시아 연대론'이나 1930~40년대 일본의 '대동아공영권'과 마찬가지로 동아시아의 평화와 공영을 표방하고 있었다. 하지만 한국발 동아시아론은 한반도를 둘러싼 내외적 상황의 변화, 특히 1980년대 후반을 계기로 급전한 한국 내의 정치·경제·사회적 변화라는 맥락을 떠나서는 설명하기 어렵다는 특징이 있다.

동아시아론은 사실 1970~80년대 한국 사회변혁 운동의 흐름[4]을 이은 것이었다. 주지하듯이 1970~80년대 변혁 운동의 지향점은 민족주의와 민주주의라는 '근대(화)' 과제의 한반도 공간에서의 실현이었고, 이는 반(反)자본주의 노동 해방 운동 등 사회주의적 변혁 운동과 공존했다. 이러한 변혁 운동이 변화를 요구받게 된 것은 1980년대 말 이래 세계적 수준에서의 질서 재편에 의해서였다. 현실 사회주의의 몰락, 냉전의 종식, 동아시아의 경제적 도약과 역내 질서의 재편 등 새로운 정치·경제적 변화가 가시화되기 시작했던 것이다. 탈근대 담론이 한국 지식계에 유행처럼 번진 것은 이러한 세계 질서의 재편과 밀접한 연관이 있었다.

그 무렵 한국은 대통령 직선제의 실시 등 '절차적 민주주의'의 도입("민주화"), 비약적 자본주의경제 발전("네 마리 용") 등 근대화의 과제에서 주목할 만한 성과를 내고 있었다. 여전히 남은 문제는 한반도 분단이었다. 한반도의 분단과 대립의 지속은 내외의 변화에 대한 한국의 능동적 대응을 가로막는 질곡이었다. 한반도 통일을 통한 근대 민족주의적 과제(민족국가의 건설)가 여전히 미해결인 채로 남아 있었던 것이다.

이 시점에서 한반도 통일 문제의 해결에 고심하면서도 한반도를 넘어 '동아시아'를 본격적으로 기획하기 시작한 것이 '창비' 그룹이었다.[5] 최원식이 선두에 서서 새롭게 전개되는 세계적 변화를 이끌 '동아시아적 시각'의 구축을 주장하고 나섰다. 그는 동아시아의 비약적 발전과 아울러 냉전의 해체가 몰고 올 미국 주도의 세계 질서, 그것이 초래할 한반도에 대한 악영향

4_"민족 민주 운동 진영"(백영서 2000a, 73).

5_『창작과 비평』 1993년 기획 특집호를 참조.

(북한에 대한 압박과 한반도 긴장의 격화, 통일의 전망을 어렵게 하는 것 등)을 우려했다.[6]

이렇게 '한국발' 동아시아론은 한반도 통일 문제를 끌어안고 전개되었다. 특히 창비를 주도하던 백낙청의 강한 영향 아래 창비 그룹은 통일 문제의 해결을 위한 동아시아 탐구라는 고유의 방향성을 견지했다. 논의의 핵심은 동아시아를 '서구 자본주의 대결의 장'으로 보고, 그 모순의 결과가 한반도의 분단을 초래했을 뿐만 아니라 여전히 통일을 막고 있기 때문에 동아시아 문제의 해결이 곧 한반도 문제의 해결을 용이하게 만든다는 사고였다. 달리 말하자면 창비 그룹은 한반도 분단을 한반도의 민족문제에 국한되지 않는, 세계 체제 및 동아시아의 대립과 갈등의 결절점으로 인식했던 것이다. 그런 차원에서 1990년대 한국에서 전개되기 시작한 동아시아론은 1980년대까지의 (사회주의 운동을 포함한) 한국 사회의 변혁 운동이 격변하는 상황에 새롭게 적응한 것이었다.

그 후 동아시아론은 진화를 거듭하면서 다양한 층위의 논자들이 이에 결합했다. 인문학과 사회과학을 넘어 정부 기구와 민간(시민)단체에 이르기까지 '동아시아'에 대한 상이한 접근들이 논의의 지평을 넓혀 갔다. 그런 와중에 가치, 문화, 정체성 등을 내용으로 하는 '동아시아성'에 대한 회의, 동아시아 역내 국가 간 협력의 한계에 대한 인식, 동아시아 담론이 갖는 중심주의·탈역사주의·추상성·관념성 등을 비판하는 글들이 쏟아져 나왔다. '동아시아' 담론은 공허한 언어의 유희처럼 여겨지기도 했다(한경구 1996; 김광

6_최원식은 '동아시아적 시각'이 "지난한 한반도의 통일 운동과 깊숙이 맞물려 있다"고 강조했다(최원식 1993). 창비 그룹의 분단 체제론과 동아시아적 시각의 관계에 대해서는 류준필(2009)을 참조(이 책 5장의 글로 실림).

억 1999; 김은실 2000; 홍원식 2006).

그러나 미국 주도의 세계화 추세가 가속화되고 이에 대응해 지역주의가 대두하면서 동아시아론은 자양분을 취할 수 있었다. 특히 21세기로의 전환기 동아시아에 몰아닥친 경제 위기는 자본주의 세계화에 대한 지역적 대응의 필요성을 더욱 절감시켰다. 괄목할 만한 유럽연합(EU)의 행보는 동아시아 '지역 협력'의 필요성과 지역 정체성 창조의 가능성에 대한 기대를 제고시켰다. 또한 동아시아 역내 국가 간의 영토 분쟁, 역사 갈등, 민족주의 조류의 새로운 대두 등은 '하나의 동아시아'에 대한 심각한 회의를 불러왔지만, 그러한 대립과 갈등은 국민국가 단위를 넘어 '동아시아'로 접근할 때만이 해결 가능하다는 주장을 강화시키는 계기로 작용하기도 했다. 21세기 첫 10년이 지나면서 '동아시아'는 더욱 유력한 '담론'의 지위에 서게 된 것이다.

2) 담론의 지형

'동아시아'에 대한 새로운 모색이 시작된 지 약 20년의 시간 속에 많은 입론들이 전개되어 왔다. 인문-사회과학계의 많은 연구자들이 동아시아에 매달려 왔고, 정부는 정부대로 동아시아 질서 재편에 대응하기 위해 고심하고 있으며, 시민 단체들은 아래로부터의 민간 연대를 실천하고 있다. 이하에서는 이처럼 각계에서 논의되고 있는 '동아시아' 담론들을 세 가지로 대별해 살펴본다. 물론 담론의 지형은 서로 구획되면서도 전체적 국면은 교직(交織)되어 있다.

(1) 동아시아 대안 문명론

동아시아 문명론은 전술한 바와 같이 1980년대 말 이래 사회주의권의 몰락, 냉전 체제의 해체, 미국 주도의 자본주의 세계화라는 세계 질서의 급격한 변화 앞에서 동아시아를 서구 문명을 대신할 대안적 문명으로 접근하는 입론이다. 1990년대 초 '동아시아'를 본격적으로 거론하기 시작한 백낙청은 동아시아의 '문명적 유산'에 주목하고, 이를 동원해 자본주의 문명을 대신할 '대안 문명'을 동아시아에서 발견하고자 했으며, 이를 통해 '새로운 전 지구적 문명'을 건설할 필요가 있다고 주장했다(백낙청 1996).

문명론은 서양 중심의 근대를 넘어서고자 하는 '근대 극복'의 과제를 동아시아를 통해 달성하고자 했다. 최원식은 동아시아에 대한 주목이 "서구적 근대의 진정한 대안을 모색하는 작업"임을 천명하면서 종래의 일국주의를 넘어 "새로운 세계 형성의 원리"로서 동아시아적 시각이 필요함을 피력했다. 그는 최근까지도 그가 말하는 세계 형성의 원리가 백낙청의 동아시아의 '문명적 유산'과 마찬가지로 "아시아의 전통적 지혜" 또는 "아시아의 전통에서 나올 수 있다"고 보았다.[7] 백영서도 "전 지구적 자본의 획일화 논리에 저항하는 커다란 과제를 실현할 거점"으로서 동아시아에 주목했다(백영서 2000b, 66). 다만 그는 동아시아가 한 지역임을 확인하듯, 동아시아를 "일국적 시각과 세계 체제적 시각의 매개항"으로 삼는 단계적 시각을 보인다(백영서 2000a, 73).

궁극적으로 문명론으로서의 동아시아 담론은 자본주의도 사회주의도

7_그가 말하는 아시아 전통의 핵심은 유교[儒學]인 것으로 보인다(최원식 1993, 99; 최원식 2009, 211). 또한 백낙청(1995) 참조.

아닌 제3의 문명을 통해 근대를 극복하고, 새로운 제3의 체제를 동아시아로부터 '발견'할 수 있다는 주장으로 정리될 수 있을 것이다. 이러한 문명론은 동아시아 공동의 유산과 전통 그리고 공통의 가치에 주목하는 동아시아 정체성에 대한 탐구를 자극했다.

(2) 동아시아 정체성론

고유의 '동아시아적인 것'에 주목하는 동아시아 정체성론은 위에서 살펴본 문명론의 연장선상에 있다. 다만 정체성론은 문명론처럼 서구 (근대 자본주의) 문명에 대해 대안을 찾는 '거대 담론'이라기보다는 이로부터 일정한 거리를 두면서 구체적으로 (동)아시아적 가치, 문화, 일체감을 포함한 어떤 '동아시아성'이 존재한다고 믿고 이를 발견해 냄으로써 '동아시아를 하나'로 사고하는 데 논의를 집중한다.[8]

'아시아적 가치'에 대한 주목은 동아시아의 경제 발전 모델(Asian development model)의 부상과 밀접히 관련된다. 1960년대 이래 동아시아(홍콩과 싱가포르 포함)의 눈부신 경제성장이 독특한 경영 구조 및 경제정책 등 '제도적' 측면 이외에도 고유한 '문화'적 요소에 힘입었다고 보는 주장이 제기되었다(유석춘 1997; 파이 2001; 딜릭 1995; 한경구 1996). 문화적 요소 가운데서도 논자들은 아시아 고유의 공동체 의식, 권위주의, 근면과 검약의 정신 등에 주목했다. 문화적 요소들은 1990년대 접어들면서 '아시아적 가치'라는

8_이 정체성론은 동아시아 문명론의 연장선상에 있을 뿐만 아니라, 후술하는 동아시아 공동체론의 이론적 근거가 되기도 한다. 또한 정체성론은 논의의 수준을 서구 근대 자본주의에 대한 '대안의 제시'로까지 끌어올리지 않는다.

용어로 집약되었다(박승우 2008, 318).

가치에 대한 논의는 곧 경제 발전을 이룬 동아시아 국가들이 유교 문화의 영향을 받았다는 공통점에 주목하게 만들었고, 이는 쉽게 경제적 성공의 원인을 유교로부터 설명하고자 하는 경향을 낳았다. 이른바 '유교 자본주의론'이 그것이다(김동택 2001). 유교 자본주의론은 전술한 문명론이 서구 근대 문명을 대신할 대안 문명으로 동아시아에 접근했던 것과 달리, 서구 자본주의 위기에 활력을 줄 보완물로 동아시아 유교를 보는 데 그 특징이 있다고 할 것이다(딜릭 2000, 92; 이욱연 2007).

유교 자본주의론은 1997년 동남아시아를 진원지로 하는 아시아 경제 위기와 함께 후퇴했다. 그러나 전술한 바와 같이 아시아 경제 위기 이래 자본주의 세계화에 맞서 지역 차원에서 대응하고자 하는 지역주의 사고는 더욱 강화되었고, 그로부터 '정체성'에 근거해 (동)아시아 '지역'을 구상하고자 하는 노력은 지속되었다. '유교 자본주의론'은 거의 수명을 다했지만, '유교 문화'를 통해 동아시아의 동질성을 설명하고자 하는 시도는 여전히 힘을 얻고 있다. 유교 이외에 아시아의 다른 가치와 문화를 발견하고자 하는 탐구도 일어났다. 아시아 공동 문자 언어에 기반을 둔 "한문(한자) 문명권"(조동일 2007), 동아시아 기층 사회의 도교(정재서 2000), 남아시아 불교와 다른 '동아시아 불교권'(최병헌 2007) 등에 대한 주목이 그것이다.

동아시아 정체성 담론들의 스펙트럼은 매우 넓지만, 대체로 인간의 삶의 양식으로서의 문화를 어떤 고정 불변의 것으로 간주하는 문화주의(culturalism)의 특징을 띤다. 문화주의는 문화와 가치가 역사적 문맥 속에서 끊임없이 변화를 거듭하고, 그 변화 과정에서 수많은 차이와 이질성이 생출된다는 사실을 홀시하거나 외면한다는 점에서 몰역사적이다.[9] 정체성 담론의 문화주의적 사고는 동아시아 문화의 동질성, 일체성, 단일한 배경

(근원), 즉 동아시아의 문화적 통일체에 주목하지만, 역사 과정에서 형성되고 또 현존하는 차이와 이질성을 억압하는 경향이 있다.

(3) 동아시아 공동체론

동아시아 공동체론은 동아시아 지역 통합 구상과 밀접히 관련된다. 이는 국가 수준의 협력을 의미하는 지역주의(regionalism)와 아래로부터의 '민중적'(민간) 연대를 의미하는 지역화(regionalization)로 구분된다(손열 2006, 17; 박사명 2008). 지역화가 분산적이고 비조직적으로 행해지고 있다면, 지역주의(regionalism)는 동아시아 역내 국가들의 위로부터의 경제, 정치-안보 협력의 필요성으로부터 제도적 차원에서 추진되고 있다. 여기서는 '세계화에 저항하면서도 세계화를 매개'하는 이중적 역할을 수행하는 지역주의의 동향에 주의해 보자.

1990년대 말의 경제 위기는 경제협력의 필요성과 함께 '경제 공동체' 논의와 실천을 강화해 왔다. 그것은 가속화되는 세계화의 추세 속에서, 기존의 민족국가 단위의 경쟁을 통한 경제성장 전략이 여전히 적절한 것인가라는 의문으로부터 출발했다고 볼 수 있다. 경제 공동체 담론은 경제통합이 아세안과 동북아의 공동체 형성을 위한 촉매, 동력, 엔진이라고 인식한다. 경제통합이야말로 민족주의적 경쟁을 넘어 경제 금융, 정치 안보, 사회 문화를 포괄하는 동아시아의 공동체적 연대를 모색하는 구조적 배경을 이룬다는 것이다(박사명 2008, 31). 그러나 동아시아 경제통합의 바람은 현재까

9_동아시아 문화의 이질성, 문화 교류의 장애들을 역사적으로 살핀 연구는 고병익(1993; 1996)을 참조.

지도 상대적으로 경제 발전 수준이 낮은 아세안(ASEAN)이 추동하는 경향이 있고(신윤환 2009), 이에 한·중·일 3국이 개별적으로 연계하는 형태를 취하는 매우 낮은 단계에 머물고 있는 것이 사실이다.

정치-안보적 측면에서도 역내 국가들의 공조를 통해 특정 국가(가령, 중국과 일본)의 패권 지향을 견제하고 공동의 '안보 공동체'를 구축하고자 하는 구상이 대두했다. 이는 냉전 체제의 해체 이후 가속화하는 세계화에 대응하기 위해 동아시아 역내의 공동 안보가 필요하다는 점에 기인하는 것으로, 영토 분쟁, 해양 분쟁, 자원 경쟁, 초국가적 범죄, 국제 테러 등 제반 인간 안보에 대한 위협에 공동으로 대처하기 위한 노력으로 평가될 수 있다. 한편, 일본의 여전한 패권 지향과 중국의 부상에 따라 동아시아의 안보 협력의 미래가 낙관적인 것은 아니지만, 일본과 중국의 일탈이 초래할 위험을 견제하기 위한 '다자주의적 안보 질서'의 모색은 동아시아 안보 공동체론자들의 주된 화두가 되고 있다(박사명 2008, 33-34).

이상이 경제, 정치-안보 차원의 공동체를 지향한 것이라면, 조금 늦게 제기되긴 했지만 '사회-문화 공동체'를 지향하는 지역 협력도 모색되고 있다. 1999년 제3차 아세안+3(한·중·일)회의의 '동아시아 협력에 관한 공동성명'은 사회-문화 차원의 상호 이해의 증진과 협력의 필요성을 선언했다. 그 후 동아시아연구그룹(EASG, East Asian Study Group)은 사회문화 부문의 사업을 통해 역내 각 국가 간의 사회문화적 격차를 해소하고 동질성의 기반을 마련하는 것을 사업의 목표로 제시했다. 그러나 아세안과 한·중·일 3국 사이의 사회-경제적 발전 수준의 격차가 분명한 만큼 회원국 사이의 발언권과 활동의 여지 면에서 또 다른 격차를 만들어 가는 역설이 존재하고 있는 것도 사실이다. 채수홍은 동아시아 사회문화 공동체의 구성을 위해 "타자를 배제하고, 동화하고, 억압하지 않는다는 원칙을 지키면서, 평화공존·개방·평등의 비전을 실현하기 위한 민주적이고 사려 깊은 연성 통합(soft integration)"을 강조한다(채수홍 2008, 352-353, 366). '동아시아'의 사회적·문화적 협력과 통합이 각 민족과 집단들의 다양성을 억압하는 기제로 작용해서는 안 된다는 것이다.

전체적으로 다른 담론 지형에 견주어 보면, 동아시아 지역주의 공동체 담론은 동아시아 만들기라는 '기획'의 속성이 매우 강하다. 앞의 담론들이 동아시아적인 것을 이끌어 내기 위해 공동의 역사적 경험, 유사한 전통, 문화적 유산과 가치 등에 근거하고자 한다면, 공동체 담론은 세계화와 세계적 차원의 지역주의 대두에 대응하기 위해 동아시아 지역주의가 필요하다는 현실적 이해를 내세운다. 요컨대, 공동체 담론은 공동체 형성의 당위적 필요성이 현실적 조건의 제약을 극복할 수 있다는, 또는 그것을 극복해야 한다는 전망을 제시한다.

4. 인식론적 검토

1) 모호한 '동아시아'

동아시아 담론이 내포한 비판 정신은 분명하다. 담론들은 모든 억압에 저항하고 인간 해방을 지향하는 평화와 공영의 '대안' 세계, 새로운 '공동체'를 제시하고 그를 위해 동아시아 '정체성'을 찾는 데 고심한다. 그러나 문제는 여전히 "왜 동아시아인가?"라는 의문이 남는다. 1990년대 초 동아시아론이 야심차게 닻을 올린 이래 많은 비판들이 제기되어 왔고, 동아시아론의 주창자들이 이에 대응 또는 그것을 수용하면서 담론이 진화하고 더욱 정밀화되는 과정을 거치고 있지만, 평화와 공영의 목표를 달성하는 데 '동아시아'여야만 하는 이유를 이해하기는 쉽지 않다. 논의는 풍부하되 어떠한 콘센서스도 도출하기 어렵고, 그것이 설득력 있게 다가오지 않는 데는 무엇보다도 담론이 갖고 있는 지나친 관념적 측면, 즉 현실성(백영서의 표현을 빌리면, "일상생활 속의 민중의 실감")의 결여라는 문제가 있는 것으로 보인다.

위에서 살펴본 각 담론들은 동아시아를 발견, 기획, 구축하기 위한 노력을 경주하면서 저마다 어떠한 동아시아여야 하는가를 피력한다. 예컨대, 최원식은 한국발 동아시아론에 대해 그것이 "제대로 된 지평을 획득하기 위해서는 중화주의와 동양주의를 대신한다는 의식이 아니라 양자 사이에서 어떻게 균형을 잡는가가 문제다"라는 문제의식을 제시하고, 이를 위해 "기존의 중심주의를 비판하고 새로운 중심을 세우는 것이 아니라, 중심주의 자체를 철저히 해체함으로써 중심 바깥에, 아니 '중심'들 사이에 균형점을 조정하는 것이 핵심"임을 강조한다. 그리하여 "한국이 신판 중화주의와 신판 동양주의의 완충에서 중형국가(中型國家)로서 자기의 소임에 충실할 때 서구의 충격 앞에 오히려 자해적 분쟁과 갈등에 함몰했던 20세기를 진심으로 넘어설 가능성이 열릴 것"이라고 전망한다(최원식 2000, 44, 53). 문제의식은 선명하되 '중심주의'와 그로부터 오는 '분쟁'을 극복하기 위한 '균형'과 '완충'을 누가 어떻게 이룰 것인가의 현실적 방안은 모호한 채로 남아 있다.

문명으로서의 (동)아시아를 구상하는 또 다른 연구자 백영서는 "세계자본주의 체제와 (그것의 작동을 원활하게 하는 주요 단위인) 국민국가의 중간 매개항인 동아시아의 역할을 또렷이 인식"하기 위해 '지적 실험으로서의 동아시아'라는 명제를 제기하고, "이 발상이 현실 속에서 추진력을 얻으려면 무엇보다도 동아시아인들의 일상생활에서 변화 가능성이 나타나야"하고,

"지식인의 담론에 한정되지 않고 부국강병을 추구하는 국민국가에 흡입당한 '20세기형 문명'을 넘어서려는 문명론적 차원에서의 변화가 있어야 한다"고 역설한다(백영서 2000b, 71). 그러나 그의 '실험'이 현실성을 갖기 위한 '동아시아인들의 일상생활에서의 변화', '문명론적 차원의 변화'가 어떻게 실현 가능한 것인지는 분명치 않다.

백원담은 '문화 지역'으로서의 동아시아를 다음과 같이 설명한다. "우리가 상상하는 문화 지역화란 미국식 패권주의가 가상화한 문명의 충돌, 그 문화적 지역 블록의 추상이 아니다. 또 국가주의로의 전화 가능성을 담지한 중화 질서나 대동아공영권에의 편입도 아니다. 그것은 다른 여타 국가의 희생을 전제로 하지 않은, 말하자면, 동남아시아 국가에 대한 또 다른 문화적 패권의 관철이 아닌 차이를 바탕으로 한 다원성의 공존, 진정한 평화와 상생이라는 지향을 분명히 하는 문화적 가치 생산, 문화 민주주의 참다운 실현 공간으로서의 동아시아의 문화 공동체를 그리는 행복한 상상이다"(백원담 2005, 340). 이 언급에도 동아시아 역내의 문화적 다원성의 공존, 평화, 상생이라는 목표 의식은 분명하되 동아시아의 '문화적 가치'를 어떻게 생산하고, '문화 민주주의'는 어떻게 실현될 수 있는지 현실적 문제에 대한 답은 거의 없다.

동아시아론이 갖는 현실과의 괴리 문제는 동아시아의 주요 성원인 중국에 대한 인식에서 가장 두드러진다. 흔히 '동아시아'의 평화를 위한 인식론적 전환을 위해 중국인의 '수평적 사고'의 필요성이 강조되곤 한다(백영서 2000, 56-57). 어떤 연구자는 중국의 동아시아적 시각의 결여를 비판하면서 그 원인을 중국 지식계의 강한 '국가주의'에서 찾기도 한다(고성빈 2007). 그러나 중국의 현실을 되짚어 보면 이러한 주장은 편향적이다.

첫째, 중국은 내부적 문화의 다양성과 외부적 국제 관계의 다자성이 존재한다. 즉 중국은 내부적으로 다양한 에스닉 집단이 존재할 뿐만 아니라, 그 서부는 중앙아시아 범주에 속하면서 더 나아가 서아시아와 연계되어 있고, 서남부는 남아시아와도 밀접히 연관되어 있다(왕후이 2003, 244). 중국의 이러한 조건이야말로 중국 지식인의 시각이 국경의 동부, 즉 동아시아에 국한되지 않는 중요한 이유 중 하나다.

둘째, 중국은 지리적 규모에서 '대국'이다. 쑨거가 지적한 대로 중국인이 중국을 아시아의 중심, 최소한 동아시아의 중심으로 여기는 것은 중국이라는 대국의 '지리적 실체성'에서 기원하는 것이다(쑨거 2004, 272, 281). '수평적 사고', '동아시아적 시각'을 주장하는 논의 가운데는 흔히 '한·중·일'식의 획일적인 사고 속에 중국을 단순히 하나의 국민국가로 간주하는 경향이 있다(쑨거 2007a, 72). 이는 동아시아 각국이 국민국가로서 평등한 지위를 갖는다는 근대 국민국가 체제의 이념에 비춰 보면 그릇된 것이 아니나, 오늘의 중국 관찰자에게 요청되는 것은 중국에 대한 '대항감'이 아니라 대국 중국의 실체를 이해하는 현실적 감각이다.

셋째, 동아시아론이 말하는 '문명', '전통', '문화적 유산'이 중국의 것인가, 동아시아의 것인가의 문제가 있다. 예컨대, 최원식이 제시한 '유학'(儒學)이란 것이 동아시아 몇몇 국가들에게 전파되고 창조적으로 변용되어 왔다는 점은 주지하는 바와 같다. 그러한 견지에서 유학 또는 유교로부터 동아시아적인 것 혹은 동아시아 전통을 발견해 낸다는 주장은 성립 가능하다. 다만, 중국인들이 유학(교)을 동아시아보다는 중국의 것으로 간주하는 것을 어떻게 보아야 할까? 그것을 단순히 중국 중심주의에 빠진 편협한 것이므로 극복되어야 할 것이라고 말하면 족할 것인가? 동아시아의 많은 사상, 제도, 문물이 중국으로부터 전파되어 나온 것이고 그러한 차원에서 동아시아 문명이 중국 문명과 다를 바 없다고 보는 사람들의 시각을 근거 없는 중화주의 소산으로 치부해야 할 것인가?

동아시아론은 중심과 주변, 우(優)와 열(劣)의 경계에 대한 부정, '주변으로부터 보는 시각'을 통해 평화와 공영의 세계를 구상하지만, 경계와 중심에 대한 단순한 부정은 그것에 대한 강조만큼이나 문제에 대한 진정한 이해와 해결에 장애가 될 수 있다. '동아시아'를 말하는 많은 주장들은 더 이상의 정제된 표현을 찾기 힘들 만큼 신중하고 정밀한 언어들을 선택하고 있지만, 그렇게 구상된 '동아시아'가 현실의 조건을 얼마나 반영하고 있는지, 또 어떻게 실현될 수 있는지 그 가능성과 현실성에 관해서는 설득력 있는 답을 찾아보기 어렵다. '동아시아'는 오늘의 현실을 출발점으로 할 때, 즉 오늘의 문제를 구체적으로 설명할 수 있을 때 비로소 유의미한 담론이 될 수 있을 것이다. 비판 정신이 현실과 괴리될 때 우리는 그것을 공허한 '선언'이라고 말하고, 그것이 그리는 이상을 캉유웨이(康有爲)식의 '대동'(大同)과 같은 유토피아라고 부르게 되는 것이다.

2) 몇몇 인식론적 오구(誤區)

동아시아 담론의 설득력이 부족한 것은 담론에 내장된 고유의 인식론적 측면의 문제로부터 비롯된 것이기도 하다. 서구 문명에 대한 새로운 대안, 탈국민국가, 근대의 극복, 동아시아 문화와 정체성 구축 등에 관한 담론들에는 공통적으로 몇 가지 인식론적 문제가 존재하는 것으로 보인다. 이하에서는 담론들의 전개 과정에서 간취되는 동아시아 인식(오리엔탈리즘), 탈근대 인식, 그리고 국민과 국가에 대한 인식의 문제를 검토해 보고자 한다.

(1) 오리엔탈리즘의 잔재

앞서 필자는 근대 '(동)아시아'의 등장 시점으로부터 그것이 서구식 오리엔탈리즘의 소산임을 언급했고, 서구에 대항한 아시아 담론들이 서구의 오리엔탈리즘을 내면화한 전도된 오리엔탈리즘임을 지적한 바 있다. 여러 논자들이 비판하고 있는 바대로 이 오리엔탈리즘의 지배적 영향이 오늘의 한국발 동아시아론에도 암류(暗流)하고 있음을 부정하기 어렵다(박승우 2008, 324-328).

오리엔탈리즘의 영향은 최근의 담론들을 약 1세기 전의 아시아 연대론과 비교할 때 분명히 드러난다. 박승우는 최근의 동아시아론에서 과거와 같은 서구에 대한 모방과 추종이 아닌 일종의 "자신감과 호승지심"(好勝之心)에 근거한 '역오리엔탈리즘', '콤플렉스'를 발견하고 있지만(박승우 2008, 325), 이러한 역오리엔탈리즘의 경향이 오늘에 비로소 출현한 것은 아니었다.

오리엔탈리즘을 구성하는 요소는 다양하다. 앞서 언급한 바와 같이 미개, 열등, 전통, 정체 등 '열등한 아시아'를 구성하는 많은 속성들이 거론된다. 그러나 주의해야 할 것은 이러한 아시아상이 대립항의 존재, 즉 타자로서의 서구와의 대비 없이는 성립할 수 없다는 점이다. 그러한 의미에서 오리엔탈리즘의 근저에는 서양을 대립물로 보는 동-서양의 이분법적 사유 구조가 여전히 유지되고 있다.

오늘의 동아시아 문명론과 정체성론은 이러한 동-서양 이분법, 그리고 그 우열에 대한 논의에 충실하다는 점에서 오리엔탈리스트 담론이다. 여기에서는 동아시아 '문명'이나 '정체성'이 그 자체로서 논의되기보다는 서양문명의 극복을 위해, 서양과 다른 것을 찾는 과정에서 추구된다. 일찍이 '아시아 일체론'을 통해, 서구 문명이 제공하지 못한 '애'(愛)와 '미'(美)의 문명을 아시아가 제공할 수 있다고 했던 오카쿠라 텐신의 주장(쑨거 2003, 63)이 역사적 맥락을 넘어 오늘의 동아시아 '대안 문명' 담론과 겹쳐지는 것은 우연한 일이 아니다. 오카쿠라는 아시아 문명이 서양 문명에는 없는 궁극적 보편성을 향한 사랑을 추구하기 때문에 기술 수단에 사로잡힌 서양 문명을 훨씬 넘어선다고 보았다. 이 점에서 서구가 기획한 열등한 아시아상을 넘어서는 도전적인 담론으로 보이지만, 기실 그것은 오리엔탈리즘의 범주를 넘지 못했다. 쑨거가 잘 지적하고 있듯이, 오카쿠라의 '아시아일체론'은 동-서양을 대립적 도식으로 바라보고, 서구 문명에 대한 지나친 단순화[10]에 기반을 두고 이미 확정된 개념으로 아시아를 파악하면서, 거기에 강렬한 이념을 불어넣은(쑨거 2003, 73, 75) 오리엔탈리즘의 변종이었던 것이다.

동아시아에 서양과 다른 문명, 고유의 문화 전통이 존재할 수 있다. 그러나 그렇다고 해서 동아시아 문명과 전통으로부터 서구 문명을 대체할 제3의 문명을 건설한다거나 동아시아 문명이 21세기형 문명으로서 서구 문명보다 더 적합하다는 주장이 성립할 근거는 없다(투 웨이-밍 2001, 402). 딜릭이 지적했듯이 단순히 "'서양'에 대응해서 문화적 정체성을 주장하는 것으로는 더 이상 충분하지 않다. 이는 '서양'이 더 이상 뗄 수 없는 동아시아의 한 부분이 되었기 때문만이 아니라 그러한 주장들이 새로운 가면 아래에서 사회적 불의와 억압을 계속 연장하는 데 도움을 줄지 모르기 때문이다"(딜릭 2000, 111). 대립과 우열의 패러다임하에 있는 '동아시아적 시각'보다는 '문명' 간의 대화를 모색하는 것이 더 적절하지 않겠는가?

10_쑨거는 "아시아의 오리엔탈리즘은 기본적으로 서구 세계를 대립 상대로 설정한 것이 아니라 아시아에서 만들어 낸 '서구의 상(像)'을 자신의 대립물로 생각했다"고 지적한다(쑨거 2003, 61). 이렇게 만들어진 '서구의 상'을 우리는 흔히 옥시덴탈리즘(occidentalism)이라고 부른다.

(2) 근대 극복론의 문제

근대를 문제 삼는 것은 동아시아 담론의 또 다른 주된 화두다. 이른바 '근대 극복'(overcoming modernity)은 '근대'가 초래한 착취, 지배, 독점, 차별의 문제를 해소하고 정의롭고 평등한 공영의 세계를 지향한다. 민족주의, 국가주의, 제국주의, 자본주의에 대한 비판적 사고가 근대 극복론의 핵심을 이룬다. 그런데 근대 극복에 왜 '동아시아적 시각'이 필요한 것일까? 그것은 위에서 열거한 문제들을 산생(産生)한 근대가 '서구적 근대'로 인식되었기 때문이다. 전술한 대로 최원식은 '서구적 근대를 넘어설 새로운 세계 형성의 원리'를 동아시아가 제시할 수 있을 것으로 믿었다(최원식 1993, 224).

여기서 동아시아는 물신화되는 경향을 보인다. 국민국가의 억압성, 자본주의적 무자비한 경쟁, 민족주의의 침략성 등의 폐해를 '동아시아'가 해결할 수 있다는 사고가 경화되어 버렸던 것이다. 오늘날 동아시아가 경험적으로 서구와 다른 근대성을 말할 수 있게 되었다고는 하나, 동아시아의 근대성이 서구 근대성을 대체한다거나 그보다 우월하다고 쉽게 말할 수는 없을 것이다. 동아시아론의 근대 극복론이, 이런 차원에서 '동아시아적 근대성' 탐구에 직접적으로 매달렸던 것은 아니다. 동아시아론은 이슈에 따라 각개식으로 근대 극복을 주장해 왔으며, 근대 국민국가의 억압성을 아래로부터의 동아시아 '시민의 연대'로 극복할 수 있다고 전망하는가 하면, 단일 국가를 넘어 "온갖 종류의 국가 결합의 형태"로서의 '복합국가'를 구상하기도 한다(백영서 2009). 또 어떤 연구자는 '복합적 정치 공동체'를 전망하면서 시민 세력의 활성화와 함께 국민국가의 경계와 권한의 약화를 상정한다(박명규 2000).

이렇게 볼 때, '동아시아적 시각'이 말하는 근대 극복은 그 대상을 근대 그 자체에 두기보다는 근대의 부정적 측면, 특히 서구적 근대가 초래한 부정적 산물들을 선택적으로 보정하고자 하는 주장에 다름 아니다. '근대 극복'이 근대가 이뤄 놓은 자본주의적 풍요(성취), 인권, 민주, 자유, 과학의 정신 등에 대한 전면적 성찰을 기도한 것은 아닌 것으로 보인다. 근대가 구미의 여러 나라에서 본받을 만한 성취를 이뤄 냈다는 점을 근대 극복론은 애써 외면하는 것은 아닐까? 동아시아론이 '국민 강제의 역사'로 점철된 국민국가를 아래로부터의 시민의 힘으로 극복한다고 주장하지만, 기억해야 할 것은 그 시민이야말로 근대 국민국가가 아니고는 형성될 수 없었다는 사실이다.

동아시아 문맥에서 '미완의 근대'라는 현실도 근대 극복론이 넘어야 할 과제인 것은 분명하다. 이러한 현실 앞에 외부로부터의 비판과 내부로부터의 성찰을 통해 동아시론은 근대 극복을 전면에 내세우기보다는 '근대 적응과 근대 극복'의 '이중 과제론'으로 진화해 갔다(백낙청 1999; 2006). 백영서는 이를 국민국가의 문제에 적용해 '국민국가를 감당하면서도 그것을 극복'할 것을 역설하지만(백영서 2000b, 70), 기실 이는 근대 극복론의 또 다른 포장이거나 후퇴, 또는 양자 사이의 어정쩡한 몸 추스르기로 보인다(이정훈 2007, 9). '지향하면서 극복한다'(이욱연 2007)는 것은 형식 논리상 성립 가능한 서술이지만, 사실 지향과 극복의 이중주가 현실과 맞닥뜨리면, 근대는 완성된 후에나 극복이 가능한 단계적 행정(行程)을 말하는 것에 다름 아니다. 동아시아론의 '근대 극복'은 '근대'가 인류 역사상 매우 의미 있는 경험과 성과를 이뤄 냈다는 엄연한 사실을 어떻게든 끌어안지 않으면 안 될 것이다.

(3) 국민인가, 국가인가

동아시아론의 주된 타깃의 하나는 국민국가다. 동아시아론은 국민국가의 침략성, 억압성(강제성)을 '동아시아'가 해결해 줄 것으로 전망한다. 동아시아론의 국민국가관을 들여다보기 위해서는 근대 이래 흔히 짝을 지어 관용화된 국민(민족, nation)과 국가(state)에 대한 분별적 사고가 요청된다.

국가는 유사 이래 여러 형태로 존재해 왔으나, 근대에 이르러 비로소 민족국가(국민국가)가 되었음은 주지의 사실이다. 근대에 비로소 출현한 '민족 만들기' 과정에서 '민족 담론'을 누가 주도하느냐에 따라 '국가 민족주의'(state nationalism)와 '민간 민족주의'(민중적 민족주의: popular nationalism)가 경쟁을 거듭했다.[11] 예컨대, 한국의 경우 1970~80년대 국가 독재와 민간의 '민족-민주 운동' 사이의 길항 관계가 그 전형이라고 할 수 있을 것이다. 국가든 민간이든 '민족'은 지상 최대의 명제였고 민족을 위해 소수자는 억압되어야 할 존재로 본 것은 공통적이었지만, 국가 민족주의가 지배적 조류로서 압도적인 억압적 지위를 점하고 있었다. 따라서 1970~80년대의 '민족-민주 운동'의 흐름을 계승한 1990년대 민간의 동아시아론은 탈근대 주장과 함께 국민국가 극복론을 내새웠고, 이것이 대응하고자 했던 것은 국가에 의해 주도된 민족주의, 즉 국가 민족주의였다.

필자가 보기에 동아시아론의 국민국가 극복론이 '민족주의는 반역'(임지현 1999)이라는 주장에 쉽게 동조하지 않았던 것은, 그것이 '민중적 실감'

11_여기서 'popular nationalism'을 '민간 민족주의'라고 말한 것은 관방(官方)의 것(official)에 대한 대응 개념으로, '민중적 민족주의'보다 더 넓은 외연을 갖는다. 중국의 경우에 관해서는 박상수(2005)를 참조.

을 고려했다기보다는 '민간 민족주의'를 승계했기 때문이다. 이렇게 볼 때, 동아시아론이 부정해 마지않는 것은 '국민(민족)' 그 자체라기보다는 국민의 이름으로 행한 '국가'의 억압 행위("국민 강제의 역사")다. 백영서가 말하는 복합국가가 '국가의 형태'에 대한 성찰일 뿐 모든 형태의 민족주의에 대한 극복 노력으로 보이지 않는 이유가 여기에 있다. 복합국가가 '국민국가를 감당하면서도 그것을 극복'하기 위해서는 국가 이외에도 국민이 어떻게 일정한 '정치 공동체'의 성원으로서 재구성될 것인지를 전망할 필요가 있다.[12] 그렇게 될 때 동아시아론은 '민족주의의 보완' 혹은 '확장'이라는 혐의로부터 자유로울 수 있게 될 것이다.

5. 결어: 동아시아의 '초국가적 공간'

약 20년간의 동아시아 담론이 주는 교훈적 의미는 무엇일까? 여기서 쑨거가 '포스트 동아시아'를 언급하면서 여태까지의 동아시아론이 "모두 매우 애매한 전제 아래 끊임없이 누적되어 왔다"고 지적한 것을 상기할 필요가 있다. 그에 따르면, 이러한 애매성은 '아시아' 또는 '동아시아'가 어떠한 지리적 범위를 가지며, 사상 과제로서 어떤 방향성을 갖는가의 문제를 해결하지 못한 데서 연유한다.

12_백영서가 제시하는 '복합국가'나 중국, 홍콩, 타이완을 통합하는 '연방제' 논의, 또는 '대중화권' 구상 등이 필자에게는 국가형태의 변형을 통한 '한민족', '중화민족'의 수호와 확장으로 보이는 이유도 여기에 있다.

오늘의 한국발 동아시아론의 주창자들이 '방법으로서의 아시아'를 논한 1960년대 일본의 다케우치 요시미(竹內好)에 주목하고 있지만(쑨거 2007b; 백지운 2007; 박승우 2008; 백영서 2009), 다케우치는 '방법론'을 탐구하지도 '아시아적인 것'의 실체를 추구하지도 않았다. 그의 '방법'은 일본인의 가치관을 '되돌리고자 하는' 하나의 구상이었다고 쑨거는 말한다. 이 '되돌리기'는 다음과 같은 것이었다.

> "서구식의 우수한 문화가치를 더욱 더 대규모로 실현하기 위해서는 동양이 다시 서양을 포용하고, 반대로 동양으로부터 서양 그 자체를 변혁해야 한다. 이러한 문화적 되돌기 혹은 가치상의 되돌기를 통해 보편성을 창조한다. 동양의 힘이 서방에서 기원한 보편적 가치를 증가하기 위해 서양을 개혁해야 한다"(쑨거 2007a, 66; 다케우치 1997[1966], 95).

요컨대, 다케우치가 말하고자 했던 것은 '동양적인 것'이 무엇인가라기보다는 동서양을 뛰어 넘는 '보편성을 추구하는 방법'이었다고 생각된다. 한국발 동아시아론이 애매모호하고 공허하게 보이는 것은 그것이 "동양" 대 "서양"의 대립적 구도 속에 (동)아시아적 대안 문명을 찾고, 동아시아를 통해 '근대를 초극'하고자 하기 때문이다. 이러한 인식론을 통해 '동아시아적인 것' 혹은 주어진 '정체성'을 파악하고자 하는 것은 생산적인 논의가 되기 어렵다. 우리는 동아시아 대부분의 국가들이 제2차 세계대전 종전 후 미국을 비롯한 '서양'을 적극적으로 내면화하면서 많은 성취를 거두었다는 점을 기억할 필요가 있다. 또 근대 이래의 동아시아 역사가 대립과 경쟁, 지배와 피지배로 점철되어 왔고, 그에 대한 기억이 우리의 뇌리 속에 아직 생생히 남아 있음을 인식해야 한다. 이제 미국을 빼고 동아시아를 논할 수 없는 것과 마찬가지로 역사의 기억을 도외시하고 평화와 공영의 체제를 만들기는 어려운 것이다.

우리는 선언적이고 경화된, 그리하여 담론(권력)화된 '동아시아'를 넘어서지 않으면 안 된다. '동아시아는 하나'라는 강박, '서구를 극복해야 한다'는 당위를 넘어설 때 동아시아는 새롭게 조명될 여지가 있다. 여기서 필자는 지리적 인접성이 부여한 복잡하게 교직된 동아시아 역사 — 동시대의 역사도 포함해 — 의 유동성에 주목해 동아시아를 새롭게 범주화하는 접근법이 필요하다고 생각한다. 동아시아의 범주화는 역내에 형성된 '초국가적 공간'에 대한 탐구를 통해 가능하다.

주지하듯이 초국가주의는 근대 민족(국민)국가 간의 관계가 긴밀해지면서 출현했던 국제화(internationalization)의 단계를 넘어 전 지구적 차원의 세계화(globalization)가 진행되는 시점에 상응해 출현한 분석 개념이다. 이는 일국적 차원 혹은 개별 국가 간 관계의 차원을 통해서는 설명될 수 없는 다양한 탈경계적 현상과 움직임(movement)들에 주목하고, 그 배후에 놓인 토대와 질서를 탐구한다. 분석의 단위는 더 이상 민족국가 혹은 국가들의 단순한 병렬적 집합에 국한되지 않으며, 인간 삶의 제반 영역에서 국가를 포함하면서도 국가의 매개 없이 일정한 내적 질서가 형성되는 또는 창조되는 '열린 공간'으로 재구성된다. 동아시아를 이러한 '초국가적 공간'으로 접근함으로써 얻을 수 있는 이점은 다음과 같다.

첫째, 탈근대 담론, 특히 탈민족주의 담론으로부터 자유로울 수 있다. 초국가주의는 민족국가 간의 불균등 발전 — 혹은 민족국가 건설의 불완전한 성취 — 이라는 동아시아의 현실을 간과하지 않는다는 점에서 민족국가의 부정과 해체를 주장하는 탈근대, 탈민족주의 패러다임과 구별된다. 기존의 동아시아 담론이 민족국가의 퇴행적·억압적 측면을 주된 탈근대 논의의 근거로 강조해 왔다면, 초국가적 시각은 동아시아의 초국가적 현상과 질서에 주목하면서도 개별 민족국가의 역사적 경험과 현실, 그리고 민족국가가 갖고 있는 힘과 역할을 부정하지 않는다. 민족국가가 초국가적 현상에 적극적으로 반응하고 그로부터 새로운 전망을 창출해 가고 있는 현실과 그 가능성을 배제할 필요는 없을 것이다. 동아시아 연구는 국가 간의 경계와 차이를 부정하지 않으면서, 다차원적인 경계가 공존하는 세계에서 국가의 역할이 여전히 중요하다는 사실을 직시해야 한다.

둘째, 지역 대결 구도를 지양할 수 있다. 초국가적 접근은 기존 동아시아론에 내포된 지역주의, 대결의 구도, 우열의 논리를 넘어설 수 있다. 초국가적 접근이 동아시아 공간을 분석의 단위로 설정하고 있다고 해도 그 지향점은 동아시아에 대한 이해에 머물지 않고 세계라는 전체를 지향한다. 동아시아 연구가 서구 중심에 대항한 또 다른 중심을 상정하지 않을 때, 국가 중심의 사고뿐만 아니라 지역 간의 대결과 우열의 구도까지도 넘어설 가능성을 전망할 수 있을 것이다.

셋째, 초국가적 접근법은 국가 하위 수준의 경계들을 충분히 고려한다. 초국가적 접근은 개별 국가 내의 다양한 피압박 요소들을 시야에 포괄한다. 국가 내의 소수자들(에스닉 집단, 여성, 이주자 등), 억눌린 다양한 인자들(factors)은 국가 중심의 분석 단위가 초국가적 동아시아로 옮겨갈 때, 그 고유의 의미와 가치가 새롭게 조명될 수 있을 것이다. 그런 의미에서 초국가적 접근법은 국가 하위 수준에서 존재하는 다양한 지방성(locality)뿐만 아니라 '국가'와 '지역'에 대한 중층적 접근이기도 하다.

여기서 필자가 '초국가적 공간'을 말하면서 동아시아를 '지역'이 아닌 '공간'으로 표현한 이유는 '지역'이 갖는 고정적·절대적 공간 개념을 넘어서고자 하는 의도에서다. 즉 '동아시아'를 고정 불변의 것으로 보는 '문화주의' 시각을 넘어, 공유되는 것(commonality)이 순환(circulation)하는 공간으로

봄으로써 그 순환의 과정을 통해 형성되는 일정한 특성들을 도출해 낼 수 있다고 보기 때문이다.

동아시아의 범주는 공유되는 것이 어느 정도의 범위에서 순환하느냐에 따라 가변적이다. 역사적으로 일본이 내건 '아시아'의 범위가 달랐던 것이 '방법론적으로'(methodologically) 한 예가 될 수 있다. 즉 일본은 19세기 후반 인종적 차원에서 아시아 전역을 '동양'으로 사고했지만, 1920~30년대 한·중·일의 '동아'로 축소되고, 1940년대 들어서는 동남아를 포괄했다.

최근의 공동체 논의에서도 동아시아 공간은 매우 유동적이다. 아세안은 동남아 10개국이지만, APT는 여기에 한·중·일을 포함하는 공간 범위를 갖는다. 더 나아가 인도·호주·뉴질랜드를 더하면 '동아시아정상회의'가 되고, 미국·캐나다 등 태평양 국가도 포함하면[13] APEC이라는 공간이 형성된다. 아세안지역포럼(ARF), 상하이협력기구(SCO), 동북아협력회담(NEACD) 등도 특정 사안에 따라 유동적으로 구성되는 공간이다(손열 2006, 23). 이 공간들은 상호 중층적이어서, 그 공간들의 위에(혹은 밑에) 또 다른 이슈의 수준에 따라 신축이 가능한 동아시아 안보 공간, 경제 공간, 문화 공간 등이 형성될 수 있다

요컨대, 동아시아의 초국가적 공간이란 문명, 인종, 문화, 지정학, 물류, 인구 이동 등 각 수준별로 형성되는 중층적 유동적 공간으로서 다양한 동심원의 구획이 가능하다. 이 공간은 역사상에 출현한 바 있던 문화와 인적 교류의 범위, 정치-군사적 지배권, 제국적 질서로부터 최근의 사이버 공간, 이주 네트워크, 다문화 공동체, 국가 정부 간 협력체, 비정부기구의 연대 등

13_특히 미국은 동아시아의 안전보장의 수준에서 '동아시아 공간'의 주요 성원으로 포함되어야 할 것이다. 와다 하루키(2004, 83) 참조.

을 포함한다. 이러한 초국가적 공간에 대한 연구는 '하나의 (동)아시아'라는 원리주의적 '동아시아' 담론을 넘어, 동아시아 내에 형성되어 온 복합적 질서의 새로운 변화와 활력에 대한 이해를 심화시켜 줄 것이다. 여기에는 탈경계(borderless) 혹은 혼종적(hybrid) 사회·문화와 인간관계, 그것의 근저에 흐르는 사상적 토대, 그리고 새롭게 재구성되는(restructuring) 새로운 질서의 전망이 포함된다. 궁극적으로 동아시아의 '초국가적 공간'에 대한 탐구는 다차원적 경계의 존재와 그러한 경계의 승인 위에 발전하는 인간 공동체의 새로운 유형의 탐색에 기여할 수 있을 것이다.

제 2 부

지식-실천으로서의 동아시아

비판적 지식의 상호 참조와 역내(域內) 순환을 위하여

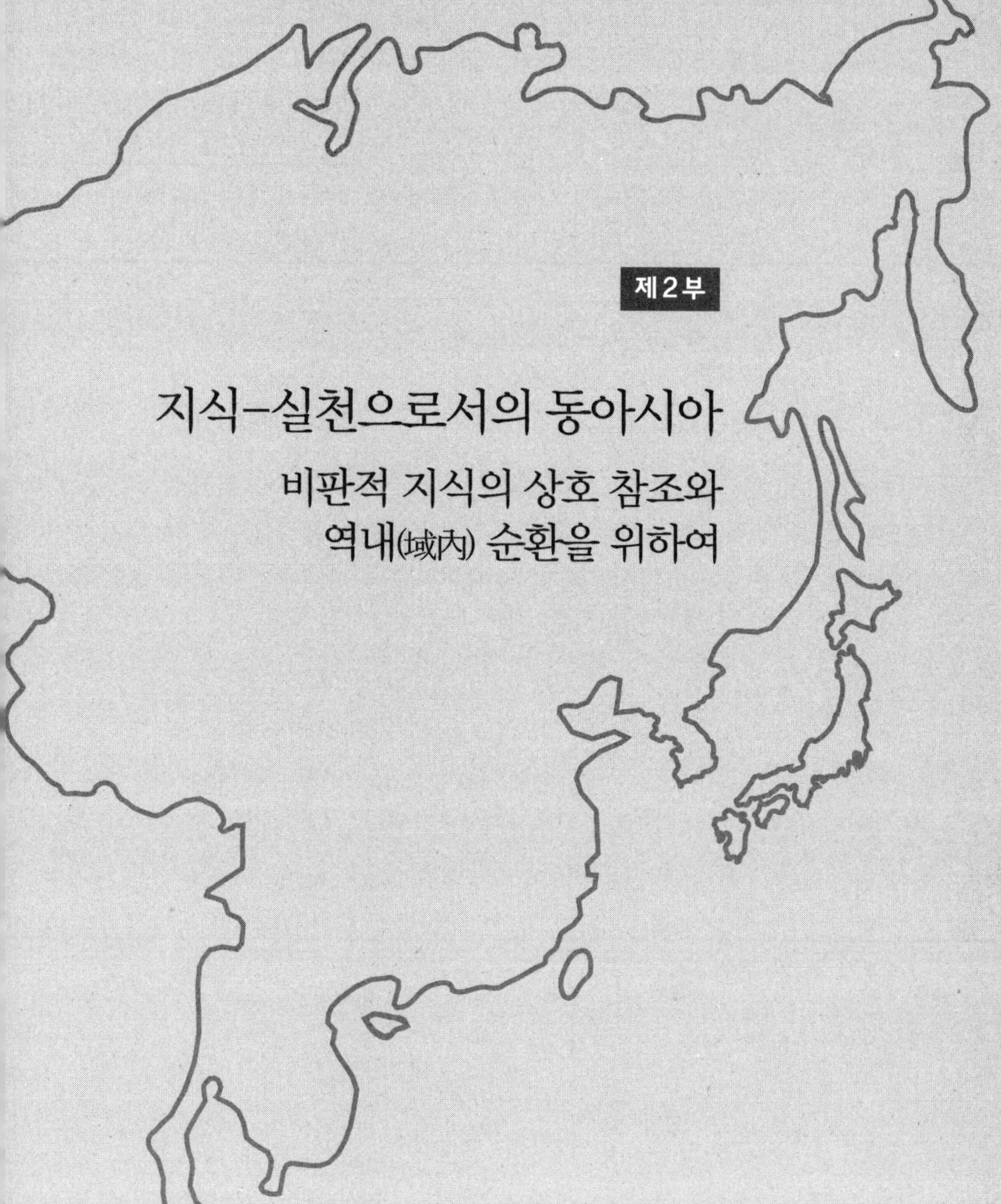

5장

분단 체제론과 동아시아론

_류준필

1. '동아시아론'에 대한 의혹

이른바 '동아시아 담론'이 한국 사회에 의제로 제출된 지 20년이 가까울 정도로 오랜 시간이 흘렀다.[1] 그간 적잖은 논의와 토론이 일어났고 지금도 여전히 다양한 부문에서 '동아시아'라는 이름을 앞세운 활동들이 쉼 없이 이어지고 있다.[2] 한국이 '한자·유교 문화권'에 속한다는 역사적 상식이 자연스런 공감을 이끌었고, 중국 및 일본과의 복잡한 관계가 심정적 동의를 허용했던 듯하다. '동아시아'는 적어도 심상(心象) 지리적으로는 확고한 영역 표시에 성공했다 할 만하다.

1_입장에 따라 다양한 의견이 있겠지만, 여기서는 1993년에 발표된 최원식의 "탈냉전 시대와 동아시아적 시각의 모색"(최원식 2009a)을 염두에 둔 것이다.

2_한국의 동아시아론을 검토한 성과들에 대해서는 백영서(2009, 269)를 참조.

여전히 '동아시아'라는 이름을 단 논의들은 끊이지 않고 전개되고 있고, 양적 팽창은 더 늘어나면 늘어났지 줄어들 것 같지는 않다. 심지어 '동아시아'는 지적 공론장에서 엄청난 담론 권력을 행사한다는 평가까지 나왔다(장인성 2005, 4). 그럼에도 불구하고 정작 '담론으로서의 동아시아'가 실질적으로 유력한 담론적 효과를 생산하는지에 대해서는 의구심을 떨치기 어렵다. 아무래도 '동아시아'는 (국민)국가적 실감을 벗어난다. 생활상의 실감과의 괴리를 메워 줄 만한 학문적 성취가 분명하지도 않다. 무엇보다 중국이라는 '거대 국가'가 한국의 왜소화를 전제하지 않는 동아시아의 단일성(연대성)을 환기하기 어렵게 한다. 반면에 IMF의 충격도 그렇고 미국발 금융 위기도 그렇고, 한국에 결정적이고도 치명적인 위협(유혹)은 늘 구미에서 온다는 실감의 현실성은 한층 강화되었다.[3] 이에 따라 상대적으로 '동아시아'의 담론적 효력에 대한 의문은 증대되기 마련이었다.

물론 이러한 시세가 촉발한 '심정'이 문제의 심층일리는 없다. '동아시아'의 담론적 소비는 증대되는 반면에 현실의 제반 문제와 현안에 대한 개입 능력은 의문시된다는 점이 근본적 의혹이다. '전쟁 책임', '역사 교과서', '영토 분쟁' 등을 둘러싼 '역사 인식 문제', 티베트 사태 등과 같은 '중국 문제', '재일(조선인) 문제'나 '북핵 문제' 등 이른바 첨예한 '동아시아적 현안'들은 계속 출몰하고 있다. 이에 대해 한국의 동아시아론이 제시하는 '동아시아적 시각'이 무엇인지는 여전히 모호하다.

애초에 동아시아 담론은 한국적 맥락에서 두 가지 위험에 노출된 채 출발했다. 하나는 문명론에의 유혹이다. 고답적 문명론으로의 편향은 결국

3_이것은 한국 사회 인식을 두고 '87년 체제'와 '97년 체제'라는 관점의 대립으로 표현되기도 한다. 김종엽(2009, 15-19) 참조. 관련 논의들 몇 편이 같은 책에 포함되어 있다.

구체적인 현실 개입력을 무화시킨다. 소위 담론의 물질성이 곧장 휘발되는 데 이른다. 다른 하나는 탈근대적 (탈)식민론의 유인이다. 이것은 국가의 존재감을 희석시키거나 악무한적 연쇄 회로를 만든다. 종국에는 제도화의 문제가 부상하지 못하도록 한다. 제도의 바깥(만)을 창출하려 하기 때문이다. 그래서 다시 초월적인 문명론과 쉽게 조우하게 된다. 이 두 편향에 흐르지 않으면서 동아시아의 문제성을 포착하는 과제는 쉽지 않아 보인다.

이런 시각을 견지하면서 동아시아론을 주창한 이가 최원식이다. 1993년 처음 제시될 때부터 강렬한 인상을 남겼던 '동아시아적 시각'은 탈냉전의 질서 재편에 대응하는 지혜의 이름처럼 들렸다. '동아시아적 시각'이 딛고 선 지반은 한반도 분단 체제의 극복이라는 과제였다. 이 과제가 단순히 민족주의적 운동으로 해결될 수 없다는 역사적 현실 인식을 바탕으로, "민족주의를 넘어설 전망을 스스로 내포하"고자 한 성취로써 동아시아적 시각을 제기하기에 이른 것이었다(최원식 2009a, 149-150). 전근대적 상상 공간으로의 퇴행에도 맞서고 근대적 성취의 창조적 계승 없는 극단적 탈근대 지향으로의 비약에도 비판적이어야 한다는 입장이기도 했다.

다른 한편으로 이런 문제의식은 스스로에 대한 내적 반성과도 결부되어 있었다. 이른바 '민족주의'의 자기중심성에 대한 내적 비판 과정이었기 때문이다. 이것은 한국의 동아시아론이 극복해야 할 핵심적 과제라 할 수 있는데, 달리 말해 한국/한반도 중심주의로부터의 탈피다. 이 관건적 과제가 해소되지 않는다면, 한국의 동아시아론이란 한국/한반도를 중심에 두는 시각에 따라 동아시아가 대상화할 수밖에 없다. 이때의 동아시아란 활용의 대상으로만 인식되고 만다.

여기에 민족주의의 자기 조절이라는 문제의식이 심화됨으로써 '소국주의와 대국주의의 내적 긴장'(최원식 2009b, 88-97)이라는 논리가 등장하는 한편, 한국/한반도가 동아시아에서 차지하는 위상에 대한 정직한 반성을 거쳐서 '주변'이라는 시각이 보강되기도 했다(백영서 2009, 84-85). 이러한 과정을 거치면서 한국의 동아시아론은 이른바 '창비 그룹'이 주도해 왔다고 해도 과언이 아니다. 최근 얼마간의 소강상태가 이어지다가, 인문학과 사회과학의 결합이라는 방식으로 대안적 동아시아 경제모델 혹은 동아시아 지역협력체에 초점을 둔 논의들이 등장해 동아시아론의 재활성화를 촉구하고 나섰다(최태욱 2009). 그러므로 한국의 동아시아론 혹은 동아시아적 시각에 내재된 문제의식과 그 의미를 점검하려면 당연히 '창비 그룹'의 담론을 우선적으로 살펴봐야만 한다.

동아시아론은 비교적 긴 시간에 걸쳐 전개되었지만, 특히 최근 들어 다양한 논의들이 합류함으로써 논의 구도 자체가 크게 변모했다는 인상이다. 아울러 그간 창비 그룹이 주도한 여러 논의들이 정리되어 나왔음을 볼 때, 다소 복잡하고 다양했던 측면들을 수렴하는 작업이 필요했다는 의도로 이해된다. 이런 맥락에서 근래에 묶어 출간된 내용들을 중심으로 살피는 편이 온당해 보인다.

또 다른 이유도 있다. 창비 그룹의 동아시아론은 모두 분단 체제론의 문제의식을 공유하는 한편 근대 적응과 근대 극복의 이중 과제론을 공통 기반으로 삼는다. 분단 체제론과 이중 과제론의 기본 논리는 백낙청이 정식화한 것이기는 하지만, 그 구체적인 함의는 계속 변모하고 있다. 백낙청에 의해 '변혁적 중도주의'가 공식적으로 제기된 것은 3년 전의 일이고, '시민참여형 통일'이라는 개념의 제안도 그리 오래 되지 않았다. 물론 그 기본 형태가 달라졌다고 하기는 어렵겠지만, 어쨌든 동아시아론의 이론적 모체라 할 수 있는 분단 체제론이 현실 대응 과정에서 지속적으로 변모해 온 것이라면, 동아시아론과의 현재적 관련성은 어떠한지 확인해 보는 것은 피하기 어려운 작업이다.

아무래도 분단 체제론이 한국/한반도 중심성을 부각하는 논의로 이해되고 있으므로, 동아시아론과의 상관성이 표면적으로는 쉽게 납득되지 않을 수도 있다. 이 둘이 서로 밀접한 관련을 이루고 있는 것이 사실이라면, 창비 그룹의 동아시아론도 기본적으로는 한국/한반도를 특권화한다는 혐의에서 자유로울 수는 없어 보인다. 창비 그룹의 동아시아론이 한반도의 중심성을 강조하는 논의일 경우 아무래도 동아시아 지역 전체를 감당하며 소통할 만한 담론으로 신뢰하기는 쉽지 않을 것이다. 그런 의혹이 타당하다면, 동아시아론이 자기 기반으로 삼아 출발한 분단 체제론에 대한 이해가 선행되어야 할 듯하다. 그러므로 분단 체제에 대한 이해로부터 논의를 시작해서 그것을 기반으로 삼아 동아시아론의 성격을 살필 것이다.

분단 체제론이라고는 하지만, 1990년대 초에 처음 제기된 이래 분단 체제론 또한 적잖은 변모 과정을 겪었다고 봐야 한다. 이론적 구도나 기본적 문제의식은 견지된다고 하더라도, 현재까지 '분단 체제' 자체의 성격을 재인식하지 않을 수 없게끔 만든 중요한 사건들이 이어졌던 탓에 분단 체제론적 시각의 주안점도 달라졌다. 따라서 창비 그룹을 중심으로 최근의 동아시아론에 접근하기 위해서는, 분단 체제론의 현재적 성격을 살펴보는 데서 출발할 필요가 있다. 이를 위해 먼저 분단 체제론과 '변혁적 중도주의'에 대해 살펴본 다음, 분단 체제론과 동아시아의 관련성은 어떠한 것인지 검토하기로 한다. 이어서 한국의 동아시아론이 한국/한반도 중심성으로부터 얼마나 자유로운지에 대해 살펴볼 것이다. 아울러 한국의 동아시아론이 '동아시아적 시각' — 동아시아와의 내재적 관계 맺음 — 을 실천한다고 할 때, 분단 체제론, '변혁적 중도주의'와 어떤 상관성이 있는지 확인해 보고자 한다.

2. 분단 체제론과 '변혁적 중도주의'

무엇보다 우선적으로 확인해야 할 사실은 '분단 체제'가 한반도에 대한 '시대' 규정적 개념이라는 점이다. 단기적인 현상이나 변화를 설명하는 개념이 아니란 뜻이다. 냉전의 시대와 적잖은 시간이 겹쳐지기는 하지만, '냉전 체제'와는 분명히 구분된다는 것이 분단 체제론의 기본 입장이다.[4] 분단 체제론은 탈냉전 시대에 한반도의 삶과 현실을 좀 더 정확히 알아보기 위해 '분단'을 재인식하고 재규정하는 이론적 접근 방식이다. 한편으로 분단 체제론이 탈냉전의 산물이라면, 그것은 이념 대립에 의한 민족 간의 내부 대립으로 분단을 이해하지 않는다는 의미라고 볼 수도 있다.

한마디로 하자면, 분단 체제란 한반도 전역을 중심으로 작동하는 "어떤 복합적인 체제"다. 그리고 '체제'라는 말이 자생력과 안정성, 즉 자기 재생산의 능력을 내포하고 있다고 한다면, 분단 체제론은 자기 재생산 체제로서 한반도의 분단 구조를 이해해야 한다는 주장이 된다. 그러면 그런 방식으로 인식 가능한 분단 체제에 대한 평가가 있어야 한다. 그 평가의 일차적 기준은 "한반도 주민 및 한반도 이외 지역에서 거주하는 한민족 대다수의 '실익'"에서 찾을 수 있다(백낙청 2006b, 45). 이에 따라 판단해 보자면, 분단 체제의 주된 '실익'은 소수의 기득권 세력으로 귀결된다는 인식으로 이어진다. 요컨대 분단 체제를 평가적으로 이해하자면, 다수 민중이 그 체제 유지의 '비용'을 지불하고 있거나 그 부담을 다수 민중에게 떠넘기는 방식이 관철되는 체제라고 할 수 있다. 그러므로 분단 체제는 억압과 착취를 재생산

4_백낙청(2006a, 133-135). 이런 백낙청의 시각은 나름의 장구한 일관성을 유지하고 있으니, 백낙청(1994, 23-24)에서도 확인되는 바다.

하는 체제이고 당연하게도 '변혁'의 필요성이 제기된다.[5]

그러면 분단 체제가 형성되어 지금껏 지속될 수 있었던 조건 혹은 배경에 대한 심층적 이해로 나아갈 필요가 있다. 이것은 "복합적인 체제"라고 할 때의 '복합성'을 설명하는 내용이기도 하다. 이에 대해서는, 분단 체제가 "그 자체로서 완결된 체제가 아니며 현존 자본주의 세계 체제가 한반도를 중심으로 작동하는 구체적인 양상"(백낙청 2006b, 46)이라고 설명된다. 따라서 분단 체제(변혁)는 세계(사)적 차원과 긴밀히 연결된 문제이며 분단 체제의 극복과 변혁은 결국 세계적 차원의 문제의식과 공명할 수 있어야 한다는 입장이다.[6]

분단 체제의 복합성은 결국 분단 체제 인식이 다층적이거나 다면적일 수밖에 없다는 주장으로 읽힌다. 논의의 편의를 위해 '이질적 층위의 중첩성'이라는 시각에서 복합성의 문제에 접근하기로 한다. 예를 들어, '북한 문제'와 관련해서 "분단 체제 전체에 돌려야 할 책임을 현 정권[노무현 정부 - 인용자]에만 묻는 것이 부당하다는 점도 동시에 강조할 필요가 있다"는 판단도 결국은 분단 체제의 복합성에서 비롯된다. 이러한 분단 체제에 작용하는 복합적 층위의 힘들로 인해, 책임을 묻는 일은 "매우 복잡한 문제며 그때그때 사안별로 결정"할 수밖에 없다. 따라서 "분단 체제 속에 사는 한은 책임을 묻는 비판자 자신도 그 체제에 연루되었다는 자의식이 필요하"게 되는데, 왜냐하면, "분단 현실의 존재를 망각하거나 외면한 비판은 곧바로 체제

5_여기서 백낙청이 말하는 "실익"이라는 단어의 울림이 묘하다. 이 용어가 단순히 대중적 설명의 편의를 위한 것인지, 분단 체제론 자체가 그러한 지향성을 내재한 것인지에 대해서는 좀 더 세심한 고찰이 필요할 듯하다.

6_좀 더 구체적인 설명으로는 백낙청(1998, 19-22) 참조.

를 굳혀 주는 효과마저 지닐 수 있"기 때문이다(백낙청 2006c, 59).

가령, 진보 개혁 세력을 자처하는 입장에서 "분단 체제에 물어야 할 책임마저 온통 집권 세력(내지 개혁 세력)에 돌리"게 되면, 의도와는 달리 보수 세력과 결론상의 일치가 발생하는 경우가 흔히 발생한다.[7] 이것은 분단 체제의 구조적 복합성으로 야기되는 결과로서, 한국 현실의 정확한 이해가 매우 복합적인 층위들을 고루 고려할 때만 가능하다는 주장이기도 하다. 그런 점에서 '분단 체제'에 대한 체계적인 이론 구축은 백낙청의 근본적인 문제의식과는 거리가 있다. '정답 찾기' 혹은 '이론적 올바름'에 대한 강박이야말로 분단 체제론이 맞서 싸우고자 한 한국 사회(특히 지식인 사회 및 운동 세력)의 근원적 병폐로 보기 때문이다.[8] "분단 극복의 정답을 가졌다고 생각하는 사람의 의식 자체가 이미 분단 체제에 의해 적잖이 왜곡되어 있음을 뼈저리게 깨닫고 자기 탐구와 자기 쇄신의 수행을 마다하지 않는 것이야말로 이 사업의 관건이라 믿는다"(백낙청 1998, 9, 19)는 술회는 이런 맥락에서 등장한다. 분단 체제의 극복은 당연히 자기 탐구와 자기 쇄신의 수행과 분리될 수 없다.

"'북한 문제'의 경우도 그 구체적 내용이 무엇이건 간에 분단 체제 전체에 귀속하는 측면과 이 체제의 작동에 가담하는 다양한 행위자들 각각의 책임에 해당하는 면을 동시에 고려하며 식별해야 옳다. …… 남한 사회에서 벌어지는 이런저런 문제가 나의 직·간접적인 책임 사항이 되는 것보다는 정도가 덜 하지만, 같은 분단 체제에 연루되어 사는 주체적 인간으로서 '북한 문제' 또한 원칙적으로 나의 문제다. 따라서 문제의 해결도 그러한 나 자신에 대한 성찰과 나의 책임에 대한 반성

7_백낙청(2006c, 60). 최장집에 대한 비판 내용이다.

8_여기서 논하기는 어렵지만, 이 문제는 백낙청의 '진리관'과도 관련이 깊다.

에 비롯해야 하며, 분단 체제의 각 행위자들의 책임을 따지는 행동도 이 맥락에서 수행되어야 한다. …… 이런 성찰에서 '북한 문제'에 대한 지혜로운 대응이 나오기를 바라며, 동시에 '북한 문제'의 제기가 그러한 마음공부의 계기가 되기를 기대한다"(백낙청 2009a, 91-92, 강조는 필자).

위의 인용문에만 의거하자면, 분단 체제론이 궁극적으로 기대하는 효과는 아마 "주체적 인간"으로 귀결될 것이다. 인간으로서의 주체성, 달리 말해 한반도인으로서의 자각은 분단 체제에 대한 인식을 통해서만 획득되는 것이기도 하다. 이러한 규정이 '민족'을 우회하거나 외면하기는 힘들다. 한반도에서 구현되는 주체성이란, '세계-민족-국민-나'의 층위를 잘 분별해내는 능력이고 그렇게 복합적 층위로 나누어지는 각각의 자리에 따라 자기 사업을 성실히 수행하는 실천일 수밖에 없다.

분단 체제론은 그 관건 처에 '민족' 혹은 '한반도'가 위치한다는 입장일 터인데, 이런 입장에 근거하는 한 분단 체제의 문제는 '나' 자신과 무관한 문제가 아니다(혹은 그렇게 되어서는 안 된다). 이러한 책임의 자각이 주체성의 실질적 표현임은 물론이다. 나/남의 구별을 당연시하지 않는 '윤리적 주체'도 이 실천의 과정에서 형성된다. '북한 문제'가 "마음공부"와 떨어지지 않는 이유고, 이것이 '한반도 일류 사회'(백낙청 2006d)를 살아가는 시민들의 수준이 될 것이다. 여기서 암시되고 있듯이, 분단(체제)의 극복 과정이란 결국 질적으로 전혀 다른 주체 형성의 계기를 내포한 과정으로 이해된다.

바로 이러한 맥락에서 분단 체제론은 운동론 혹은 변혁론의 성격을 내포하게 된다. 분단 체제론이 내세우는 이념 또는 실천 원리가 '변혁적 중도주의'다. 유사한 의미를 내포한 주장은 지속적으로 개진되었으나, 비교적 공식적으로 이 명칭이 제기된 것은 2006년에 이르러서였다.[9] 변혁적 중도주의는 "남북의 점진적 통합과 연계된 총체적 개혁" 혹은 "선진화와 통일의 병행", "6·15 공동선언의 화해·협력 및 점진적·단계적 통일 노선에 근거한 선진화 전략" 등으로 변주되어 설명되기도 했다(백낙청 2006e, 30; 백낙청 2009a, 96).

아주 단순하게 말하자면, 중도주의란 어떤 이념적 편향에 빠지지 않는 중도의 유지를 뜻한다. 한국 사회의 변혁적 동력을 끌어내려면 중도적 노선을 기준으로 통합을 이뤄야 한다는 입장으로 이해된다. 그 앞에 붙는 '변혁적'이란 '분단 체제 극복을 추구한다'는 의미를 드러내기 위해 선택된 말이다. 분단 체제론이 처음 제기되는 맥락에서부터부터 그렇듯이, 변혁적 중도주의 또한 한국 사회의 변혁 운동을 구성한 이념과 세력을 백낙청의 입장에서 비판적으로 통합하려는 노력으로 이해할 수 있다. 당시 변혁 운동의 주류를 민족해방(NL), 민중민주(PD), 시민민주(BD)로 나눈다고 할 때, 변혁적 중도주의란 이들 통합을 지향하는 경로라 할 수 있다. 그런 점에서 백낙청의 중도주의란 '제4의 길'이라기보다는, 그 통합을 가능하게 하는 더 기본적인 원칙에 가깝다.[10] 달리 말해, 한국 사회에 잠재된 변혁의 동력을 최대한 이끌어 내기 위한 전략적 원칙으로 이해할 수 있을 듯하다.

널리 알려져 있다시피 한국 사회의 근대(성) 논의와 관련한 백낙청의 정식화는 '근대에의 적응과 근대의 극복'(백낙청 2009h)이라는 것인데, 근대화를 일방적으로 긍정하는 근대주의에 반대하고 근대에의 적응을 통해 성

9_'변혁적 중도주의'라는 직접적인 용어는 아니더라도 동일한 의미를 활용해 온 과정에 대해서는 백낙청(2006c, 58)을 참조.

10_백낙청(2006e, 30-31). "3자가 원만하게 합칠 때만 2자의 결합이 가능"하다는 한국적 상황의 특수성을 부연하기도 했다.

취되어야 할 성과를 소홀히 하는 탈근대론에도 반대하는 입장의 산물이다. 이 거대한 담론의 실상을 따지는 일보다는 '적응과 극복'이 분단 체제론에서처럼 실체론적 규정으로 흐르지 않는 이론적 구조임에 우선적으로 주목할 필요가 있다고 본다. 적응과 극복의 이중 과제는 분단 체제의 복합적 층위(구조)와도 겹치는데, 그러한 이중성의 효과는 어떠한 명시적 편향과 실체화로 귀결되지 않는다는 데서 드러난다.[11]

변혁적 중도주의가 분단 체제 극복을 목표로 한다는 데서 짐작할 수 있듯이, 이남 사회 혹은 대한민국을 이해하는 방법에 있어서도 양 편향에 기울지 않아야 한다고 주장한다. '분단 시대적 시각 대 대한민국 인정'이라는 이분법은 그 편향만큼이나 불필요한 갈등과 배제의 메커니즘으로 작동한다고 보기 때문이다.[12] 이러한 인식은 분단 체제 해체기를 상징하는 '6·15 공동선언'의 역사적 의의를 정확하게 파악하는 능력과 결부된다. '선진화와 통일'이라는 한국의 기본 과제를 분리하게 되면, 결과적으로 왜곡된 현실 인식으로 귀결되어 불필요한 갈등과 부당한 억압을 불러들이거나 용인하고 만다.

분단 체제론적 시각은 대한민국의 역사가 성취한 성과와 더불어 그것을 가능하게 한 저력을 인정한다는 데서 '대한민국의 정체성'을 부정하는 입장과는 거리가 있다. 그렇지만, 동시에 한국 사회가 더 나은 사회를 향해 질적으로 변화하려면 한국 사회 자체가 분단 체제의 제약 속에 있다는 인

11_류준필(2008, 315-316). 이것은 한편으로 백낙청의 '(민족)문학론'이 견지하는 이론적 태도이기도 하다.

12_백낙청(2006c, 62-63); 백낙청(2009a, 79-80). 전자는 최장집에 대한 비판이고, 후자는 박세일에 대한 비판이다.

식을 분명히 해야 한다. '가부장주의·군사문화·성장지상주의' 등과 같은 사회적 폐단을 분단 체제와의 관련 속에서 해명하지 않고서는 올바른 문제 해결을 기대하기 힘들다.[13]

이런 인식적 태도에 기반을 두었기 때문에, "변혁적 중도주의"는 "오늘의 시점에서 민중을 폭넓게 규합할 수 있는 노선"이 될 자격이 있다. "한반도 차원의 변혁과 국내의 개혁 작업을 결합하는 일이" 필수적인데, 그렇지만 이 과제가 쉽게 이뤄지기는 어려워 보인다. "그런 일이 벌어지려면 상당한 수준의 중도 공부와 변혁 공부가 필요할 텐데, 아직도 한국 사회, 특히 지식인 사회는 참 중도의 연마에 무관심하고 분단 체제 극복으로서의 변혁에 대한 인식이 태부족한 경우가 많은" 탓이다. 그럼에도 불구하고 "2008년의 촛불 군중과 2009년에 노무현을 애도한 대중이야말로 변혁적 중도주의에 가까이 다가섰다고 믿는다"는 판단에서, 오히려 더 큰 낙관으로 이어진다. "그 어떤 기존의 친숙한 이념에도 포섭되지 않"은 상태에서 "알게 모르게 이미 실천을 시작한 새로운 노선"으로 믿기 때문이다(백낙청 2009b, 55-57).

13_백낙청(2009a, 84-90) 참조. 여기서 때론 명시적으로 때론 암시적으로 안병직과 손호철의 시각이 양 편향의 사례로 비판되고 있다. 6·15 공동선언 직후의 상황에서는, '분단 체제=냉전 체제'라는 인식의 문제점을 지적하면서, 유사한 언급을 한 바 있다. 자세한 내용은 백낙청(2006a, 133-135) 참조.

3. 분단 체제론과 동아시아

분단 체제론과 변혁적 중도주의에 관해 개략적으로 살펴봤지만, 분단 체제론이 동아시아적 시각을 필연적으로 요청한다고 보긴 어렵다. 표면적으로는 분단 체제론이 한반도를 중심에 둔 논의가 분명하기 때문이다. 따라서 분단 체제론과 동아시아의 관련성에 대해서 좀 더 깊이 있게 살펴볼 필요가 있다. 동아시아론이 분단 체제론의 문제의식에 기반을 두고 산출된 것이라는 동아시아론자들의 주장에도 불구하고, 분단 체제론의 인식과 변혁적 중도주의의 실천이 동(북)아시아와 맺는 관계는 여전히 다소 모호하다.

분단 체제론의 입장에서 보자면, 한반도 수준의 분단 체제와 세계 체제 사이에 동아시아 지역 질서에 버금가는 '체제'를 설정하기도 어렵고 실제로 그런 체제가 존재하지도 않는다. 그렇다고 해서 "근대 극복에 필수적인 근대 적응을 위해 현존하는 다양한 지역적 경제협력 단위들마저 배제할 필요는 없"다는 정도에 가깝다. 다만 유럽연합과 같은 지역공동체의 성립을 가정하는 것은 부적절한데, 무엇보다 한·중·일 세 나라만 합쳐 놓더라도 그 규모는 "초대형 공룡이 될 것이"고 이에 따라 세계 민중과 지구 환경에 엄청난 해악을 양산할 가능성이 높기 때문이다(백낙청 2006f, 114-115).

'지역공동체'의 출현 가능성을 배제하더라도 동(북)아시아가 세계 체제에서 차지하는 비중이 지대하다는 점에서 '동아시아'라는 범주를 무조건 밀쳐 내기는 쉽지 않다. 북미 대륙과 유럽에 버금가는 자본축적의 중심 지역이 되었고, 중국의 급성장으로 인해 자본주의 세계경제의 위기를 촉발할 위험을 안고 있다. 나아가 생태 환경을 돌이킬 수 없는 수준으로까지 파괴할 요인들이 상존하는 지역이기도 하다(백낙청 2006g, 230-232). 이런 측면들을 감안할 때 한반도 분단 체제의 극복 과정이 동아시아 지역의 여러 문제점들을 치유하는 데에 실질적으로 기여하고, 질적으로 더 나은 삶과 사회의 건설을 실현하는 본보기가 되어야 한다.

그렇지만 분단 체제론에서 동아시아란 여전히 우연적 요소로 보인다. 분단 체제와 세계 체제의 연계성에 비하면 지리적 근접이 야기하는 긴밀성 이상의 의미를 읽어 내기는 쉽지 않다. 자본주의 세계 체제 이후를 예비하는 지적·문화적 자산으로서 '동아시아 문명'이 거론되기는 하지만(백낙청 2006f, 118-119, 126), 그때의 동아시아란 아무래도 근대 적응을 망각한 근대 극복의 낭만적 초월로 흐를 위험이 높아 보인다. 분단 체제론이 동아시아 문명론의 의의를 전면 부정하지는 않지만 그 자체만으로 적극적인 의의를 부여하지 않는 이유이기도 하다.

이럴진대 분단 체제론과 동아시아적 시각의 연계는 "구체적으로 어떤 나라와 지방들 간에 어떤 성격을 위주로 어떤 역사적 기획을 추진할지를 선택"하는 방식으로 드러난다. 단일한 지역공동체의 출현이 야기할 위험을 피하는 대신 "자발적인 협조를 촉구하는 '신사협정' 같은" 형태를 장려한다. 남북의 대결적 구도, 일본에의 불신, 중·일의 주도권 경쟁 등은 동아시아의 지역 협력을 가로막는 대표적인 장애 요소들이다. 여기서 한반도 분단 체제의 극복은 관건적 과제가 된다. 한반도에서 분단 체제의 극복이 어느 수준까지 이르게 되면 이들 장애의 해소는 물론이고 지역 조정자의 기능까지 한반도가 자임할 수 있게 될 것이기 때문이다(백낙청 2006f, 126-128).

여기서도 다시금 확인되듯이 분단 체제론의 동아시아 인식이란 여전히 한반도 분단 체제와 외면적 관련을 맺는 지역에 머무른다. 이에 반해 미국의 존재는 '분단 체제의 행위자'로 인정된다는 점에서(백낙청 2009a, 91), 미국은 분단 체제에 내재적이다. 물론 미국은 분단 체제, 즉 '53년 체제'(백낙청 2009c, 161-163)를 만든 당사자로서 자국의 군대가 한반도에 주둔하고 있다는 점에서 다른 국가들과는 분명히 구분되는 분단 체제의 행위자다. 그렇다면 과연 일본은 분단 체제의 내재적 행위자로 볼 수 없는지 의문이다.

단적으로 독도를 둘러싼 영토 분쟁 문제, 역사 교과서를 둘러싼 역사 인식 문제, 종군위안부와 야스쿠니 참배 등의 전쟁 책임 문제, '재일(교포)'의 민족문제 등과 관련해서 남과 북의 한반도는 대부분 의견 일치를 보인다. 이것은 옳고 그름이 자명한 판단인 듯하지만, 동시에 반(反)식민주의적 '올바름'은 늘상 민족주의의 과잉 분출을 동반한다(백낙청 2006h, 40-41). 민족주의적 자명성이 작동하면 한반도 분단 체제의 내부적 모순들을 은폐하는 효과를 발함으로써, 역설적이게도 분단 체제의 지속성과 식민성 유지에 기여한다.

분단 체제론의 입장에서는, 분단 체제가 근대 자본주의 세계 체제를 지탱하는 식민성과 서구 중심주의 등 여러 이데올로기를 강화함으로써 이 체제의 재생산에 복무한다고 한다(백낙청 2009h, 35-39). 그렇지만 53년 체제 자체가 그 이전에 진행된 동아시아 내부의 식민·침략의 역사를 내적으로 봉합하는 방식으로 형성되었다고 한다면, 분단 체제의 식민성 인식은 한층 더 복잡해진다. 53년 체제는 기본적으로 미국(서구 중심주의)의 실질적 지배 효과를 배가하기 위해, 일본의 식민 지배와 침략으로 형성된 동아시아 지역 내적 메커니즘 속에서 미국의 지배 질서를 중층적으로 간접화했다고 볼 수 있기 때문이다.

'분단 체제와 냉전 체제의 긴밀한 소응'이 가능했던 것도 이런 맥락에서 이해된다. "냉전 체제가 분단 체제의 중요한 기둥"이었고 그래서 냉전의 종식이 분단 체제의 동요와 긴밀하게 연계된 것이라면(백낙청 2009d, 274-276), 동아시아 지역의 냉전 체제와 분단 체제가 상호 외면적 관계를 이루며 병존한 것으로 보기는 어렵다. 냉전 체제=분단 체제라는 안이한 동일시에 대한 우려에 적극 공감한다고 하더라도, '냉전과 분단의 조응 관계'란 결과적으로 분단 체제가 자기 내부에 냉전 체제적 규정력을 흡수함으로써만 가능하지 그 역은 아닐 것이기 때문이다.

더군다나 흔들리는 동요기를 지나 이미 분단 체제의 해체기에 접어들었다는 진단을 감안한다면, 아울러 냉전 체제가 완전히 해소되지 않은 채 잔존하고 있다면, 분단 체제의 균열 과정에 개입하는 내외적 요소들은 훨씬 복합적일 수밖에 없다. 그것은 분단 체제론 자체가 공간적으로 '한국-한반도-세계'라는 세 층위를 가지며 시간적으로도 단·중·장기의 복합성을 강조한다는 이유로 인해 더 유념할 필요가 있다. 흔들리면서 해체되는 시기라면, 그동안 상대적으로 우위에 자리하며 하위 요소들을 관리해 왔던, 분단 체제의 지배적 이데올로기인 안보와 성장지상주의 등이 힘을 잃게 됨으로써 명시적으로 드러나지 않던 측면들도 분출할 것이다.[14] 그러므로, 분단 체제가 세계 체제의 하위 범주라 하더라도 분단 체제를 규정하는 힘들의 복합성을 인정하는 한, 동아시아적 규정력을 외면할 필요는 없다.

그 범위와 효력의 한계를 어디까지 인정할 것인지에 대해서는 좀 더 따져 볼 일이지만, 간접적인 방식으로나마 분단 체제의 형성과 유지에 동아시아적 조건 자체가 강한 흔적을 드리우고 있다는 점은 사실로 인정할 만하다. 더군다나 이런 시각이 분단 체제론이 견지하는 인식 태도와 더 부합한다고 볼 여지도 있다. 가령, 분단 체제론적 시각을 따를 경우 세계 체제의

14_백낙청(2009a, 85)은 "국가 안보와 경제성장이라는 보수 진영 고유의 과제"를 보수 진영이 제대로 감당할 수 없다고 했고, 이남주(2009, 51-53)는 "보수에 의한 진보 의제의 점유"라는 현상을 분석하고 있다. 분단 체제론의 시각에 따른다면 이 또한 분단 체제 해체기의 독특한 양상이라고 할 수 있겠다.

파국이 임박했다고 해서 한반도 분단 체제의 변혁 가능성이 반드시 동반 하락하는 것은 아니라는 판단도 가능하다. 이것은 분단 체제-세계 체제 해체기에 한반도가 어떠한 대응을 해야 할 것인지 하는 경로 선택의 문제로서 매우 중요한 사안이다.

백낙청은 세계 체제가 위기 국면에 들어섰기 때문에 "더 나은 방식을 창안할 틈새도 생기고 그런 틈새를 최대한 활용해야 할 책임도 절실하다"면서 동아시아 지역의 역할에 주목할 필요가 있다고 본다(백낙청 2009i, 256). 그런데 바로 이 대목에서 '한반도/한국' 단독이 아니라 동아시아와 병칭하면서 논의를 진행하는 장면이 주목된다. 여기서 그 내용을 굳이 길게 설명할 여유는 없지만, 요컨대 한반도/한국의 변혁은 동아시아적 '조건'을 활용할 때에만 실현 가능하다는 시각이 내포되어 있다. 근대 세계 체제 속에서 일정 정도의 자본축적이 진행된 지역, 자본축적 방식이 최대한 유동적인 지역, 기존 방식의 지속 및 재생산을 답습하지 않을 지역, 대안적 모델 창출에 동원될 역사적 유산이 풍부한 지역이어야 한다는 조건들은 한반도/한국만으로는 회수될 수 없기 때문이다(백낙청 2009i, 256-258).

이러하다면 분단 체제의 수준 이상을 판단하는 중·장기적 시간표에라도 동아시아적 조건과 시각의 활용 가능성이 포함되어야 한다. 이때 동아시아가 분단 체제론의 외적 참고자료 수준인 것만은 아니다. 한반도/한국이 대안적 모델을 창출하기 위해서는 동아시아 자체를 자기 내재적인 관련 속에서 인식해야 하기 때문이다. 위에서 살핀 네 가지 요건은 분명 한반도/한국의 특성이지만 그 특성은 동아시아라는 조건 속에서만 파악 가능하다. 동도서기론의 딜레마처럼, 東(아시아)이라는 범주 속에서만 한국(조선)의 자기 표상이 가능한 사정과 유사하다면 유사하다. 이처럼 분단 체제-세계 체제 해체기에 한국/한반도의 경로 선택이 독자성을 확립하기 어렵고 동아시아적 수준에서나 검토되는 것이라면, 분단 체제에는 이미 동아시아와의 내재적 관련이 포함되어 있다고 볼 수 있다.

그냥 동아시아라고 부르기는 했지만, 좀 더 엄밀히 말해 틈새의 가능성은 중국의 존재로 인해 증대된 것이다. 자본축적 방식의 유동성, 대안적 발전 방안의 창출 가능성 등은 기실 중국을 염두에 두지 않고서는 이해되기 어렵다. 동아시아 문명의 역사적 유산이라면 더 말할 나위도 없다. 이른바 '개혁개방' 이후의 중국은 독자적 발전 경로를 통해 중국식 모델[模式]을 창안한다고 스스로를 내세우고 있다. 그 실상이 무엇이든 사회주의 경험에 근거한 발전 모델임은 분명하고, 그런 점에서 분단 체제의 극복 과정에 포함되어야 할 이북의 발전 모델에 유력한 지침으로 활용될 수 있을 것이다. 엄밀히 말해 이남이나 일본의 제도와 경험을 곧장 이북 사회에 적용하는 것은 불가능하다 인정할 수밖에 없다. 분단 체제론과 분단 체제 극복 과제가 분리될 수 없는 것이라면, 중국 혹은 동아시아가 분단 체제와 외면적 관계가 아니라 내재적 관련을 이룬다고 보는 편이 자연스럽다.

설령 분단 체제에 작용하는 동아시아적 규정력이 고려할 만한 수준일 뿐 그 이상은 아니라는 입장을 받아들인다 하더라도, 분단 체제의 동요·해체기에 중국을 어떻게 인식할 것인가 하는 과제는 가장 우선적인 검토 대상이다. 이런 질문은 추상적이고 사변적인 수준을 벗어나지 못하는 것일 수도 있다. 하지만 분단 체제론과 동아시아론의 관계를 재검토하기 위해서는 피해 가기 어려운 질문이다. 분단 체제론을 창출한 백낙청의 기본 인식에 동의한다고 하더라도, '한반도' 자체 — 한반도적 특성을 규정해 온 역사적 조건 — 가 한반도 외부와의 관계 속에서 형성된 것이라는 시각도 가능하기 때문이다.

논의의 편의를 위해 미리 말한다면, 한반도를 중심으로 생활을 영위해 온 정치체는 스스로의 의지와 통제 범위를 초과하는 외부와의 관계 속에서 자신의 내적 원리를 역사화해 온 것으로 볼 수 있다. 자신을 포함한 거대한 질서 속에서 독립변수가 아니라 종속변수인 존재가 자신의 독자성을 상실하지 않고 유지해 왔다면 그것은 어떻게 가능한가 하는 물음에 대한 답일 수도 있을 것이다. 동아시아로 범위를 한정해서 보더라도 중화제국이었던 중국, 식민지를 거느린 제국이었던 일본 등이 스스로를 규정하거나 표상하는 질서(원리)는 한국과는 층위가 달랐다.

이러한 역사적 경험은 오늘날에도 여전히 작동한다고 볼 수 있다. 근대 국민국가적 외피를 쓰고 있지만 그 실질적 함의는 전혀 다르다고 봐야 한다. 무엇보다 그 규모와 힘에 있어서 (동)아시아의 중심에 자리하는 중국의 존재로 인해 그렇다. 특히 중국과의 관계 속에서 한국의 역사적 경험은 주로 자신을 포함하는 더 큰 질서의 한 부분으로 스스로의 위치를 설정하는 것이었다. 지정학적으로 한국이 소속된 동아시아의 역사란 이런 위계화된 질서가 복합적으로 구성된 체제였다. 한반도의 정치체가 직접적으로 파악하고 통제하기 어려운 복잡한 구조 속에서 그 구조의 일부로 존재하는 방식이라고 가정한다면, 분단 체제론의 함의 또한 달리 해석될 여지가 충분하다.

단적으로 분단 체제론의 복합국가론은 비교적 대등한 남북한의 연합 가능성을 전제로 하고 있는데, 복합국가의 실현이나 통일국가의 등장을 가정해 보더라도 여전히 동아시아 내적 질서의 비대칭성은 남는다. 그것은 단순히 세계 체제와 분단 체제의 동시적 변혁이라는 구도만으로는 포착되기 어렵다. 남북의 통일 과정이 지혜롭고 창의적이어야 한다면, 남북이 동아시아 지역 속에서 그런 가능성을 실현해야 한다는 이유에서 그보다 더 창의적인 지혜가 필요하다. 동아시아가 유럽연합과 유사한 지역공동체를 이룰 가능성도 희박하지만, 무엇보다 지역 내 정치체의 규모와 성격이 판이하기 때문이다. 그런 점에서 남북한 복합국가든 통일국가든, 그 기획에는 반드시 동아시아 지역 질서의 특수성이 포함되어야 한다. 달리 말해, 통일의 과정이 창의적이기 위해서는 서로 규모와 위계를 달리 하는 질서가 중첩되어 있는 동아시아 속에서 그 국가의 위상을 어떻게 설정할 것인가 하는 질문이 포함되어야 한다.

4. 한국의 동아시아론과 '한반도 중심주의'

이상에서처럼 분단 체제론이 직접적으로 명시하지는 않았지만, 분단 체제론과 '동아시아'와의 내적 관련성을 좀 더 부각시키는 작업이 분단 체제론의 시각과 충돌하지는 않는다고 본다. 분단 체제의 형성·유지에 개입한 제국 일본의 유제를 배제하기 어려울 뿐만 아니라, 분단 체제의 동요·해체가 진행되는 과정에서 새롭게 개입하거나 증진되는 동아시아적 요인을 외부적 여건으로 밀쳐놓기는 더욱 어렵다. 냉전 체제의 해체와 더불어 사회주의국가(중국, 베트남)의 체제 이행이 겹쳐지고 있는 동아시아적 조건이 이북을 포함하는 분단 체제와 분리 가능하다고 보기도 힘들다. 따라서 분단 체제론의 기본적 문제의식을 수용해 공유하는 동아시아론이라면 내적 연계는 밀접해야 하고, 또한 그럴 수밖에 없을 것이라 예상된다.

다만 분단 체제론과 동아시아론의 창조적 결합이 가능하려면 무엇보다 기계적 적용에 빠져선 안 된다. 분단 체제론은 이남과 이북을 하나의 체제에 참여하는 일부로 규정했기에, 남북의 점진적 통합과 이남(북) 사회의 내부 개혁이 서로 결합해 추진되어야만 그 실질적 의의를 발휘할 수 있다는 주장은 자기 정합성을 이룬다. 하지만 하나의 체제가 아닌 동아시아를 향해 국가 간의 협력적 통합과 더불어 내부 개혁의 동시적 연계를 주장하기 시작하면, 적잖은 비약이 생겨날 수밖에 없다.

물론 분단 체제 극복의 과정을 거치면서 새로운 주체로 거듭난다는 변혁적 염원이 잠재되어 있지만, 분단 체제론에는 민족, 즉 한반도 주민이라는 명확한 주체가 전제되어 있다. 그러므로 분단 체제론의 기본적 문제의식을 기반으로 한 동아시아론이라면, 동아시아적 주체 형성의 계기나 장(場)에 대한 논의가 핵심적 과제여야 한다. 이에 대한 절박한 고민을 동반하지 않을 경우, 한반도/한국은 동아시아와 지리적 근접성이라는 우연적 관계로밖에 인식되기 어렵다. 그 결과 한반도/한국은 동아시아와 외면적 관계를 이룰 뿐이다. 그렇게 되면 기능적 차원으로만 대상화되어 결국은 한반도/한국이 빠진 동아시아와 다를 바 없게 되고, 남는 것은 '한반도 중심주의'와 그 확장이라는 의혹이다. 기실 동아시아론이 주목을 받은 이유도 자기중심주의적 배타성과 맞서겠다는 의지를 표명했기 때문일 것이다.

최근 2~3년간 특히 창비 그룹을 중심으로 동아시아론이 전열을 재정비해 본격적인 논의를 진행한다는 인상이다. 물론 최원식의 소국주의, 중형국가론이나 백영서의 이중적 주변의 관점 등은 훨씬 이전에 등장한 논의들이지만, 근래에 다시 나름의 방식으로 이론적 재정비를 꾀한 성과라 할 수 있다. 여기엔 노무현 정부 시절부터 심심찮게 거론되어 온 신보 진영의 정책 능력 부재를 타개하기 위한 노력도 작용한 듯하다. 예컨대 '한반도경제론'이나 '동아시아 경제협력체 구상' 등은 새로운 한국형 발전 모델을 모색하는 작업들로, 이러한 성과들이 기존의 동아시아론에 합류하는 방식으로 동아시아론의 지평이 넓어졌다.[15] 이것이 동아시아론의 질적 고양과 등치되는지는 다른 종류의 문제이므로 당연히 점검이 필요할 터이다.

앞서 강조했듯이 동아시아 지역 질서의 복합적 위계성을 정면으로 감당할 때만이 동아시아론의 현실 개입력이 증대될 수 있다. 기존의 동아시아론에서도 동아시아 질서의 위계적 층위를 인식하는 문제에 대해서는 그리 주목하지 않은 듯하다. 이것은 분단 체제론의 이론적 연원이 민족·분단 문제에 있었고, 이에 따라 자연스레 한반도 중심성을 부지불식간에 전제하는 경향이 뚜렷했기 때문이라고 생각한다.

> "우리는 왜 다른 동아시아를 꿈꾸는가? 그것은 남북의 적대적 공존을 화해적 공생으로 바꾸는 일을 선차적으로 고려하는 공동의 작업을 통해서 세계 4강이 겯고 트는 동(북)아시아에 항구적인 평화를 정착시키고자 하는 염원에 기초하고 있다. 탈냉전 시대의 입구에서 제기된 동아시아론은 한반도(남과 북)·중국(그리고 타이완·홍콩·마카오)·일본(그리고 오키나와)을 하나의 사유 단위 또는 분석 단위로 설정함으로써 민족주의와 국제주의(또는 세계주의)를 횡단하는 중도(中道)로서 '비판적 지역주의'를 실험한다"(최원식 2009c, 55).

동아시아론의 주창자라 할 수 있는 최원식이 스스로 정리한 동아시아론의 의미다. 최원식의 동아시아론에서도 역시 남북 관계가 우선적으로 고려되고 있다. 한국/한반도가 삶의 현장이라는 점에서 자연스럽고도 당연하다. 그렇지만 한반도·중국·일본을 아우르는 동아시아라는 지역을 통해 '국가와 세계'의 중도·비판적 지역주의를 실험한다고 천명할 때, 그 중도의 의미가 단순한 중간 지대와 다르다는 입증 노력은 미흡하다. 여전히 동아시아는 한반도·중국·일본이 병렬적으로 늘어선 형국에 가깝고, 한국/한반도

15_최태욱(2009)에 그러한 성격의 글들이 다수 수록되었다.

와 동아시아는 외면적 관계에 지나지 않아 보인다. 최원식 자신이 비등한 대국주의의 꿈을 경계하자고 힘주어 강조하지만, 의혹은 늘 따라 다닌다.

백영서가 한국에서 운위되는 동아시아 담론을 평가하면서 "인문학과 사회과학을 통합한 접근 방식"을 선택한 취지도, 한반도의 복합국가뿐만 아니라 동아시아 지역공동체 구상에 구체적 형상의 부여가 필요하다는 인식의 산물일 것이다. 다만 "국민국가의 밖에서 이뤄지는 국가 간 통합 과정과 국가 안에서 구성원 개개인의 참여를 극대화하는 방향으로의 내부 개혁 과정이 쌍방향적으로 추동"되는지 여부에 따라 동아시아 지역공동체의 실질적 의의를 평가할 수 있다고 밝히고 있다(백영서 2009, 76-78, 86-87). 여기에다, 동아시아 차원에서 국민국가들 간의 정상적 관계를 만들어 가는 것과 함께 국민국가들 간의 질서를 넘어서는 지역 협력을 동시에 발전시켜야 한다는 주장이 호응한다. 이를 촉진하는 거점으로 한반도 통일 과정에 실현될 '복합국가'가 지목된다(이남주 2005 참조).

이것은 '통일 작업과 개혁 작업', '선진화와 통일'의 동시적 수행을 강조하는 분단 체제론의 시각이 동아시아 지역으로 확장된 형태라 할 수 있다. 그러므로 한반도 분단 체제의 변동이 어떻게 진행되는가가 핵심적 근거가 될 수밖에 없다.

> "다층적인 교류의 망이 누적되는 가운데(한때의 핵 위기나 남쪽 정권의 교체에도 불구하고) 개성 공단과 금강산 관광이 성과를 가져온 점은 복합국가에 대한 우리의 상상력을 북돋워 준다. 이 같은 남북 교류가 다방면으로 확산되며 연대의 다층성을 달성하다가 2000년 6·15 공동선언에 규정된 '낮은 단계의 연방제' 또는 국가연합이 실현되기만 하면, 권한의 분산성까지 현실화되어 한반도에서의 복합국가의 모습은 상당 부분 드러날 것이다"(백영서 2009, 95).

남북 교류의 활성화를 통해 다양한 성과가 축적되고 있다는 전제에서 개성 공단이나 금강산 관광이 복합국가에 이르는 징검다리로 환기된다. 물론 그 구체적인 모습이나 예상 시간표를 확정할 길은 없지만 열린 채 진행되는 교류 자체가 복합국가의 현실성을 보장한다는 뜻이기도 하다. 그렇지만 여전히 남북 교류가 동아시아적 시각에서 어떤 성격이어야 하고 어떤 내용을 갖춰야 하는지는 모호하다. "동아시아 공동체의 건설에 커다란 파급효과를 가져올 것"(백영서 2009, 97)이라는 예견이 그것을 대신하기는 어렵다.

백영서의 인식에서 단적으로 드러나듯이, '남북 교류'는 남북만이 행위자로서 참여하는 인상이 강하다. 최원식과 백영서처럼 한국의 동아시아론을 주도한 지식인들에게조차 분단 체제와 동아시아의 관계는 외면적이다. 한반도 통일 과정의 결실이 사후적으로 또는 외면적으로 동아시아 지역에 파급효과를 야기하는 듯하기 때문이다. 복합국가 건설의 실질적 주체는 남북이어야 한다는 사실을 부정하겠다는 말이 아니다. 동아시아적 시각을 견지한다면 분단 체제와 동아시아의 내재적 관련성을 이론화해야 하고, 분단 체제 극복의 과정 자체가 동아시아적 주체 창출의 장으로 인식되어야 한다.

"유교 자본주의와 제휴한 반북주의적 경향의 은근한 확산"을 막고자 동아시아론이 분단 문제를 중심에 두었다는 정황과, 또 동아시아를 특권화하는 지역 중심주의에 대한 편향을 차단하는 효과를 감안하더라도(최원식 2009d, 67-69), 어찌되었건 그 결과는 한반도와 동아시아의 상호 외재성에서 연유하는 한반도 중심성이다. "한국인이면서, 일본인이면서, 중국인이면서도 동시에 동아시아인이라는 공감각을 어떻게 계발하는가"(최원식 2009f, 43)라는 과제를 스스로 외면하는 효과를 낳을 수밖에 없다.

분단 체제와 동아시아론이 결합한다면, 역설적이게도 작은 규모의 분단(한반도)에 더 큰 규모의 동아시아가 내포되는 방식이어야 한다. 그 역이라면, 지배와 억압의 구조로 금방 전환될 것이기 때문이다. 달리 말해, 분단 체제 극복 과정 자체가 동아시아 지역 협력의 장이고 동아시아 공동체의 출현을 예비하는 공간으로 이해되어야 마땅하다는 것이다. 바로 이런 의미에서 동아시아론의 궁극적 지향은 한국/한반도에 '동아시아'가 내재화되도록 하는 데 있지, 한국/한반도 바깥에 있는 동아시아와의 외면적 관계를 상상하는 것이 아니어야 한다. 달리 말해, 분단 체제 극복의 과정 속에 동아시아적 시각이 들어서야 한다는 뜻이다.

이런 문제의식을 분명히 하지 않을 때, 동아시아론은 현실 인식에 취약성을 드러내면서 당위의 논리로 비약하기 십상이다. 가령 "동아시아의 지역 간 협력 체제 추진을 제창"한 최태욱의 논리에 따르면, 동아시아는 경제협력체의 발전 정도가 상당히 낙후된 상태라 "어떤 의미와 수준에서 보더라도 결코 지역 행위자로 인정될 수 없는 상태에 있다." 이런 분석이 필요한 이유는, 신자유주의의 대안이 될 수 있는 "자본주의의 다양성이 지역별로 최대한 반영되는 지역 간 협력 체제 구축"에 동아시아 지역이 기여하도록 만들기 위해서다. 그런데 다행히 미국발 금융 위기로 인해 지역 협력 체제를 촉진할 가능성이 높아졌다면서 능동적 참여를 제안한다(최태욱 2009, 281-291).

신자유주의의 대안을 모색하는 과제의 시급성에서 연유한 바인지는 모르겠으나, 동아시아적 시각에서라면 정작 궁금한 분석은 생략된 채 필요성과 당위성만을 강조한다는 느낌마저 준다. 단적으로, 동아시아에서 지역 경제협력체가 실질적으로 작동되지 못하고 낙후 상태에 머물러 있는 이유가 무엇인지에 관한 분석이 없다. 다음과 같은 질문은 동아시아적 시각에서 회피해서는 안 된다고 생각된다. 동아시아에서 기존 국가를 단위로 하는 지역 경제협력체가 현실적으로 가능한가? 그리고 중국과 일본 등 절대적 우위에 있는 국가의 지배적 패권이 관철되는 협력체가 될 가능성은 없는가? 이 의문과 관련해 이일영의 대답은 이렇다. "국가를 넘어선 지역 형성이 역내 시민들의 삶의 질을 개선하는 선순환 구조를 만드는 것이 중요한 과제가 된다." 이를 위해 개별 국가를 단위로 내부적 정치력을 개선해야 하고, 국가보다 작은 규모의 지역을 활성화해야 한다고 덧붙인다(이일영 2009, 66-67). 이러한 답변은 동아시아 지역의 현실적 구조에 대한 이해에 앞서 성취되기를 바라는 희망의 언어로 문제를 덮어 버리는 효과마저 조장한다.

분단 체제론에서 남북의 통합과 이남의 내부 개혁이 동시에 수행되어야 한다고 주장할 때라면, 다시 말해 백낙청이 '책임'의 문제를 제시하며 일차적으로 나/남의 구별 없는 주체성의 자각을 촉구할 때라면, 주체성의 각성은 한반도 주민(민족)으로서의 '본분'에 해당한다. 적어도 분단 체제론에서는 그렇다고 할 수 있다. 그런데 이런 문제를 아무런 차이의 고려 없이 곧장 동아시아 차원으로 확산시키면, 도대체 그러한 '주체'를 어떻게 설정할 것인지 난감하다. "개별 국가 단위로 내부적 정치력을 개선해야 하"는 주체는 해당 국가의 국민들일 텐데, 이와 관련해 동아시아의 한반도 주민으로서 '나'에게 필요한 각성은 어떤 것인가. "역내 시민들의 삶의 질을 개선하는 선순환 구조"는 '어떤' 주체들이 만드는가. 동아시아적 시각에서라면 당연히 동아시아적 주체여야 할 텐데 그러한 주체는 이미 존재하는가. 아니라면 주체 형성의 계기나 장은 어디서 어떻게 마련되는가. 이러한 질문들이야말로 동아시아 지역 내 국가와 주민들 속에 동아시아가 내재화된다는 사태와 관련될 것이지만, 어디서 답변을 들을 수 있는지 너무 막연하다.

거듭 강조하지만, 동아시아(동남아시아) 국가들이 구성하는 동아시아 지역은 그 자체로 위계적 구조를 이루고 있다. 아무리 대등하려고 해도 일단 그 규모와 크기가 너무나 판이하다. 무엇보다 중국의 존재가 동아시아의 역내 구조를 대등한 관계로 전환시키는 데에 난점으로 자리한다. 신자유주의의 공세에 방어막을 형성하고 대안적 경제모델을 모색하기 위한 목적에서 동아시아 지역 협력체의 구축이 제안되었던 취지를 왜곡하려는 것이 아니다. 다만 여전히 개별적으로 병렬된 국가들이 서로 협력한다는 모델이지, 그 위계적 이질성의 현실을 현실로서 인정하면서도 억압이 아니라 생산적 공존으로 이어질 수 있는 경로 모색은 아니라고 생각된다. 신자유주의에 맞선다는 심리적 정당성이 자칫 동아시아 지역 내의 위계와 억압을 불가피한 현실로 추인하는 결과를 야기하기 십상이다. 탈아론의 유혹은 도처에서 출몰한다.

5. '변혁적 중도주의'와 동아시아론의 혁신 가능성

분단 체제론은 그 자체가 한국의 현대사론이기도 하다. 분단 체제를 방법론적 시각으로 삼으면 몇 개의 시대구분이 가능하기 때문이다. 1945~53년까지가 "분단 체제의 준비기 내지 형성기"이며, 1960년까지 체제화 초기의 진통기를 거쳐 1987년에 이르는 기간이 '분단 체제의 고착기', 1987~2000년 6·15회담까지가 "흔들리는 분단 체제"라는 용어를 가능하게 한 '동요기', 그 이후에서 현재까지가 '해체기', 미리 미래를 살고 있다는 수사적 도움을 빌린다면 "통일 시대"라 할 수 있다(백낙청 2006b, 45-47).

이러한 시대구분을 거론하는 것은 분단 체제론이 제기하는 '변혁적 중도주의'라는 이념 혹은 실천 노선의 문제의식을 좀 더 선명히 드러내기 위해서다. 1987년의 6월 항쟁 이래 분단 체제의 흔들림이 본격화되었다는 역사 인식은, 동시에 한반도 분단 체제 극복 운동의 방향 설정에도 영향을 미친다. 즉 노태우 정권의 '북방 외교'와 남북기본합의서(1991) 채택 등도 동요기의 산물이므로, 6·15 공동선언을 되돌리려는 기도는 결국 노태우 정부에서 김대중 정부에 이르는 시기 전체를 거스르는 일이 된다. 달리 말해 분단 체제는 이미 정권이나 정치적 이념 차원의 문제가 아니라는 것이다(백낙청 2006b, 47; 백낙청 2009d, 275). 이렇게 된다면 '남북 관계' 혹은 '북한 문제'를 기준으로 진보와 보수라는 구도를 단정 짓기는 어렵게 된다.

백낙청에 따르면, '6·15 공동선언'은 그 자체로 '중도주의 문헌'이고 분단 체제 변혁을 실천하는 과정의 산물이므로 당연히 '변혁적'이다. 문제는 이 둘이 서로 양립하기 힘들어 하나를 선택해야 하는 상황일 때 어느 쪽에 우선성을 부여해야 하는가다. 예측컨대 '변혁적 중도주의'의 입장에서라면 단연코 '중도주의'를 선택해야 할 것이다. 중도주의 자체가 편향 없는 경로를 찾아가는 공부길일뿐더러, 중도의 길이 목적지를 정해 놓은 여정이 아니라 늘 '과정으로서의 길'이기 때문에, 변혁은 중도의 과정이 빚어내는 효과를 지칭한다고 믿을 수 있다. 따라서 분단 체제 극복이라는 변혁적 과제가 감춰진다 하더라도 그다지 염려할 필요는 없는지도 모를 일이다.

진정한 보수주의자라면 6·15 공동선언이 오히려 환영할 일이라는 판단도 그런 인식에서 연유한 듯하다(백낙청 2009d, 277). 2000년대가 분단 체제 해체기이자 통일 시대의 들머리라 한다면 그 이전의 시기에 통용되던 '진보'와 '보수'라는 잣대 또한 실효성을 재점검할 필요가 있다. 이에 따라 '성찰하는 진보'와 '합리적 보수'의 만남을 통해 새로운 중도 세력이 형성될 수도 있다(백낙청 2009d, 279-280). 합리적 보수의 합리성이란 냉전적 사고에 얽매인 수구 세력과 스스로를 구분하는 특성이며, 성찰하는 진보의 성찰성이란 극단적 이념의 맹목을 탈피한 현실성과 같은 의미일 것이다. 2009년 9월에 열린 백낙청과 박세일의 통일 정책 토론이 대표적인 사례로 보인다. 여전히 현격한 통일관의 차이를 확인한 수준이었지만 이른바 보수 진영에서 본격적인 통일 논의의 시급성만은 인정하고 있음이 분명해졌다.

보는 시각에 따라 '중도'가 기회주의로 보이기도 하고 온건한 보수화에 따른 타협처럼 해석될 수도 있다. 다양한 평가로 갈릴 수 있음을 감안하더라도 백낙청의 분단 체제론과 '변혁적 중도주의'는 그 자체로 매우 독특한 성격을 띠고 있다. 백낙청이 그 역사적 의의를 절대적으로 고평하는 '6·15 공동선언문' 해석에서부터 확인할 수 있다. 백낙청의 평가는 이렇다. "6·15 공동선언은 그것이 남북 기득권 세력들의 혹은 상반되고 혹은 공통된 이해관계까지도 감안한 '중도주의적' 문헌이지만, 분단 체제 아래서는 그 극복을 위한 획기적인 계기를 마련했다는 점에서 최고의 진보성과 개혁성을 지닌다고 평가해야 한다"(백낙청 2006j, 136). 이러한 평가는 선언문 '제2조항'의 해석을 통해 드러난다.

> "2. 남과 북은 나라의 통일을 위한 남측의 연합제 안과 북측의 낮은 단계의 연방제 안이 서로 공통성이 있다고 인정하고 앞으로 이 방향에서 통일을 지향시켜 나가기로 했다."

기실 선언문의 제2조항은 "모호하고 제한적인 내용"이며 "애매모호한 표현"이다. 이에 대해 백낙청은 "대화와 타협의 정신, 실현 가능한 방안을 찾아내는 실천적 자세"의 성과라고 평가한다. 북측의 연방제론과 남측의 국가 연합제 사이의 절충점으로부터 출발한다는 합의란 뜻이다. 달리 말해 실현가능한 '현실성'의 추구다. 이에 따라, 통일을 지향하되 단계적으로 또 점진적으로 진행하자는 원칙과 통일의 최종 형태를 설정하지 않고 현재의 가능성을 찾아 거기서부터 시작한다는 원칙이 도출된다(백낙청 2006k, 17-20). 이러한 원칙들이 중요한 의의를 지니는 것은, 바로 그러한 모호성으로 인해 통일 작업이 미래를 향해 열린 '개방형 구조'를 이루기 때문이다.

백낙청의 설명을 간추려 '개방형 구조'라 부른 것은, 통일을 하나의 '작품' 혹은 '예술적 창작'으로 이해할 여지가 있어서다. '개방형 구조'란 자기모순적 용어의 결합이다. '개방형'이란 닫혀 있지 않다는 뜻으로 쓴다. 백낙청이 말하는 "과정으로서의 통일"이 함의하는 바이기도 하다. 이것은 '구조'의 완결성과 모순된다. 그럼에도 '구조'란 말을 선택하는 이유는 설사 통일이 연속적 과정으로서 제시된다고 하더라도, 적어도 순간순간 혹은 역사적 계기마다 인지 가능한 '임시적' 완결 구조를 지닌다고 보기 때문이다. 이때의 '임시성'도 더 나아짐의 도상에서 다음보다 부족한 결핍의 단계를 말하는 것이 아니다. 체계적 완결성을 갖추고서 고정적인 안정성의 상태에 이르지는 않았다 하더라도, 그 임시성을 판별하고 평가할 수 있는 근거 혹은 기준은 (자기)내재적·준거적이라 하겠다. 물론 백낙청 스스로가 이러한 내용을 정식화한 적은 없다. 그러나 백낙청의 논의를 잘 알아듣고자 하는 태도라면 충분히 수용 가능한 내용이라 생각한다.

백낙청은 통일을 단계론적으로 설명하기도 한다. 목적론적 귀결 형태를 알 수 없는 상태에서 남북 간의 교류와 통합 작업이 진행되다 보면, "연합제와 연방제 사이의 어느 지점에서" '1단계 통일'이 실현될 것이라 한다. 아마도 백낙청에게 1단계 통일 및 그 이후의 통합 단계에서 형태를 드러낼 '국가 모델'은 우리가 익히 아는 무엇이 아닌 듯하다. 물론 그러기를 바라는 미래의 희망을 지금 논의에 끌어들이고 있는 것은 분명하다. 그렇지만 적어도 공개적으로는 그 목적적 형태가 제시되거나 설정되어 있지는 않다. 아니 정확히는 그런 '목적'의 설정 자체가 '분단 체제론'과 '한반도식 통일'을 내적으로 붕괴시킬 가능성이 높다는 판단이 작용해서일 것이다.

분단 체제 극복(혹은 통일)이 하나의 '창작'이라면, 혹은 그 완성의 형태를 알 수 없는 상태에서 진행되므로 '창작 과정'이라 본다면, 무엇보다 필요한 존재는 그런 높은 수준의 작품을 창조할 수 있는 '작가'다. 이 '작가=예술가'는 당연히 '한민족'일 텐데, 이러한 '작가(들)' 또한 분단 체제 극복 과정에서 만들어지는 것이지 이미 존재하고 있지는 않다. 그러므로 이러한 작가들이 긴 창작의 과정에 참여할 수 있도록 길을 여는 역할을 하는 원칙이 "변혁적 중도주의"라 하겠다. 그러므로 한반도식 통일은 "시민 참여형 통일"[16]로 풀이할 수 있게 된다. 한반도식 통일이 점진적 과정으로만 일단 제시되었으므로, 그 '과정'과 '종결점'의 구분 자체가 모호하다. "그 과정의 실상에 따라" "통일이라는 목표의 구체적 내용마저 바뀔 수 있는 통일 과정"이다. 따라서 그 과정의 주요 계기마다 나름의 완결성이 판단될 수도 있거니와, 다만 그 판단과 의의는 "사람들이 얼마나 참여해서 어떻게 해나가는가"(백낙청 2009e, 69-70)에 의해 결정될 뿐이다. 앞서 '개방형 구조'가 '임시적 완결성'을 뜻하기도 한다고 서술한 이유도 여기서 찾을 수 있겠다. 다시 선언문 제2항으로 돌아가서 "제2항을 시민적 관점에서 해석하고 발전시"(백낙청 2009b, 46)키는 작업이야말로 분단 체제 극복이 시민 참여 통일 과정으로 실천될 수 있도록 하는 데 관건이라고 할 수 있다.

또 다른 각도에서 보자면 이것은 비평가 백낙청의 '현재의 한반도'에 대

16_시민 참여형 통일에 대해서는 백낙청(2009e, 69-74; 2009f, 142-145; 2009g, 192-194)을 참조.

한 비평론이다. 그런데 이 비평은 현재의 한반도라는 '현실'을 예술 작품으로 재현하는 작업과 구분되지 않는다는 점에서 동시에 작가의 작업이기도 하다. 이것은 백낙청이 오래도록 탐색하고 견지해 온 리얼리즘론과 연속된다. 가령, '현실'의 선차성을 맹목적으로 인정하지 않고 작가=주체의 계기에 긴장어린 시선을 유지하는 자세와 관련이 깊다. "인간의 세계는 '현실'로서 인간이 체험하는 그것 이외에 따로 없지만 이 현실의 정확한 인식은 '시적' 창조의 과성에서반 가능하며 따라서 진정한 '사실성'에는 이상주의가 가세할 필요도 없이 자동적으로 비이상주의적이며 철저히 현실적인 전투성이 주어진다는 세계 인식"(백낙청 1985a, 373)이다. '현재의 한반도'라는 "이 현실의 정확한 인식"에서 '시민 참여 통일 과정'을 도출하는 과정이란, 시적 창조의 과정을 거쳐 인식된 '현실'에서 출발하는 방식을 선택함으로써, 소박한 모사론이나 반영론의 이론적 난점을 넘어서는 과정이라 해석할 수도 있다.[17]

백낙청의 분단 체제론과 '변혁적 중도주의'를 장황하게 살펴본 이유는, 분단 체제 극복 과정 자체가 바로 새로운 주체가 형성되는 장이면서 동시에 그러한 주체가 다시 그러한 장을 분단 체제 극복에 활용하도록 하는 순환적 구조를 드러내기 위해서다. 그 출발점은 '민족적 주체'로부터 발원하는 것이 분명하지만, 그 지속의 과정은 새로운 주체가 형성되는 과정이다. 더군다나 그 목적지의 형상이 개방적인 상태로 열려 있기에 그 도달점 또한 새롭게 형성되는 주체들에 의해 마련되는 것에 다름 아니다. 여기엔 '비'

17_백낙청(1985b, 445-446). 문학은 현실을 반영한다는 반영론에 근거할 때, 어떤 다양한 이론적 장치를 동원해도 결국은 현실의 선재성을 전제하게 된다. 이것 또한 일종의 형이상학이라고 할 수 있다.

민족적 주체의 계기도 포함될 수 있으며, 설사 '민족적 주체'라 하더라도 그 때의 '민족'은 이미 근대적 규정을 받는 '민족'과는 구별될 것이다. 이러한 인식을 통해 "한반도 분단의 평화적 해소와 한민족의 자주적 재통합일 뿐 아니라 통일 과정에 주민들의 참여가 확보되고 타민족 출신도 결코 배제되지 않는 새로운 통일상을 그려낼 수 있"(백낙청 2009b, 44)는 가능성이 확보된다. 바로 이 지점이 분단 체제론과 동아시아론이 가장 생산적인 방식으로 결합할 수 있는 장소다.

한국 동아시아론이 한국/한반도의 중심성을 은연중에 전제하고 있음은 앞에서도 보았다. 당연하다면 당연하고 불가피하다면 불가피한 문제다. 그렇지만 이에 대한 발본적 혁신이 없이 동아시아 공동체 혹은 지역 협력체를 상상하다가는, 이미 존재하는 억압의 구조를 추인하거나 또 다른 억압을 스스로 생산할 우려가 있다. 동아시아의 지역 협력이 긴요하다는 점은 두루 인정되지만, 하나의 통합 단위로 묶이는 것은 당장 지구적 수준에서도 큰 위험 요소가 될 수 있을 뿐만 아니라 동아시아 지역 내의 현존하는 위계적 구조 자체를 강화하기 십상이다. 그 핵심에는 중국 문제가 있다.

최원식의 인용문(2009c)에서 드러나듯이, 동(북)아시아는 한반도(남과 북)·중국(그리고 타이완·홍콩·마카오)·일본(그리고 오키나와)이라는 다양한 정치체로 구성되어 있다. 이렇게만 늘어놓아도 동아시아 지역을 동일 평면에 놓고서 인식하기가 얼마나 힘든지 쉽게 드러난다. 수백 년 전의 조공 체제를 환기하지 않더라도 '국민국가'라는 이름으로 서로 대등한 위상으로 부르기는 어렵다. 따지고 보면, 괄호 속에 적힌 정치체들은 서양 제국주의의 침략과 동아시아 지역 내부에서 벌어진 억압과 침탈의 산물이다. 모두 동아시아 근대의 상흔들이다. 그러므로 이들이 모여 공동체를 형성하고 지역 협력체를 구상한다고 할 때, 이미 존재하는 억압과 위계 구도는 물론이거니와 예상되는 폐해를 억제하는 방향이 무엇인지 우선적으로 고민하지 않을 수 없다.

동아시아적 차원에서 볼 때, 사실상 한반도는 동아시아의 위계적 구조를 현실로 인정하면서도 그 구조가 억압성을 덜 발휘하도록 실험할 수 있는 거의 유일한 가능 공간이라 할 수 있다. 한반도의 통일이 최종 형태가 무엇인지 전제하지 않은 상태에서 진행되는 과정으로 이해된다면, 그 과정에 동아시아적 차원의 참여와 협력이 필수적임을 입증하는 과제가 한국 동아시아론의 지향처가 아닐까 한다. 가령, 최원식이 현 단계 동아시아 국가들의 민족주의에 대해 복잡한 심경을 토로한 다음, "동아시아인의 공감각을 일깨우기 위해서라도" "민족주의를 근본에서 견제하는 민주주의의 재발견 또는 전인류적 가치에 대한 새로운 자각이 절실하다"(최원식 2009f, 43)고 했을 때 동아시아 국가들은 그저 공간적 인접의 의미로만 환기된다. 이런 인식에 머물 때 '동아시아'의 민주주의는 개별 국가의 민주주의를 그냥 덧셈한 무엇일 뿐이다. 진정 '동아시아의 민주주의'라면, 민주주의의 가치를 공유하는 장은 한반도 통일 과정에 동아시아의 공동 참여 방식 이외에 무엇이 가능한지 의문이다.

백낙청의 주장처럼 한반도의 통일 과정이 "타민족 출신도 결코 배제되지 않는 새로운 통일상"의 실현을 배제하지 않는다면, 여기다가 민족주의의 부정적 발현이 약화·해소되는 계기가 싹트도록 유도하는 편이 낫지 않을까. 한국/한반도와 동아시아의 외면적 분리라든가 한국/한반도 중심성의 경향을 벗어나, 한반도에 동아시아가 내재하도록 하는 방법이 아닐까 한다. 같은 맥락에서 개성 공단, 금강산 관광이 한반도 복합국가의 상상을 구체화한다는 백영서의 견해도 다시금 검토될 필요가 있다. 물론 당연히 초기의 비용과 관심의 유인을 위해서라도 한민족이 주도적으로 사업을 수행할 필요는 있지만, 그 과정이 한국/한반도만의 배타성을 띠지 않도록 조정하는 역할도 간과해서는 안 될 것이다.

기존의 동아시아론에서 한국/한반도를 특권화할 위험성을 적극적으로 고려한 논의가 백영서의 '이중적 주변의 시각'이다. 이중적 주변이란, 세계사적 차원에서 주변 지역에 위치한 동아시아라는 시각에다, 동아시아 지역 내부에 다양하게 존재하는 중심-주변에 대한 시각을 결합한다는 뜻이다. 중심-주변의 관계는 상대적이지만 서로 무한한 연쇄를 만들어 내면서 그 관계를 통해 동시에 억압을 이양하는 것을 함의한다. 이러한 무한 연쇄의 관계 속에서 이중적 주변의 시각을 지닌다는 것은, 중심으로부터 차별당하는 주변이면서 때론 한층 더 주변적인 곳을 억압하는 중심으로 기능하는 권력 구조에 자각적으로 대응한다는 것이다. 이로부터 주변이 스스로를 특권화하는 태도마저도 비판적으로 해소할 수 있다고 강조한다(백영서 2004; 2009, 84-85, 97-98; 최원식 2009g, 224-226).

백영서의 '이중적 주변'은 무엇보다 한국의 동아시아 담론이 자기중심성을 강화하는 데 기여하는 것은 아닌가 하는 우려를 불식하기 위한 것으로 보인다. 아울러 스스로를 특권화하는 다양한 연대론에 내포된 부정적 요소를 비판하기 위한 의도이기도 할 것이다. 이중적 주변은 결국 중심의 권력화 현상을 비판함으로써 탈중심의 효과를 지향한다. 탈근대론의 이론적 요소를 부분적으로 수용한 결과로 보인다. 요컨대 '이중적 주변의 시각'은 무엇보다 '열린 지역주의' 형성에 기여할 것이라는 것이 백영서의 기대다. 여기에는 이북이나 타이완과 같은 독특한 주변적 존재들을 배제하지 않는 장치가 마련될 수 있을 것이라는 뜻이 포함되어 있다.

백영서의 주장과는 달리 지역주의가 아무리 열림을 지향한다 하더라도, 상호 내재적인 관계가 아니라 여전히 병렬적 형태로 구성되는 한 동아시아 지역 내부의 위계적 구조가 발휘하는 억압성의 효과는 약화되지 않을 것이다. 정작 중요한 것은 주변의 시각을 몇 겹으로 하느냐에 있지 않다. 한국/한반도에 이중적 주변의 시각이 작용한다면 어떤 구상이 가능한가 하는 문제가 일차적이다. 문제의 우선성을 여기에 두지 않기 때문에, 한반도의 복합국가가 형성되면 이른바 중국-타이완의 양안 문제나 오키나와를 포함한 일본의 내부적 난제를 해결하는 데에 참조가 될 것이라 주장할 때(백영서 2009, 97), '중국-타이완'과 '일본-오키나와'의 관계가 남북한의 복합국가와는 전혀 층위를 달리하는 위계적 관계라는 점은 간과된다.

한국/한반도 중심성이란 바로 이런 지점에서 드러난다. 동아시아 내부에 존재하는 관계들은 서로 층위를 달리할 뿐만 아니라 교환 불가능한 위계성을 이루고 있다. 한국/한반도와 동아시아가 외면적 관계에 머무는 한 실질적인 의의를 내포하기는 어렵다. 상대에 대한 기능주의적 접근이 아니라면 결국 확장과 배제의 위협이 작동하기 마련이다. 그러므로 분단 체제론의 문제의식을 기반으로 하는 한국의 동아시아론이라면, 남북한 복합국가의 구성단위들에 대해 훨씬 복합적 층위로 이해할 필요가 있다. 타이완, 홍콩, 오키나와 등과 같은 정치체들이 남북한 복합국가에 포함되는 형태에 대해 검토해야 한다는 뜻이다. 이것은, 한반도의 통일 과정에 참여해 복합국가를 구상하고 수립해 가는 주체의 시각을 어느 층위에 둘 것인가와 관련된다. 한반도적 차원에만 기준을 둘 것인지, (동)아시아적 차원에서 해법을 마련할 것인지에 따라 복합국가의 실험은 전혀 다른 형태를 나타낼 것이다.

그 본래 의도가 어떻든 한반도적 층위에만 시선을 고정시킨다면, 결과적으로 타이완, 홍콩, 오키나와 등과 같은 규모의 정치체가 한반도 내부에 공존할 수 있는 가능성은 희박해진다. '6자 회담'의 틀 속에 타이완이나 홍콩 층위의 시선이 개입하기 어렵다는 데서 전형적으로 드러난다. 그렇다면 한반도 복합국가 구상은 동아시아적 시각에 따라 재조정될 필요가 있다. 여기서 말하는 동아시아적 시각이란 현존하고 있거나 과거에 존재했던 동아시아적 질서의 위계적 구조를 인정하고 그 다양한 층위들의 복합 구조에 근거해 한반도 복합국가 구상을 전개하는 일이 될 것이다. 일차적으로 한반도 복합국가에 소속되지만 그 모든 기능과 성격이 복합국가로 회수되지 않는 정치체가 복합국가 구성에 참여한다면, 이 과정에서 다양한 동아시아 국가 및 정치체들과의 연계가 내재화되는 효과를 낳을 것이다.[18]

이러한 구상은 한편으로 한반도 및 한국적 규모와 단위에 미치지 못하는 작은 정치체들이 한반도 내부에 공존할 수 있는 가능성을 실험하는 일이면서, 동시에 한반도 또한 중국적 규모 이상의 상위 단위(동아시아 공동체)에 포함되는 하위 단위로 자신의 위상을 규정하는 실험이다. 상위 단위와 하위 단위 사이의 위계는 충분히 인정하면서도 그것이 직접적인 통제와 억압으로 귀결되지 않는 국가 모델의 창안을 목표로 하자는 것이다. 한반도의 복합국가 구상을 동아시아적 시각으로 재인식한다는 것은, 이처럼 내부적으로 하위 단위를 내포하는 문제와 더불어 동아시아라는 상위 단위 속에서 한국(한반도)의 국가 체제를 이중적으로 인식하는 작업이어야 한다. 결과적으로 현존하는 동아시아적 질서를 그 자체로 인정하면서도 그것을 재구성하는 실험이고, 이 실험이 한반도의 통일 과정 속에서 진행된다는 것은 근대 적응과 근대 극복의 이중 과제를 국가 모델 차원에서 수행하는 사업이 될 수 있을 것이다. 이처럼 한국 동아시아론의 궁극적 목표가 한국/한반도

18_류준필(2008)의 내용을 일부 수용해 이 글에 맞게 재서술했다.

에 '동아시아'의 내재화를 실현하는 것이라면, 한국/한반도의 통일 과정이야말로 동아시아에 남겨진 거의 유일한 가능성의 지대라 하겠다. 한국 동아시아론의 혁신 방향은 바로 여기에 있을 것이다.

6장

중국 혁명과 동아시아 담론

_허자오티엔

아시아 담론을 둘러싼 지금의 논의를 건설적인 방향으로 심화하는 데 있어 가장 중요한 관건 가운데 하나는 상대방의 심층적인 곤혹과 고뇌에 대한 인식과 체득, 및 이해와 공유의 문제라고 생각한다. 혁명과 사회주의 실천을 둘러싼 중국의 경험은, 아시아 담론의 확산과 전개에 적극적인 여타 국가, 예컨대 일본이나 한국 등지의 현대사를 중국의 현대사와 구분 짓게 하는 주요한 표지다. 중국 혁명과 사회주의 실천을 둘러싼 문제들은 논자들

● 과거의 다른 문장들과 달리 이 글은 나 자신의 주동적인 연구와 사고의 결과물이 아니다. 오히려 이 의제는 장기간에 걸쳐 일본, 한국 등 아시아 논의에 관심 있는 친구들에 의해 제기되어 왔으며, 그간의 논의에 대한 나 자신의 느낌과 생각이 덧붙여져 나온 성과물이다. 이 글의 초고는 2005년 1월 11일 타이베이 시 문화국과 『대만사회연구계간』이 주관한 "2005년 아시아 화인(華人)문화논단"에 발표되었다. 회의상에서 의견을 주신 리우스징(刘世鼎), 리지에잉(李杰颖), 정원리앙(郑文良), 장즈치앙(张志强) 등 여러 참가자들과, 초고를 읽고 의견을 준 선후배 쑨거(孙歌), 치엔용샹(钱永祥), 양니엔췬(杨念群), 지앙메이(江湄) 등에게 이 자리를 빌려 다시 한 번 깊은 감사를 드린다. 이들의 의견은 모두 초고를 고치는 데 많은 도움이 되었다.

에게 있어 직접적인 논의의 주제가 되기도 하고, 또 어떤 경우에는 전면에 드러나진 않는다 해도 매번 논자들의 글과 말 속의 실질적인 배경으로 작용한다.

필자가 접한 관련 저작과 담론들을 통해 미뤄 볼 때 중국 혁명과 사회주의 실천이라는 의제를 다루는 방식에는 다음의 전형적인 세 가지 태도가 나타난다. 첫째, 공산주의 실험은 이미 소련과 동구의 거대한 변화와 중국의 개혁에서 보듯이 실패임이 증명된 것 아닌가? 근래 중국의 빠른 경제성장과 생활의 개선은 원칙적인 혁명과 사회주의 노선의 이탈 내지 포기를 의미하는 것이 아닌가? 둘째, 1950~60년대 중국 혁명과 사회주의 실천에 감화와 자극을 받아 지금까지 중국에 관심을 갖고 있는 일련의 사람들에게서는 자각적이든 그렇지 않든 중국 혁명과 사회주의 실천에 대해 긍정적 평가를 희구하는 감성이 발견된다. 셋째, 각 나라 및 지역의 좌익 성향의 비판적 지식인들은 중국 혁명과 사회주의 실천에 대한 긍정적인 평가를 통해, 이러한 전통이 오늘날 중국의 경제 발전에 적극적인 의의를 갖는다는 결론을 희망한다. 그들의 이러한 기대는 두 번째 경우에서 발견되는 감성적 기대와는 차이가 있는데, 이들은 중국에서의 혁명과 사회주의에 대한 긍정적 담론들이 자신들이 처한 사회제도와 관념의 논리를 상대화하고 비판하는 데 유용하리라는 기대를 갖는다는 점에서 그러하다.

중국 대륙과 전 세계, 중국 대륙의 지식인 사회와 다른 지역 지식인 사회의 교류와 연대가 확대됨에 따라, 중국 혁명과 사회주의 실천에 대한 외부 세계의 태도와 담론은 여러 다양한 경로를 통해 1990년대 이후 중국 대륙의 자신의 사회 및 역사에 대한 관념과 감각, 지식의 기풍을 형성하는 데 주요한 동력이 되어 왔다. 표면적으로 볼 때, 적어도 첫 번째 경향의 담론은 이미 명백한 세계사적 사실로 뿌리를 내렸고 중국 대륙의 대다수 사람들 또한 그것을 중국 당대사를 논의하는 가장 주요한 감각으로 삼고 있기에 이를 전면적으로 거부하기는 어려운 상황이다. 하지만 일단 그 담론의 표층을 뚫고 한 단계 더 심층으로 들어가게 되면 그 안에는 중국 사회의 각기 다른 계층들이 혁명과 사회주의 실천, 마오쩌둥(毛澤東) 등에 관해 지니고 있는 훨씬 더 복잡하고 다양한 감각들이 실제로는 복잡하게 공존하고 있음을 발견할 수 있다.

예컨대 우리가 이러한 역사 감각들의 형성 근거를 정리하고 구명하는 데 조금 더 주의를 기울인다면, 그 내부에는 그들이 주창하고 있는 논리와 부합되지 않는 요소들이 상당 부분 존재한다는 것을 발견할 수 있다. 이런 문제들은 사회주의와 자본주의의 장점을 아울러 취한다는 식의 절충주의적 시각으로는 해석될 수 있는 문제가 아님은 물론이요, 최근 들어 광범위한 주목을 받고 있는 '신좌파'의 중국 현실에 대한 입장, 즉 급격한 빈부 격차 확대가 초래한 사회적 위기의 확대 등에 대한 지적만으로도 충분히 포괄되기 어렵다. 그러나 중국 상황의 이 같은 미묘함이 해외의 중국 전문가들에게 충분히 이해되고 있다고 보기 어렵거니와, 굳이 그들의 이해를 원하는 바도 아니다. 중국 대륙에 대한 첫 번째 경향의 입장이 광범위하게 존재한다는 사실은 이 점으로 볼 때 그리 이상히 여길 바도 못된다. 그런데 정작 이상하게 여겨야 할 문제는 중국 내부의 많은 지식인들이 이런 내부적 감각들을 발견하고 구명하는 데 노력을 할애하기보다는 해외의 중국 분석가들로부터 자신이 살고 있는 당대 중국에 대한 해석의 근거를 찾고 또 자신의 주장에 대한 외부의 동의를 구하는 데 더 큰 관심을 가진다는 사실이다.

두 번째 및 세 번째 경향의 중국 관련 담론과 관련해, 필자는 그들이 국외의 적극적 중국 담론 생산자 가운데 과연 어느 정도의 비율을 차지하는지 잘 알지는 못한다. 그러나 이들이 중국 현대사,[1] 즉 혁명과 사회주의 실천의 역사에 대해 갖는 특별한 감성적 혹은 이성적 흥미로 인해, 이들이 1990년대 이후 중국 대륙 지식인 사회의 중국 현대사에 대한 감각을 형성하는 데 지극히 큰 영향을 미쳤다는 사실은 강조해 두고자 한다. 특히 이른바 '신좌파'의 역사 감각 형성에는 이들의 영향이 중요한 인식의 매개 요소 및 배경으로 작용했다.

이 세 가지 담론의 태도를 조금 더 궁구해 들어가는 것을 통해 우리는 다음 몇 가지 사실을 좀 더 분명히 이해할 수 있다. 먼저 첫 번째 경향의 담론은 확실히 1970년대 말 이후 중국의 변화 및 이러한 변화가 초래된 주요한 원인 가운데 한 가지를 요령 있게 제시하고 있음에도 불구하고 다소 편향된 입장에서 특정 면모를 절대화하고 있기 때문에, 중국 혁명과 사회주의 실천에 대한 과도하게 단순화된 인식을 드러내고 있다는 아쉬움이 존재한다. 90년대 이후 중국 대륙에서 혁명과 전통적 사회주의 실천을 전면적으로 부정하는 소위 '반급진주의' 사조의 등장은 이러한 첫 번째 담론에 내포된 중국 현실에 대한 이해와 감각, 즉 오늘날 중국이 이룬 성취는 전적으로 중국의 혁명 전통과 사회주의 체제의 후퇴로부터 도출된 결과라는 인식에 기반을 두고 있다.

반면 두 번째 및 세 번째 경향의 입장은 첫 번째 경향에서 드러나는 역사 인식의 협소한 틀에서 벗어나 있기는 하지만, 중국 현대사의 경험에 대

1_이 글에서 말하는 '현대사', '당대사'는 일반적으로 중국 대륙에서 사용하는 개념과 다르다. 중국 대륙에서는 1919년 5·4 운동에서 1949년 10월 중화인민공화국 성립까지를 현대로 보고 1949년 10월 이후를 당대로 구분하지만, 본문에서는 1895년 갑오전쟁에서 1978년 말 중국공산당 11기 3중전회 소집까지를 현대로 보고 그 이후를 당대로 구분한다. 확실히 이러한 시기 구분은 개혁 이후 중국을 논의하는 데 편리할 뿐만 아니라 중국 혁명과 개혁 전 중국 사회주의 실천 간의 연속성을 부각시키는 효과가 있다

한 정서적 자아 동일시, 즉 자기가 처한 사회에 대한 비판적 재구성이라는 목적과 긴밀히 연동되어 있다. 이 때문에 중국을 보는 이들의 입장은 안타깝게도 중국 현 당대사 전반에 대한 지난하고 심도 있는 탐구의 결과라기보다 그들의 정서적 필요에 부합되는 한편 자신들이 필요로 하는 비판 논리의 구성이라는 성격에 다시 귀속되고 만다. 이 두 번째 및 세 번째 유형의 입장이 중국 내에서 가지는 영향은 매우 현저해, 상당수 중국 대륙의 학자들이 자각적 혹은 비자각적으로 이러한 주장에 보조를 맞추고 심지어는 영합하기까지 하는 상황은 쉽게 목도할 수 있다.

이러한 상황에 대한 필자의 지적이, 현재 중국의 사상적 상황에 대한 책임을 해외의 중국 담론 생산자들에게 미루려는 의도에서 나온 것은 결코 아니다. 1990년대 이후 중국에서 반급진주의, 반혁명적 역사관이 대두한 데는 해외 중국 담론의 영향보다는 국내적 요인, 즉 80년대 학생이 주체가 되었던 민주화 운동의 실패에 대한 자기반성과, 89년 국가권력의 시위 무력 진압(제2차 천안문 사태)에 대한 강렬한 반발이 좀 더 직접적인 영향을 미쳤음은 부인하기 어려운 사실이기 때문이다. 아울러 중국 '신좌파'의 역사 감각 또한 90년대 급속히 나타난 빈부 격차의 확대라는 현실의 위기 상황에서 출발해, 지나치게 단순화된 반혁명사관(중국 사회주의혁명에 대한 부정)에 대한 반발을 통해 구성된 것임이 분명하기 때문이다. 현실에 대한 급진적 비판의 정서 및 논쟁에 대한 지나친 열성으로 인해 신좌파의 주장은 반혁명사관에 대한 단순한 반동에 머무르고 만 측면이 있다. 다시 말해 다시 말해 그들의 주장은 반혁명사관이 비판하는 현상과 문제들을 비호[2]하고 나

2_『사조: 중국 '신좌파'와 그 영향』에 수록된 한더치앙(韩德强), 샤오시둥(萧喜东), 장광티엔(张广天)의 글은 바로 이러한 격렬한 상호 대립의 상황에서 전형적으로 혁명과 사회주의 실천에

서는 양상을 띠게 되었다. 신좌파의 현실 비판에 동의하는 사람들이 많은데도 불구하고 그들이 내세우는 역사관에 동조하는 사람들의 수가 상대적으로 적은 것은 여기서 그 원인을 찾을 수 있을 것이다.

이러한 문제들을 주지해 볼 때, 접근 태도와 방식이 서로 다른 해외의 세 가지 중국 담론 역시 중국 내부의 지극히 대립적인 두 가지 역사관(반급진, 반사회주의적 입장 vs 신좌파)과 마찬가지로 자기주장의 근거로 삼을 수 있는 현상들에만 매몰되어 다른 해석의 논리를 구성할 수 있는 '도전적' 현상들에 대한 관찰은 도외시한다는 것을 알 수 있다. 가끔 필자는 표층적 현상에만 시선을 고정하고 있는 것이 일종의 의도된 것이 아닌지 의심이 생길 때도 있다. 예컨대 첫 번째 경향의 논자들 가운데 일부는 현재 유행하는 중국 현대사에 대한 해석의 표층적 현상에만 고의로 시선을 고정시키고 있는 것이 아닌가하는 의혹이 있다. 또 두 번째 및 세 번째 경향의 논자들은 그들이 빚어낸 분위기에서 도출된 역사 담론 속에 스스로 푹 빠져 있는 것은 아닌지 의심스럽다. 외국 친구들의 중국 혁명과 사회주의에 대한 친근한 기대감을 깨기 싫어서라거나, 이들이 열정적으로 흠모하는 중국 혁명과 사회주의 실천에 대해 이와 부합되지 않는 또 다른 진실들을 자리매김하고 설명해 줄 적절한 논거와 논의 방식을 찾지 못해서라거나, 심지어는 자신이 발 딛고 있는 역사에 대한 긍정이 주는 안온한 만족감을 버리기 싫다거나 하는 등의 여러 가지 것들이 모두 그 이유가 될 수 있을 것이다. 중국 지식인들은 이렇게 두 번째 혹은 세 번째 경향의 해외 중국 논자들이 빚어낸 분위기 속에 안주한 채 최대한 이러한 분위기를 깨뜨리지 않으려고 노력하거

대해 옹호하는 입장을 피력한 글이라 할 수 있다(公羊 编 2003).

나 심지어는 자신의 기억과 지식을 '조정'해 가면서까지 이에 적극적으로 부응하고 있다. 그러나 이는 도리어 외국 논자들이 중국에 대해 갖는 감성적 혹은 이성적 편향성에 대한 그들의 그릇된 자신감을 강화시킴으로써 자신이 중국 혁명과 사회주의 실천에 대해 믿어 온 바를 현재 중국 상황을 구성하는 내부적 요소들과의 긴밀한 연관 속에서 재배치, 재해석할 수 있는 진일보된 탐구를 저해하는 요소가 되기도 한다.

따라서 문제의 관건은 이러한 세 가지 종류의 태도 각각이 의지하고 있는 역사적 근거들의 사실 유무가 아니라, 이들이 자신을 가두고 있는 한계를 뛰어넘어 진실의 또 다른 영역 속으로 진입해 가려는 강한 동력이 있느냐에 있다. 필자가 각자 처한 상황과 자기 논리에 도전적 요소를 지닌 새로운 사실의 영역으로 시선을 확장해야 함을 특별히 강조하는 이유는, 사람들은 그들이 보는 현상, 그들이 믿는 바를 형성해 온 사회 역사적 기제, 그리고 역사 관념의 기제가 무엇인지를 웬만한 노력 없이는 반성적으로 사유하기 어려운 존재이기 때문이다. 거대한 변화 속의 중국에 존재하는 일련의 현상과 정서를 이러한 사회 역사적, 역사 관념적 기제 속에서 고찰하고 파악하지 않는다면, 각자가 내세우고 있는 논리 외부에 존재하는 역사적 의미나 역사적 기능 속에서 이것들이 차지하는 의미를 이해하기 어려울 것이다. 그러므로 그 당사자 또한 충분한 시간과 여유를 갖고 이해하거나 정리하지 못한 거대 변화 속의 중국 현 당대사를 진정으로 이해하고자 한다면, 현재 우위를 점하고 있는 어떤 관념이나 이론에 단순히 의지해서는 안 되며, 당사자가 나름 조리 있게 내세우는 시시비비 또한 의심 없이 받아들여서는 안 된다. 이는 중국 현 당대사가 우리에게 던져 주는 고뇌인 동시에 우리를 매혹시키는 지점이다.

이러한 고뇌와 매혹의 중첩 속에서 중국 혁명과 사회주의 실천에 대한 기존의 이해와 평가에서 벗어난 새로운 길을 걷고 싶다면, 나는 먼저 기존의 논리와 해석을 대면하고 그것이 보여 주는 관찰과 논증, 분석 등을 면밀히 고찰한 후, 반드시 그 안에 존재하는 직관과 논리의 상관관계, 어쩔 수 없이 논리에 의해 용해되고 해석된 내면의 고뇌를 밝혀내고 응시해야 한다고 생각한다.

예컨대 중국 혁명과 사회주의 실천이라는 의제에 대한 고민을 중국 현대사의 내부로부터 출발해 볼 때, 그에 대한 진실한 신앙을 갖고 모든 노력을 기울인 사람들의 고뇌를 특히 중시할 필요가 있다. 왜냐하면 이러한 고뇌 속에는 종종 중국 혁명과 사회주의 실천에 내재되어 있음과 동시에 그에 대한 기존의 감각과 이해들을 상대화할 수 있는 인지 역량이 포함되어 있기 때문이다. 이를 통해 중국 혁명과 사회주의 실천에 대한 기존의 이해와 평가의 틀을 벗어나면, 외재적인 표준의 관점과 관찰에 지나치게 의존함으로써 생겨나는 오류들을 피할 수 있을 뿐만 아니라, 당사자에 접근하는 방식으로 그 당사자가 지니고 있는 논리와 해석상의 부족함을 찾아낼 수 있다. 이처럼 문제 자신의 맥락에서 그 문제를 바라보는 이해 방식은 문제의 발생과 관련된 제 요소의 한계와 가치를 분명히 인식하게 하고 그런 요소들이 실제 작용하게 된 과정을 보여 주기 때문에, 당사자들로 하여금 이 문제에 대한 외부의 조악한 부정 방식을 진정으로 극복할 수 있게 해준다. 역사 현실의 내부에서 문제를 대면하는 이 방식은 최대한 역사 원래의 맥락을 파괴하지 않고, 역사 속 건설적 역량과의 연대를 가능하게 해주며, 새로이 평가받아야 할 역사 요소들을 온당하게 평가해 준다.[3]

3_현재 중국의 인지 상황을 돌파하고 중국 현 당대사의 실천을 더욱 심도 있게 이해하기 위해 새로운 역사 분석 방법이 갖는 중요성에 대해서는 졸고 "시대의 인지 요구와 인문 지식 사상의

확실히 중국 혁명과 사회주의 실천에 대한 이러한 내재적 분석과 검토는 부정을 위한 부정 혹은 긍정을 위한 긍정이 아니라, 최대한 그것이 가지고 있는 건설적인 성향과 역량을 보유한 채로 그것을 변화·발전시킬 수 있는 방법이라 할 수 있다. 이런 생각으로부터 중국 당대사를 바라보면, 중국의 개혁 실천이 비록 전통적인 사회주의 실천에 대한 검토를 기초로 한 것이지만, 그것이 기반을 둔 역사 현실에 대한 인식과 이해는 내가 위에서 말한 신중한 내재적 분석 방식이 아닌, 전통적 사회주의 실천의 좌절이 가져온 절박한 심정과 현실의 긴박한 위기 상황에서 출발한 것이며, 역사 직관의 성급한 결론에서 비롯된 것임을 알 수 있다. 당연히 이러한 역사 좌절의 심정과 여러 현실 역량 사이의 상호 충돌은 인식상의 직관들을 어떤 한곳으로 편협하게 고정한다. 하지만 태생적 부족과 사후 근본적인 대책 및 검토의 결여로 중국 당대사는 그대로 진행되었고 일정한 역사적 대가를 치르지 않을 수 없게 되었다.

예컨대 중국 개혁개방 노선의 '총설계사'로 추앙받는 덩샤오핑(鄧小平)은 중국의 혁명과 사회주의 노선을 직접 이끌어 와 이에 대한 이해가 깊은 한편, 그 실천 과정에 존재하는 문제점들에 대해서도 깊이 이해하고 있는 인물이라 할 수 있다. 그러한 덩샤오핑이라 할지라도 직관적인 인식에 머무르는 한 그 판단과 사고에는 어쩔 수 없는 한계, 즉 중국 혁명 및 사회주의 실천 경험의 부정적 면모라는 문제적 상황을 어떻게 인식하고 이해할 것인가, 새로운 조건하에서 혁명의 소중하고 건실적인 요소들을 어떻게 승화시키고 재배치할 것인가, 또 그 경험에 대해 부정적 입장을 취하는 측이 제기

재출발"(时代的认知要求与人文知识思想的再出发)에서 이미 논한 바가 있다(贺照田 2006). 흥미 있는 독자들은 참조할 수 있을 것이다.

하는 문제들을 어떻게 해결하고 제약할 것인가에 대한 문제 등에는 인식상의 제약이 드러날 수밖에 없다. 따라서 1980년대 초, '가부장적 조직 문화', '발언권의 1인 집중'(一言堂) 문제, '시스템 내부의 소통 부재'(机构臃肿) 등의 문제점에 대한 극복을 시발로 제도 재정비의 필요성이 강조되었는데, 이는 훗날 '최고 책임자'(第一把手)의 권한에 대한 제약을 축소해 업무 추진상의 재량(事权)만이 아니라 인사(人权)와 재무(财权) 권한에까지 권력을 확장시키는 방향으로 전개되면서 관료 기구의 비대화로 귀결되고 말았다. 이처럼 처음의 의도와 완전히 상반되는 결과를 낳은 원인은, 문제에 대한 인식과 지도 방향의 구조적인 결함에 있다. 따라서 이 글에서는 중국 혁명과 사회주의 실천의 경험을 긍정할 것인가 부정할 것인가 하는 문제보다는 역사에 대한 편협하고 직관적인 이해가 가져올 수 있는 문제점의 지적에 논점을 맞추고자 한다.

직관적 역사 인식은 역사 현실에 대한 심층적 이해를 어렵게 만들고 올바른 실천적 대안의 모색에 필수적인 적절한 역사 감각과 현실 감각 형성에도 지장을 초래한다. 이는 중국 혁명과 사회주의 실천에 정체성을 갖고 있는 사람들에게만이 아니라 그에 대해 부정적 입장을 가진 사람들의 인식과 실천에도 영향을 미친다. 또한 정책 생산자 및 집행자, 시대적 사명을 다하려는 지식인들의 적절한 현실 인식 및 개입 방식의 모색에도 장애 요소로 작용한다.

필자의 경험을 회고해 보면, 1980년대 중반 이후 베이징의 상당수 대학에서 중국 혁명과 사회주의 실천 경험에 대해 부정적 입장을 취하는 지적 분위기가 주도적인 지위를 차지하고 있었다. 그러나 이런 입장은 이전 시기 혁명과 사회주의 경험의 문제를 해석할 적절한 방법을 찾지 못하고 단순히 사회주의적 '집체주의'에 대한 반대를 자기 입장의 주요한 근거로 삼는 데 그치고 말았다. 그리하여 당시 유행했던 '5·4로 돌아가자', '인간의 발견', '인도주의' 등의 캐치프레이즈에도 불구하고, 권리에 대한 투철한 자기 인식과 동시에 시대 및 사회에 대한 강렬한 책임감을 갖는, 유의미한 개인주의를 창출하는 데 실패했다.

이러한 문제를 낳은 두 가지 주요 원인은 다음과 같다.

첫째, 모든 문제를 혁명과 사회주의에 대한 '반대'에서 출발한 까닭에, '인간'에 대한 강조는 '집체주의'에 대한 단순한 반대 입장의 표명이라는 수준에 머물렀다. 그리하여 1980년대의 문맥 속에서 '인간'이라는 하나의 사상적 범주는 태생적으로 개념적 엄밀성의 부족이라는 한계에 갇혀 있었다.

둘째, 혁명과 사회주의 실천의 문제점에 대한 날카로운 해부가 없었기에 사회주의 전통 속에 녹아 있는 이상주의와 민족, 국가 및 시대에 대한 책임감 등 유의미한 요소를 그 속에서 변별적으로 인식하지 못함으로써 현대사가 남겨 준 가장 귀중한 유산 가운데 하나를 상실하게 되었다.

2천 년 동안 '의'(義)와 '이'(利)의 분별을 중시해 왔으며 수십 년간 사회주의에 대한 신뢰 및 '이상'을 중시해 온 전통이 있었던 중국에서, 개혁개방 10여 년 만에 어떠한 자본주의사회보다도 더욱 '이'(利)에 민감한 사회적 분위기가 만연하게 된 이유에 관해 문제가 제기되었던 적이 있다. 이 문제에 대한 중국 지식계의 대답은 사회주의 시기의 도덕 및 이상에 대한 지나친 강조가 보편적 인정에 위배되는 기형적 형태로 발전한 한편 일부 지도자들의 사회주의 이상과 도덕에 대한 불철저한 태도가 그에 대한 오늘날의 반동을 불러왔다는 정도의 상식적인 지적 정도가 고작이었다. 이는 직관적 역사 인식이 갖는 시각의 협소함을 우리에게 보여 주는 사례다.

장청즈(张承志)는 소설 작품의 문학적 성취와 아울러 중국 이슬람교의 자린야파(哲合忍耶)[4]에 대한 소개, 문혁 시절 홍위병 체험에 대한 저작 등으로 대중 독자들에게도 잘 알려진 현대 중국 문단의 문제적 작가 가운데 한 사람이다. 그의 정신적 역정을 면밀히 검토해 보면 그가 중국 이슬람 자린야교파에 자신을 의탁하게 된 계기가, 1980년대 들어 중국 혁명 및 50~70년대의 사회주의 실천의 과정에서 충만했던 이상주의(당연히 기형적 요소도 없지 않았던)가 급속히 몰락했다는 사실이었음을 발견할 수 있다. 자린야파 이슬람교도들은 아이들을 학교에 보내지 않는 경우가 종종 있는데 이는 자식들이 학교교육의 영향으로 신앙을 저버리게 될 것을 독실한 신자인 부모들이 우려하기 때문이라고 한다. 자린야교도들의 이런 행동은 그들이 신앙에 최우선적 가치를 부여하는 삶의 태도와 관계된 것이지만 이와 동시에 당대 중국의 교육 시스템이 '인간의 종교적 심성과 그 정신적 추구에 대한 깊은 이해'[5]에 대해 충분한 여지를 허용하지 않고 있다는 사실 때문이기도 하다. 이 점은 문혁 이후의 사상적 흐름이 개인주의에 대한 배타적 가치 부여를 통해 인간의 이상주의와 진보에 대한 추구를 배제해 버리는 방향으로 형성되어 갔다는 사실과 무관하지 않은 문제다.

이와 같이 시간의 문제(시대의 변화에 따른 이상주의의 몰락)가 공간의 문제(중국 서북부에 분포하는 자린야교파의 중국 현행 교육 시스템에 대한 불신)로 전화해 간 예를 통해, 우리는 이전 시기의 진보적 이상주의의 유산이 1980년대 이후의 사회변화 속에서 새롭게 자리 잡는 데 필요한 정신적 모색이

4_[옮긴이] 자린야(Jahrinya): 중국 이슬람교의 한 분파로 신비주의 경향에 속하는 수피즘 계통에 속한다. 청 건륭 연간의 이슬람 지도자이자 학자인 마명심(馬明心)이 창시자로 알려져 있으며 영하회족 자치구, 청해, 신강, 내몽고 일대 등 중국 북서부 지역의 회교도들 사이에서 성행하고 있다.

5_이 일화는 장청즈의 산문 "황토와 금"(黄土与金子)에서 인용한 것이다. 이 글은 장청즈(张承志 1994)의 수필집 『황폐한 영웅의 길』(荒芜英雄路)(이 말은 p. 205에 보임)에 수록되어 있다.

보편적으로 부재했다는 사실을 아프게 자각하게 된다. 이상주의의 몰락을 통해 정신적 외상을 입은 존재는 비단 자린야교로 전향하기 이전의 소설가 장청즈만이 아니라 진보와 이상주의라는 과거의 정신적 유산을 마음 깊은 곳으로부터 포기하지 않았던 중국의 모든 사람들이라고 할 수 있을 것이다.

1990년대 초중반 중국 지식인 사회를 떠들썩하게 한 '인문 정신 논쟁'에 참여했던 많은 사람들이 장청즈를 자신들과 입장을 같이하는 동지로 여기면서도 간과했던 사실이 있다. 그의 자린야교파로의 전향이 그보다 훨씬 이전 시점인 80년대 중반이라는 사실, 다시 말해 '인문 정신의 몰락'이라는 90년대의 개탄스러운 사태가 본격적으로 일어나기 전의 시점이라는 점이다. 장청즈의 원체험, 다시 말해 문혁 시기인 60년대 말에서 70년대 초 그의 내몽고 초원 지대로의 '하방' 경험과 관련해, 그의 이런 전향이 단지 하나의 개인적인 사건에 그치는지, 시대의 저변에 대한 탐구의 실마리가 될 수 있는 하나의 역사적 사건인지에 대한 검토는 더더욱 이뤄지지 않았다. 장청즈에 관한 논의에서 이 문제에 주목할 경우, 논자들이 주창하는 바로 그 90년대의 '인문 정신 상실'이라는 개탄스러운 상황과 그들이 의심 없이 승인해 온 80년대적인 시대에의 개입 방식 사이에 하나의 심층적 인과관계가 존재한다는 사실을 재인식할 수 있을 것이다. 이를 통해 80년대와 90년대의 문화 상황의 연속성을 상호 반성적으로 재검토할 수 있는 기제가 구축될 수 있으리라 생각한다.

1990년대 초반 인문 정신 논의는 역사적 시간의 전개 방향을 거슬러 그 의미를 새롭게 해석할 수 있는 분석틀을 제시하는 데 실패했다. 이와 마찬가지로, 90년대 중반 이후 사회 전면에 부각되기 시작한 위기 상황을 인식하는 데서 출발한 신좌파 사조 역시 빈부 격차의 문제를 신자유주의가 중국으로 유입된 결과로만 국한해 이해한 결과, 신자유주의 사조와 관련된 일체를 비판하는 것을 지식인의 책무를 다하는 것으로 이해했다. 이들에게 있어 중국 혁명과 사회주의 실천에 대한 부정은 신자유주의 사조의 중국적 유행에 있어 중요한 근거로 간주되었기 때문에, 중국 혁명과 사회주의 경험에 대한 부정을 재부정하는 것이야말로 가장 주요한 책무로 인식되었다. 이 때문에 신좌파에 의해 쓰인 중국 현대사에 대한 상당수 글들은 자신이 설정한 논리 속에 스스로를 가두고 그들이 반박하려는 대상(신자유주의)에 대한 반대반을 소리 높여 주창할 뿐, 자기반성적 인식에 근거한 신좌파 스스로의 중국 현실에 대한 건설적 분석과 전망 제시를 찾아보기 어렵다.

여기서 강조하고 싶은 것은, 중국 혁명 및 사회주의 실천과 1980년대 이래 중국 사회의 역사 전개 방향 사이에는 서로 긴밀한 연관이 존재하기 때문에 지금의 중국 현실을 바라보는 현재 우리의 감각과 판단이 중국 혁명, 사회주의 실천이라는 과거에 대한 우리의 해석과 평가에 직접적인 영향을 미치지 않을 수 없다는 점이다. 당대 문제에 관한 감각과 판단은 중국 혁명과 사회주의 실천에 관한 우리의 이해와 연구를 다시금 규정하고, 이렇게 규정당한 이해와 연구에 의해 다시 오늘의 문제가 발생하게 된 역사적 조건이 우리에게 제시됨으로써 우리는 당대의 문제에 관한 우리의 감각과 이해를 과거 역사에 대한 이해 속에서 형성해 나가게 된다. 어떤 의미에서 이것은 모든 역사 연구가 피할 수 없는 숙명이다.

또 하나, 그 어떤 사회보다도 정치, 경제, 법률, 사회, 문화, 가치 관념 등 모든 것이 끊임없이 변화하고 있는 중국에서 살아가는 우리는, 이런 사회 현실 속에서 자신의 민족이 걸어온 역사에 대해 면밀히 관심을 가질 여유를 갖기 힘든 것이 사실이다. 그러나 다른 한편으로 현실에서 부딪치는 문제들의 절박함과 중차대함 때문에 새로운 즉각적인 반응이 일어나기도 한다. 사람들의 가장 직접적인 체험과 감수를 포괄하고 있으면서 이에 근거해 현실에 대한 해답을 추구하고 있는, 재기발랄한 일련의 주장들이 종종 일반 독자들은 물론 지식인들과 역사 연구자들 사이에서 큰 반향을 일으키며 널리 전파되곤 한다.

특정한 체험과 감수가 왜 특별한 인지와 강조의 대상이 되었는가를 물어 들어가면, 그것이 언제나 그것을 해석하는 현재의 특정한 역사적 상황 및 관념과 특별한 관련을 맺고 있다는 점을 발견할 수 있다. 다만 이러한 해석의 '컨텍스트'는 관심의 바깥으로 배제되는 경향이 있다. 이러한 방식의 정리를 과연 진정한 의미에서 역사에 대한 책임 있는 정리라고 할 수 있을지 의문이다. 진정한 의미에서 역사에 대한 정리와 해석은, 우리가 특정한 역사적 체험과 감수를 강렬한 것으로 추체험하고 있는 현재적 문맥을 구명해야 할 뿐만 아니라 우리가 흔히 일정한 사유 경로를 따라 역사를 이해하는 태도의 배후에 자리 잡고 있는 역사적·관념적 기제를 밝히는 것이어야 한다. 특정한 체험과 감수에 대한 직접적 정리와 담론화 작업 그 자체는 결코 진정한 의미에서의 역사 이해가 될 수 없다.

이런 과정을 거칠 때만이 특정한 체험과 감수를 좀 더 진실하고 폭넓은 역사적 문맥 속에서 이해할 수 있다. 또한 이는 역사적 관념적 기제라는 조건 속에서 인지되고 담론화되지 못한 채 억압되고 홀시된 또 다른 체험과 감수들을 마땅한 자기 자리로 되돌려 보내 재인식할 수 있도록 하는 과정이기도 하다. 이 두 가지 측면의 진전은 결국 하나이면서 둘이고, 둘이면서 하나인 통일적 과정이 될 수밖에 없다. 우리가 지나치게 강조해 받아들인 체험과 감수를 좀 더 넓은 역사적 문맥 속에서 재평가하는 것은 그동안 충분히 인지되지 못해 온 체험과 감수를 새롭게 인식하고 담론화하는 작업에 의존할 수밖에 없다. 이 새롭게 조명되고 이해된 체험과 감수는 그것이 원래의 지나치게 강조된 체험과 감수를 역사적인 방식으로 상대화한 결과라고 할 수 있다. 그런데 이런 역사적 상대화 작업이 결코 이전 방식의 역사 인식을 역사 인식 혹은 도덕적 측면의 오류 내지는 무근거함으로 몰아세우는 것이어서는 곤란하다. 이러한 작업은 역사와 현실의 복잡성에 대한 좀 더 폭넓은 승인 속에서 기존의 체험과 감수를 새로운 역사적 인식 지평 속에서 다시금 자리매김하는 작업이어야 한다.

이런 관점에서 보면, 중국 '신좌파' 지식인 대다수의 역사관이 갖는 한계는 다음과 같은 점에서 찾을 수 있다. 이들은 중국에서 급격한 빈부 격차가 발생하게 된 제도와 역사, 정신, 관념 기제 등에 대한 실제적 고찰이나 자신들의 비판이 겨냥하고 있는 자유주의 역사관을 태동시킨 역사 및 현실적 원인, 관념과 지식의 연원들을 검토하는 대신, 단지 외부적 입장에 서서 상대방의 역사 인식이나 도덕성에 대한 비난에만 치중해 왔다. 그러나 이러한 도덕적 비난은, 논쟁 상대방이 근거하고 있는 역사 인식 및 담론 방식을 제대로 해석해 상대방의 현실 인식 속에 포함된 중요한 문제의식을 자신의 사고 영역 속에서 유의미한 문제로 전화하는 것을 불가능하게 만든다. 상대방에 대한 비판 자체가 자신의 문제를 좀 더 넓은 역사적 문맥 속에서 재검토하게 하는 생산적 계기로 작용하지 않는 것이다.

이러한 점에 주의를 기울일 때, 혁명과 사회주의의 역사적 경험을 둘러싼 중국 지식인 사회 내부의 논쟁을 대하는 외부 세계 지식인들의 입장이 신중해져야 할 필요가 있음은 다시 한 번 강조해야 하겠다. 내부에 명확한 차이가 존재할 때 물론 어느 쪽의 입장을 받아들일 것인지에 대해 신중해야할 필요가 있겠지만, 설령 중국 지식인 사회 내부에 일치된 해석과 평가가 존재할 때라 하더라도 그것을 따르는 데는 신중해야 한다. 외부자들의 입장에서 진정으로 중국을 깊이 이해하고자 한다면, 단지 중국 지식인 사회의 주류적인 심정(분위기), 논단, 논증, 관찰 등을 있는 그대로 인정하고 받아들이는 것은 위험하다. 지식사회 내부의 일치가 그들이 그렇게 느끼고 의식하고 정리하고 강술한 것에 대한 비판적 고찰이 이미 충분히 수행됐음을 의미하는 것은 아니기 때문이다. 지식사회의 내부적 합의는 특정한 그 의미가 결코 자명하지 않은 현실적 관념적 상황의 잠정적 결과물에 불과할 수도 있는 것이다.

중국인의 논리와 시비 판단 기준을 빌려 중국을 이해하는 것이 결코 중국을 내재적으로 파악하는 충분한 방법은 될 수 없다. 중국인 스스로의 자기 이해 논리를 빌려 자신의 논리로 삼고, 중국 역사와 현실에 대한 중국인의 현재적 평판으로 옳고 그름의 준거를 삼는 것은, 중국 역사의 당사자들이 타자를 자기 정당성 확인의 매개로 삼는 방식에서 벗어나는 데 도움이 되지 못한다. 이런 태도는 외부 세계의 관찰자가 중국인의 기준을 옳고 그름을 판단하는 기준으로 삼으려는 내재적 시각을 채택할 때 이미 결별했던 낡은 방식일 뿐이다.

앞에서 언급한 세 가지 중국 혁명과 사회주의 실천에 관한 전형적인 세 가지 담론에 대한 문제로 논의를 되돌리자. 그 첫 번째 유형에 해당하는 혁명과 사회주의 실천 경험에 대한 전반적 부정을 특징으로 하는 관점은 현재 중국 대륙에서 주류적 위치를 차지한다. 그리고 두 번째 및 세 번째 담론은 신좌파의 입장에 선 지식인 대다수의 역사 이해와 그 맥을 같이 한다고 할 수 있다. 이러한 유형의 담론은 외국의 비판적 지식인들이 흔히 범하는, 자신의 현재 입지에 부합하는 중국의 사소, 논리나 가치판단 기준을 자신의 근거로 삼는 입장에서 중국을 외부 관찰자의 자기 정당화 욕망을 투사하는 하나의 타자로 상정하는 오랜 습관에 대해 진정으로 도전적 의미를 가지는 것으로 보기는 어렵다. 따라서 이를 통해 외부 관찰자의 중국에 대한 특정한 관심이 좀 더 확장된 역사적 문맥 속에서 재해석될 소지 또한 크지 않다.

동아시아 담론이라는 거시적 문제 설정 속에서 중국 대륙을 이 논의 속에 포함시키려는 동아시아 각국의 지식인들은, 각자가 처한 입장을 정당화하기 위해 중국을 하나의 매개로 삼거나 각자의 역사적 경험에 미뤄 중국의 현재를 판단하는 오류에서 벗어나야 한다. 그러기 위해서는 현재 중국 지식인 사회가 생산한 지적 흐름과 해석 틀을 수용하고 소화하는 것 이외에 중국의 역사적 현실 내부 결을 깊이 인지하고 이해하지 않으면 안 된다. 이에 관한 심층적 파악과 해석만이 중국 당대사가 흘러온 방향을 가늠할 수 있게 해주며, 현재 중국 지식계의 각종 사조들이 존재하는 근거 및 그것이 지금과 같은 방식으로 표상되는 이유를 간파할 수 있게 해주기 때문이다. 물론 이러한 수준에 이르기란 현실적으로 쉽지 않은 것도 사실이다. 좀 더 가능성이 큰 상황은 중국의 역사적 현실이 가지는 결에 대한 인식을 위해 노력하는 가운데 구조적 의의를 가진 문제, 즉 현재 지식인 사회에서 주류를 점하는 해석과 논리에 도전할 만한 어떤 문제의 발견으로 나아가는 것이다. 이러한 도전적 문제의 발견은 기존의 사조와 해석의 한계를 넘어 그것이 구성될 당시의 근거 가운데 과장되거나 잘못 배치된 부분들에 관해 새롭게 느끼고 판단하게 만든다. 따라서 이를 통해 우리는 현재적 인식의 한계, 즉 가장 두드러져 보이는 체험과 감수를 기초로 한 표층적인 해석과 논리의 구성에만 급급해 하는 당대 지식계의 고질적 문제를 초보적으로나마 청산할 수 있을 것이다. 이러한 인식상의 고질병이 누차 반복되는 것은 특정한 역사적 상황과 아울러 지식인 사회의 문제점의 원인과 처방에 대한 진지한 사고가 결여되어 있기 때문이기도 하다.

이러한 고질병은 중국 지식계의 토론 속에서 반복해서 출현하며 두 가지 치명적 결함을 노정해 왔다. 첫째, 중국 현실에 대한 전체적 파악을 내세우지만 실제로는 현실의 일부만을 포괄하는 데 그친다는 한계가 존재한다.

둘째, 중국에 대한 새로운 해석을 명분으로 내세우지만 그 논리의 기본 구조는 기존 것을 답습하고 적용하는 데 불과하다는 점이다. 이 두 가지 결함이 상호작용해 이러한 해석이 조리를 갖추면 갖출수록 현실로부터 점점 거리가 멀어진다. 이 악순환을 끊는 것이 중국의 시대적 책임을 다하고자 하는 중국의 지식인, 사상가들에게 있어 하나의 급선무라 할 수 있다. 필자는 동아시아 담론이라는 큰 틀 속에서 중국 현실을 다루고자 하는 동아시아 각국의 지식인들로부터 현재 중국 지식인 사회의 이 같은 고질병을 넘어설 수 있는 결정적 계기가 제공되기를 소망한다. 왜냐하면 이들은 중국이 거쳐 온 역사적 고통에 대한 체험 및 이런 상황이 유발하는 과잉적 정서의 영향으로부터 자유로운데다가, 상황 속에 있는 사람이 오히려 상황을 객관화하기 어렵다(当局者迷)는 제약으로부터도 자유롭기 때문이다.

이 과정에서, 앞서 언급한 바와 같은 기존의 해석과 논리에 도전할 만한 내부의 구조적 문제점의 발견은 매우 중요한 의미를 갖는다. 이에 대해 필자는 기존의 해석 구조 속에 포함될 수 없었던 중국의 내부적 곤혹과 고뇌를 주의 깊게 인식하고 체득하려는 태도가 중요함을 강조하고 싶다. 왜냐하면 그동안 중국이 거쳐 온 실제 생존과 역사에 뿌리 깊이 존재하는 진정한 곤혹과 고뇌는 기존의 관념과 해석 속에서는 충분히 조명되지 못해 왔다. 따라서 바로 이러한 중국 사회의 심층적 곤혹과 고뇌를 인식하고 체득할 수 있느냐 하는 문제야말로 동아시아 담론이 중국을 그 틀 속에 담아낼 수 있느냐 하는 데 있어서 관건이 된다. 비단 중국만이 아니라 기타 다른 국가 및 지역의 경우라 하더라도 각자의 상이한 역사적 경험에서 비롯된 심층적인 곤혹과 고뇌를 인식하고 체득하고 이해하는 것이 동아시아 담론이 각 지역을 자신의 논의 구조 속에 유기적으로 포함하면서 성공적으로 다룰 수 있는 중요한 근거가 된다.

하지만 이처럼 곤혹과 고뇌에 대한 인식과 체득, 이해만으로 충분하다면 글의 서두에서 강조한 바의 '공유'는 왜 필요한 것인가? 중국 현실 상황의 곤혹과 고뇌에 대한 성공적인 체득과 이해는 동아시아 담론의 참여자들에게 그 대상에 대한 심도 있는 접근을 가능하게 해주고 그것을 동아시아 논의 속에서 성공적으로 다룰 수 있게 해주는 신뢰할 만한 인지적 전제 조건임이 분명하다. 굳이 '공유'에 대한 강조는 더 이상 필요 없는 것처럼 보이기도 한다.

그러나 그럼에도 불구하고 여전히 '공유'의 문제가 강조되어야 하는 것은 다음과 같은 이유에서다. 우선 위에서 언급한 곤혹과 고뇌에 대한 인식, 체득, 이해 등의 인지적 성과들을 기초로 해 '공유'의 단계로 나아가게 될 때, 동아시아 내부의 주체성을 새롭게 구성하는 것에 유의미한 도움이 될 수 있을 것이다. 타자를 자아의 한 계기로 삼는 것은 그 자신에게 있어서는 나름 건설적인 의미를 지닐 수 있고 이를 통해 타자에 대한 마땅한 존중에 이르게 되기도 할 것이다. 그러나 이 단계에 있어서도 자아 중심성의 혐의는 여전히 남는다. 현 상황에서 관건적 의의를 갖는 타자의 곤혹과 고뇌를 인식, 체득, 이해하고 그것을 바탕으로 타자에 대한 심층적 파악에 이를 수 있다면 이미 그것만으로도 인지상의 커다란 진전이며 이는 일정한 정서상의 연대를 수반할 수도 있다. 하지만 그 역시 결국은 인지 행위라는 범주에 귀속되며 이 속에서 이뤄지는 정서적 연대는 인지적 수단의 확장을 가져오는 도구로서의 의미를 지닐 뿐이다. 인지 행위 속에서 충분히 중시되지 못한 정서적 연대는 더 이상 자체적인 발전으로 나아가지 못하고 주체와 타자의 상호 작용 속에서 자아에 유리한 인지 도구로서만 활용된다. 따라서 이러한 인지의 기초 위에 상대방의 곤혹과 고뇌에 대한 진정한 '공유'가 있어야만, 자아의 주체 형성 과정 속에 타자라는 또 다른 주체에 대한 깊고 진실한 정서상의 연대를 포함할 수 있는 것이다. 그리고 이러한 상호-주체적 과정을 거쳐 연대는 단순한 수단이 아닌 비로소 주체의 유기적인 계기로 자리 잡게 된다. 이렇듯 자아의 주체화 과정이 타자에 대한 유기적 연대를 포괄할 수 있을 때 동아시아 담론에서 암시되는 미래의 동아시아적 차원의 새로운 공동체 형성에 대한 기대 또한 비로소 그 주체적 기초를 만들어 간다고 할 수 있을 것이다.

이런 점에서, 지식인들이 현 단계 유럽연합에서 찾아볼 수 있는 모범적 사례를 좇아 각종 제도 및 법률 등에 관한 구상에 모든 노력을 집중하기보다 정치, 경제, 문화, 매체, 일상 교류와 등과 같이 이미 광범위하게 존재하는 새로운 공동체의 추진 동력에 시간과 노력을 일부 할애해 아시아 지역 내부적 차원의 곤혹과 고뇌에 대한 인식과 체득, 이해와 공유라는 문제에도 힘을 써야 한다고 생각한다.

만약 현재의 동아시아 담론이 이미 정치, 경제, 문화, 매체 등의 차원에서 진행 중인 일상적 상호 교류의 문제와 경험들에 대해 더 이상 해석과 소통의 유용한 틀을 제공하지 못한다면, 사람들은 자신의 문제와 경험을 기존의 해석과 논리를 빌려 파악하는 수밖에 없을 것이다. 그러나 각자의 역사적 상황에서 도출된 경험과 곤혹을 각자 그럴듯한 방식으로 처리하고 있을 뿐인 기존의 대다수 해석과 논리는, 동아시아적 차원의 상호 주체적 경험에 대한 이해와 공유에 근거해 건설적이고 유기적인 방식으로 동아시아인의 연대를 구성하고, 각 민족 및 국가의 진정한 존재적 실상에 뿌리 내린 열린 주체 감각의 형성에는 별다른 도움이 되지 못한다. 심지어는 자신이 일상 속에서 맞닥뜨리는 정치, 경제, 문화, 매체, 일상적 교류의 경험들을 정리하고 이해하는 데에도 유의미한 도움이 되기 어려울 것이다.

그러므로 공동의 미래를 지향하는 동아시아 담론 참여자의 입장에서는 아시아의 영광스러운 미래상을 기획하고 이를 선취해 묘사하며 그다지 건설적이지 않은 즐거움을 공유하기보다는 차라리 곤혹과 고뇌를 진지하게 '공유'하려는 노력을 통해 공동의 미래를 위해 필수 불가결한 주체적 기반의 형성이 더욱 필요하리라는 것이 동아시아 담론에 대한 필자의 제언이다.

• 옮긴이 | 박지현

7장

다케우치 요시미의 중국관

_스즈키 마사히사

1.

1945년 패전에서 52년 법적 독립을 회복할 때까지의 소위 점령기 동안 일본의 사상계는 오히려 활발했다고 한다. 그 배경으로는 전쟁 종결에 따른 일종의 해방감, 냉전 구조가 본격적으로 확립되기 전 단계에서 미군 통치에 의해 비교적 자유로운 논의의 공간이 보장되었던 점 등을 들 수 있을 것이다. 당시의 사상을 한마디로 정리할 수는 없지만 가장 기본적인 문제는 전쟁에 대한 반성, 즉 스스로 범한 역사적 오류를 돌아보는 것이었다. 그런 전제하에서 여러 가지 사상이 꽃을 피웠다. 그 속에서 이뤄진 전쟁에 대한 다

• 이 논문은 『二十一世紀』 第83期(2004年 6月)에 중국어로 발표되었다(원제: "竹内好的中国観"). 전재를 허락해 준 『二十一世紀』 편집부에 감사드린다. 한국어 번역은 논문 저자에 의해 일본어로 번역된 것을 기본 텍스트로 삼았다.

양한 차원의 반성이 전후 일본 사회에 있어서 중요한 의미를 가진다는 것은 두말할 것도 없다. 그러나 오늘날 바라보았을 때 거기엔 일정한 한계가 있었다. 첫째, 논의가 일본 내부에 국한되어 있었다. 일본은 패전 후 연합군에 의해 국경이 정해지고 대부분의 식민지를 포기해야 했다. 이러한 정책은 무의식 속에서 사상계의 향방도 규정했으며, 지식인도 식민지에 관한 사고를 방기하고 전후 정의된 '일국'(一國) 일본의 테두리 안에서 문제를 생각하게 되었다. 둘째, 일본 사상계의 대부분이 서양 사상을 반성의 자원으로 삼았다. 물론 그것은 지극히 유효한 방법이었으나 그 배후에는 서양 사상에의 신봉, 이웃 나라들에 대한 경시가 없었다 할 수 없다. 아시아에 대한 전쟁 책임을 생각할 때 이런 서양 중심주의적인 태도는 커다란 문제를 배태하게 되었다.

다케우치 요시미(竹內好)의 독자성은 이런 사상 공간 가운데 두드러진다. 그는 일관되게 중국을 사상의 기점으로 잡음으로써 일국의 범위를 넘어서는 문제를 사고할 수 있는 동시에 서양 중심주의에 함몰되는 것을 피할 수 있었다. 예를 들어 1951년 잡지 『문학』(文学)의 좌담회에서 제2차 세계대전 중의 프랑스 저항문학에 대해 논의가 이뤄졌을 때 다케우치는 이렇게 말한다.

> "프랑스라는 문화 수준이 높고 훌륭한 나라가 있어서, 그것에 한걸음이라도 가까이 가고 싶다는 바람으로 저항도 일종의 동경으로 받아들이고 있다는 느낌이 듭니다. 프랑스의 저항 문제도 일본인 스스로가 어떻게 살아가야 하는가 하는 문제의 관점에서 화두가 되고 있지 않다는 느낌입니다. 왜 이런 말씀을 드리느냐 하면, 프랑스의 경우는 충분히 소개되어 있지만 중국은 소개가 되어 있지 않기 때문이에요. 프랑스와 중국은 식민지 지배국과 피지배국이라는 반대의 관계에 있었죠. 그런데 같은 저항이었지만 프랑스의 저항만이 찬미의 대상이 되고 중국의 저항에

는 관심을 가지지 않는다는 것은, 저항에 대한 문제의 수용 방식에 뭔가 근본적인 결함이 있는 게 아닐까 하는 느낌이 든다는 겁니다. 중국 문학을 일본에 소개하는 데는 우선 일본인의 심리라는 조건을 변화시키고 나서가 아니면 올바로 수용할 수 없고, 또 역으로 말해 중국 문학의 소개가 그것을 변화시키는 방향으로 이뤄지지 않으면 의미가 없어요"("문학에 있어서의 저항").

여기서 다케우치 요시미의 가장 중요한 기본 태도가 드러나 있다. 다케우치는 서양 문화를 숭배하는 일본의 심리 구조를 따지며, 동시에 중국의 시야를 도입함으로써 일본의 사상 구조를 심층으로부터 변혁하려고 시도했다고 할 수 있다. 이런 태도의 근원에는 전전(戰前)과 전시(戰時) 일본이 중국에서 행한 역사적 오류에 대한 깊은 반성이 있음은 틀림없다. 그런 의미에서 그의 사상 과제는 당시 일본 사상계의 주류와 충돌하는 것이 아니었다. 다케우치 역시 전쟁 책임을 추궁하며 일본의 사회구조를 비판하려 하고 있었다. 단지 그의 경우, 중국의 시야를 돌출시켰다는 점에서 특징이 있고 그렇기 때문에 일본 사상계의 내재적 한계에 도전할 수 있었다고 할 수 있다.

1950년대 초 다케우치 요시미는 두 권의 평론집을 출판했다. 『현대 중국론』은 주로 중국 문제를 논한 글을 수록했고, 『일본 이데올로기』는 일본의 지식인 문제를 주로 다뤘다. 다케우치 사상에 있어서 중국 문제와 일본 지식인의 문제는 분리할 수 없는 것이다. 두 권의 평론집에 대해 그는 이렇게 말하고 있다. "이 전쟁 체험으로부터 자신을 재형성하기 위해 귀국 후 나는 루쉰을 다시 읽는 작업을 자신에게 부과하고, 그 결과를 『루쉰』이라는 책과 『루쉰 잡기』라는 책에 수록된 몇 편의 에세이로 정리했다. 이것을 계기로 루쉰을 통해 생각하고 있던 것들을 조금씩 다른 대상이나 분야에 적용하는 평론을 쓰기 시작했다. 이렇게 전후 몇 년 동안 써 모은 평론 비슷한 글이 한편에서 『현대 중국론』이 되고 다른 한편에서 『일본 이데올로기』라는 책으로 정리된 것이다." 두 권으로 나뉘어 출판되었지만 실은 하나의 문제의식의 표현이었음을 알 수 있다. 단적으로 말하면 전쟁이라는 역사적 경험을 반성하기 위해 루쉰을 중심으로 한 중국의 시야를 도입하고 그것을 통해 일본 지식인의 사상 구조를 변혁하고자 했다는 것이다.

다케우치 요시미가 시도한 것은 일본 사상계의 변혁만이 아니라 일본 내 중국학에 대한 비판도 포함되어 있었다는 점도 덧붙여야겠다. 그는 중국학을 일본의 사상 과제와 분리시켜 생각하는 아카데미즘을 강하게 비판했다. 반복해서 말하지만 다케우치에게 중국 문제와 일본의 사상 과제는 떼려야 뗄 수 없는 성질의 것이었다. 따라서 일본이 중국에서 행한 역사적 오류에 대해 눈을 감는다면 일본 사상에는 미래가 없으며, 마찬가지로 일본의 사상 과제로서 중국을 사고하지 않으면 중국학에 미래가 없다는 것이다. 이런 전제에 근거해서 사상 활동을 행한 다케우치에게 중국 문제는 단순히 논리적 차원의 문제 제기가 아니었다. 현재형으로 존재하고 있는 역사를 마주하면서 현실에 개입하려 하는 행위였다고 말할 수 있을 것이다.

이 글에서는 다케우치 사상의 한 핵심으로 생각되는 그의 중국관에 대해 검토하고자 한다. 먼저 『현대 중국론』의 내용을 살피고 다케우치의 중국관의 기본 구조와 당시 사상계에 있어서의 위치를 생각해 본다. 이어 전쟁 중의 활동을 소급해 다케우치 중국관의 기원과 변천 과정을 추적하고, 마지막으로 그 사상적 한계점을 밝히고자 한다.

최근 점령기 일본 사상이 내포하고 있던 풍부한 가능성을 재조명하는 연구 성과들이 쏟아져 나오고 있다. 이 글에서 1950년대 초 다케우치 요시미의 중국관을 돌아보는 것은 이런 성과들에 영감을 얻으면서 하나의 응답을 시도한 것으로, 특히 다케우치 요시미의 사상을 검토함으로써 전쟁 체험의 처리와 전후 사상 변혁에 관해 다른 시각을 제기해 보고자 한다. 말하자면 다케우치 요시미가 우리에게 남긴 최대의 유산이란 전쟁 체험의 처리와 지식인의 입장에 관한 하나의 방법론이었다고 말할 수 있을 것이다. 그런 의미에서 그의 유산은 냉전의 종결이 회자되는 오늘날 일본에 있어서도 유효성을 잃지 않고 있다고 생각된다.

2.

다케우치 요시미의 『현대 중국론』에는 도합 아홉 편의 글이 수록되어 있다. 마지막의 "근대란 무엇인가"를 제외한 여덟 편은 모두 구체적인 문제를 다루고 있는데, 우선 구체적인 문제를 다루고 있는 글부터 검토를 시작해 보자.

마지막 글 "일본인의 중국관"은 국민당 정부의 전 행정장관 장췬(張群)의 일본 방문을 둘러싼 일본 미디어 보도에 대해 논하고 있다. 주목하고 싶은 것은 이 글의 발표 시기다. 처음 나온 것이 잡지 『전망』(展望)의 1949년 9월호로, 1951년 9월 발행의 『현대 중국론』에 수록되었다. 그러니까 중화인민공화국 건국 전후 시기에 국민당 고관의 방일에 주목하고 있다는 얘기가 된다. 이는 결코 자연스런 일이 아니다. 당시 대부분의 일본 미디어는 중국공산당의 동향을 열심히 쫓고 있었고, 더욱이 다케우치 자신도 마오쩌둥(毛澤東)의 노선을 지지하고 있었다. 그 시기에 굳이 국민당 고위 관료에 대해 언급한 것은 상당히 의도적이었다고 봐야 한다.

> "국민 정부의 고관인 장췬의 방일은 작년엔 저널리즘을 요란하게 할 만큼의 뉴스 가치가 있었다. '개인 자격'이라고 했음에도 불구하고 메시지의 전문이 신문에 실렸다. 금년은 어떤가. 강화라든가 무역이라든가 외교라든가 심지어는 '대일 국민감정'까지, '정부 고관'의 입을 통해 권위 있는 발언을 듣고 싶었던 신문은, 이제 장췬 같은 건 문제 삼지 않는다. 이제는 같은 논리로 마오쩌둥이 어떻게 생각하고 있는가를 신경 쓰고 있을 것이다. 이것은 장췬에게는 애석한 일일 뿐 아니라 우리에게도 불행이다. 그렇게 권위에 달라붙는 태도, 진리가 아니라 발언자의 사회적 명분적 지위를 기준으로 말을 저울질하는 방식이야말로, 장췬이 일본 민주화의 암으로 지적하면서 일본국민이 자력으로 그런 노예 상태로부터 빠져나올 것을 중국 국민의 한 사람으로서 희망한다고 밝혔던 바의 요점이기 때문이다"("일본인의 중국관").

다케우치 요시미가 "강화라든가 무역이라든가 외교라든가 심지어는 '대일 국민감정'"을 경시하고 있는 것이 아님은 분명하다. 중국 인민의 '국민감정'이 강조되고 있음을 쉽게 알 수 있다. 바로 중국 인민의 감정을 정확하게 이해하기 위해서 권위에 기대어 진리를 보지 않는 태도를 비판하고 있다고 할 수 있다. 다케우치 요시미가 이 문장으로 가장 강하게 비판한 것은 일본공산당의 이데올로기만을 앞에 내세우는 태도였다. 물론 다케우치가 반공주의자는 아니다. 인간관계로 보면 일본공산당 당원과 좋은 관계를 유지하고 있었고, 또 장래의 방향성에 대해서도 일본공산당에게 일정한 기대를 걸고 있었다. 그렇지만 그런 일본공산당조차 중국 인식에 있어서는 여러 미디어와 마찬가지의 오류를 범했다.

> "『적기』(赤旗)는 왜 오류를 범했는가. 그것은 일본공산당이 국민당과 중공의 대립이라는 측면에서만 중국 혁명을 보고, 그 기저에 흐르는 민족적 혁명의 에너지라는 측면을 보지 않았기 때문이라고 생각한다. 그것은 결국 일본공산당 자체가

국민적 기반에서 유리되어 있음을 반영하는 것 아닌가 싶지만, 그렇게까지 단언 하지는 못하겠다."

1950년 일본공산당은 코민테른의 비판을 받고 심각한 당내 투쟁이 일어난다. 이때도 다케우치 요시미는 글을 발표하고 일본공산당이 권위에 기대어 일본 국민으로부터 유리되어 있음을 비판하고 있다("일본공산당론" 참조). 이 시기 다케우치 요시미가 일본공산당 비판을 통해 제기한 것은 두 가지 문제였다고 할 수 있다. 먼저 표면적으론 이데올로기 대립에 눈이 팔려 근저에 흐르는 민족의 에너지를 못 보는 태도에 대한 비판이다. 그는 이 비판을 더욱 진전시켜 일본의 근대성에 대한 전면적인 성찰을 수행했다. 일본은 외부에서 기성의 관념을 빌려 올 뿐, 자기의 힘으로 사상을 만들어 낸 경험이 없기에 일본에는 진정한 의미에서 사상이라 부를 만한 것이 없다는 것이다. 일본공산당을 포함해 일본의 사상계는 자기의 사상을 낳는 능력을 가지지 못하기 때문에 중국 문제에 대해서도 요점을 놓치고 형세를 오판했다는 얘기가 된다.

둘째, 국민감정의 중요성을 강조한 것이다. 1950년대 초 다케우치 요시미의 문제 제기를 계기로 국민문학 논쟁이 일어났다. 그가 국민문학을 제창한 근저의 일부에 일본인이 중국 인민의 국민감정을 이해하지 못하고 있다는 인식이 자리 잡고 있음은 분명하다. 다케우치 요시미는 종종 민족주의자로 불린다. 그 원인의 하나는 그가 '국민'을 강조했기 때문이다. 그러나 그는 '국민'의 중요성을 주장하는 전제로서, 일본인이 중국 인민의 국민감정을 이해 못했기 때문에 중국의 근대성을 오독했다고 인식했다. 즉 다케우치 요시미는 배타적인 의미로 '국민'을 제창하고 있지는 않다. 그가 제창하는 '국민'이란 그때까지 일본인이 이해하지 못하고 있던, 중국 인민의 근저에 흐르는 민족의식과 결부되어 비로소 형성되는 것이었다. 말하자면 다케우치는 일본이 '국민' 의식을 수립하기 위해, 일본 일국의 범위를 넘어 '타자'의 민족의식에 대면하지 않으면 안 된다고 주장했다고 할 수 있다.

『현대 중국론』의 두 번째 글은 "중국의 레지스탕스"였다. 이 글은 린위탕(林語堂)의 소설 『북경에서 보낸 한때』(北京好日)을 소개함으로써 중국 인민의 민족의식의 문제를 정면으로 다뤘다. 이 글도 우선 발표 시기를 확인해 두자. 처음 발표된 것은 잡지 『지성』(知性) 1949년 5월호, 마찬가지로 『현대 중국론』에 수록되었다. 이 글 또한 중화인민공화국 건설 전후에 발표된 셈이다. 린위탕은 중일전쟁 중 미국에서 항일 선전 활동을 했으며 1949년 당시 미국에 남아 집필 활동을 하고 있었다. 그의 정치 태도는 분명하게 장제스(蔣介石) 지지였고 중국공산당 반대였다. 여기서도 장쉰에서와 같은 구조가 보인다. 덧붙여 말하건대, 린위탕에 대한 다케우치 요시미의 평가도 결코 높지 않다.

> "어쨌든 오늘날 중국 문학의 달성에서 보자면 린위탕의 이 소설은 소설로서 뛰어나진 못하다. 예를 들어 『깊은 밤』(子夜)에서 『가을단풍은 봄꽃 보다 붉어라』(霜葉紅似二月花)에 이르는 마오뚠(茅盾)의 작가적 성장에 비하면 분명히 드러난다. 오늘날 중국의 민중이 자기들의 사상이나 감정 표현으로서 이 소설을 받아들이려 할까. 미국인에게는 재미있을지 모르나 중국인에게는 그렇지 않을 것이다"("중국의 레지스탕스").

다케우치 요시미는 린위탕의 집필이 미국인을 대상으로 한 것일 뿐 중국인 자신의 표현이 아님을 계속해서 지적하고 있다. 다케우치가 보건대 린위탕의 문장은 항일을 위한 선전이지 중국인의 감정을 그린 소설이라고는 할 수 없었다. 그러나 그런 평가에도 불가하고 이 시기 다케우치는 린위탕을 열심히 소개한다. 여러 글에서 린위탕을 언급할 뿐 아니라 스스로 번역에도 착수하고 있다.

다케우치가 특히 린위탕을 중시한 이유는 예를 들어 다음 구절에 드러난다. "베이징 시대에 저우쭤런(周作人), 린위탕, 루쉰은 같은 당파에 속해 있었다. 한 사람은 안을 향해 개체를 심화시켰고, 한 사람은 밖을 향해 개체를 주장하고, 한 사람은 개체를 주장하지 않음으로써 부정적으로 개성적이었다. 그리고 시대의 흐름은 세 사람의 운명을 갈라놓았다"("루쉰과 린위탕"). 우선 보이는 것은 다케우치 요시미가 1920년대 루쉰, 저우쭤런, 린위탕 등이 함께 잡지 『어사』(語絲)에 참여하고 있던 시기를 평가의 기점으로 생각하고 있다는 것이다. 이때는 소위 5·4 신문화 운동이 중국 전역에 전파된 시기로, 이 잡지는 그 중요한 매체였다. 여기서 다케우치는 세 사람을 나란히 놓고 논하고 있다. 다케우치 요시미와 저우쭤런의 관계는 단순치 않다. 1934년 다케우치가 친구들과 중국문학연구회를 결성했을 때, 일본을 방문한 저우쭤런의 환영회를 열었고 그것이 모임의 실질적인 최초의 활동이 되었다. 그런데 중일전쟁 중 저우쭤런이 대일 협력을 하게 되자 다케우치의 저우쭤런 방문은 최소한의 예의상 교제를 제외하고는 뜸해졌다. 물론 다케우치가 저우쭤런을 찾지 않은 것에 지나친 의미를 부여하지는 말아야겠지만, 이 글의 문맥에 따라 생각해 보면 다케우치는 저우쭤런이 전쟁 중에 대일 협력을 했고 그 때문에 전후 매국노로 취급되었음을 충분히 의식하면서 굳이 루쉰, 린위탕과 나란히 세워 놓은 것으로 보인다. 즉 정치적 입장을 생각하자면 저우쭤런과 린위탕이 각각 나름의 문제점을 갖고 있음을 의식하면서도, 표면적으로는 일부러 대립을 젖혀 두고 중국 문학의 저류의 흐름에 눈길을 주고 있는 것이다.

"중국의 레지스탕스" 얘기로 돌아가자. 다케우치는 이 글에서 린위탕을 전면적으로 평가할 수 없다고 쓴 『북경에서 보낸 한때』의 테마를 논했다. 그는 소설의 모티브를 몇 개로 논하면서 "어떤 점에서는 현대를 언급하며 국민감정을 매우 잘 대변하고 있는 구석이 있다. 그것은 전쟁 초기의 항일 민족의식이 드러나 있다는 측면이다"라고 기술했다. 그럼 그가 소설에서 읽어 낸 '민족의식'이란 무엇일까.

> "린위탕 소설의 41장과 42장은 거의 밀수와 마약에 대한 얘기로 채워져 있는데, 그것을 읽으면 일본인은 본래적으로 도덕 감각이 결여되어 있어 세계시민으로서의 자격이 없다는 작자의 판단을 일본인인 나도 부정할 수 없을 듯한 인상을 받는다."

여기서 다케우치 요시미는 전쟁 중 일본에서 나온 이 작품의 번역에 밀수와 마약 부분, 즉 일본인의 야만성을 고발한 부분이 삭제되고 있음을 지적한다. 다케우치 자신도 이 부분을 읽고 충격을 받았음을 감추지 않았지만, 그 충격을 삭제하는 형태로 은폐한 전시 일본의 태도를 강하게 비판하고 충격을 정면으로 받아들이는 방향성을 모색했다. 여기서 다케우치는 도덕의식의 성찰로 향한다. 말하자면 다케우치 요시미는 일본의 미디어가 종래 보도할 수 없었거나 보도를 피해 온 중국인의 감정을 정면으로 대면하며 일본인의 도덕의식을 돌아보았다고 할 수 있다. 말할 것도 없이 그가 여기서 생각하는 도덕은 일본인으로서 수립해야 할 '국민' 의식과 깊이 관련되어 있다. 그의 사상에서 '국민' 의식은 도덕의 문제와도 뗄 수 없는 것이었다. 일본인에 대한 중국 인민의 비난에 눈을 돌리는 것이 아니라 도덕의식을 바탕으로 일본의 근대성을 성찰하는 것, 그것 역시 다케우치에 있어서 '국민' 의식의 전제였다.

"중국의 레지스탕스"에는 또 하나 주목할 점이 있다. 그것은 후반부에서 린위탕에서 마오쩌둥으로 논의를 진전시킨 부분이다. "마오쩌둥과 린위탕은 이데올로기적으로는 대립한다. 국민의 가장 좌익과 가장 우익을 대표하는 것이다. 중국의 항일민족통일전선은 이 좌우익을 연결하는 선이다. 그 통일의 물질적 근거는 말할 것도 없이 민족의 독립이라는 공통의 이해다." 이 문장에 다케우치가 마오쩌둥을 지지한 최대의 이유가 드러나 있다. 그는 『현대 중국론』 속에서 재삼 중국공산당의 높은 도덕의식을 강조한 바 있다. 현대의 시점에서 생각하면 다케우치 요시미의 마오쩌둥 평가에 문제가 없다고는 할 수 없다. 그 문제는 뒤에 더 검토하기로 하고 우선 확인해 두고 싶은 것은, 다케우치 요시미는 마오쩌둥 사상에서 높은 도덕의식을 읽어 내고 그것을 일본 지식인의 변혁을 위한 자원으로 활용할 생각이었다는 것이다. 다케우치 요시미가 일본 미디어에 흘러넘치는 중국관을 집요하게 비판한 것은, 마오쩌둥으로 대표되는 중국 인민 심층의 민족의식에 대면하기 위함이었고, 그럼으로써 전후 일본의 사상 공간에 개입해 일국의 시야를 넘어 도덕의식을 갖춘 '국민'을 수립하려고 노력했던 것이라고 생각된다.

3.

다케우치 요시미는 일본 미디어의 중국관을 비판할 때 중공 전시 이래로 변화가 없음을 지적했다. 그가 보기에 전후 일본인은 전전·전시의 중국관을 충분히 반성하고 있지 않았으며 1950년대가 되어도 중국 침략의 관념이 잔존해 있었다. 그에게 있어서 전쟁을 반성한다는 것은 전쟁에 이른 일본인의 중국관을 근저에서 재인식하는 것이었고 중국인에 대한 일본인의 태도를 철저하게 돌아보는 것이었다. 그러한 의식은, 일례로 일본의 문학 단체가 중국의 시인을 초대해서 개최한 좌담회를 비판한 다음 글에 드러나 있다.

> "문학자가 문학자를 만나 문학의 문제에 대해 이야기하면서 마음에 와닿는 번득임이 생기지 않는다는 것은 어찌된 일일까. 나는 극단적으로 말하면 이 좌담회에서 '대동아 문학자 대회'를 느꼈다"("정치와 문학의 문제").

여기서 주의하고 싶은 것은 '대동아 문학자 대회'를 언급하고 비판을 전개하는 다케우치 요시미의 태도는 전후가 되어 돌연 나타난 것이 아니라 오히려 전시의 체험에 맹아가 있었다는 점이다. 이하, 전시 체험에서 독자적 사상을 다듬어 가게 된 다케우치의 사상적 역정을 추적해 보자. 다케우치는 1937년 10월 루거우차오 사건[1] 직후 베이징에 유학했다. 그에게 있어서 최초의 장기 중국 체재였고, 더구나 시국의 격변기였기 때문에 커다란 기대를 품고 있었던 것 같다. 그러나 그가 베이징에서 체험한 것은 기대와는 크게 동떨어진 것이었다.

> "베이징에 오고 나서는 날마다 전쟁에서 멀어지는 느낌이 든다. 이것이 현지(現地)란 말인가 나는 자주 자문했다. 적어도 내가 만난 한에서 현지의 사람들은 잃어버린 문화의 건설에 대해 무기력하거나 냉담하다"("北京通信1").

1_[옮긴이] 루거우차오 사건(蘆溝橋): 루거우차오는 북경의 서남쪽 15㎞에 위치한 다리다. 여기에 쑹저위안(宋哲元)의 제29군의 일부가 주둔해 있었다. 1937년 7월 7일 루거우차오 부근에서 야간 전투 훈련을 실시하던 일본군 중대는 실탄 사격 소리를 듣고 병사 한 명이 행방이 묘연해 즉각 전투태세에 돌입했다. 이 사건은 중일 전쟁의 발단이 되는 사건으로 이를 '7·7 사변'이라고 부르기도 한다.

다케우치 요시미가 이렇게 느낀 것은 현지에서 보면 당연한 것이었다. 일본군에게 점령된 후 베이징의 중요 인물은 정치가이건 문화인이건 거의 베이징을 떠나, 어떤 사람은 난징(南京)이나 충칭(重慶)으로 어떤 사람은 쿤밍(昆明) 등으로 이동했다. 다케우치가 본 것은 지식인이 떠난 후의 베이징이었다. 아마도 당시의 그는 이런 사정을 이해하지 못했을 것이다. 다만 다케우치 요시미의 흥미로운 점은 베이징 문화계의 '무기력'을 느낀 다음, 관심을 자신의 존재 방식에 향하게 했다는 것이다. 그는 이어 이렇게 썼다. "복잡한 현상을 처리하는 것은 하나의 인간적인 능력이리라. 고립된 학문의 권위가 통쾌하게 실추되는 것은 이런 유의 시대다." 다케우치 요시미는 원래 일본 한학(漢學)의 권위에 대해 강렬한 불만을 가지고 있었다. 베이징의 현실을 목격한 다케우치는 더욱 대상을 넓혀 자신을 포함한 일본의 지식계 전체를 추궁하기 시작했다고 할 수 있을 것이다. 일본인의 기대에 반해 '무기력'을 표출하는 베이징의 현실 앞에서 일본 한학의 권위가 도움이 되지 않음은 말할 것도 없다. 중요한 것은 그뿐이 아니라 그 자신의 학문도 권위와 마찬가지로 쓸모없다고 의식했다는 것이다.

중일전쟁 개시 직후의 베이징에서 받은 이 심리적 충격은 다케우치 요시미의 중국관의 근원의 하나가 된 것은 아닐까. 이후 그는 몇 개의 방향으로 사상을 전개했다. 첫째, 일본에 의한 중국 침략 전쟁의 의미를 정면으로 생각하기 시작했다. 이 문제의식은 전후까지 일관되었다고 말할 수 있을 것이다. 둘째, 베이징에 남은 중국 지식인과의 교제를 피하기 시작했다. 베이징 잔류 지식인이 중국 문화계를 대표하지 않는다는 것이 분명했기 때문이다. 셋째, 자신이 지금까지 배워 온 학문을 성찰하고 나아가 일본의 아카데미즘 제도를 근본적으로 비판하기 시작했다. 넷째, 중국의 현실을 표상할 수 있는 언어를 추구했다. 그가 보기에 지금까지의 언어는 중국의 현실 앞에서 무효했고 제로(zero)에서 새로운 말을 모색할 필요가 있었다. 이러한 과제가 간단히 해결될 일이 아님은 말할 것도 없다. 다케우치 요시미는 이후 사상적인 고투를 개시하게 된다.

1941년 12월 일본이 미국에 전쟁을 시도했을 때 다케우치 요시미는 사상적 고뇌를 해결할 호기가 도래했다고 느꼈다. 그는 "대동아전쟁과 우리의 결의"라는 선언문을 써서 무조건적으로 '대동아전쟁'을 지지했다. 현재의 관점에서 보면, 그의 정치 태도는 완전한 오류로 배척되어야 한다. 그러나 결과로서 완전한 실패였음은 분명하나 결과에 이르기 전 단계의 사상적 맥락에서는 재검토해야 할 문제가 남아 있다. 그는 당시 일본의 중국 침략에서 시작된 사상적 고투의 한가운데 있었다. 그리고 미국과의 개전이 계기가 되어 전쟁의 성질 변혁, 일본의 사회구조 변혁과 나아가 근대의 '초극'까지도 기대했다. 여기서 다케우치 요시미의 이론 구조의 약점을 지적하기는 쉽다. 한마디 더 하자면 그는 '대동아전쟁'이 중국 침략 전쟁의 일환이었음을 간과하고 있었고 중국 인민의 '대동아전쟁'에 대한 태도도 이해하지 못하고 있었다. 그러나 이러한 논리상 및 현실 인식의 오류는 역설적으로 그가 사상의 혼란과 사상적 곤경에서 탈출하려는 희망의 절실함을 말해 주고 있다는 생각이 든다. 말하자면 그의 사상적 혼란의 강도가 대미전쟁 지지를 초래했고, 그의 정치적 선택의 실패는 사상적 곤경의 깊이와 그에 맞서려는 태도의 강인함을 보여 주고 있는 것은 아닐까 하는 것이다.

그의 사상적 고투의 강도는 "대동아전쟁과 우리의 결의"와 같은 호의 『중국 문학』에 실린 "지나(支那)를 기술한다는 것"에 명확하게 드러난다. 이 글은 일본의 문학자가 중국을 그린 소설 작품을 비판한 것이나, 동시에 1941년 당시의 다케우치 요시미의 의식이 확실히 기술되어 있다. 그는 일본 문학자의 작품을 거의 전면 부정한 후에 창끝을 자기에게 향한다.

> "문학자가 중국에 가기 전부터 알고 있는 것들을 중국에 갔다 와서 쓰고 있어서 되겠는가. 그것은 이렇고 이건 이렇다고 단정하고 있다. 조금도 새로운 발견 같은 것은 없이 뭐든지 다 알고 있다는 자세로 설명을 늘어놓고 있을 뿐이다 …… 한 사람도 집요하게 중국을 응시하고 돌아온 사람은 없다. 움찔움찔하며 두려운 듯 멀리서 바라보고 있다. 그래서 인간의 얼굴은 보이지 않고 '지나인'만이 눈에 띈다. 그런 눈 나쁜 사람이 문학자인 걸까. 루쉰처럼 차가운 눈의 소유자는 없는 걸까. …… 그동안 만만찮게 술을 퍼마시고 폭언을 쏟았다. 폭언을 쏟은 것은 후회하지 않지만, 폭언을 쏟아놓을 만한 결의의 장소에 없으면서 폭언을 쏟아놓은 것에 고통을 느꼈다. 비참한 일이다"("지나를 기술한다는 것").

어떤 의미에서 이 글은 논리가 뒤엉켜 있다. 그러나 이 착란 속에서 다케우치가 논하려 했던 하나의 문제를 읽어 내기는 용이하다. 다케우치 본인을 포함한 일본의 문학자가 문학자이면서 중국의 현실을 그리려 하지 않는다는 것, 즉 일본에는 루쉰 같은 냉철한 눈을 가지고 중국의 현실 전체를 들여다보는 문학자가 없다는 것에 대한 비판이다. 또한 동시에 그 착란 속에서 다케우치 요시미의 비판 대상이 점차 명확해지고 있다는 것도 알 수 있다. 그가 비판하고 있는 것은, 중국의 현실에 대한 언급 없이 의기양양해 하고 있는 일본의 지식인, 그리고 이에 대해 유효한 사상을 대치시키지 못하는 자신의 모습이 바로 그것이었다.

이듬해 1942년 일본에서 '문학보국회'라는 관제 조직이 생겨나 일본 점령하 각지의 문학자를 모아 대동아 문학자 대회가 열렸다. 일본문학보국회는 몇 개의 루트를 통해 다케우치 요시미와 중국문학연구회에 참가를 촉구했으나 다케우치는 거절한다. 이즈음 그는 "한마디로 말해서 지나인은 대동아전쟁을 지나사변의 연장으로 생각하고 있다"("새로운 지나 문화")는 인식을 획득한 상태여서 중국 인민의 '대동아전쟁' 이해를 알고 있었다. 아마도 대동아전쟁을 무조건적으로 지지할 수는 없어진 것이었다고 생각된다. 물론 그렇다고 해서 그가 '대동아전쟁과 우리의 결의'에 표명한 의식이 청산되었다고는 할 수 없지만 적어도 대동아전쟁에 관여하는 것에 대해 신중해진 것은 틀림없다. 그는 후에 대동아 문학자 대회에 참가하지 않았던 이유를 이렇게 쓰고 있다.

> "나는 대동아 문학자 대회가 정치모략이었다고는 생각하지 않는다. 그러나 당사자들은 적어도 현실의 지나의 문화적 황폐함을 모르고 있기 때문에 결과적으로는 모처럼의 호의가 역작용밖에 안 난 것을 유감스럽게 생각한다. 현실 지나의 문화적 황폐함이라는 것은 거의 허무에 가까운 것으로, 생각만 해도 전율을 금할 수 없는 밑바닥의 것이다. 상대방의 육체적 고통을 아랑곳 않고 가벼운 기분으로 잔치법석을 떨었다는 것, 생각 있는 일본 문학자의 행위로서는 용서할 수 없는 한심함을 느끼는 것이다"("현대의 지나 문학").

문장의 전반부는 대회 참가에 소극적이었던 이유를 기술한 부분으로, 다케우치의 회의적인 의식을 읽을 수 있을 것이다. 단, 여기서 주목하고자 하는 것은 글의 후반부다. 그는 '허무'라는 철학적 어휘를 써서 중국 문화의 현상을 설명하고 있다. 같은 글에서 "형상을 욕심내지 않고 오히려 형상을 거부하는 것이 자신을 살리는 문학 정신이다"와 같은 철학적 표현도 보인다. 이 시기 다케우치는 교토(京都)학파의 세계사 철학에 관심을 가지고 니시타 이쿠타로(西田幾多郎)의 철학을 읽고 있었다고 한다. 나아가 1943년에 쓰인 그의 대표작 『루쉰』에서는 많은 사람들이 지적하듯, 니시타 철학의 깊은 영향을 살펴볼 수 있다. 1942~43년 전후 다케우치 요시미는 니시타 철학을 계기로 철학적 사고에 몰두함으로써 1937년 체험 이래 그를 괴롭혀 온 사상적 고투에서 탈출하고, 일관되게 추구해 온 중국의 현실을 표현하는 새로운 언설을 획득하려 했던 것으로 보인다. 1945년 일본패전 이후 다케우치 요시미는 전쟁 중의 사상적 고투의 경험 및 철학적 사고 가운데서 발견한 새로운 언설을 기초로 사상 활동을 수행한다. 그 때문에 대부분의 일본 지식인이 서양의 이론을 근거로 일본의 사회구조를 비판하고 있을 때 그는 중국의 현실을 깊이 파고들려 하지 않았던 전시 일본 지식인을 비판했고, 나아가 전후에도 중국의 현실을 직시하지 않는 일본 지식계의 구조를 추궁했다고 할 수 있다. 그런 그의 의식이 가장 집약적으로 표현된 글이 『현대 중국론』의 말미에 놓인 "근대란 무엇인가"이다.

4.

"근대란 무엇인가"는 글투가 추상적일 뿐 아니라 다루고 있는 문제도 복잡다단해서 읽기 쉬운 글은 아니다. 예를 들어 유럽 근대의 성질, 유럽의 전진과 동양의 후퇴, 일본의 우등생 문화와 중국의 열등생 문화, 일본의 전향(轉向) 문화와 중국의 회심(回心) 문화 등 여러 가지 문제를 말하고 있다. 개개의 테마는 하나하나 흥미로우나 일단 확인해 두고 싶은 것은, 이것들 모두가 세계사의 철학에 대한 다케우치 요시미의 이해와 철학적 사고를 통해 도출된 중국의 근대성에 대한 이해를 반영하고 있다고 생각된다는 점이다. 그럼 다케우치의 핵심 개념 가운데 하나인 '저항'에 착안해 그의 사상적인 맥락을 정리해 보자. '저항'은 다케우치 자신이 말한 대로 루쉰에게 영감을 받아 다듬어 낸 개념이다. 루쉰의 '저항'에 대해서 다케우치는 이렇게 쓰고 있다.

"모든 것을 끄집어낼 수 있다는 합리주의의 신념이 내겐 무시무시하다. 합리주의의 신념이라기보다는 그 신념을 성립시킨 합리주의의 배경에 있는 비합리적인 의지의 압력이 무시무시한 것이다. …… 그리고 나는 그때 루쉰을 만났다. 그리고 루쉰이 내가 느끼고 있는 공포에 온몸을 던져 견디고 있음을 보았다. 루쉰의 저항에서 나는 자신의 기분을 이해하는 단서를 얻었다고 하는 것이 낫겠다. 저항이라고 하는 것을 내가 생각하게 된 것은 그때부터다"("근대란 무엇인가").

다케우치는 전시의 사상 활동을 회상하는 가운데 '합리주의'에 대한 공포를 기술했다. 여기서 말하는 '합리주의'가 단순한 개념이 아님은 말할 것도 없다. 첫째 그것은 서양의 근대성 및 서양을 숭배하는 일본의 근대성을 상징하고 있다. 다음으로 그것은 서양류의 아카데미즘 제도 및 자기의 학문을 포함한 일본의 학문 존재 방식을 의미한다. 나아가 다케우치는 "합리주의의 배경에 있는 비합리적 의지의 압력"을 언급하고 있다. 말하자면 표면적인 제도적 문제에 멈추는 것이 아니라 제도를 지탱하는 심층 구조에까지 파고들어 가려고 했다고 말할 수 있겠다.

주목하고 싶은 것은 이 글의 후반부다. "나는 그때 루쉰을 만났다." 다케우치는 루쉰과의 관계를 기술할 때 "읽었다"라든가 "이해했다"와 같은 표현을 쓰지 않고 "만났다"고 했다. 다케우치에게 있어서 루쉰이란 외재적인 텍스트를 해석하는 대상이 아니라 영혼의 접촉을 통해 내재적으로 고뇌를 공유하는 경험이었음을 알 수 있다. 따라서 그는 "루쉰의 저항에서 내가 자신의 기분을 이해하는 단서를 얻을" 수 있게 된다. 루쉰과의 "만남"을 통해 다케우치는 자기의 사상을 다시 정리하고 사상 과제를 부각시켰다고 할 수 있겠다.

다케우치가 루쉰과의 만남을 통해 완성한 '저항'의 개념은 1943년 저작 『루쉰』에 쓰인다. 이 저작은 다케우치가 징병되어 종군하기 직전 써놓은 것으로 그에게 있어서 유서 같은 것이었다고 한다. 말할 것도 없이 여기서 그려진 루쉰은 객관적인 루쉰이 아니라 다케우치와 루쉰의 "만남"의 성과이다. 『루쉰』에서 다케우치는 자기의 문학관을 이렇게 설명하고 있다.

> "정치와 유리된 것은 문학이 아니다. 정치에 있어서 자기의 그림자를 보고 그 그림자를 파기함으로써, 바꿔 말하자면 무력을 자각함으로써 문학은 문학이 되는 것이다. 정치는 행동이다. 따라서 그것에 대결하는 것 또한 행동이지 않으면 안 된다. 문학은 행동이다. 관념이 아니다. 그러나 그 행동은 행동을 소외하는 것에 의해 성립되는 행동이다. …… 말하자면 정치와 문학의 관계는 모순적 자기 동일의 관계이다"(『루쉰』).

글의 마지막에 있는 '모순적 자기 동일'은 그 자신이 후에 주석을 붙여 놓았듯이 니시타 철학의 용어다. 필시 여기서 다케우치 요시미는 니시타 철학의 용어를 사용함으로써 그 특유의 문학관을 획득하고 있는 것이다. 다케우치는 문학이란 정치에 대해 완전히 무력하다고 생각한다. 그러나 무력을 자각함으로써 행동을 소외시키는 방식에 의해 역설적으로 문학은 행동의 힘을 발휘한다. 그런 의미에서의 문학이 루쉰의 문학이었고 다케우치가 추구한 문학이었다. '무력'과 '행동'에 대한 해석에는 1943년 당시 다케우치 요시미의 심리 상황이 진하게 투영되어 있다. 그는 일본의 중국 침략을 보며, 곧 침략군의 일원이 될 자신이 중국의 현실과 격리되어 있음을 의식하고 자기의 무력을 자각하면서 사상적인 입장을 추구하고 있었다. 흥미로운 것은 이런 위기 속에서 획득된 문학관이 전후에 이르기까지 일관되게 흐르고 있다는 것이다.

이어 1948년에 쓰인 "근대란 무엇인가"의 첫 번째 절을 보자. 노예가 노예이기를 거부하고 동시에 해방의 환상 또한 거부하는 것, 자신이 노예라는 자각을 가진 노예인 것, 그것이 "인생의 가장 고통스러운" 꿈에서 깨어날 때의 상태다. 갈 길이 없는데 가지 않으면 안 되는, 오히려 갈 길이 없기 때문에 가지 않으면 안 되는 상태다. 그는 자기임을 거부하고 동시에 자기 이외의 것임을 거부한다. 그것이 루쉰에 있어서, 그리고 루쉰 그 자체를 성립시킨 절망의 의미다. 저항은 절망의 행동화로서 나타난다. 그것은 상태로서 보면 절망이고 운동으로서 보면 저항이다. 거기에는 휴머니즘이 끼어들 여지가 없다("근대란 무엇인가").

여기서 다케우치는 루쉰의 산문시집 『들풀』(野草)에 수록된 우화적 문장 "현인과 바보와 노예"를 인용하며 '저항'의 개념에 대해 설명하고 있다. 한 눈에 알 수 있듯이 이 표현은 1943년의 『루쉰』과 거의 같다. 그는 『루쉰』에 쓴 문학관을 운용해서 노예와 주인의 관계를 해석했다. 노예는 자신의 노예라는 처지를 자각하되 그에 대한 단순한 저항을 넘어설 수 있을 때 진정한 의미의 저항에 이를 수 있다는 것이 다케우치의 해석이다. 또한 여기서는 '절망'도 일반적인 의미에서의 절망과는 다른 의미를 가진다. 그것은 절망에 대한 절망이며 절망조차 간단하게 할 수 없는 철저한 절망이다. 다케우치 요시미는 이러한 맥락에서 '저항'의 개념을 만들어 냈다. 그의 '저항' 역시 일반적인 의미에서의 저항과는 다르다. 단순한 행동을 물리치는 행동이고, 철저한 절망의 표현에 다름 아니다.

하지만 1943년의 『루쉰』과 전후의 "근대란 무엇인가" 사이의 차이도 간과할 수 없다. 그가 『루쉰』을 집필한 시대는 일본이 중국 침략 전쟁을 일으키고 있던 때였고, "근대란 무엇인가"는 미군 점령하에 쓰였다. 따라서 "근대란 무엇인가"의 '저항'은 일본의 독립을 위한 '저항'이기도 하다. 일본이 루쉰 식의 '저항'에 의해 진정한 의미에서의 행동을 일으켜 자기의 독립을 쟁취해야 한다는 얘기다. 여기서 '저항' 개념은 앞에서 말한 '국민'의 개념과도 연결되어 있음을 알 수 있다. 반복해서 말하건대, 다케우치 요시미는 전시 중국의 현실로부터 격리되었던 체험에서 출발, 그것을 철학적 사고로 다듬어 '저항', '국민' 등으로 대표되는 자신의 사상을 만들어 미군 점령하 전후 일본의 사상 공간에 있어서 독자적인 입장을 획득했다고 말할 수 있을 것이다.

5.

지금까지 다케우치 요시미의 중국관 및 그 맥락을 개관했다. 마지막으로 생각해야 할 것은 그의 중국관에 잠재된 한계에 대해서다. 그것은 마오쩌둥 평가에서 전형적으로 드러난다. 다케우치는 현대 중국을 대표하는 세 명의 인물로 쑨원, 루쉰, 마오쩌둥을 들곤 했다. 만년에 이르기까지 마오쩌둥 평가는 기본적으로 변하지 않았다고 할 수 있다. 확실히 1967년에 타케다 타이쥰(武田泰淳)과 대담했을 때에는 "내가 『마오쩌둥 평전』을 썼을 때는 관측이 잘못됐던 거지요. 그때가 1951년이었는데, 마오쩌둥은 우상화되지 않는다고 썼습니다"("나의 중국문화혁명관")고 말하며, 문화대혁명 중의 마오쩌둥 개인숭배를 비판하고 있다. 그러나 마오쩌둥 사상 자체에 대해서는 일체 비판을 가하고 있지 않다.

1950년대 다케우치 요시미가 마오쩌둥을 높이 평가한 이유로서 생각할 수 있는 것은 다음 두 가지 점이다. 첫째 마오쩌둥이 제창한 '신민주주의'를 높이 평가했다는 것이다. 『현대 중국론』에는 다음과 같은 기술이 있다.

"중화인민공화국은 매국적 관료 자본가와 대지주를 제외하고 농민, 노동자, 민족 자본가 및 중간층의 광범위한 계급의 연합 정권이다. 따라서 혁명의 성질은 공산주의도 사회주의도 아닌 신민주주의 혁명이라고 불리는 것이다"("신중국의 정신").

다케우치는 '연합 정권'의 측면을 중시하며 중국공산당이 독재를 실행하지는 않으리라 믿고 있었다. 그 후의 역사를 아는 입장에서 보면 중국공산당이 인민 독재를 행한 것은 명백한 사실이다. 그렇다고 해도, 1950년대 초 아직 토지개혁과 사회주의 개조가 전면적으로 전개되지 않은 단계에서는 다케우치 요시미의 관점도 몽상은 아니었다. 오히려 여기서 읽어 낼 수 있는 것은, 다케우치 요시미는 중국공산당이야말로 중국 인민의 감정을 대표하고 있다고 생각하고 있었다는 점이다. 따라서 그는 중국공산당과 여러 민주적 당파들과의 관계에 대해 깊이 고찰을 하지는 않았다. 오로지 중국 인민의 감정을 대표하고 있다는 점에 주목해서 '신민주주의'의 민주주의적 성격을 평가한 것이라고 생각된다.

좀 더 중요한 것은 중국지식인의 사상 개조 운동에 대한 다케우치 요시미의 평가다. 1951년 다케우치 요시미의 마오쩌둥 평전은 당시 자료적 제약의 한계는 있다고 하나, 마오쩌둥 사상의 핵심에 상당 수준 근접한 평론이었다고 생각된다. 문제는 마오쩌둥의 근거지 이론에 대한 이해를 확대해서 사상 개조 운동에 원용하고 있는 부분이다.

"근거지의 법칙은 개인과 집단을 막론하고 일체의 인간 활동에 적용된다. 그 자체의 내부에 근거지를 가지지 않는 것은 혁명의 담당자가 될 수 없다. 그런데 근거지는 권력의 탈취로부터 시작된다. 혁명의 담당자인 개인에게도 가치의 전환이 이뤄지지 않으면 안 된다. 즉 자기 개조가 필요한 것이다"(『마오쩌둥 평전』).

다케우치 요시미는 근거지 이론에서 마오쩌둥 사상의 핵심을 읽었다. 그리고 근거지에 '권력의 탈취'를 개인의 '가치 전환'으로 확대시켰다. 말할 것도 없이 '권력의 탈취'와 '가치 전환'은 상당히 차원이 다른 문제다. 집단과 개인의 차이가 있을 뿐 아니라, 전쟁 중의 중국이 갈 길과 인민공화국 건국 시기 개인의 혁명의 문제다. 그것들을 동일시하는 것은 비약이다. 다케우치 요시미가 아마도 의식적으로 이런 논리의 비약을 시도한 배경에는 그 나름의 맥락이 있었다. 첫째, 사상 개조에 있어서 지식인의 자주성을 중시하고 있었다는 점이다. 1951년에 쓴 글에는 다음과 같은 구절이 있다.

> "학습 운동이 법적 강제를 수반하지 않는다고 해도 일종의 심리적 압박하에서 이뤄지는 것이 아닌가 하는 의문은 우리들 입장에 볼 때 당연한 것이다. 나는 확신한다. 확실히 심리적 압박은 있다. 더구나 강한 압박이다. 단 그런 와중에 있는 당사자들은 그 압박을 불쾌하게 생각지 않는다. 오히려 법열에 잠겨 있다"("중국 지식인의 자기 개조").

그 후의 역사를 알고 있는 입장에서 보면 "법열에 잠긴다"는 표현은 지나친 감이 있음을 부인할 수 없다. 그러나 당시의 상황에서는 일정한 근거가 있는 판단이었다. 1950년대 초 사상 개조를 경험한 지식인들이 쓴 많은 글들 중 일부는 일본어로도 번역되었다. 주목할 점은 다케우치 요시미의 이 글이 『개조』(改造) 1951년 7월호에 게재되어 『일본 이데올로기』에 수록되었다는 사실이다. 일본 지식인을 향해 지식인의 존재 방식을 묻는 글로서 쓰인 것임을 알 수 있다. 즉 그는 중국의 사상 개조 운동을 결코 이국의 사건으로 소개하고 있지 않았다. 일본 지식인 자신의 문제로서 사상 개조를 생각하고 있었던 것이다.

그로부터 다케우치가 사상 개조 운동에 주목한 두 번째 이유가 떠오른다. 그는 사상 개조 운동 속에서 자기의 사상에 가까운 요소를 읽어 내고 있었다고 생각된다. 『마오쩌둥 평전』에 다음과 같은 구절이 있다.

> "자기 개조의 근본은 자기주장을 버리는 것에 있다. 그것이 진정한 자기를 획득하는 길이다. …… 작가가 진정한 독립을 획득한다는 것은, 바꿔 말하면 전체와 부분의 조화를 발견하는 일이다. 자기를 고집하는 것은 독립을 잃는 것이다. 왜냐하면 그 자기는 고립해 있고 전체의 조화 속에 놓여 있지 않기 때문이다"(『마오쩌둥 평전』).

자기를 버리는 것을 통해 역설적으로 자기를 획득한다는 논리 구조는 다케우치 요시미가 니시타 철학을 통해 얻은 문학 관념과 거의 일치한다. 더구나 그가 여기서 말하는 '독립'은 일본 지식인을 향해 촉구한 '저항'의 개념과 거의 동일한 것이다. 다케우치 요시미는 동일한 차원에서 중국의 사상 개조 운동과 일본 지식인의 사상 과제를 생각하고 있었음을 알 수 있다. 단호한 표현을 쓰자면 그는 일본 지식인의 '사상 개조'를 바라고 있었다고 할 수 있다.

따라서 중국의 사상 개조 운동에 대한 평가는 다케우치 요시미 사상의 핵심을 이루고 있다고 말해야 할 것이다. 전술한 대로 그는 중국공산당의 높은 도덕의식을 신뢰하고 있었다. 다케우치의 판단이 당시의 맥락에서는 일정한 근거가 있었다고 전술한바, 그 배경은 중국공산당의 도덕의식에 대한 신뢰가 있었음은 두말 할 것이 없다. 여기서 짚고 넘어가야 할 것은, 높은 도덕의식에 대한 신뢰와 사상 개조 운동에의 평가가 일체화된 것을 바탕으로 다케우치 요시미의 사상이 형성되었다는 것이다. 양자는 서로가 서로의 근거가 되어 주는 관계다. 바꿔 말하면 한편이 성립되지 않으면 다른 한 편도 근거를 잃는 관계인 것이다. 1950년대 이후의 중국에 있어서 대약

진운동, 문화대혁명 등 정치 운동에서 촉발된 수많은 고난이 발생했음은 분명하다. 현재의 입장에서는 중국공산당의 높은 도덕의식을 무조건적으로 신뢰하기 어려워졌다고 말하지 않을 수 없다. 그 순간 다케우치 요시미의 사상이나 비판도 설득력을 잃게 된다. 다케우치에 대해 전후 일본의 많은 중국학자들 사이에서 일본 사상의 비판을 중시한 나머지 중국의 현실로부터 유리되었다는 비판이 종종 있었던 것도 이 점에 관련된 것이다.

물론 1950년대 초반 전쟁이 끝난 직후 다케우치 요시미에게 그 후의 마오쩌둥 및 중국공산당의 행보를 예견하라고 요구하는 건 무리일 것이다. 적어도 건국 직후의 중국 대륙의 대다수 사람에게 있어서 마오쩌둥과 공산당은 희망의 별이었다고 해도 틀리지 않는다. 다케우치 요시미는 중국의 조류를 감시하고 중국의 현실에 밀착해 판단을 내린 것이라고 할 수 있다. 다케우치 요시미는 일관되게 살아 있는 중국의 현실에 주목하며 많은 일본인이 눈길을 주지 않는 중국의 밑바닥에 흐르는 의식에 주목했다. 마오쩌둥을 지지한 배경에는 그런 다케우치 특유의 태도가 있었던 것이고, 후세의 역사를 알고 있는 입장에서 단순히 비판하는 것은 의미가 없다.

문제는 필시 사상의 강도(强度)다. 다케우치 요시미는 중국의 현실이 가질 수 있는 임팩트를 최대한으로 어림잡아 그것을 일본 사상계에 도입한 것이다. 그때 그가 추구한 것은 아마도 사상의 올바름이 아니라 사상이 가진 강도였다고 생각된다. 그가 사상의 강도를 추구할 때 종종 올바름을 잃는다는 데 주목할 필요가 있다. 전쟁 중의 대동아전쟁 지지는 일례다. 전후 마오쩌둥 지지도 같은 예로 간주될 것이다. 그의 사상에는 일본 사상계에 가하는 강도와 정치적 오판의 가능성이 동거하고 있었다고 생각된다. 말하자면 그의 사상은 강도와 착오의 가능성이 표리일체가 되어 이뤄져 있는 것이다.

오늘날의 아시아 관계, 특히 중일관계를 생각할 때 다케우치 요시미의 사상은 말할 것도 없이 중요하다. 그러나 현재의 입장에서 볼 때 다케우치 요시미의 사상에 독소가 있음도 잊을 수 없다. 즉 우리는 다케우치 요시미를 읽을 때 사상의 강도와 착오의 가능성을 함께 이해할 필요가 있다. 다케우치 요시미가 후세의 인간에게 내미는 최대의 유산은 다케우치 요시미의 사상을 감당할 각오와 정신의 강도인지도 모른다.

• 옮긴이 | 임명신

8장

1960년 안보 투쟁과 다케우치 요시미

기시 노부스케와의 만남

_마루카와 테츠시

1. 들어가며

1960년 안보 투쟁이 있고나서 반세기가 지났다. 일본과 미국 정부는 일찍이 샌프란시스코 강화조약과 한 묶음으로 추진된 일미안전보장조약[1]을 개정하려 나섰고, 일본 정부는 조약을 비준하고자 국회에 경찰 부대를 투입해 결국 1960년 5월 19일에 신안보조약이 체결되었다. 그러자 국민적 저항운동이 크게 고조되었다. 안보 투쟁이 일어난 것이다. 남겨진 자료를 보면, 그해 5~6월에는 매일 같이 수만 명의 시민과 노동자, 학생들이 국회 주위

1_[옮긴이] 샌프란시스코 강화회담은 1951년 9월 4일에 개최되었다. 이 회담에 중국은 초대되지 않았고, 한국은 일본과 교전 관계에 놓인 적이 없었다는 이유로 초대받지 못했으며, 인도와 버마는 참가를 거부했다. 9월 8일, 일본을 포함한 49개국이 대일강화조약에 서명했는데, 그날 오후 5시 요시다 시게루(吉田茂) 수상은 샌프란시스코 만에 인접해 있는 미군 제6군 사령부에서 일미안전보장조약에 조인했다. 즉 강화조약은 일미안보조약과 끼워 팔기로 성립한 꼴이었다.

에 운집했으며, 비록 하루였지만 국철(國鐵) 노동자의 정치적 파업이 성공을 거두기도 했다. 한편 그 이면에서는 보수 정치가들이 운동을 방해하기 위해 우익 단체를 동원하고 나아가 자위대에게 치안을 요청하는 등 전후 정치의 어두운 일면도 엿보인다.

사상사에서 1960년 신안보조약 개정 반대 운동은 규모 면에서나 질적으로나 일본 민중이 국민적 규모로 저항운동에 나선 최초의 사례라고 평가되며, 그러한 평가는 부정하기 힘들다. 그러나 1968~69년 학생을 주축으로 한 여러 격렬한 학원 투쟁·가두 투쟁을 기억의 중심에 둔다면, 1960년 안보 투쟁은 그 전사(前史)였다는 원근감 속으로 매몰될지 모른다. 또한 한국전쟁이 정전한 지 7년 후에 발생했고, 나아가 1945년이라는 시점을 15년 잡아 늘려 60년 안보 투쟁을 평가한다면, 안보 투쟁은 전쟁에 대한 위기감이 바닥에 깔린 '평화운동'의 일환으로 이해할 수 있을지도 모르겠다. 그러나 이러한 사항들을 감안하더라도 겉으로 보기에 이 운동이 오늘날 일본에 남긴 사상적·현실적 영향력은 그다지 크지 않다. 하지만 정말로 그렇다고 말할 수 있을까. 혹은 그렇게 여겨지는 까닭은 무엇인가. 나는 그 기간 동안 활약한 다케우치 요시미(竹內好)의 말과 행동의 의미를 곱씹으면서 이 물음을 심화하고자 한다.

1960년 안보 투쟁의 기간 동안 다케우치 요시미는 활동가처럼 도내의 여러 집회에 참가하고 파업 현장을 시찰하며 대중매체를 향해 발언하는 일에 힘을 쏟았다. 그의 연보를 보면, 전쟁이 끝나고 중국 전선에서 귀환한 이후 잠시 거주하던 우라와(浦和) 시에서 주민운동에 나선 적이 있기는 하지만 이처럼 실시간으로 진행되는 정치과정에 그가 전심전력을 기울인 적은 없었다. 따라서 안보 투쟁 시기 다케우치의 언동은 사상가로서 그의 전체상을 포착하는 데 매우 중요한 자료가 될 것이다. 물론 안보 투쟁 과정에서 다

표 1_다케우치 요시미 연대기

1월 25일	국제기독교대학 아시아문화연구위원회에서 "방법으로서의 아시아" 강연.
3월	도립대학 중국문학연구실에서 학생을 중심으로 학동 소개[2]의 연구를 지속.
3월 5일	헌법문제연구회에서 "일중관계와 중국 문제" 보고.
4월 4일	'안보 비판의 모임' 주최 히비야 공회당에서의 비준 반대 청원 대회에서 강연.
5월	안보 반대 운동에 전력을 기울임.
5월 1일	미군의 스파이 정찰기(U2형기)가 소련 상공에서 격추되어 조종사가 체포됨.
5월 18일	'안보 비판의 모임' 대표의 한 사람으로서 기시 노부스케 수상을 면회.
5월 19일	한밤중에 진행된 중의원 안보조약 강행 체결에 항의해 21일자로 도쿄도립대학에 사표를 제출. 지인들에게 "인사장"을 보냄.
5월 31일	"민주인가 독재인가" 발표.
6월	연일 각처에서 강연.
6월 2일	'민주주의를 지키는 전국 학자·연구자의 모임' 집회에서 "네 가지 제안" 발표.
6월 4일	국철의 조조(早朝) 시한부 파업을 시찰.
6월 10일	미국 특사 허거티(James Campbell Hagerty)의 일본 방문에 즈음해 학생 시위대와 경찰 부대 사이에서 충돌이 발생. 12일 "허거티 사건에 대하여" 발표.
6월 12일	헌법문제연구회 주최 '민주주의를 지키는 강연회'에서 "우리의 헌법 감각" 발표.
6월 15일	국회에서 전학련이 시위를 벌이던 중 도쿄대학의 학생인 칸바 미치코(樺美智子) 사망. 이날과 18일 기시 수상이 아카기 무네노리(赤城宗徳) 방위청장관에게 자위대의 출동을 요청했으나 거부당함.
6월 19일	부락문제연구회 평의원이 됨.
6월 18일	신안보조약의 자연 성립과 21일 비준·공포를 마무리 짓고 기시 내각 총사직.
6월 30일	도쿄 도의 사령에 의해 도립대학 교수에서 퇴직함.
7월 24일	'사상의 과학 연구회' 총회에서 "5·19 전후의 대중운동을 어떻게 볼 것인가" 보고.
8월	사회당이 공인해 국회의원 선거에 출마한다는 유언비어가 나돎.
9월 13일	나고야의 국민구원회(國民救援會)에서 "물에 빠진 개는 때려야 한다" 강연.
9월 23일	'사상사연구회'의 첫 번째 회합. 이후 이 모임에 참석한 다음 자주 마루야마 마사오[3]와 함께 귀가.

2_[옮긴이] 학동 소개(學童疎開): 아시아·태평양 전쟁에서 연합군 전투기의 공습 등에 의해 학생들이 피난했던 일을 말한다.

3_[옮긴이] 마루야마 마사오(丸山眞男): 정치학자. 일본 정치사상사 연구의 최고봉으로 전후 민주주의 사상의 지도적인 존재라고 평가받는다. 저서로는 『현대 정치의 사상과 행동』(現代政治の思想と行動), 『일본 정치사상사 연구』(日本政治思想史研究), 『충성과 반역』(忠誠と反逆) 등이 있다.

케우치가 가장 세간의 이목을 끌었던 사건은 5월 19일 안보조약이 체결되자 그가 '개인'적인 반응으로 도쿄도립대학 교수직에서 물러난 일일 것이다(그 후 기시 노부스케[4]는 퇴진했다).

국회에서의 안보조약 체결과 다케우치의 사직이라는 두 사건은 언뜻 보면 어울리지만, 실상 다케우치 본인도 말하듯이 두 사건 사이에 논리적 정합성은 결여되어 있었다(츠루미 슌스케[5]도 이때 도쿄공대에서 물러났다). 차라리 '사직'은 몹시 특수한 결단이었다고 말할 수 있다. 다케우치는 그 후에 평론가 폐업 선언을 하는데, 평론가의 주된 역할이 독자에게 자극을 안기는 것이라고 한다면, 그가 사직이라는 행위로 어떤 사회적 효과를 기대했으리라는 점은 어렵지 않게 짐작할 수 있다.

우리가 여기서 지식인의 그러한 '행위'에 대해 전기적으로 혹은 사소설적으로 지나치게 구애될 필요는 없을 것이다. 다만 그 시기, 그 시점에서 다케우치가 결단한 사직은 이제 반복할 수 없는 행위이지만, 그가 당시 수개월 동안 남긴 말들은 몇 번이고 그 의미를 다시 헤아려 봄 직하며 우리의 '다음 위기'에 유용하게 활용할 수 있는 역사적 구성물이다.

먼저 1960년 다케우치가 보여 줬던 말과 행동, 그리고 당시의 역사적

4_[옮긴이] 기시 노부스케(岸信介): 신안보조약이 체결된 당시의 일본 총리. 1936년에 만주국(滿洲國) 정부의 산업부 차관으로 일하다가 1940년 일본으로 돌아와 상공차관으로 전시경제체제에 기여했다. 패전과 함께 투옥되었지만 재판을 받지 않고 석방되었다. 전후에는 사업가로 재기해 정치 활동을 시작했다. 1953년 중의원 의원으로 선출된 뒤 민주당의 창당을 도왔으며, 민주당이 1955년에 자유당과 통합해 자유민주당을 결성하는 데 이바지했다. 1957년 2월에 총리가 되었고, 1960년 신안보조약 체결의 여파로 사임했다.

5_[옮긴이] 츠루미 슌스케(鶴見俊輔): 철학자이자 평론가. 『사상의 과학』을 주도했으며, 일상성에 천작해 사상적 활동을 전개했다. 저작으로 『회상의 사람들』(回想の人びと), 『미국 철학』(アメリカ哲学), 『20세기를 움직인 사람들』(20世紀を動かした人々) 등이 있다.

배경을 이해하기 위해 간략하게나마 다케우치 개인과 관계되는 연대기를 기록해 두겠다(〈표 1〉, 이 내용은 『다케우치 요시미 전집』 18권의 "연보"에서 취했다. 거기에 최소한 병기할 필요가 있다고 보이는 정치적 사건들을 필자가 보충해 두었다).

2. 두 가지 '독립'

연표에서 알 수 있듯이 다케우치는 당시 수상인 기시 노부스케와 만났다. 국회에서 신안보조약이 강행 체결되고 정치 상황이 긴박해지던 5월 19일의 전날이었다. 그때의 일기와 메모를 토대로 작성된 "큰 사건과 작은 사건"에는 이렇게 기록되어 있다.

> 나는 이렇게 발언했다. 만약 말을 한다면 이 말밖에 없다고 미리 생각하고 있었다. "총리는 역사를 만드는 사람이다. 나는 역사를 쓰는 인간이다. 역사를 쓰는 인간으로서 한 말씀 드리고 싶다. 역사에서 인물을 평가할 때는 종종 마지막 행위가 결정적이다. 총리가 이러한 시기에 큰 용맹심을 발휘하기를 바란다." 우리는 '안보 비판의 모임'의 '사직 권고 결의'를 가지고 갔다. 이야기를 그쪽으로 옮겨가야 한다는 초조함이 있었지만, 나는 기껏해야 그렇게 말하는 수밖에 없었다. '총리'라는 말을 꺼내기가 거북스러웠지만, 부족할 바 없는 호소이니 다른 말을 선택할 수는 없었다. 이것도 미리 준비해 둔 것이다. 나중에 생각하니, 이날의 회견은 상대의 술책에 말려든 감이 없지 않다. 우리는 사람이 좋았던 것이다. 그러나 달리 이뤄야 할 무엇이 있겠는가. 파시스트의 혀는 긴 법이다. 우리의 소박한 '진정'(陳情)에 어쨌든 귀를 빌려 준, 혹은 빌려 주는 체한 상대의 아량을 칭찬해도 괜찮겠다. 그런 다음 학교에 가서 두 과목 수업을 했다"(竹內好 1981, 146-147).

다케우치가 기시 노부스케를 '파시스트'라고 부르면서도, 서로 다투는 '적'이긴 하나 면담할 만한 자격이 있다고 인정하는 대목은 그다우며 성실함과 아울러 여유가 느껴진다. 기시 노부스케를 두고 "아량을 칭찬해도 괜찮겠다"고 평가했지만, 다케우치야말로 아량을 풍긴다. 그러나 역시 밝혀 두어야 할 사실이 있다. 기시 노부스케는 A급 전범이었지만 부활해 수상 자리까지 차고 올라간 인물이었으며, 당시 많은 '진보적' 지식인들은 그의 수상 자격에 의문을 느끼고 있었다. 그런 기시 노부스케와 국회의장이 합작해 5월 19일 강행 체결이라는 폭거를 자행하자, 당시의 지식인들은 위기감을 느꼈으며, 그 위기감에는 전전으로 퇴행하는 것이 아니냐는 감각도 배어 있었다.

기시 노부스케는 중국 내전의 향방이 중국공산당 쪽으로 기울기 시작한 1948년 12월 28일에 석방되었다(도조 히데키 등 일곱 명이 처형된 다음날이었다). 또한 기시 노부스케의 '추방 해제'가 최종적으로 내정된 것은 1952년 4월 29일로, 샌프란시스코 강화조약이 발효된 날이었다. 즉 일본의 형식적인 '독립'과 기시 노부스케의 '부활'은 냉전 질서를 통해 예전 상태로 돌아왔다는 점에서 궤를 같이 했다. 기시는 매우 빨리 '부활'했으며, 곧바로 전시기의 구 민정당(民政黨)계 인사들과 '일본재건연맹'(日本再建連盟)이라는 문화단체를 조직하고 다음 해인 1953년 전후 첫 번째 총선거에서 정계로 복귀하였다.

그해 1953년 10월 13일, 기시는 카이조우사(改造社)가 주재한 시국 강연회에서 "일본이 사는 길"이라는 주제로 강연을 한다. 그 강연을 보면 당시 기시가 갖고 있던 '독립'관과 전전·전시기 정치사상 사이의 기묘한 연속성이 드러난다.

"현재 일본은 안팎의 버거운 사태에 직면해 있습니다. 이것은 모두 진정한 독립을 쟁취하는 문제와 관련되어 있습니다. 두 가지 문제, 즉 독립과 경제 자립의 문제는 잘 생각해 보면 하나의 문제입니다. 그러나 현상에서는 스스로 독립을 중심에 두고 생각해야 할 문제와 경제 자립의 방면을 주되게 봐야 할 문제로 드러납니다. 신문들이 매일 문제 삼고 있는 자위 태세를 어떻게 구축할 것인가는 오늘날 우리의 독립을 어떻게 완성해 가야 하는가를 중심에 두고 살펴야 할 문제입니다. …… 경제 자립의 문제, 나아가 자립 경제의 입장에서 생각해 보건대, 우리는 전쟁에서 패한 결과 우리의 영토와 세력 범위를 잃고 말았습니다. 그리하여 네 개의 섬에서 8,500만이라는 많은 인구가 살아가지 않으면 안 됩니다. 우리는 이 상황을 어떻게 바꿀 수 있을까요. 국내의 식량 상황을 봐도 자급자족 체제와는 거리가 멉니다. 또한 국내의 여러 부문에 걸쳐 실업자가 점점 늘어나고 있습니다. …… 이러한 실업 문제, 구직 문제는, 요컨대 일본은 비좁고 자원이 없기 때문에, 어떻게 일자리를 많이 만들어 내느냐라는 몹시 어려운 문제를 풀어 내지 않는 한 그 해결 또한 요원하다 하겠습니다"(岸信介 1983, 92-93).

이 강연이 열린 때는 1953년이다. 당시는 이미 형식적인 '독립'을 달성한 무렵이었으나, 흥미롭게도 기시는 아직 '진정한 독립'을 이루지 못한 상황이라고 인식하고 있었다. 그리고 독립 미완성의 근거로 주로 군사적인 자위 체제, 다음으로 식량의 자급자족 체제를 갖추지 못했다는 점을 꼽았다. 생각해 보면, 이 두 가지 '결여'의 강조는 전전의 일본제국이 식민지를 획득하고 그 식민지(만주국을 포함해)를 아우르는 '대동아공영권'의 방위를 외치던 논리와 꼭 닮아 있다. 그러나 이후의 결과를 본다면, 기시가 말하는 '진정한 독립'은 미국과의 신안보조약을 발효시키고, 미국에서 대량의 곡물을 수입함으로써(이른바 식량 안보) 성사되었다. 얄궂게도 기시가 말하는 '진정한 독립'은 미국에게 더욱더 '종속'되어야 완수될 수 있었다는 풍자화인 셈인데, 이것은 바로 전후 일본의 보수 정치가 간직한 역설을 보여 준다. 일본의 독립과 주권의 방위를 강조하면 할수록, 미국에게 더욱 종속된다는 주관과 실제 사이의 낙차인 것이다.

이제 이와는 달리 다케우치를 포함한 당시 '진보적' 지식인들은 어떤 독립관을 가지고 있었는지 간략하게나마 살펴보자. 그들은 1951년 샌프란시스코 강화조약이 동서 냉전의 동측 진영과 구식민지(한국, 조선)가 불참한 채로 성립되었음을 비판하고, 동반해서 체결된 일미안보조약은 일본을 서측 냉전 체제로 종속시킬 것이라고 주장했다. 어쨌든 이들도 형식상의 '독립'이 아니라 '진정한 독립'을 목표로 삼고 있었다. 그리고 다케우치는 당연히도 중국과 국교를 회복하지 못했다는 사실, 즉 중국과의 전쟁을 전후에 처리하지 못했다는 사실에 깊은 우려를 품고 있었다.

다만 다케우치가 60년 안보 투쟁에 나설 때 중국과의 관계만을 염두에 둔 것은 아니었다. 다케우치는 안보조약을 파기하고자 혹은 민중의 힘으로 안보조약의 내용을 공동화(空洞化)하고자 시도했는데, 중국과의 관계 개선만을 목표로 삼지는 않았다. 그는 안보 투쟁에 나서면서 전후 일본 혹은 근대 일본의 좀 더 근본적인 문제를 짚어 내겠다는 내적인 동기를 가지고 있었던 것 같다. 그리고 이것은 기시 노부스케가 스가모 형무소[6]에서 맛보았던 굴욕과는 다른 의미에서 다케우치 요시미 안에서 자라난 '굴욕감'을 지렛대로 삼고 있었다.

다케우치는 1953년에 "굴욕의 사건"이라는 글을 썼다. "굴욕의 사건"은 1944년부터 중국 전선에 배속되어 패전 후에도 현지에 머물렀던 시기의 자기 체험을 토대로 삼고 있다. 그때 다케우치가 토로하는 '굴욕'이란 단적으

6_[옮긴이] 스가모 형무소(巣鴨プリズン): 도쿄의 스가모에 위치한 형무소로 연합국에 의해 전범들이 수용되었다.

로 말해 8월 15일을 공화제 실현의 날로 만들지 못했다는 '굴욕'이다. 다만, 이 글에서는 전반적으로 현지 주둔지였던 위예저우(岳州)에서의 생활, 패전 사실을 라디오방송으로 알게 된 순간의 덤덤한 모습을 묘사하는 등 정서적인 색채가 배어 있다. 그러나 그러한 정서적인 서술 속에서 패전이 곧 혁명으로 바뀌리라던 당시의 망상이 생생하게 전해 온다. 패전 직후 다케우치는 전쟁이 계속되리라고 전망하며 "천황의 방송은 항복 아니면 결사 항전에 임하라는 호소일 거라 짐작했다. …… 미군이 상륙작전을 펼치면 지배 권력은 주전파와 평화파로 갈려 혁명운동이 전국을 맹렬히 뒤덮으리라는 몽상을 그려 왔다."[7] 그는 이 당시 어떤 종말관에 사로잡혀 있던 것 같다.

이 장면에서 다케우치는 당시 자신이 전장의 땅에서 사태를 어떻게 파악했는지를 밝혀, 내지에 있던 지식인들이 포츠담 선언을 무엇과도 바꿀 수 없는 기쁨으로 받아들였던 사실과 묘한 대비를 그려낸다. 그러나 이 글은 1953년에 작성되었다. 즉 1945년 8월의 감각이 고스란히 반영되어 있다고는 말할 수 없다. 오히려 이 글에는 한국전쟁(1950~53)의 그림자가 짙게 드리웠으며, 그것이 일종의 종말관을 빚어냈다고도 읽을 수 있다. 또한 당연히도 한국전쟁은 일본의 전후 혁명이 냉전(샌프란시스코 강화조약)의 압력 아래 좌절된다는 역사적 맥락과도 맞닿아 있다. 다케우치의 '굴욕'이란 바로

7_竹内好(1981, 82). 이른바 '대동아전쟁'이 포츠담 선언의 수락으로 종결되지 않으면 본토 결전으로 돌입해, "전쟁에서 내란으로"라는 레닌의 테제처럼 일본에서 혁명이 일어나리라는 전망은 소수에 불과하지만 일본의 지식인도 가지고 있었다. 가령 적어도 레닌을 읽고 있던 하나다 기요테루(花田清輝), 무라카미 이치로(村上一郎)의 이름을 거론할 수 있다. 나아가 『일본 낭만파 비판 서설』에서 하시카와 분조(橋川文三)가 지적했듯이 '대동아전쟁'이라는 일본 초유의 총력전 상황에서 일본 낭만파가 청년들을 사로잡았던 까닭은 그것이 우익 사상이라서가 아니라 아이러니를 머금은 종말관이었기 때문이라는 분석도 여기서 밝혀 둘 수 있겠다.

그러한 의미에서 포츠담 선언 이후 전후 혁명(민주화)의 좌절을 맛보았다는 사실에 기반을 두고 있으며, 실상 그 '굴욕'은 그러한 좌절을 안긴 일본 지식인의 낙관주의를 향하고 있다. 1945년 8월 15일은 하나의 '기회'였지만 성사시키지 못했고, '우리'는 그 후에도 그 기회를 놓치고 있다는 초조함인 것이다.

그렇다면 1960년 안보 투쟁도 다케우치에게는 하나의 '기회'로 여겨졌다고 생각해 봄 직하다. 그러나 그것은 "굴욕의 사건"처럼 '공화국'을 설립한다는 의미의 기회가 아니었으며, 사실 '진정한 독립'의 기회도 아니었던 듯하다. 5월 19일 이후 그가 쓴 글을 보면, 뜻밖에도 이른바 '진정한 독립'의 기회라는 식의 문구는 전혀 나오지 않는다. 차라리 '독립'의 과제는 미래에 남겨져 있다고 일관하고 있다. 그렇다면 60년 안보 투쟁이란 대체 어떤 의미에서 기회였던가. 그러나 그 점을 고찰하기 전에 먼저 다케우치가 중국과의 관계에서 안보 투쟁을 어떻게 파악하고 있었는지를 정리할 필요가 있을 것이다.

3. 중국의 시선 혹은 '독립'

다케우치 요시미도 1960년 5월까지는 안보 투쟁이 이처럼 고조되리라고 예상하지 못했던 듯하다. 5월 이전에 다케우치가 안보 문제를 두고 꺼낸 발언들은 주로 중국은 안보조약을 어떻게 바라보고 있을지에 관한 내용들이었다. 그는 그러한 중국의 시점에서 역으로 일본의 불충분한 '독립'을 추궁하고 있었던 것이다. 당연히 이 장면에는 앞서 말했듯이 샌프란시스코 강화조약에 따라 소련과 중국 등의 사회주의국가를 배제한 단면 강화가 일본의 '독립'에 커다란 제약을 안겼다는 역사관이 전제되어 있었다.

초기 국면에서 작성된 "일본의 독립과 일중관계"(3월 27일)는 오로지 중국이 일본의 '독립'을 어떻게 평가하고 있는지에 초점을 맞추고 있다(竹内好 1960a). 그리하여 다케우치는 중국 정부가 일본의 '독립'을 원조하는 외교방침을 내걸었다는 사실을 소개하며, 그러한 중국 측의 내적 동기를 분석하고 있다. 다케우치는 중국 정부가 안보조약을 비판하는 까닭은 단지 일본을 미국의 극동 전략에서 떼어놓겠다는 외교적 의도만이 아니라, "비독립국은 평화를 위협한다는, 자기 경험에서 나온 철학이 바탕을 이루고 있다"고 보았다. 그리고 신안보조약을 밀어붙이는 기시 내각을 보건대 중국은 일본과의 국교 회복을 단념했으리라고 진단하면서도, "그러나 일본 민중이 중국 국책의 기본 정신을 이해해 그것과 협조할 수 있도록 자국의 전통 위에 새로운 미래상을 그릴 기력마저 모두 잃었다고는 생각하지 않는다"며, 신안보조약을 파기하기 위한 운동에 희망을 담았다.

다케우치는 중국 측이 신안보조약을 비판하는 기본적인 동기를 이렇게 이해했으며, 나아가 거기서 부각되는 일본의 불완전한 '독립' 상태를 뒤엎고자 안보조약 저지 운동에 기대를 걸었다. 다케우치는 안보 투쟁 기간 동안 줄곧 이러한 자세를 유지했지만, 운동의 분수령이 된 5월 19일 국회의 체결 강행 이후에는 다른 요소가 더해졌다.

강행 체결로부터 2개월 정도가 지나 작성된 "중국과 일본을 평가하다"(7월 16일)에서는 그러한 면모가 두드러진다. 투쟁의 전반적인 양상이 좀 더 뚜렷하게 윤곽을 드러내고 운동을 둘러싼 평가가 오가는 시기로 접어들었던 때, 다케우치는 흥미롭게도 눈앞의 투쟁 전체의 성격을 (당시 중국의 견해가 아닌) 과거의 중국을 시점으로 삼아 관찰했다(竹内好 1960c). 가령 다케우치는 중국의 5·4 운동에서 유추하면 안보 투쟁을 좀 더 쉽게 파악할 수 있다고 주장한다. 즉 일찍이 5·4 운동 시기 중국에 "형식적인 의회 민주제가 있었지만 금력과 권력으로 실효를 발휘하지 못하자 민중의 정치의식이 앞서 나아갔던 상황과 비슷하다"는 것이다.

그러나 여기서 진정 주목해야 할 대목은 다케우치가 당초의 목표에 대해 내보인 비관적 전망이다. 그는 중국 측이 기대하는 일본의 '진정한 독립'과 관련해, 투쟁의 현 상황을 보건대 일본의 내셔널리즘은 몹시 복잡한 상태이며 당시의 조건에서 '진정한 독립'은 불가능하다는 입장을 표명했다. 다케우치는 "백 년간 일관되게 반식민지 독립 투쟁을 겪은 중국과는 다르다"며, 일본에서 '진정한 독립'의 과제는 일거에 달성할 수 없다고 비관적인 전망을 토로한 것이다. 아울러 중국도 그렇지만, 미국에도 독립 전쟁의 경험이 있었다며 일본과의 차이를 강조하기도 했다.

우리는 여기서 안보 투쟁이 한창이던 때 다케우치가 중국은 투쟁을 어떻게 보고 있는지를 고민했다는 사실보다, 장래 '진정한 독립'을 일구기 위해 민중은 어떤 조건을 숙성시켜야 하는지에 관해 밑그림을 그리고 있었다는 점을 주목해야 한다. 그는 현재 일본 내셔널리즘의 상황을 보건대 안보 투쟁은 아시아의 민족 독립 투쟁 과정을 따라갈 수 없다고 단언했다. 그리하여 다케우치는 전쟁 체험을 거친 일본인이 '평화'를 향한 지향, 그리고 전시기 군국주의의 강권에 억눌렸던 '자유'를 향한 갈망을 길러 내야 한다고 주장했다. 즉 중국 측이 바라는 '진정한 독립'을 향한 의지가 부족하다는 과제가 남아 있지만, 거기에 도달하기 위한 구체적 조건으로서 '평화'를 향한 지향과 '자유'를 향한 지향을 크게 신장해 나가야 한다는 그의 목표 의식은 뚜렷해진 것이다.

이 대목은 이후 1960년 안보 투쟁을 둘러싼 다양한 평가에서 결정적인 지점이었다. 다케우치는 일본의 상황에서 '진정한 독립'의 문제를 생각할 때 절망에 가까운 어려움을 느꼈다. 그러나 동시에 '진정한 독립'에 도달하고자 구체적이며 실천적인 과제를 추출하고자 애썼다. 이후 다케우치는 1964년 중국의 핵실험이 성공하자 그것은 '주권'의 방위, 즉 '독립'이라는 지상 명제를 위한 것이기에 수긍해야 한다고 말했는데, 이는 바로 일본 내셔널리즘과의 극단적인 대조 위에서 내놓을 수 있는 발언이었다.

1950년대 반기지 투쟁에도 참가한 철학자 시미즈 이쿠타로[8]는 60년의 시기 일미안보조약이 일본의 '독립'을 저해한다는 입장에서 안보조약 파기를 분명한 정치 목표로 내걸었다. 따라서 운동이 아무리 고조되었어도 시미즈가 보기에 신안보조약이 법적으로 발효되었으니 투쟁은 전적으로 패배한 것이었다. 이는 어떤 의미에서 다케우치나 마루야마 마사오, 츠루미 슌스케 등과는 전혀 다르게 안보 투쟁을 총괄한 경우다. 그러나 이후 시미즈는 순수하다고도 할 그의 논리적 귀결로서 일본의 핵무장을 지지하는 언론 활동을 벌여 나갔다. 만년 작업의 총결산인 그의 저서 『일본이여, 국가가 되어라: 핵의 선택』의 제목이 그 사실을 보여 준다. 시미즈 이쿠타로라는 사상가의 사상적 영위를 평가하는 일이 이 글의 본령은 아니다. 다만 돌아보건대, 60년 안보란 그렇듯 복수의 사상 과제를 짊어진 지식인들에게 사고의 실험장이 되었다는 사실은 분명히 말할 수 있다.

8_[옮긴이] 시미즈 이쿠타로(清水幾太郎): 비평가. 현실 비평과 아울러 지식인들의 자기비판에 관한 평론을 남겼다. 일본 기독교의 지도자였으며, 안보 투쟁에 정력적으로 나섰다. 저서로 『사회학 비판 서설: 사회와 개인』(社會學批判序說.社會と個人), 『조지 오웰 『1984』로의 여행』(ジョージ·オーウェル「一九八四年」への旅), 『민주주의의 철학』(民主主義の哲學) 등이 있다.

4. '안보'인가 '민주'인가

다케우치 요시미는 분명히 5월 19일을 기점으로 태도와 투쟁 목표를 바꾸었다. 5월 31일에 작성된 호소문 "민주인가 독재인가"에는 그러한 전환의 골자가 거의 망라되어 있다(竹內好 1960b). 이후 찬반양론이 크게 엇갈린 이 호소문에서 다케우치는 먼저 민중 안에서 '저항'의 전통을 기르고 민중 측이 '저항권'을 확보하자고 제안한다. 거기서는 "민주인가 독재인가, 이것이 유일한 쟁점이다", "논쟁은 독재를 무너뜨리고 해도 된다"라는 문구도 눈에 띄는데, 다케우치가 구체적으로 의도한 것은 목표를 분명히 세워 흩어진 역량을 집중하고, 특히 안보조약에 반대하지 않는 사람들도 '민주' 옹호라는 한 가지 목표 아래 결집시키는 것이었다. 말하자면, 목표를 낮춰 동원력을 늘린다는 선택이었다. 어떤 의미에서 대담한 제안이며, 그로 인해 특히 '안보'와 '민주'를 따로 생각해서는 안 된다는 반론을 사기도 했다. 당연히도 이 장면에서 일본의 '독립'을 최우선 과제로 내건 시미즈 이쿠타로와 다케우치의 의견은 엇갈리게 된다.

다케우치가 내놓은 테제는 비판을 받기도 했는데, 여기에는 안보 투쟁이 한창이던 때 발생한 몇 가지 투쟁, 특히 학생이 중심이 된 행동에 관한 평가도 결부되어 있다. 6월 10일, 미국의 대통령 보도관 허거티의 일본 방문에 맞춰 학생을 중심으로 한 조직이 공항에서 연좌시위를 벌였다. 이 사건은 안보조약에 대한 반대 입장을 '반미'의 형태로 표출한 경우였다. 또한 6월 15일, 학생들은 국회로 진입했는데 이 과정에서 도쿄대 학생 칸바 미치코가 사망했다. 이 사건은 '반정부'의 입장을 분명히 밝힌 경우였다. 당시 일본공산당은 '반미·독립'을 주요한 정치적 목표로 내걸었는데, 국회 진입 행동은 이런 일본공산당의 방침에 비판적인 학생이 주축을 이뤘으며 일본공산당도 이들에게 비판적인 태도를 보였다.

이 대목에서 시미즈와 마찬가지로 다케우치와 결국 어긋나 버린 또 한 명의 사상가, 요시모토 다카아키[9]를 소개하고 싶다. 그는 다케우치가 내놓은 테제에 비판적 입장을 취했으며, 안보 투쟁에서는 학생조직인 공산주의자 동맹(분드ブント, Bund)[10]과 행동을 함께 하고 있었다. 요시모토는 투쟁을 하다가 검거되고 기소당한 학생들을 위해 특별 변호인 역할을 맡았는데, 전자(허거티 사건)의 피고를 변호하는 데는 일절 관계하지 않고, 오로지 후자(국회 돌입)에만 나서 자신의 주장과 행동을 일치시키려 했다.

이렇듯 운동의 방침과 지도를 둘러싸고 입장이 나뉘었는데, 그 한 가지 요인은 좌익 진영 안에서 일본의 현 상황을 분석할 때 이론적인 입장의 차이가 잠재하고 있었기 때문이다. 거칠게 구분하자면 대미 종속을 해소하고 '진정한 독립'을 달성해야 한다는 입장과 일본의 독점자본은 이미 제국주의 단계로 접어들었기 때문에 그것을 타도해야 한다는 입장으로 나뉘었다. 각 조직은 각각의 목적에 따라 행동 원칙을 정했다고 이해할 수 있다.

안보 투쟁이 끝나고 몇 년이 지난 후 다케우치와 요시모토가 대담을 나눌 일이 있었다. 그때 다케우치는 새삼스럽게 두 가지 투쟁(허거티 사건과 국회 돌입)을 전체적인 시야에서 공평하게 살펴보아야 한다는 견해를 내놓았

9_[옮긴이] 요시모토 다카아키(吉本隆明). 평론가로 『근대 문학』 창립기의 동인 가운데 한 사람이다. 사소설 작가론, 지식인론을 다루면서 프롤레타리아 문학 연구나 문예 시평 등 다방면으로 활동했다. 이름을 음독해 요시모토 류메이로 부르기도 한다.

10_[옮긴이] 전후 일본의 학생운동은 주로 일본공산당의 지도를 받았는데, 그 지도 방식에 의문을 품은 일군이 1958년 공산당에서 제명당한 활동가를 중심으로 '분드'를 결성했다. 분드는 급진주의 노선에서 전학련(全學連, 전국일본학생자치회총연합)을 주도했고, 이로 인해 안보 투쟁의 기간 동안에 물리적인 폭력이 빚어지곤 했다.

다. 하지만 다케우치라고 해서 어떤 조감(鳥瞰)의 시야를 처음부터 가지고 있었던 것은 아니다. 다케우치는 기회가 있을 때마다 전체를 봐야한다고 말했는데, 그것은 기성의 시점이 아니라는 의미였으며 그렇기에 중요했다. 다케우치의 행동은 독특한데, 그는 자기 원칙은 고수하면서도 "적이 취하는 태도"를 보고 자신의 태도를 결정하곤 했다.

거듭 말하지만, 다케우치가 말과 행동을 바꾼 것은 모두 5월 19일에 신안보조약 체결이 강행되었다는 사실에서 비롯된다. 다케우치는 기시에 의한 강행 체결을 5·19 쿠데타라고 불렀다. 중국에서 제1차 국공합작의 분열을 가져온 장개석의 '4·12 반공 쿠데타'(1927년)에서 착상을 얻은 것처럼도 보이는데, 분명 맥락은 다를 것이다. 아무튼 여기서 주목해야 할 대목은 그가 "민주인가 독재인가", "네 가지 제안"("민주인가 독재인가"와 거의 같은 내용이다) 등에서 전략을 바꾸고 중점을 옮긴 이유와 동기를 분명히 밝히고 있다는 점이다.

이후 다케우치는 "물에 빠진 개는 때려야 한다"(9월 13일)에서 이런 말을 했다. "적이 그렇게 민주주의를 입으로 떠벌려 놓고도 그것을 버렸다. 이제 우리가 그것을 줍자, 민주주의가 우리 쪽으로 옮겨 왔다. 이런 느낌을 가졌습니다. 이것을 헌법이라고 바꿔 말해도 좋을 것입니다." 이 장면에서는 그가 신헌법을 거론한 데서도 알 수 있듯이, 제도나 법을 실체로 삼아 그로부터 민중의 생활을 연역적으로 규정하지 않고, 제도나 법의 내용을 민중의 노력과 의욕으로 채워 나간다는 그의 독특한 실천 감각이 눈에 들어온다. 즉 헌법이든 안보조약이든 '전부 아니면 전무'라고 파악하는 형식주의가 아닌, 끊임없는 투쟁과 교섭 속에서 실질적인 내용을 결정해 간다는 사고방식인 것이다.

5월 19일 사건으로 국면이 크게 바뀌자 다케우치는 도립대학의 교수직에서 물러나는 등 돌출 활동을 보였는데, 다케우치 자신도 이런 행동을 정합적으로 설명하지 못했다. 헌법에 대한 맹세를 한 공무원 신분으로서, 공무원의 최고 책임자가 헌법에 반하는 행위를 하자 상대가 그만두지 않으면 자기가 먼저 그만두겠다는 논리는 어떤 종류의 비약이며 비합리적인 결단일 것이다. 다케우치 스스로가 그렇게 인정하고 있다. 그러나 다케우치는 "우리의 헌법 감각"(6월 12일)에서 자신의 사직을 역사적인 맥락과 결부지어(구헌법과 신헌법의 단절성과 연속성으로부터) 설명하고 있는데, 그 대목은 그가 줄곧 견지하고 있었던 역사 감각을 총체적으로 보여 주고 있다.

"지금의 새로운 헌법이 주어졌다느니 어쨌다느니 하는 말들이 나옵니다. 확실히 그런 지점이 있으며, 헌법을 읽어 봐도 어딘지 모르게 번역 투여서 친숙해지지 않습니다. 매우 좋은 것이지만 여전히 몸에 배이지 않는다는 그 괴리감에 늘 시달립니다. 여기서 인간을 억압하고 권리를 보장하기는커녕 위에서 의무로 내리누르는 무겁도록 갑갑한 저 구헌법, 그러나 그 구헌법 속에서 살아온 인간의 힘으로 과거의 마이너스를 플러스로 전환해 지금의 새로운 헌법 안에 뼈대를 세울 수는 없을까요. 그렇게 역사 내지 전통을 뼈대 삼아 지금의 헌법에 활기를 불어넣을 수는 없을까요. 진작부터 고민해 왔으며, 이 고민이 5월 19일에 대한 저 나름의 항의 속에 녹아들어 하나의 결단을 이루지 않았나 싶습니다."[11]

11_竹内好(1960d). 이 글은 1960년 6월 11일 "私たちの憲法感覚"라는 제목으로 진행된 헌법문제연구회 주최 '민주정치를 지키는 강연회'에서의 강연을 필기한 것이다.

5. 계획과 '기록'

앞서 말했듯이, 시미즈 이쿠타로처럼 '독립'을 우선 과제로 삼아 안보조약이 결국 체결되었는지 여부로 승패를 가른다면, 이 투쟁은 전면적인 패배였다고 정리해야 마땅하다. 그러나 다케우치는 법과 제도를 실체로 삼는 이런 견해를 취하지 않았다. 그는 먼저 일본 국민 안에서 '저항'의 전통을 수립하는 일의 중요성을 줄곧 강조했다. 이러한 발상은 정도의 차이는 있을지언정 츠루미 슌스케, 마루야마 마사오 등 이른바 자유주의자들과 최대공약수적인 공감과 전략의 공통성을 가지는 것이었다.

그러나 이 장면에서는 다시 투쟁의 계획을 세우는 방법이 문제로 놓인다. 다케우치를 자유주의 사상가로 분류할 수 있을지는 일단 접어 두자. 다만 일본적인 정치 풍토에서 자유주의는 독자적인 정치 당파로서 모습을 이루지 못한 채, 그때마다 출현하는 정치 주체에 기대서만 힘을 발휘했다는 것이 경험적인 사실이다. 가령 요시모토 다카아키를 자유주의자로 봐야 할지 역시 논외로 하더라도, 그는 앞서 밝혔듯이 당시 일본공산당과 대립하던 학생 조직인 분드와 줄곧 보조를 맞추고 있었다. 요시모토는 당시 일본공산당의 방침(반미, 독립)을 반대했을 정도이니 응당 기존의 좌익 조직이 주장하던 계획의 필요성에 의구심을 가졌을 것이다. 그 이후 안보 투쟁의 성과를 공론화한 『의제의 종언』(擬制の終焉)에서 요시모토는 기성정당과 조직에 의지하지 말고 '자립'해야 한다는 주장을 내놓았다.

안보 투쟁이 한창이던 시기에도 구체적인 장면에서 다케우치는 시미즈 그리고 요시모토와 만나고 또한 어긋났다. 『다케우치 요시미 평론집』 2권의 "저자개제"(著者改題)와 나중에 엮인 대담집 『상황적』(狀況的)의 "후기를 대신하여"를 보면 그것은 1960년 5월 말의 어느 회합의 일이었다. 그때 다케우치와 요시모토 사이에는 격론이 오갔다(시미즈는 줄곧 입을 다물고 있었던 모양이다). 논점은 세 가지였다. 첫째, 행동에 관한 계획이 필요한지 여부다. 둘째, 안보 문제를 미뤄두고 '민주'에 집중하자는 다케우치의 제안을 요시모토가 거부했는데, 이는 안보불가분론(安保不可分論)이라고 부를 수 있겠다. 그리고 셋째, 학생의 투쟁에 관한 평가로서 허거티 사건과 6월 15일 국회 돌입 사건을 구분해 후자만을 평가하는 요시모토를 향해 다케우치가 강하게 이의를 제기했다. 다케우치는 주로 요시모토가 내놓은 계획 무용설을 두고 "막무가내이며 아나키라는 인상을 받았다. 결국 그렇다면 서로 자기 길을 가는 수밖에 없으니 나는 자리에서 일어났다"고 기록을 남겼다.

이 회합에서 오간 격론의 내용을 지금 당장 검토할 필요는 없을 것이다. 차라리 여기서는 다케우치가 이 시기에 왜 계획의 필요성을 강조했는지, 또한 그 동기는 무엇이었는지를 생각해 보고 싶다. 다케우치는 『사상의 과학』(思想の科学)의 연차대회에서 "5·19 전후의 대중운동을 어떻게 볼 것인가"(7월 27일)라는 제목으로 강연했는데, 종래 일본의 반체제운동은 경제적 동인으로부터 상황을 설명해 나가는 마르크스주의적 운동론에 입각해 원대한 목표를 내걸 수 있었지만, 내일 시위를 어떻게 꾸릴지 파업을 어떻게 조직할지의 전술론으로 접어들면 곧잘 양자를 이어주는 중간 항이 빠지곤 한다고 지적했다.

다케우치는 좌익 운동에 대한 단순한 인상론으로서 이런 견해를 내놓은 것이 아니었다. 그것은 일본의 평화운동, 좌익 운동에 대한 비판을 넘어 일본의 근대적인 지(知)와 그러한 지가 규정하는 운동 실천에 대한 근본적인 비평으로 보인다. 즉, 전체와 부분 내지 개인의 관계를 어떻게 파악할 것인가라는 사상적인 시점의 문제인 셈이다. "불복종의 유산화를 위해"(1961년 4월)에서 드러나듯 다케우치는 안보 투쟁을 민족 독립의 문제로도, 시민적 자유를 획득하기 위한 투쟁으로도 보았으며, 또한 반체제 계급투쟁의 시각도 견지하고 있었지만, 어느 한 가지 관점에 근거해 운동 주체를 대중 자체와 동일시하는 사고방식은 줄곧 거부했다. 여기서 운동의 '기록'이라는 문제가 등장한다.

일반적인 인식이기도 하지만, 현재의 운동은 동시에 앞으로 있을 운동을 좀 더 제대로 싸워 내기 위한 준비의 과정이기도 하다. 그러한 의미에서 운동 자체는 '기록'을 요구한다. 그리고 '기록'은 결코 임의의 운동 주체에 국한되어서는 완성될 수 없으며, 또한 그렇게 서술해서도 안 된다. 이것이 다케우치의 한 가지 신념이었다. 5월 19일에서 오래 지나지 않은 6월 25일에 급히 갈겨 쓴 "큰 사건과 작은 사건"에서 다케우치는 이미 "기록을 만드는 일 자체가 투쟁의 수단이다. 적은 기록을 남기지 않는다. …… 나는 역사를 낳는다"고 적고 있다. 어떤 의미에서 5월 19일 이후 다케우치는 '기록'을 남기는 일에 줄곧 매진했다고도 말할 수 있다.

다케우치에게 '기록'은 그 자체로 완결되지 않는다. 진정한 '기록'이라면 예측과 결과를 모두 적어 두고, 왜 예측이 빗나갔는지 왜 예측하지 못했는지를 밝혀야 한다. 다케우치는 "왜 승리라고 하는가"(7월 7일)에서도 그렇게 말했다. 운동 내지 상황은 시시각각 변해 간다. 변해 가는 상황에 휩쓸려 버린다면, 사회를 움직이는 계기를 놓칠 것이며, 더구나 아무 일을 하지 않는 때보다 최악의 정치에 더욱 쉽게 놀아날지도 모른다. 즉 다케우치에게 '기록'이란 그러한 최악의 정치에 대한 저항을 뜻하며, 바로 그렇기에 계획을 작성하는 일이 필요하다. 따라서 중요한 것은 어떤 인물이 내놓은 혹은 권위에 기댄 계획에 따라 움직이는 것이 아니라, 스스로 계획을 세우려는 의지다. 말하자면, 누구든 계획을 작성하는 사람이 되어야 한다. 다케우치는 그렇게 질타하고 격려했던 것이다.

6. 결론을 대신하여

5월 19일의 전날 다케우치가 대표단과 함께 기시 노부스케 수상을 면회 갔던 때에 했던 말이 마음에 남는다. 그가 말한 "역사를 만드는 인간과 역사를 쓰는 인간"이라는 대비는, 역사를 만드는 인간(여기서는 위정자)은 이것을 그다지 문제로 여길 리가 없다는 의미에서 불행하다. 하지만 그러한 대비의 구도가 결코 소멸될 수 없다는 의미에서 여전히 긴장 관계를 간직한 테제이기도 하다. 기시 노부스케는 안보 투쟁 이후 수상직을 사임해 자기 나름으로 매듭을 지었지만, 그 후에도 정치적 발언력은 여전했다. 또한 같은 생각을 지닌 정치가는 지금도 태어나고 있으며 그의 손자가 총리대신의 한 명이 되기도 했다.

다만 이후에 역사적으로 검증된 내용이지만, 당시 6월의 국면에서 기시 노부스케 본인이 방위청 장관인 아카기 무네노리에게 치안 유지를 위해 자위대 출동을 요청했다는 사실을 잊어서는 안 된다. 결국 방위청 장관이 거부하기는 했으나, 국민적 운동을 진압하려고 사적으로 '자위대'를 파견하려고 했다는 발상은 주목을 요한다. 여기서 다케우치가 설정한 계획, '민주인가 독재인가'는 잠재적으로 적중한 것이다. 안보 투쟁은 일본의 '진정한 독립'을 지향하는 요소를 맹아적으로 갖고 있었지만, '진정한 독립'을 요구하는 그 국민운동을 '자위대'가 진압했다면 이후 일본인의 역사 감각은 크게 달라졌을 것이다.

한편 다케우치가 그토록 집요하게 '예측'과 '계획'에 매달렸던 일은 오늘날의 감각에서 보면 어떤 특별한 울림이 있다. 다케우치가 살았던 시대에서 이른바 평론가라고 불리는 인간의 직업적인 감각일 수도 있지만, 오늘날 제도화된 학문의 틀에서 그런 행위는 좀처럼 의미를 갖지 못하는 게 사실이다. 그러나 달리 생각해 보면 '예측'과 '계획'은 일본의 다른 영역에서 줄곧 존재해 온 전통이다. 특히 경제 '예측'은 마르크스주의의 주로 경제학 분야에 도입되어 1920년대부터 성행했다(마르크스주의의 '예측'이 쌓여 1929년의 경제공황을 알아맞힌 것처럼 보이기도 했다). 또한 러시아혁명(10월 혁명)으로 '사회주의' 정권이 탄생하자 혁명을 위한 '계획(강령)' 수립에 권위가 더해지기도 했다. 나아가 전후 한 시기, 적어도 1950년대까지 많은 지식인과 학생들은 전후 혁명이 필연적으로 '사회주의' 정권을 낳으리라고 내다보았다는 사실도 덧붙이고 싶다.

다른 한편에서, 다케우치도 지적했듯이 마르크스주의 혁명론에는 자본주의의 종말을 지향하는 동시에 역사 자체의 종말을 고한다는 뉘앙스가 짙게 깔려 있다. 주지하듯이 그런 의미에서 마르크스주의는 그리스도교의 역사 종말관을 계승한다고도 볼 수 있다. 그런데 일본이나 중국 등 아시아에서 서양 근대사상이 바깥으로부터 유입될 때 현지 사회의 지적 생산에 어떠한 충격을 가하고 변화를 일으키는지는 몹시 중요한 문제다. 그 공과야 무엇이든 간에, 결과적으로 중국의 경우에는 마르크스주의가 강하게 토착화되었다고 말할 수 있다.

다케우치가 '예측'과 '계획'을 중시하고, 실패나 오차를 포함해서 '예측'과 '계획'의 의의를 강조한 데는 역시 중국의 존재가 크게 작용했다고 할 수 있다. 혁명을 포함한 중국의 근대화 과정은 기존의 원칙, 특히 서구 사회가 발명한 마르크스주의를 비롯한 사회경제 이론을 그대로 적용해서는 설명할 수 없다. 다케우치는 이 점을 알고 있었다. 그리고 그러한 '예측'의 실패와 '계획'의 파탄이 초래하는 가혹한 보복의 의미도 그는 알고 있었다. 따라서 그에게 '예측'과 '계획'은 오히려 교조적 진리를 현실에 기계적으로 적용한다는 발상에 대한 저항을 뜻했다. 물론 다케우치가 내놓은 여러 '예측'과

'계획'의 결과를 두고 지금 우리가 냉소 짓기란 참으로 쉽다. 그러나 책임의 무게를 수반하는 '예측'도 '계획'도 내놓은 적이 없는 인간들이 역사의 뒷자리에 서서 어떤 '판단'을 비웃는다면, 오히려 역사로부터 웃음을 사고 말 것이다.

다케우치 안에는 무언가 전체성(전체를 종합하는 시점)이 확보되어 있었다. 그렇지 않았다면 '예측'도 '계획'도 내놓을 수 없었을 것이다. 거기서 문제가 되는 것은 그 전체성의 질(質)이다. 단언하건대 다케우치의 전체성은 일부 직업 혁명가가 지니고 있던 것과는 달랐다. 다케우치는 역사의 필연성을 남들에게 권위적으로 내세우지 않았으며, 자신의 '예측'이 실패하면 그것을 솔직하게 인정했다. 다케우치는 중기적 계획의 필요성을 계속 설파하면서도, 동시에 착오를 보고하는 인간이었다(『예견과 착오』라는 책 제목이 그렇다). 이를 두고 단지 그의 사람됨이 그래서라고 결론을 내려서는 안 될 것이다. 하지만 도립대 교수직을 사직하는 등 그가 보여 준 행동의 독특함에는 끝내 헤아리기 어려운 개성이 묻어 있는 것도 사실이다.

혁명에는 혹은 혁명에 몸을 던지려면 정신적 자원으로서 종말관이 필요하듯이, 다케우치도 종말관을 마음 한 구석에 간직하고 있었다.[12] 그것은

12_다케우치 요시미가 자주 입에 담지는 않았지만, 종말관이나 종말 사상은 그에게 결정적인 계기였다고 추측된다. 가령 "근대의 초극"을 보면 '근대의 초극' 좌담회에서 주최자인 『문학계』 측이 왜 일본 낭만파를 중시했는지를 두고 다케우치는 이렇게 추론한다. "'근대의 초극' 사상에서 '일본 낭만파'는 복고라는 측면이 아니라 종말론이라는 측면에서 작용했지 싶다. '영구전쟁'이라는 이념을 교의가 아니라 사상 주체가 책임을 지는 자유의 행위로 해석하려면 어떻게 해서든 종말론이 필요했지만, 『문학계』의 지성은 종말론의 계기를 끌어내지 못하고 있었다. 그래서 그들은 '일본 낭만파'의 힘을 빌려 이른바 독으로 독을 제압하려 들었던 것이다. 그리하여 '근대의 초극'이라는 희화를 그렸다"("近代の超克", 『近代日本思想史講座』 第七巻 "近代化と傳統", 筑摩書房, 1959). 이러한 추론은 하나의 탁월한 분석임과 아울러 다케우치

다분히 칸트가 말하는 의미에서 인간의 자유와 책임의 문제와 관련된다. 안보 투쟁을 자기 나름으로 총괄한 저작인 『불복종의 유산』의 "후기" 말미에는 '종말관에 대하여'라는 대목이 있다.

> "시작이 있으면 끝이 있다. 우주에도 끝이 있다. 하물며 한 문명, 한 국가, 한 집단에는 반드시 끝이 있지 않겠는가. 천양무궁(天壤無窮)에는 찬성할 수 없다. 끝이 없으면 시작도 없기 때문이다. 죽음을 생각하지 않고 사람이 살아갈 수 있을까. 나는 의심스럽다. 취직을 하면 응당 퇴직을 생각해야 한다. 그렇지 않으면, 자유의지의 주체임을 저버리는 일로 노역과 다를 바 없다. …… 나는 일본 국가에도 해산 규정을 두자고 요구하고 싶다. 그렇게 하지 않으면 애국심은 일어나지 않는다"(竹內好 1980, 293-294).

다케우치는 이렇게 말하고 나서, 안보 투쟁 시기의 사직과 그보다 앞서 1942년에 '중국문학연구회'를 해산시킨 것은 자신의 개성 가운데 일부가 드러난 사건이라고 총괄한다.

안보 투쟁이 이후 일본의 민주주의에 어떤 공헌을 했는지를 두고 다케우치는 그 후에도 줄곧 낙관적인 예견과 비관적인 견해 사이에서 동요하고 있었던 듯하다. 먼저 최초의 문제의식이었던 일본의 '독립'은 다케우치가 바라던 식으로는 거의 진척을 보이지 않았다. 한편 다케우치는 중국에서 핵실험에 이어 문화혁명이 진행되고 베트남 전쟁도 발발하자, 그러한 제3세

의 개성적인 독해, 즉 다케우치 자신이 당시 일본 낭만파에 왜 주목했는지를 말해 준다고 하겠다. 연보적인 사실을 보아도, 다케우치는 교토대학 세계사파의 연속 좌담회 "세계사적 입장과 일본"에 깊은 흥미를 가졌지만, 그들의 중국관에 결정적인 위화감을 느껴 일본 낭만파의 종말 사상에 매료되어 갔다. 그것은 또한 '중국문학연구회' 해산으로 상징되는, 1940년대라는 시대 상황을 짙게 반영하고 있다고도 말할 수 있다.

계의 '독립'이라는 과제와 일본의 '독립'의 과제가 공명하지 못하고 있다는 상황을 부각시키려는 심산도 가지고 있었다.

다케우치는 전후 일본의 어중간하게 비정치화된 문화 환경과 대결한다는 자세를 한결같이 고수하고 있었다. 그는 '천양무궁'이라고도 할 정치권력을 자연스런 배치로 받아들이는 일본적 상상력을 향해 타협 없는 투쟁에 나섰다. 이는 사상가 다케우치 요시미의 개인적인 기질이라고 보아야 할지도 모른다. 일본적 '자연주의'를 무너뜨린다는 너무도 버거운 과제와 줄곧 씨름한 그는 신음하듯이 말한다. "나는 일본 국가에도 해산 규정을 두자고 제창하고 싶다. 그렇게 하지 않으면 애국심은 일어나지 않는다." 우리는 안보 투쟁의 종국에 가서 그가 토로한 이 신음과도 같은 말을 기억해야 할 것이다. 이러한 신음에 미치지 못하는 말이 영원할 것 마냥 되풀이되는 일본의 지적 풍토에서 우리는 이 신음에서 한 걸음이라도 더 앞으로 내딛을 수 있을 것인가?

• 옮긴이 | 윤여일

9장

공공화를 향하여, 탈권위주의를 넘어서

타이완의 지식 상황과 극복 과제

_『대만사회연구계간』 편집위원회

1. 서론

2000년 3월 대중적(民粹)[1] 권위의 권력자가 퇴장하고 정당 간에 처음으로 정권 교체가 이뤄지면서, 타이완 사회는 정식으로 정당정치의 이론적 구상에 부합하는 구도 속으로 들어가게 되었다. 어떤 이들은 이를 가리켜 민주화의 완성이라 칭했고, 어떤 이들은 본토화의 승리를 강조했으며, 또 어

• 이 글은 2003년 10월 개최된 대만사회연구계간 15주년 학술 대회에서 기조 논문 형식으로 발표되었으며, 『臺灣社會研究季刊』 第五十三期 (2004年 3月)에 게재되었다. 이 저널은 1980년대 타이완 사회 민주화의 흐름을 타고 창간된 비판적 지식인 잡지로서 학문과 사회 현실 간의 긴밀한 관련성에 입각하여 타이완 사회의 내부적 문제를 심도 있게 다뤄 왔다. 1988년 봄호를 시작으로 현재(2009년 3월)까지 73호를 발간하고 있으며 중국어권의 비판적 지식인 사회에서 손꼽히는 영향력을 가지고 있는 국제적 저널이다.

1_[옮긴이] 원문의 '民粹'는 우리말의 민중, 인민 정도에 해당하는 말이지만, 여기서 그 의미가 대중에 영합하는 포퓰리즘에 가까우므로 '대중적'이라 번역했다.

떤 사람들은 그 과정의 평화로움을 높이 평가했다. 전형적인 서구 자유 민주 진영의 어휘로는, 그 누구도 적절한 단어를 찾아 그에 대한 원칙적인 비판을 할 수 없을 것이다. 선거를 통해 획득한 지배의 정당성, 이는 역사가 타이완의 새로운 정권에 안겨 준 선물이었다. 하지만 이후의 역사는 타이완이 이 선물을 향유할 만큼의 복은 없었음을 증명했으며, 향유되지 못한 선물은 도리어 자신의 주인을 지배하기에 이르렀다. 이는 하나의 판도라의 상자였으며, 그 안에서 흘러나온 것은 선거라 불리는 유령이었다. 그것의 논리와 정신은 무절제한 권력투쟁(그리고 비정책 분야의 공개적인 정치투쟁)이었다. 권력투쟁은 선거 시기와 비선거 시기를 막론하고 타이완 사회의 거의 모든 영역 속으로 삼투해 들어갔다. 선거는 책략이자 목표였으며, 과정이자 종점이고, 매개물이자 정보였다. 선거는 모든 것이었다. 비유를 들자면, 현 시기의 정치 상황은 사실 남색과 녹색 유니폼을 입고[2] 미식축구를 하는 정치인들이 권력이라는 공을 빼앗고자 한데 뒤엉켜 있고, 그 주위로는 너무 흥분한 나머지 흐리멍덩해진 대중매체와 관중들이 둘러싸고 있는 것과도 같다. 한쪽에는 격앙된 상태에서 아무런 원칙도 없이 온갖 술수를 써대는 권력 쟁탈이 벌어지고, 다른 한쪽에는 그와 대조적으로 마음을 졸이며 지켜보지만 정작 별다른 힘이 없는 대중들이 자리함으로써, 우리가 처한 이 탈권위주의 시대의 핵심적인 이원 구조를 규정하고 있다. 학자들과 대중매체는 이 시대를 범람(泛藍, 국민당)과 범록(泛綠, 민진당)이 대립하는 이원 구조로 정의하는데, 이것은 겉으로는 서로 비난하면서 속으로는 서로 의존하는 양자의 공생 관계를 은폐하는 결과를 가져오고 있다. 마찬가지로 이들은 또

2_[옮긴이] 남색과 녹색은 각각 국민당과 민진당을 대표하는 색깔이다.

한 경박하게도 이 시대를 민주주의 시대와 동등한 것으로 보지만, 우리는 이러한 "시대의 환각"에 도전해야 한다.

공중(公衆)의 존재가 침식당하는 상황에서 생겨난 정치는 그 정의상 필연적으로 일종의 사(私)적 정치일 수밖에 없으며, 유행 담론에서 말하는 '공'이라는 것도 결국 '사'의 내의를 겉으로 꺼내 입은 것에 불과한 경우가 많다. 이러한 정치가 소환하는 것은 공민(公民)의 사변 활동이 아니라 국족(國族, nation)/대중(民粹)/성적(省籍)[3]으로 이뤄진 복합적인 정체성이다. 동시에 양안(兩岸) 간의 대립적인 형세 역시 권력자들에 의해 끊임없이 촉발되어 여론을 동원하고 대중 영합적인 사적 정치를 정당화하는 구실이 되고 있다. 이러한 (비)정치구조하에서는 중하 계급에 속한 일반 대중들이 자신들의 일상생활 속에서 감수해야 하는 진실한 고통과 번뇌 — 예컨대, 2000년 이후 타이완 사회에서 각종 중요한 사회경제적 자원 분배의 불공정성이 악화되는 상황 — 로 인해 괴로워하면서도 그것을 표현하지 못한다. 동시에 전쟁의 위험성은 통일을 지지하든 독립을 지지하든 간에 시종일관 타이완인들(그중에서도 특히 어느 방면에서건 제일 먼저 피해를 입을 중하 계급)의 마음속에 결코 가시지 않는 먹구름을 드리워 왔다. 그 먹구름은 '장공'(蔣公, 장제스)에서 '아볜'(阿扁, 천수이볜)에 이르기까지 50여 년에 걸쳐 지속되었으며 근래에 들어 더욱 짙어지고 있다. 정치·경제·문화에서 양안관계에 이르기까지 이러한 신구의 거대한 문제들은 오랜 세월이 지나도록 그것을 조리 있게 설명하거나 정확히 표현할 방법을 찾지 못했으며, 다만 계속해서 침울하니

3_[옮긴이] 타이완의 인구구성은 크게 본성인(本省人, 장제스 이전, 주로 명·청대에 대륙에서 건너온 사람들), 외성인(外省人, 장제스와 함께 대륙에서 건너온 사람들), 원주민으로 나뉘며, 이와 같은 출신의 구분을 성적(省籍)이라 한다.

근심을 쌓아 두는 수밖에 없었다. 이것은 다시 타이완 사회에서 본래부터 취약했던 시민사회 역량(社會力)과 맞물려 일종의 악순환을 형성하고야 말았다.

이로 인해 생겨난 현상은 대단히 역설적이다. 탈권위주의 시대에 이르러 사람들은 기운이 더욱 북돋아진 것이 아니라 도리어 더 무기력해지고 고립되었으며, 전보다 안전감이 줄어들고 더 냉소적으로 변했다. 이는 우리가 처한 시대의 가장 핵심적인 역설로, 마땅히 그 출로를 다각도로 모색해 탈권위주의의 늪에서 빠져나올 필요가 있다. 탈권위주의를 넘어서려는 이런 기획은 모든 형태의 사적 정치를 지양하고, 동시에 정치·경제·문화 및 양안관계 등 중대한 의제의 공공화(즉, 폭넓은 대중의 지속적이고 심도 있는 논의 참여)를 요구한다. 그것은 최소한 네 가지 목표를 함축하고 있다. 정치 공공화, 사회정의, 다양한 정체성에 대한 평등한 인정, 양안 간의 평화가 바로 그것이다. 이 목표들은 우리의 분석 구조인 동시에 규범의 척도로서, 민주좌파 기획의 핵심적인 내용을 구성한다.

탈권위주의 시대와 관련해 우리가 제기하는 문제는 다음 두 가지다.

1. 우리가 획득한 것은 어떠한 종류의 '민주'인가? 그것에 뒤따르는 대가는 무엇인가? 어떤 가치 혹은 어떤 사람들이 희생되었는가?
2. 이러한 곤경을 어떻게 빠져나올 것인가? 혹은 최소한, 우리는 어떠한 논의를 통해 현 상황이 곤경임을 지적할 것인가?

탈권위주의 시대를 문제 삼는 것이 권위주의 시대로의 회귀를 요청하는 것은 물론 아니다. 민주주의를 받들고 실천하는 사람으로서, 우리는 어떠한 종류의 보수적이거나 반동적인 권위의 유혹도 거절하며, 일반인들이 일상생활에서 정치의 주체가 되게끔 하는 능력과 제도를 지지한다. 좌파로서 우리는 일체의 착취, 압박, 차별을 거부하고 시장 만능주의와 형식 민주주의, 각종 문화적 패권주의에 도전하며 사회정의와 개성 해방 및 역사의 창건을 추구한다. 지금 이곳이 아무리 견딜 수 없고 실망스러울지라도 우리의 희망은 오직 지금 여기에 있을 뿐이다. 이는 『대만사회연구계간』 동인들이 15년간 일관되게 지켜온 신념이다. 2003년 10월 4일, 5일에 걸쳐 『대만사회연구계간』 동인들은 사회정의, 경제 발전, 식민주의, 정치사상, 도시연구, 도농 개발, 초국적 노동운동, 성 정치학, 매스컴 소유권, 심리 분석, 문학비평 등을 포함한 다양한 비판의 시각으로부터 출발해, 각기 다른 길들이 한곳으로 다시 모아지듯이, 타이완 사회의 현황과 출로에 대해 분석했다. 이를 통해 좀 더 깊고 풍부하며 현지에 적합한 비판적 논의의 전통을 다지는 데 공헌할 수 있기를, 동시에 이것이 시대를 직접 대면하는 학습과 자아비판의 노력이기를 희망했다. 어떤 좌파 혹은 급진파라 할지라도 만약 시대와 보조를 맞추는 학습과 반성을 거치지 않은 채 그것이 처한 사회적 상황과 결합하게 된다면, 그것은 결국 사회와 무관한 상태로 역사 속에서 도태될 것이며 단지 '비판적'이라는 오만한 태도만을 남길 것이다.

우리는 지금의 탈권위주의 시대가 비록 사람들을 불안하고 무기력하게 만드는 여러 특징들을 지니고 있을지라도 동시에 그것이 희망으로 충만해 있다는 사실을 믿고자 한다. 그것은 바로 이 시대가 사람들이 자신에게 방향과 내용을 부여해 줄 것을 기다리고 있기 때문에, 즉 사람들이 역사를 새롭게 창조할 것을 요청하고 있기 때문에 그렇다. 권력자는 분명 사라졌건만, 민주주의는 어째서 요원한 것일까? 연극의 관객은 반드시 참여자이고 연출자여야 하며 동시에 투쟁하는 사람이어야 한다.

2. 탈권위주의 이전의 세 가지 권위 시기

오늘날 탈권위주의는 혼란스럽고 공허하며 불공정한 국면에 이르기까지 세 가지 단계를 거쳤다고 할 수 있는데, 그것은 각각 고전적 권위주의, 개혁적 권위주의, 대중적 권위주의로 나뉜다. 현 상황에 대한 모든 이해는 반드시 역사적 지식을 포함해야 한다고 믿기에, 우리는 아래의 논의에서 타이완 전후의 역사에 대해 간단한 시기 구분을 시도했다. 분명히 말하지만, 우리는 결코 소위 '객관적'인 역사 서술을 진행하려는 것이 아니라 우리가 깊이 관심을 가지는 몇 가지 관점을 부각시키려는 것이다. 그 관점에는 정치 공공화, 분배 정의, 다원성의 인정, 양안 민중들의 관계, 지식인의 역할, 문화 재편, 경제 생산 체제, 국가 자주성, 사회운동이 해당된다.

1) 고전적 권위주의 시기

전 세계적 냉전 체제와 미국의 지지하에서, 장제스(蔣介石)가 집권한 권위주의 통치 시기에는 정치와 사회질서가 전적으로 상명 하달의 권위적 방식으로 관철되었으며, 그 어떤 사회적 자주 공간의 존재도 허용되지 않았다. 지식인들의 비판적 의견 개진 자체가 거칠게 억압되었기에, 정치 반대 운동의 용인 여부에 대해서는 논할 필요조차 없을 것이다. 그 권위적 성격은 순전히 정치적 정당성·폭력·지식/정보 등에 대한 독점, 그리고 경제에 대해 국가가 갖는 절대적 우위를 바탕으로 생겨난 것이다. 정치적 정당성의 핵심 내용은 반공과 중국의 법통이었으며, 이것들은 모두 통치자에 의해 절대화되어 그 어떤 도전도 용납하지 않았다. 역사적으로 보면, 이러한 권위주의적 통치는 비단 '횡적인 이식'에서 비롯한 것이 아니라 오히려 좀 더 '종적인 계승'에서 연유한 것이다. 군경을 통한 진압 및 권위주의적 편제를 일본 식민 정권으로부터 계승한 이 시기 일련의 사건들, 즉 2·28 사변, 계엄 체제의 수립, 1950년대 과도한 연좌 처벌을 수반한 '토벌'의 백색테러 등은 타이완 사회에 존재했던 자주적 정치의식과 사회조직에 심각한 피해를 입혔다. 정권은 또한 일본 식민 정권의 '국어 정책'과 '문예 정책'을 계승해, 거의 완전한 통제하에 있었던 교육과 매스컴을 통해 국어 교육과 '반공 문학'을 관철시켰다. 이 중 '반공 문학'은, 각종 문예 생산 영역에 종사하는 이들에게 현 정부가 처한 반공적 상황을 감안하면서 실질적인 정치체제는 건드리지 않고 오직 '문예 창작'에만 몰두할 것을 요구했다. 마찬가지로 역사 서술에 대해서도 겹겹이 금기를 두었으며, 5·4 운동 이래의 각종 진보적 논의를 단절시키고 민중의 축적된 정치의식을 봉쇄했다. 그리고 그 공백은 다시 관변 역사학으로 채워 넣었다. 두말할 나위 없이 이러한 조치들은 민중에게 남아 있던 정치의식을 깡그리 제거함으로써 순종적인 민중을 만드는 일을 한층 수월하게 했다. 유감스럽지만 반드시 지적해야 할 것은 이처럼 국족(國族) 만들기, 반공 의식, 정치성의 제거를 세 꼭짓점으로 하는 지배 구조가 오늘날에 이르기까지 대체로 실패한 적이 없다는 사실이다.

진압을 진행함과 동시에, 정권은 대륙에서의 참패 경험을 되새기면서 토지개혁 및 공공 위생과 국민교육을 포함한 기초 사회정책 수립에 착수했으며, 이를 통해 물질적 기초 위에서 통치 정당성을 확보하고 부국강병의 목적을 달성하고자 했다. 1950년대에 국민당 정권은 국가에서 고용한 인원들(군인, 공무원, 교직원 및 부분적 국영사업의 노동자들)을 대상으로 사회보험을 시행하기 시작했다. 원래의 의도는 물론 이 모든 것이 국가조직을 공고히 하기 위해 마련된 것이라 할 수 있지만, 사회 평등의 유지와 관련한 그것의 효과에 대해 말한다면 아무래도 좀 더 역사화되고 탈이데올로기화된 세밀한 분석 — 예를 들어 제2차 세계대전 이후 냉전 체제하의 서구에서 성행한 복지국가제도, 즉 '국가의 왼손'이 갖는 역사적 부채와 자산 문제 —을 기다릴 필요가 있다.

이 시기 경제의 주요 임무는 식민 상태에서 벗어나는 것으로서, 간단한 소비재 제조업을 일으켜 수입을 대체하는 것이었다. 비록 소수의 공업(예컨대 방직, 비료, 시멘트)이 이미 신속하게 확장하고 있었지만, 주요한 생산방식은 여전히 수공업이었다. 적어도 1950년대 중기에는 일본 식민자본을 승계한 국영기업의 생산액이 여전히 전체 공업 생산액의 3분의 2 가량을 차지하고 있었으며, 좀 더 높은 공업 단계에 위치함으로써 개인 자본에 대한 국가의 우위를 확보할 수 있었다. 과거 대륙에서 관료자본이 실패했던 교훈을 바탕으로 정부는 공업화의 본격적 착수에 발맞춰 민간 자본을 양성하기 시작했지만, 전략적으로 높은 단계의 공업은 공영의 몫으로 남겨 두고 중간과 그 이하 단계를 중소기업에 개방했던 것이다. 비록 1960년대 이후 수출 주도 경제체제가 성장하기 시작하면서 경제 발전 또한 신속하게 이뤄졌지만, 민간 기업의 체질이 주로 중소기업에 속해 있었던 까닭에 정권은 여전히 경제 발전에서 강력한 리더십을 유지하면서 민간 기업을 제한할 수 있었다. 예를 들어, 대만플라스틱(이 기업은 이미 1960년 말에 타이완 수위의 대기업 집단이 되었다)이 몇몇 전략적 산업(예컨대 경유 분해 공장)의 지위에 오르게 되면서 민간 기업집단이 정책 결정에 관여하는 것을 더욱 허락지 않게 되었다.

냉전 체제와 강력한 반공주의 아래에서 뿔뿔이 흩어진 채 미약하기 그지없었던 지식인층의 정치 반대 운동은, 다만 친미와 반공을 전제로 삼은 상태에서만 권위적 통치에 반항하고 기본적인 인권을 쟁취할 수 있었다. 고전적 자유주의는 당시 논의에 끌어올 수 있는 거의 유일한 자원이었다. 자유주의 지식인들은 미국을 핵심 이미지로 하는 근대성(modernity)과 억지로 비교하면서 전통과 권위적 통치를 비판했는데, 이때 전통과 권위적 통치는 종종 동전의 양면으로 간주되었다. 근대가 전통과 대립한다는 이러한 상상은 국민당 정권이 일종의 비스마르크식 근대화(modernization)의 경로로 나아가고 있다는 사실을 간과하는 것이었다. 즉 다원적인 정체성을 억압하고 단일한 국족 정체성의 정치를 추진했으며, 사회 부문에 대해 사전적인 통합과 조직화를 진행하는 한편, 민간 자본을 억제하고 시장경제에 일련의 규칙을 부과했으며, 국가 차원에서 공중위생이나 기초 교육 등의 재생산 자원을 제공한 것 등이 그러하다. 당시 자유주의 근대화 사상은 오직 한 가지 각도로 단순화 되어 '전통과 근대' 및 '자유와 독재'라는 이원 대립 구조 속에서만 논의를 진행할 수 있었기에, 상이한 근대화의 내용들(예컨대, 국가 대 시장의 규칙, 사회복지 제도)이 좀 더 큰 틀 속에서 사유될 수 없었다. 돌이켜 보건대 당시 권리에 대한 자유주의 논의는 비록 그 자체의 한계를 지니고는 있지만, 그럼에도 불구하고 그것은 분명 사회주의 전통이 단절되고 제3세계 논의가 결여된 역사적 조건 아래에서 지식인들이 실제로 낼 수 있었던 가장 급진적인 반대의 목소리였다. 그들이 꿈꿨던 것은 국민당의 일인 독재적 정치관과 ('사회주의 신중국'에 대응해) 국민당이 운영하는 국족주의(nationalism) 문화 율법에 직접적으로 도전하는 것이었다.

서구식 반대 야당을 만들어 보기도 했지만 결국 단명해 버린 시도가 되고 말았으며, 이후의 정치투쟁은 그저 소수의 비판적 간행물의 출간과 일부 독자적인 지식인들의 위험천만한 외침에 의지할 수밖에 없었다. 지식인과 자본에서 지방의 여러 사회집단에 이르기까지 사회 전반에 걸친 모든 것들이 일률적으로 굴복하게 되었다.

2) 개혁적 권위주의 시기

장징궈(蔣經國)가 집권하기 시작한 1970년대 초 타이완은 이미 성공적으로 세계 자본주의 생산 질서 속에 편입되었으며, 노동 집약을 기초로 하고 민간 자본을 주체로 한 수출 주도형 경제체제가 형성되어 있었다. 이전과 비교했을 때 공영사업이 차지하는 공업 총생산액의 비중은 70년에 이미 30%로 하락했으며, 새롭게 탄생한 중소기업 경영자들과 화이트칼라 전문직 종사자들은 사회의 새로운 실력 집단을 이루었다. 같은 시기 광범위한 농촌인구가 빠른 속도로 무산계급화했으며, 도농 격차가 벌어지고 사회의 불평등이 새로운 면모를 띠기 시작했다. 문학계의 향토문학 운동은 바로 이처럼 자본주의가 급속하게 발전하는 가운데 사람들이 새롭게 생겨나는 제반 문제들을 반성하기 시작했을 때 출현한 것이다. 이 시기 민간 기업들은 비록 점점 성장하기는 했지만 80년대 중반 권력자 장징궈가 병들기 전까지는 여전히 정권에 직접적으로 관여하지 못했다. 적어도 개혁적 권위주의 체제의 말기에 이르기까지는 정권이 여전히 자본에 대한 지배적인 지위를 지키고 있었다. 아울러 정부 주도의 산업 발전 정책을 고수하고 국영기업이 발전의 기관차 역할을 맡으며 정치 목표와 경제 목표가 서로 부합하는 등 각 방면에서 이전 시기와 비교적 분명한 연속성을 지니고 있었다. 이 시기의 권위적 정치체제는 스스로의 정치 논리와 정당성을 기준으로 사고했으며, 심지어 84년에는 상대적으로 진보성을 갖춘 노동기준법을 공포하고 '시행'했다. 하지만 이후 10년 동안 그것은 자본의 압력하에서 여러 차례 퇴보적인 법안 수정을 겪게 되었다. 타이완 생태 환경의 급속한 악화 역시 이 시기에 시작되었다. 발전주의의 기치 아래 타이완 사회에서는 70년대를 통틀어 환경을 논의하는 그 어떤 목소리도 찾아볼 수 없었다.

1970년대 초에 있었던 국제 정세의 여러 중대한 변화들은 국민당 정부의 통치 정당성을 점점 위태롭게 만들었다. 이에 장징궈는 정권을 공고히 하기 위해 어쩔 수 없이 지방의 전통 세력들과 신흥 집단들에 대해 당근과 채찍이라는 두 가지 전략을 구사해야만 했다. 여기서 채찍이란 당연히 경찰력을 의미하며, 당근은 각종 선거 시장의 점진적 개방과 당정의 요직, 지방의 이권을 포함했다. 일반 시민 대중들을 대상으로 개혁적 권위주의가 정당성을 확보할 수 있는 근간은 경제 발전과 사회 안정이었다. 70년대 초 사회를 떠들썩하게 했던 선전물 "소시민들의 마음의 소리"(小市民的心聲)는 한편으로는 부드러운 목소리로 일반 민중들에게 발전과 안정을 노래했지만, 다른 한편으로는 낯빛을 바꾸어 사회운동, 학생운동, 심지어는 실천적 애국주의마저도 '도적의 앞잡이'라고 경고했다.

정치적 억압이 사실상 줄어들지 않은 상황 속에서, 이 시기에 점진적이지만 중요한 변화가 한 가지 있었는데 그것은 바로 자유주의 지식인들의 질적인 변화였다. 인하이광(殷海光)과 레이전(雷震)으로 상징되는 5·4 전통을 잇는 계몽자유주의는 1970년대 중기에 서서히 지식과 정치의 성격이 뒤섞인 집단으로 변했으며 이를 일반적으로 '자유파 학인'이라 칭한다. 고전적 권위주의 시기의 자유주의자는 체제 바깥에서 굳건하게 반대의 입장을 지켰지만 이런 기풍은 70년대 역사 속에 그 자취를 감추었다. 개혁적 권위주의 시기에 미국에서 유학을 마치고 돌아온 자유파 학인들은 비록 대체로 자유주의적 용어와 반권위적 태도를 이어받고 있었지만, 이전과는 달리 체제 내에 머물면서 '혁신을 통해 타이완을 지키는' 사업을 선택했다. 이들은 정치적 가치에 있어서는 냉전 시기 미국의 근대화 이데올로기를 기준으로 삼고, 미학적 평가에 있어서는 미국식 모더니즘(現代主義)을 규범으로 삼았다. 고전적 권위주의 시기 문학예술 분야의 모더니스트들은 정권의 '반공 문학'에 대한 완곡한 비판자 역할을 수행했지만, 이제는 권력에 의해 성공적으로 재편되어 심오하고 난해한 동시에 형식 지상주의적인 태도를 자랑스러워하는 문학예술 영역의 총아로 변모했다. 자유파는 더 이상 기존 국가 체제에 대한 반대자가 아니라 오히려 국가 체제를 보호하는 존재였다. 이제 신경을 써야 할 부분은 다만 어떻게 새로운 국내외 정세 속에서 정권의 새로운 정당성을 수립하느냐의 문제였다. 이는 타이완의 상황에서 정권의 본토화를 의미하는 것이었으며, 이를 위해 제한적으로 권력을 개방해 기존의 권력 단체에 부여했다. 여기에는 지방 세력들과 자유파 학인들이 포함되었다. 그러나 여기서 말하는 '개혁'과 '개방'은 결코 정치의 공공화를 의미하는 것이 아니었다. 당 내부에서 '시종'으로 지내던 지방 세력들은 당연히 '집안 종'의 신분으로 정치체제에 진입했으며, 이는 정치의 공공화와 아무런 관련이 없었다. 시험 삼아 울음소리를 내보았던 '당 외부'(黨外) 역시 그 시작부터 정치 공공화와는 거리가 먼 길을 걸었다.

문제의 핵심은 '당 외부'를 실제로 구성하는 권력 단체의 사회적 성질이었다. 만약 이러한 권력 단체가 인하이광이나 레이전의 계몽자유주의를 이어받아 자유주의적 근대성을 이데올로기의 근간으로 삼는 반대당을 형성할 수 있었다면, 혹은 같은 시기 조어도(釣魚島)[4] 수호 운동에서 계발을 받고 사회주의적 이상이 풍부하며 제3세계 입장에 서서 문화 운동을 진행했던 향토문학 운동과 결합할 수 있었다면, 이후의 타이완 사회의 정치 구성에는 분명 커다란 차이가 있었을 것이다. 안타까운 것은 새롭게 일어난 선거 정치의 논리와 시스템 속에서 '당 외부' 권력 단체의 성적(省籍)과 국민당

4_조어도(釣魚島): 중국명은 댜오위다오, 일본명은 센카쿠 열도다.

정권 통치자의 성적의 차이가 더욱 부각됨에 따라 이상적 의미에서의 공민을 주체로 하는 자유주의 정당정치의 노선이 배제되었다는 사실이다. 그리고 그것을 대신한 것은 지지자를 동원하는 주요한 지렛대로 성적을 이용하는 비자유주의적인 선거 정치였다. 이러한 정치 반대 운동은 정체성과 역사의 기억 그리고 정감에 호소하는 간편한 길을 선택했으며, 여기에는 특별한 성취와 더불어 특별한 대가가 따를 수밖에 없었다. 돌이켜 보면, 1970년대 중기 타이완 사회의 민주화 운동은 (공민이 아닌) 성적 정체성을 주체로 하는 '성적 중심 민주화'(省籍路徑民主化)로 나아갔다고 할 수 있다. 이는 타이완 전후 역사 발전의 중요한 전환점이었다. 물론 타이완 사회의 성적 구성과 성적 사이의 긴장은 역사(여기에는 타이완이 일찍이 일본의 식민지였다는 사실, 미소 양국을 중심으로 한 전 세계적 냉전, 국민당과 공산당 사이의 전쟁, 2·28 사변 등이 포함된다)가 만들어 낸 결과물이라 할 수 있다. 하지만 '외성인' 국민당의 공안 통치적 탄압과 오만한 언어문화 정책 아래에서 '본성인'들이 갖게 된 피해 의식 또한 엄연한 진실이며, 따라서 그것을 이해하고 그 정서를 분출할 방법을 찾아야 했다. 그러나 이러한 노력이 반드시 하나의 결론만을 도출해야 하는 것은 아니다. 여기서 하나의 결론이란 바로 성적을 주축으로 하는 선거운동이 역사의 유일한 논리라는 주장을 가리킨다. 이념은 역사 궤도의 방향타라는 막스 베버(Max Weber)의 비유를 떠올린다면, 지식인들이 전통적으로 수행했던 반대의 논의를 형성하지 못하고 도리어 사회 현실과 타협한 채 값싸게 자유주의로 전환했다는 것은 매우 유감스러운 일이 아닐 수 없다. 기존 정권의 권위 질서가 일종의 배타적이고 단일한 국족 정체성을 주요한 준거로 삼았던 상황에서, 그것에 도전하는 새로운 정치 세력 또한 이 낡은 논리를 답습하면서 앞으로 나아갔다. 구사회의 집단의식과 지식의 축적물을 토대로 자신을 수립했기에 그 축적물의 성질을 제대로 바꾸지 못했던 것이다. 이로 인해 권리에 대한 논의는 그 형태만 유지하고 그 정신을 잃어버린 채 단일성의 정치로 은밀하게 변질되었다. 이는 결코 자유주의적 근대성이 전제로 삼고 있는 가치 다원주의, 즉 사회의 서로 다른 집단 간의 평등한 상호 인정을 허락하는 것이 아니었다. 반대로 그것은 단일한 집단(국족)을 주체의 이름으로 삼는 국족 정치의 기획을 계속해서 추구하는 것이었다. 이런 의미에서 이 시기의 자유파 지식인들은, 만약 공범이 아니라고 하더라도, 그 직분을 잃어버렸다고 할 수 있다.

앞에서 언급했던 향토문학 운동은 이 지점에서 그것이 지닌 진보적 함의를 한 단계 더 펼칠 수 있다. 그것은 우리의 입장이 '본토'나 '민중'(人民)이나 '자주'를 반대하는 것이 아니라, 오히려 그것들이 전통화되고 자연화되고 편협화되는 것을 반대하는 것임을 설명해 줄 수 있을 것이다. 1970년대에 출현한 향토문학 운동은 일종의 지식인 반대 운동의 모습을 띠었다. 그것은 미국식 근대화 이론과 모더니즘의 형식주의적 공허함, 그리고 사이비 보편주의(즉, 제국주의)의 억압에 대해 반성할 것을 요구했으며, 미국식 모더니즘이 지배하는 문화적 재현들이 이미 생활 속의 언어를 통해 현실 사회문제를 묘사하고 반성하는 능력을 상실했다고 지적했다. 아울러 현지의 입장에 서서 사회의 불공평과 억압을 진실하게 드러내고 비판할 것을 결심했다. 이 문화 운동은 평등한 인간 세계를 요구했는데, 그곳은 아무리 보잘것 없는 정체성이라 할지라도 모두 인정받을 수 있으며, 아무리 정교한 억압일지라도 모두 저항할 수 있는 세계였다. 이들은 모두 진보적이고 억압에 저항하며 사회의 자주를 쟁취하는 동력이라 할 수 있었지만, '공농병(工農兵) 문학' 혹은 '양치기(거짓말쟁이)'로 간주되면서 탄압에 맞닥뜨리게 된다. 향토문학에서의 '토지', '민중', '자주'라는 용어와 이후 당 외부나 민진당 혹은 대중적 권위주의 시기의 그것에 대응하던 용어들 사이에는 커다란 차이가 있었는데, 전자는 결코 자신을 정의하는 조건으로서 '특수한 정체성'이나 '특수한 문화'를 상정하지 않았지만, 후자는 그러한 것들을 자신의 필요조건 내지 충분조건으로 견지했다. '문화적 당의 외부'로서의 향토문학 운동과 정치적 '당의 외부'는 70년대부터 줄곧 붙어 있는 듯하면서도 떨어져 있는 관계를 보이다가 80년대 중반에 정식으로 갈라서게 되었다. 이제 '성적 중심 민주화'는 자기 스스로의 문화적 재현을 찾고자 했던 것이다. 이후 타이완의 주류적 문화 생산은 '향토 이후의 본토'로 나아갔다. 이런 문화적 전환을 위해 타이완 사회가 지불한 역사적 대가는 아마도 훨씬 장기간의 정치사회적 경험을 펼쳐놓을 때만 비로소 충분히 이해할 수 있을 것이다.

1987년 7월 계엄령이 해제되고 양안관계 역시 국공내전에서 기인한 40여 년의 적대적 봉쇄 상태를 끝맺으면서, 양안 사이에 일종의 평화적이고 대화적인 관계가 발전하는 것이 가능해졌다. 비록 이와 같은 평화와 대화를 향한 움직임은 1989년 중국 대륙의 천안문사건에 의해 중단되었지만, 그 사이 2년 동안 양안관계의 평화적 전환은 분명히 개혁적 권위주의 시기의 역사적 성취였다. 그것은 감옥과도 같은 냉전 체제의 구획을 넘어섬으로써 타이완뿐 아니라 동아시아 전체의 평화적인 진전을 희망할 수 있게 했다.

개혁적 권위주의 시기는 대체로 1987년의 계엄 해제를 통해 하나의 쉼표를 찍었으며, 이후 93년까지 시간은 개혁적 권위주의 시기에서 대중적 권위주의 시기로 넘어가는 과도기적 시기라 할 수 있다. 이 과도기적 시기는 다시 두 단계로 나눠 볼 수 있다. 전기는 계엄 해제로부터 89년 중반까지 사회운동이 활발하게 일어났던 2년간의 황금기였다. 후기는 89년 후반에 시작해 93년 대중적 권력자가 정식으로 대중적 권위 기제를 사용하기 전까지 이어졌다.

계엄법이 폐지되고 권력자가 사망한 상황 속에서, 계엄 시기 동안 견뎌야 했던 억압과 발전 논리에 의해 이뤄졌던 박탈에 대한 각양각색의 항의와 사회운동이 타이완 전역에서 벌떼처럼 일어났다. 그중에서도 특히 환경보호 운동은 오염이 심했던 석유화학공업 자본을 압박해 공장을 옮겨가게 한 성과를 내기도 했다. 이는 개혁적 권위주의 시기 후반에 정권과 경제가 점차 자유화되고 자본이 점차 정책 결정의 핵심으로 진입해 가는 상황 속에서 사회력(社會力)이 행한 자위적 성격의 반격이었다. 그러나 노동운동으로 말할 것 같으면, 사회력이 힘을 빌리려 했으나 별다른 효과를 보지 못했던 국가의 진보적 입법(즉, 노동기준법)이 오히려 자본을 향해 요구를 제기했다. 이러한 모순적인 힘들을 총괄해 보면 한 가지 사실이 드러나는데, 즉 이 2년이라는 시간은 전후 타이완에서 국가, 자본, 사회 삼자가 서로 견제하면서 평형을 이루었던 희귀한 시기라 할 수 있다. 이는 사회 부문이 거대한 국가조직과 자본의 역량에 대해 자주적인 구속력을 발휘하기 시작했음을 의미하며, 동시에 국가조직 역시 완전히 '자주'적이거나 완전히 자본에 편향되지 않고 어느 정도는 사회의 압력과 감독을 받아들일 가능성이 있었음을 의미한다. 요컨대 사회적 성질을 갖춘 국가조직이 처음으로 역사적인 계기를 마련한 것이다. 그러나 이후 사회운동이 국족주의에 흡수되고, 양안관계가 다시 냉각되고, 자본이 국제화되는 등의 요인으로 인해 일시적으로 동요하던 국가는 새롭게 단결한 자본의 위협 속에서(예컨대 대만플라스틱은 1989년에 타이완 내 일체의 투자를 중단한다고 선언했다) 다시 자본 쪽으로 방향을 틀었으며, 급기야 그 정도를 더해 자본에의 명백한 편향이 오늘에 이르기까지 멈추지 않고 있다. 1990년 초 신임 행정원장 하오보춘(郝柏村)이 지위에 오르자마자 '사회운동의 깡패들을 단속'하겠다고 천명함으로써 사회운동은 설상가상의 상황에 처하게 되었다. 같은 해 말에 대만플라스틱은 '타이완에 근거지를 두겠다'고 선언했으며, 이듬해 행정원에서는 대만플라스틱 마이

랴오(蓼寮)[지명-옮긴이] 개발계획을 발표했다.

사회운동이 빠른 속도로 침체된 데에는, 자본과 국가의 관계가 다시 긴밀해진 것 이외에, 그것에 비해 전혀 부차적이지 않은 또 다른 원인이 있었다. 1980년대 말 (소비자 운동과 같은) 소수의 운동을 제외하고, 대다수의 중요한 사회운동 부문(예컨대 노동, 여성, 환경)은 2~3년 사이에 모두 보편적 권리에 대한 논의와 다원적 승인 정치라는 주된 조류에서 방향을 틀어, 국족 정체성(통일/독립)의 정치적 올바름(political correctness) 문제를 주요한 관심사로 삼기 시작했다. 사회운동이 본래 전개해 나갈 수 있었던 평등하고 가치 다원적인 사회의 기회가, 고전적 권위주의 이래로 그 외피만 바꾸었을 뿐 한 번도 사라지지 않은 단일 국족주의 정체성에 근거한 정치에 의해 잘려 나가고 말았던 것이다. 다원적인 정체성과 권익 추구가 구성할 수 있었던 공공 영역의 대화 공간은 이로써 통일과 독립 문제에 발목 잡힌 '민중'에게 길을 내주게 되었다. 대중(民粹) 혹은 국족 정체성이 이처럼 강력한 호소력을 지니고 있다는 것은 실로 놀라운 사실이지만, 결국 그것은 다음과 같은 사실을 분명하게 반영하는 것이기도 하다. 즉 사회운동 자체가 공공 문화와 비판적 논의의 기반을 결여하고 있기에, 분위기에 편승해 쉽게 고조될 수도 있지만 역사와 문화적 축적이 없는 상황에서는 다시 기세에 눌려 쉽게 퇴조하고 만다는 것이다. 2년이라는 황금기 동안 사회운동이 어째서 사회에 대한 그 처음의 소망을 지켜내지 못했는지는 한두 마디 말로 정리할 수 없는 중요한 문제다. 그러나 적어도 그 주요한 원인 중 하나는 우리를 포함한 타이완 내 비판적 지식인들이 원칙이 될 만한 논의의 형성을 통해 새롭게 돋아나는 사회적 역량을 지원하지 못했기 때문이라는 것을 인정해야만 한다. 사실 당시 유행하던 비판적 담론들(예컨대, '민간 사회', '시민사회', '동방 전제주의'[東方專制主義] 등)은 모두 대중적인 담론과 이미지를 풍부하게 지니고 있었는데, 다만 평등하고 가치 다원적인 사회관의 건립에 대해 비록 마음은 있을지라도 아무런 힘이 없었던 것이라 할 수 있다.

3) 대중적 권위주의 시기

엄격히 말한다면 대중적 권위주의 정치는 1993년에 시작되었는데, 이때 리덩후이(李登輝)는 이미 국민당 통치 조직 개편 작업을 모두 마무리 짓고 당군정을 모두 장악한 상태에서 반대당과의 상호 지원 속에 타이완 정치계의 독보적인 권력자가 되었다. 표면적으로 드러나는 대중적 담론의 성격 이외에, 이 권력자와 이전 권위 시기의 엄숙한 권력자들 사이의 좀 더 큰 차이점은 그 정치 수행 공간이 이미 과거와 판이하게 달라졌다는 사실이다. 즉, 이제 그는 '그의 민중'들에게 직접 호소할 수 있었다. 이는 메이리다오 사건[5] 이후 10여 년간 타이완 사회가 이미 성적 정체성을 주축으로 하고 선거를 통해 달성되는 민주화의 방향으로 점차 나아갔기 때문이다. 타이완적 특색으로 충만한 이 성적 중심의 민주화는 공민들의 정치 계몽 과정으로 기능할 수 있는 정체성과 권익의 복잡한 투쟁 과정을 피해서 돌아갔다. 이러한 회피를 통해 속성으로 이뤄진 민주주의는 한 가지 특색을 지녔는데, 그것은 바로 자기 자신을 대중적 선동가에게 개방하는 것이었다. 본성인의

5_[옮긴이] 메이리다오(美麗島) 사건: 1979년 12월 대만 남부도시 가오슝(高雄)에서는 집권 국민당 정부에 반대하는 조직적인 민주화 시위가 벌어졌다. 뒤이어 반정부 인사 탄압 선풍이 불어닥쳤다. 소위 시위를 주도한 인사들이 『메이리다오』라는 반체제 잡지를 발행했기 때문에 붙여진 이름이다.

성적을 지닌 정치 인물로서, 주어진 권력 논리에 따라 리덩후이는 적극적으로 국민당 조직을 본토화했다. 하지만 이전 시기의 '귀순'의 방법과는 달리 이때의 본토화는 전면적이고도 심층적이었으며, 정권만을 본토화하는 것이 아니라 문화 역시 더욱 본토화하는 것이었다. 가치 다원주의적 전통이 일찍이 고사해 버린 타이완에서 이러한 본토화 과정은 '중국'에 대한 질투의 정치에 기댄 것으로서, 단순하면서도 즉각적으로 '중국'을 문화적 타자로 부정하는 작업을 통해 자신의 주체성을 세우고자 했다. 이러한 질투의 문화 기제 작동(예컨대 1994년의 치엔다오 호 사건[6])은 계엄 해제 이후 양안관계 속에서 싹을 틔우던 평화적 대화의 공간을 급속도로 위축시켰다. 표면적으로 보았을 때 이와 같은 '중국'에서 '타이완'으로의 국족 정체성 변화는 실로 거대한 것이지만, 그 속을 들여다보면 이는 결국 앞서 고전적 권위주의 시기에 내세웠던 중국 율법의 변형이라 할 수 있다. 비록 현재의 기획은 '한적불양립'(漢賊不兩立, 중국은 외적과 함께 할 수 없음)이 아니라 '근대화'한 타이완 율법으로 '전통적이고 봉건적이며 도적과도 같은' 중국과 대립하는 것이었지만, 궁극적으로 그것이 목표로 하는 것은 단일한 국족 정체성의 정치를 통해 위에서 아래로 민중들의 교육과 동원을 도모하는 것이었다. 결국 다른 것은 원칙이 아니라, 다만 동원의 효력과 국가권력에 대해 만들어 내는 효과의 차이였다. 이 새로운 단계에서 권력자는 제도를 건너뛰어 민중들에게 직접적으로 발언할 수 있었으며, 이후에는 다시 고개를 돌려 정권 조직을 장악하고 확충할 수 있었다. '민중'은 진정 입으로 끊임없이 찬양되었

6_[옮긴이] 치엔다오 호(千島湖) 사건: 1994년 3월 31일 유람선을 타고 중국 저장성 춘안현의 치엔다오 호를 관광하던 24명의 대만 관광객이 중국 선원·가이드 8명과 함께 중국 범죄단체에 의해 숨진 사건이다.

으나, 그 실제 효과는 질투를 통해 여론을 동원·조작함으로써 제도화된 정치투쟁을 달성하는 것이었다. 정치는 여전히 공정하지 못했으며, 공민들이 공공 영역에서 신중하고도 명쾌한 사고로 정책 논의에 참여하는 것을 전혀 기대할 수 없었다. 만약 고전적 권위주의 시기와 개혁적 권위주의 시기의 정치가 국민당의 사적인 천하였다고 한다면, 이 새로운 단계의 정치는 여전히 사적이기는 하지만 희한하게도 민중의 이름과 뜻으로 진행되었다. 유령과도 같은 민중을 실질적으로 '대리'한 것은 ('민영화(!)'한) 자본, 지방 세력과 불법 조직이었다. 자본과 그 대리인이 국가조직에 진출해 정책에 관여한 것은 개혁적 권위주의 시기 후반부터 지속되어 온 추세지만, 지방 세력과 불법 조직의 소란스러운 등장은 바로 대중적 정치하에서 '민중'에 대한 직접적인 호소가 불러온 필연적 결과였다. 이 단계에서는 사람들이 불안감을 느낄 정도로 파시즘에 가까운 어휘와 담론 — 이를테면 생명 공동체, 운명 공동체, 타이완 우선 등 — 이 들려 왔는데, 비록 파시즘을 자각하면서 사용한 것은 아닐지라도, 모두 그런 경우에 속한다. 이것은 대중적 권위주의 체제의 성립을 의미하는 것이다. 이러한 추세를 목격한 『대만사회연구계간』 편집위원회는 1995년에 많은 이들이 민주화라 여겼던 이러한 과정에 대해 비판을 제기했으며, "신국가에서 신사회로: 급진적 대만사회연구를 더불어 논함"이라는 선언적 논문을 통해 그 과정 속에 존재하는 대중적 권위주의의 현상을 지적했다.

경제 발전의 측면에서 보았을 때, 이전 시기와 다른 대중적 권위주의 시기 정권의 중요한 특징은 그것이 점점 경제 발전을 통솔하지 못하게 되었다는 사실이다. 정권은 심지어 개혁적 권위주의와 대중적 권위주의 사이의 과도기적 정권(1980년대 말에서 1993년에 이르기까지)처럼 발전하고 있는 경제와 사회 현실에 대해 합리적 반응을 보이는 것조차 힘들게 되었으며,

급기야 대중적 정치 목표와 경제 목표 사이에 명백한 모순이 발생하는 현상이 나타나기에 이르렀다. 자신의 정치 의지를 수행하려는 대중적 권력자의 의지는 자본가가 '대륙의 카드'를 이용하는 국면에 유리하게 작용했으며, 이러한 상황은 정권으로 하여금 자본에 한층 더 편향되어 대폭적으로 지원하도록 유도했다. 이는 다음과 같은 결과를 이끌었다. ① 이전의 권위 시기에도 정책적 지원은 있었지만 그것들은 모두 경제 논리를 따르는 것이었다. 그러나 이번에는 전적으로 정치적 투쟁의 조류에 의해 좌우되었으며, 이는 표면적으로는 소란스러웠지만 실질적으로는 자본에 대한 상대적 자주성을 점진적으로 상실하는 것이었다. 그 결과 오직 당의 자산을 허비하는 것에 의해서만 그나마 남아 있는 자주성을 유지할 수 있게 되었다. ② 대중적 이데올로기에 의거한 통치가 이뤄짐에 따라 정권은 더 이상 경제 발전에 유리한 정책을 내리지 못했지만(예컨대 '남향'[南向]이나 '아시아태평양 운송센터' 등의 정책은 잠시 각광을 받다가 곧바로 시들해졌다), 그렇다고 해서 이데올로기와 경제 논리가 모순되는 상황이 국가로 하여금 노동자 '민중'을 성공적으로 보호할 수 있게 만든 것도 아니었다. 1990년 이후, 자본이 해외로 빠져나가고 국내의 공장들이 문을 닫거나 저임금의 노동력이 국경을 넘어 들어오게 되면서 타이완의 노동환경이 점차 악화되었다. 실업률은 1996년부터 뚜렷하게 상승해 1.79%에서 2.6%로 전년 대비 45%나 증가했다. 빈부격차를 나타내는 지수(주식이나 부동산 등 대다수의 고정자산을 제외하고, 당해 연도 소득만을 가지고 보수적으로 계산했을 경우에도) 역시 이 시기에 매년 큰 폭으로 증가했지만, 정권은 이미 자본에 지나치게 경도된 조세 구조를 조정하지 않고 오히려 투자자와 부자들에게 커다란 조세 감면 혜택을 주었다. 재단의 자본가들은 대중적 권위주의 시기에 진정으로 수혜를 받은 '민중'이었으며, 진정한 일반 민중들은 도리어 날이 갈수록 착취당했다.

대중적 권위주의 시기의 사회정책은 이 시기의 거의 유일한 긍정적 성취였는데, 특히 전 국민을 대상으로 한 건강보험이 그러했다. 사실 우리 논자들(본 계간지 1995년의 입장을 포함해)은 대중적 정치의 의도를 기준으로 그 동기를 해석하고(이러한 접근법은 실제로 성립한다) 서방 복지국가의 실패 경험을 거울삼아 그 불가능성을 지적했으며(분명한 근거가 있다), 혹은 타이완 국가조직이 점차 우매해지고 경직됨에 따라 다만 새로운 난국이 펼쳐졌을 뿐임을 지적했다. 하지만 그럼에도 불구하고 우리는 국민건강보험이 절대다수의 민중들이 기대하고 지지했던 사안이라는 것 역시 반드시 지적해야 할 것이다. 국민은 마땅히 건강에 대한 인권을 가져야 한다. 비록 국민건강보험이 그 설계상 건강을 기본 인권으로 삼는 공공 의료 제도로 출발한 것이 아니었지만, 적어도 그것을 향한 첫걸음이라는 점에서 마땅히 지지받아야 할 것이다. 우리는 여러 논의를 통해 건강의 사회화를 지지해 왔으며, 국민건강보험의 건강 상품화 추세에 대해 정치·경제 및 문화적 분석을 진행한 결과, 2000년 이후 이 제도가 점점 개인 보험의 방향으로 퇴보하고 있으며 재단의 이익이 그것과 밀접하게 얽혀 있다는 사실을 발견할 수 있었다.

급진적이고 현실과 관련을 맺는 정치·경제 및 문화적 분석이 점점 더 필요한 상황이었음에도 불구하고, 이 시기(현재에 이르기까지)의 지식과 문화 생산은 일종의 비역사적, 비사회적, 비계급적 대중 체험과 '지식'을 대규모로 만들어 냈다. 정치 미학화를 임무로 했던 '본토화'나 '지역사회 건설'과 같은 문화 산업은 모든 면에서 점점 불평등해진 현실 사회를 오히려 냉담하게 은폐했다. 일부 지식계는 시기적절하게 이러한 은폐에 협력하면서 일종의 '포스트68(혁명) 전략'(後一九六八政略)에 득의양양했으며, 연극적 의미로 가득한 언어유희 및 어디에도 이를 수 없다는 '예민함' 속에서, 사실상 자신들의 문제의식을 '미세한 차이에 매달리는 자기 연민'으로 완전히 대체해 버렸다. 타이완에서 '포스트모더니즘'의 주류는 사실 기존 '모더니즘'의 단세포적 확장일 뿐이다. 이는 역사 및 사회 분석을 통해 확인할 수 있다. 마찬가지로, '포스트모더니즘', '문화 본토파', '모더니즘' 및 '반공 문학은 사실 서로 인정하지는 않지만 일종의 근친 관계라 할 수 있다. 왜냐하면 비록 시대가 다를지라도 그것들은 모두 약속이나 한 듯이 현실 사회의 모순과 불의에 대해 외면했기 때문이다.

3. 탈권위주의 시기

1) 이전 시기와의 단절

탈권위주의 시기의 가장 두드러진 특징은 정치 영역에서 더 이상 권위적인 권력자가 존재하지 않는다는 것이다. 이 특징은 그리고 아마도 유일하게 이 특징만이 2000년 3월의 '정당 교체' 이후의 정치적 풍토를 이전 시기와 분명하게 구별할 수 있다. 그러나 우리는 이러한 표면적인 단절 아래에 과거와의 중요한 연속이 여전히 잠복해 흐르고 있다는 사실을 지적해야 할 것이다. 이 때문에 탈권위주의에 대해 우리가 특히 주목해야 할 점은, 이는 반(反)권위가 아니며, 비(非)권위 또한 아니라는 사실이다. 더욱이 민주와는 동일시될 수는 없다. 정당 교체 이후 '리덩후이 총통 선생'을 '아볜'으로 대체한 탈권위주의 상태를 흔히 민주주의와 동일시하곤 하는데, 우리는 이것이 잘못된 등식이라고 생각한다. 지금 이에 대한 비판적 논의를 진행함에 있어 우선적으로 이 시기의 핵심적 특징을 규정해야 하는데, 이 또한 역사적 작업이어야 한다. 아래에서 우리는 현 단계 사회 발전과 정치발전에서의 역사적 자산과 부채에 관해 몇 가지 측면에서 분석했다. 먼저 이 시기와 전 시기와의 단절에 대해 논의하고자 한다.

고전적 권위주의 시기와 개혁적 권위주의 시기에는 정권의 자율성이 매우 높았다. 이는 양날의 칼과 같아 국가조직은 한편으로 거의 무제한적인 폭력으로 자신의 의지를 관철시켰으며, 다른 한편으로 사회의 특권 계급의 개입을 차단했다. 이렇게 개입을 거부하는 국가조직 혹은 권력자의 의지는 개혁적 권위주의 시기의 전기에서 중기까지 매우 분명하게 나타났다. 이후로는 자본이 기세등등하게 정권에 진입해 정책 결정의 파트너가 되었는데, 개혁적 권위주의 말기에 처음으로 모습을 드러내고 대중적 권위주의 시기에 일정한 형태를 갖추더니 탈권위주의 시기에는 그 정점으로 치달았다. 대중적 권위주의 시기와 마찬가지로 이 시기에도 대중적 정치 목표는 여전히 경제 목표보다 우선시되었으며, '조급함을 경계하고 신중함을 발휘하자'(戒急用忍)[7]는 정책을 통해 가능했던 자본에 대한 지원과 편향을 이어갔다. 다만 전 단계의 정권과는 달리 융통할 수 있는 당 차원의 자산이 없었기 때문에 자본을 회유하려 했을 뿐이었다. 그 결과 국가의 사회정책과 발전 정책이 자본에 포섭되고 말았으며, 상대적인 자율성에 기반을 둔 정책 결정 과정이 형성되지 못했다. 게다가 봉급생활자의 기본적인 이익까지 침해되는 상황에 이르렀다. 또한 자본에 대한 정보 유출, 투자 장려, 개발 수혜, 국유

7_[옮긴이] 타이완 정부의 중국 대륙에 대한 투자 정책의 하나이며, 1996년 9월 14일 타이완 총통 리덩후이가 전국경영자대회에서 주장했다. '첨단 기술, 5,000달러 이상, 기초 건설' 투자에 적용되는 것으로, 중국 대륙에 대한 기술상의 우세를 상실하고 과도한 자본이 유실되는 상황을 방지하고자 한 것이다.

자산 전매 등 다양한 정책들이 끊임없이 이어졌다(예컨대 '지식경제발전방안', '8100 대만개시', '도전 2008 국가발전계획', '공공건설확대 경제부흥조례' 등). 동시에 이 두 시기의 정권은 각종 명목으로 봉급생활자에게 조세 부담을 전가했다. 대표적으로 1993년 산업촉진조례, 1998년 기업 소유자의 영리사업 소득세 폐지(양세통일[兩稅合一]이라는 미명으로), 1999년 금융영업세 하향 조정, 2001년 소득세법 제17조 수정, 2002년 2년간의 토지부가가치세 절감을 통한 토지 보유자 이익 증대, 2003년 상속세 및 증여세 하향 조정 국회 일괄 통과 등이 그러했다. 이러한 '탈권위주의'는 사실상 국가 책임정치의 무한한 퇴보였으며, 민간 기업은 그 어떤 공적 감시도 부재한 상태에서 배후 조작을 통해 자신의 이익을 도모하고 아무런 책임도 지지 않았다. 우리는 권력자에 의한 정치로 후퇴할 필요가 없으며, 이는 우리가 바라는 바도, 유일하게 남은 선택항도 아니다. 우리는 마땅히 미래를 내다보며 정치적 투명성과 공공의 책임 소재를 요구해야 하며, 국가의 사회적 '왼손'을 지지해야 한다.

자본에 의한 국가기관의 포섭은 이미 몇 가지 두드러진 결과를 양산했다. 우선 과거 타이완의 발전 과정에서 줄곧 자만해 온 상대적 평등주의 분배 정치는 지금 붕괴의 위기에 직면해 있다. 빈부 격차의 심화는 이미 일상생활에서 피부로 느낄 수 있는 수준에 도달해 굳이 통계 숫자를 확인할 필요도 없지만, 그래도 일련의 수치를 통해 현실을 검증해 보아도 무방할 것이다. 1992년 타이완의 상위 10% 가계의 소득분배는 하위 10%의 19.41배였으나, 지금은 61.33배에 달한다. 실업률 또한 지속적으로 상승해 2000년 이전 3% 미만이었던 것이 2002년에는 5.17%로 상승해 72%나 증가했으며, 이 실업인구 가운데 대다수의 장년 실업인구는 재취업 가능성이 거의 없다. 건강보험을 납부할 수 없는 외진 지역의 주민(대다수가 정치적으로 후한 립 서비스의 대상이었던 원주민임)과 단체 급식비를 부담할 수 없는 아동의 존재는 더 이상 이따금 동정심을 유발하는 개별적 사례가 아니라 이미 규모를 이룬 집단 현상이 되었다. WTO 체제에서 수입 농산품의 위협 아래에 놓인 광범위한 타이완 농업과 농민의 미래에 관한 문제는 더 말할 필요도 없다. 이러한 정치적 문제는 매우 중요한 사안임에도 불구하고 여전히 작금의 정경 유착의 구조 아래에서 모두 의사일정 밖으로 밀려났다. 이렇게 날로 불균형해지는 소득분배와 더불어 과거 권위 시기의 준(準) 비스마르크식 공적 투자 또한 축소되었다. 그중 가장 두드러지는 것은 고전적 권위주의와 개혁적 권위주의 시기의 3대 성취, 즉 평준화된 국민교육, 서구화된 공공 위생, 상대적으로 진보적인 노동기준법이다. 그중에서도 노동기준법과 공공 위생은 대중적 권위주의 시기에 이미 심각한 침식을 당했는데, 노동기준법은 개악되었고 공공 위생은 법인화 및 상품화된 의료 체제에서 그 가치가 평가절하 되었다. 이러한 악화일로는 탈권위주의 시기에 지속적으로 심화되어 교육 영역까지 영향을 미쳤다. 교육의 관제화와 고(高) 학비 정책의 추진으로 공공투자 대상인 교육이 개인 투자의 재테크 수단으로 전락한 것이다. 대중 선거 정치의 목적을 실현하기 위해 1995년 시행된 국민건강보험은 타이완이 대중적 권위주의 시기에 유일하게 실시한 주요 사회정책이었다(이는 아마도 대중 정치가 타이완 민중에게 안겨 준 유일한 선물 혹은 '뇌물'일지 모른다). 지금도 거대한 적자 문제에 직면해 있음에도 불구하고 그 해결 방안은 보건비 인상에 초점이 맞춰져 있으며, 적자는 국가에서 메우면서 이익은 초대형 의료 집단에 분배되는 형국이 되었다. 보험료를 징수함에 있어 평등주의적 누진제를 채택하지 않아 저소득층에서 오히려 더 높은 보험률을 부담했으며, 개인부담금 인상을 통해 건강보험의 '손실'을 보충함과 동시에 국내 의료 집단과 다국적 제약회사의 이익을 도모했다. 이는 반(反)분배 정치라는 탈권위주의 시기의 일관된 특징이었다고 할 만하다.

따라서 자본에 대한 정권의 자주성 및 사회정책에서의 정권의 정당성 유지 측면에서 보았을 때, 탈권위주의 시기는 대중적 권위주의 시기에 이미 기세등등하게 진입한 자본에 대한 경도를 답습했으며, 심지어 그것이 더욱 심각한 수준임을 알 수 있다. 이는 '교육개혁'과 '건강보험 개혁'에서 모두 명백하게 드러났다. 요컨대 탈권위주의 시기는 정의를 분배하고 기본적 수요를 고려하는 사회정책에 있어서 결코 고전적 권위주의와 개혁적 권위주의 체제에서의 긍정적인 성과를 선택적으로 계승하지 못했으며, 심지어 대중적 권위주의 시기에 유일하게 거둔 의료 정책에서의 성과마저도 위축시켰다. 정당 교체와 권위적 권력자의 퇴장이라는 긍정적 단절과 대비했을 때, 이것은 탈권위주의 시기와 이전 권위 시기 사이의 부정적 단절을 의미한다. 그리고 우리는 그것의 사회적 함의와 그것이 초래할 결과에 더욱 주의를 기울일 필요가 있다.

긍정적 단절은 종종 이데올로기를 은폐하는 작용을 지니고 있어, 두드러지지만 결코 중요하지 않은 몇 가지 변화에 논의를 과도하게 집중시킴으로써 새로운 시기의 개막을 허위로 긍정함과 동시에 일종의 고별 무대가 연출되게끔 한다. 그 안에는 두 가지의 우매한 작용이 존재하는데, 하나는 이전 시기 역사의 긍정적 측면도 함께 역사의 잿더미 속에 묻어 버리는 것이며, 또 하나는 이전 역사의 부정적 측면을 무비판적으로 답습하는 것이다. 다음으로는 탈권위주의 시기 이전의 여러 권위 시기와의 연속성에 대해 논의하겠다.

2) 이전 시기와의 연속

국족주의 정체성의 정치라는 유령은 그 이름과 주체를 바꿔 가며 전후 타이완의 상공에서 이미 반세기 가량 배회했다. 고전적 권위주의 시기에서 탈권위주의 시기에 이르기까지 차례로 이어오는 가운데 그 세력은 여전히 수그러들지 않고 있다. 고전적 권위주의 시기에 이 유령이 내세운 표어는 '한적불양립'이었으며, 중화 문화의 새로운 율법을 앞세워 반공(즉 거짓 중국인에 반대하는)의 입장을 자처했다. 개혁적 권위주의 시기에 강조된 것은 근대적인 중화민국(이 이데올로기를 구성하는 내용은 질서와 안정, 시장 자유, 근대화된 서구 세계의 구성원이다)과 봉건 전통의 공산당 정권(독재 전제정치, 사회주의, 낙후한 제3세계 구성원을 그 내용으로 한다) 간의 대립이었다. 1970년대 초 막 그 모습을 드러낸 개혁적 권위주의 체제의 핵심 구조(친미, 반[反]대중, 반제3세계, 반사회정의)를 향해 학생운동 차원의 간헐적인 저항이 있었으나, 단지 역사적 흔적만을 남겼을 뿐이다. 80년대 말 계엄 해제 이후 2년간 지속된 사회운동의 황금기에도 이 유령을 몰아내기 위한 노력들이 존재했으나, 이를 제외한다면 이후의 역사에서는 국족주의 정체성의 정치가 일방적으로 전개되었다.

개혁적 권위주의 시기에 근대적 중국을 통해 전통적 중국과 차별화하려는 문화적 상상은 대중적 권위주의 시기에 들어 '근대－민주－타이완'과 '낙후－독재－중국'의 대립으로 대체되었다. 또한 이 시기 국족주의 정체성 정치의 동원은 정점에 달해, '한적불양립'이라는 표어는 동일한 강도의 적대성과 배타성을 유지한 채 '대중(臺中)불양립'이라는 새로운 형식으로 갈아탔다. 게다가 일종의 질투 섞인 논리로 추론한 결과, 타이완은 진·선·미 등의 가치를 보존하는 연약한 계승자가, 상대방은 이러한 가치를 말살하는 힘센 불량배가 되었다. 과거의 권위적 정치체제에서 국족 혹은 대중의 논리는 자신을 소극적으로 정당화하고 성적을 달리하는 여러 민중을 '포용'하기 위한 수단으로 사용되었다. 그러나 이 논리는 대중적 권위주의 시기에 와서 더욱 적극적으로 정치적 동원의 지렛대 역할을 자임하며 '성적' 혹은 '본토' 등의 지역적 코드를 통한 '배제'를 진행했다. 이러한 특정한 '동원-배제'의 정치는 개혁적 권위주의 시기 후반 이미 비(非)자유주의적이고 비(非)사회주의적이었던 '당 외부'에서 시작했으며, 이후 1989년에 창설된 민진당, 그리고 리덩후이 정권 아래에서 본토화 된 국민당 정권으로 계속 이어졌다. 만약 '당 외부'에서 '본토화 된 국민당 정권'으로, 다시 '정당 교체' 이후의 신정권으로의 변화를 민주화 과정이라고 한다면, 이 민주화가 주로 기댄 것은 성적-국족 정체성을 통한 동원의 과정이었다.

탈권위주의 시기 국족 정체성 정치의 유령은 여전히 사회 곳곳에 자욱이 내려 앉아 공공 논의와 현실 분석이 전개되는 것을 교란시키거나 방해했다. 정당 교체 이후의 신정권은 정치 권력자의 부재와 야당의 견제로 인해 더 이상 리덩후이 식의 대중적 권위주의를 전개할 수 없었다. 그러나 정치 수행 모델과 이데올로기로서의 대중은 여전히 집권당은 물론이고 야당에서 활용할 수 있는 유일한 선택항이었다. 또한 일종의 사회 인식론 차원에서 그것은 여전히 매스컴과 범람-범록 진영 '학자들'의 기본적인 인식 틀로 존재했으며, 이들의 반(反)현실 서사에도 투영되었다. 마찬가지로 주류문화의 생산 영역에서도 '문화 본토파'는 여전히 권력을 쥐고 있었으며, 1990년대 대중적 광풍이 몰아친 시기와 비교해 보더라도 그 세력은 여전했다. 이는 물론 권력가의 부재 때문이기는 하나, 상술한 바 있듯이 타이완 사회의 계급적 모순이 이미 적나라하게 드러난 상황에 더욱 기인했다. 이 '물질적 기초'로 인해 대중의 조작은 커다란 난제에 직면하게 되었다. 바로 '재계의 타이완인'과 '정계의 타이완인'이 '일반 타이완인'을 착취하고 있다는 사실을 어떻게 해석할 것인가 하는 문제였다. 이러한 상황에서 '문화 본토파'(및 그것에 훨씬 못 미치는 경쟁 상대인 '문화 [포스트]모더니즘')는 유감스럽게도 여전히 사회 모순에 대한 깊이 있는 인식에 도달하지 못했으며, 사회정의에 대한 문제의식이 결여되어 있었다. 이러한 측면은 이전 권위 시기와의 깊은 연속성을 반영하는 것이지만, 동시에 그들이 이미 이 시기에 뒤처져 있다는 사실을 반영한다. 광범위한 문화-미학 생산 영역에서 어떻게 새로운 언어와 상징을 발견해 이 새로운 시대와 그 도전에 직접 마주할 것인가는 중요한 과제라고 할 수 있다.

일종의 단일하고 배타적인 국족 정체성의 정치가 탈권위주의 시기 및 이전의 여러 시기에 걸쳐 줄곧 관철되었다면, 이와 깊은 관련을 맺고 있는 또 하나의 연속성은 바로 공공화 정치가 타이완에서 지금껏 만족할 만한 발전의 기회를 얻지 못했다는 것이다. 장제스와 장징궈 총통의 권위적 통치 아래에서 정치는 국민당 일인 독재이자 일종의 현대판 '한집안 천하'였으며, 대중의 수요에 부응하고 대중에 대해 책임을 지고 동시에 대중 참여 의지를 통해 형성되는 공공성의 정치는 결코 존재하지 않았다. 비록 이러한 상태를 바꾸려는 미약한 노력들(예컨대 1950년대 레이전의 자유주의 반대당, 70년대 초 좌익 학생운동, 80년대 전후의 사회운동)이 확실히 존재하긴 했으나, 이러한 사적 정치의 구조적 틀이 근본적으로 동요된 적은 없었다. 1970년대 중후반에 시작된 당 외부 운동이 성적 정체성으로서 동원의 책략과 논의를 삼기로 결정한 순간, 공공성 정치를 배양하고 육성할 수 있는 역사적 황금 기회마저도 건너뛰기로 결정한 것이었다. 여론은 분출되기 마련이라는 것은 역사적 이해를 필요로 한다. 하지만 우리는 오랜 기간 '민지'(民智)를 대가로 한 여론 정치의 한계와 희생 그리고 그 위기 또한 이해해야 한다.

이 '성적 중심 민주화'가 소환한 주체는 비판적, 반성적 공민이 아니었으며, 이미 결정되고 부여된 '자연적' 성적 혹은 국족 정체성이었다. 이 주체의 집단 심리적 특징은 파시즘 정치 이론가 칼 슈미트(Karl Schmidt, 1888~1985)가 말한 '정치', 즉 적대적인 군중의 영원한 투쟁으로 규정할 수 있다. 적대성으로 정치 활동을 정의 내린다면, 정치에는 공공의 논의 과정 및 공공의 책임 소재에 관한 문제가 있을 수 없다. 이러한 과정에서 대중 선동가로서의 정치인은 무기한 상연 중인 권력 쟁탈극에서 경기장 관중석의 관중을 끌어들여서는 패거리를 만들어 북 치고 함성을 지르며 한껏 격앙시키는 것이다. 그렇지만 실질적인 정치 결정은 관중의 시야가 미치지 않는 곳에서 일찌감치 이뤄지며, 그 중간에서 당연히 자본 집단과 기타 유력자들이 종횡무진 개입한다. 민중은 찬양의 대상이지만 이러한 권력 게임에서는 오히려 '대중 장식'이라는 가장 무기력한 역할이 맡겨질 뿐이다.

따라서 우리는 한 가지 사실을 분명하게 인식해야 한다. 이곳 타이완에서 우리는 공공 정신을 갖춘 실질적 민주정치가 고양되는 것을 제대로 목격한 적이 없다는 사실이다. 역사적 '숙명'으로 인해 우리는 '성적 중심 민주화'를 걸어 왔으며, 이 노선의 긍정적 측면에 대한 평가는 미래 역사가의 몫으로 남겨 두어야 할 것이다. 그러나 우리가 만약 역사에 개입하고 이를 창조하려 한다면, 반드시 이러한 '민주화'의 부채를 청산해야 한다. 그것은 사실상 숨기기에 급급한 탈권위주의였을 뿐이며, 이전 권위 시기의 몇 가지 진보적 요소는 폐기하고 과거 권위 시기의 고질적 병폐만을 보존한 것이었다. 우리의 민주화는 실현된 적이 없다. 이제 민주화를 개시해야 한다. 혹은 다시 한 번 민주화가 우리에게 찾아와야 한다.

탈권위주의는 전진할 수도, 후퇴할 수도 있는 불확실한 상태다. 강력한 정부가 다시 출현해 양안관계가 팽팽한 긴장감을 드러내기만 하면, 대중적 권위주의(혹은 더욱 심각한 권위주의)가 바로 되살아날 기회를 포착해 여론을 조종하고 국가의 오른손 권력을 확대할 것이다. 최근 각종 공공투자의 유혹이 바로 이 지점에 있다.

4. 민주 좌파: 탈권위주의를 넘어 새로운 역사 열기

1) 탈권위주의의 매듭 풀기

탈권위주의 무대의 혼란과 실질적 불공정함 속에서, 우리는 현 상태에 대한 혐오감과 무력감이 야기한 새로운 정치 권력가에 대한 일반 민중의 갈망이나 최근 범람 진영에서 내세운 '장징궈 선생' 코드와 같은 것을 반드시 경계해야 한다. 상술했듯이 탈권위주의에는 진보적 측면이 존재하며, 그것은 바로 권위적 권력가의 퇴장이다. 우리는 이러한 진보성을 반드시 긍정하고 견지해야 한다. 따라서 지금과 같은 곤경에서 빠져나오기 위한 제1의 전제는 바로 이미 지나온 길로 다시 되돌아갈 수는 없다는 사실이다. 모든 형식의 권위의 소환에 대해 공민은 "이걸로 충분하다. 이 정치적 악순환은 반드시 근절시켜야 한다"고 말할 수 있어야 한다.

탈권위주의를 넘어설 결정적 열쇠는 바로 민주주의에 대한 수업을 보충하는 데에 있다. 우리는 건너뛸 수 없는 민주주의의 경로를 새롭게 걸어가야만 한다. 이 경로는 다원적 가치의 긍정을 전제로 한 근대적 규범의 기초 위에서 평등과 자유라는 두 가지 핵심적 가치와 그것이 위치한 타이완 당대 사회의 조건과 한계에 대해 다시금 사회적으로 사유하고 공공의 차원에서 논의하는 것을 말한다. 성적 중심 민주화는 일종의 길을 질러가려는 시도였다. 비록 공공 공간에 대해 권위적 체제가 가한 외부로부터의 통제는 일시적으로 해소되었으나, 공공 영역에서의 주체 형성은 이룰 길이 없었으며, 그 결과 우리는 탈권위주의적 공간의 혼란과 불공정성을 목격했다. 그렇다고 해서 우리가 의도적으로 고자세를 취하면서, 계엄 해제 이후 지금까지 타이완 사회에서 성장한 각종 시민사회 단체, 지역사회 조직, 사회운동 조직을 통해 형성된 '공공 영역'이 나타나지 않았다고 말하려는 것은 결코 아니다. 오히려 이 '공공 영역'에서 적지 않은 단체들이 '성적 중심 민주화'라는 구조에 의지한 채 존재하기에, 이들은 필연적으로 이 체제를 원칙적으로 문제 삼을 수 없다는 것을 지적하려는 것이다. 또한 몇몇 단체는 비록 이 구조와 무관하거나 심지어 이에 대해 근본적인 의문을 품고 있지만, 이를 개혁할 능력이 없기 때문에 단지 그 구조를 떠나 자위할 수 있을 뿐이며, 아울러 범람-범록 진영에 대한 '등거리 외교'를 통해 자신의 사회적 주체성의 명맥을 유지할 수 있기를 바랄 뿐이라는 것을 지적하려는 것이다. 우리는 이러한 단체들이 처한 이면의 곤경에 대해 깊이 이해하고 있다. 하지만 궁극적으로 사회의 주체성은 분산된 자구책을 통해 유지하거나 성장시킬 수 없다. 이는 비단 공공 영역에는 '보이지 않는 손'이 존재하지 않기 때문은 아니다. 더욱 중요한 이유는 이 구조가 논의 자체를 특정 논리로 환원시켜 버리는 탁월한 능력을 통해 공공 영역의 보편적 성장 가능성을 뿌리부터 차단하고, 그 결과 진보적 대중들은 서로 격리된 상태에서 성장 불량의 상황에 처해 상호 연대하는 논의를 형성할 수 없기 때문이다. 비근한 예로 2000년 이후 타이완 사회의 여러 계급과 단체 및 대중들(학생, 교사, 기술자, 농민, 지진 피해 가구, 반전 세력 등)은 모두 제각기 자신의 분노와 불만을 토로했으나, 이 억압적 구조는 일체의 모순을 성적 혹은 범람-범록의 '모순'으로 빠르게 전환했다. 그 결과 여러 역량들은 자신의 지역적 한계를 뛰어 넘어 더욱 보편적인 논의를 찾아 연대를 확대함으로써 정치적 망령에 대항하고 이 억압적 구조를 무너뜨릴 방법을 여전히 찾을 수 없었던 것이다. 이를 무너뜨린다는 것은 곧 이곳의 정치를 새롭게 공공화함으로써, 모든 절대적 보편 가치(사회정의, 평등의 인정, 양안 및 세계 평화 등)가 기지개를 켜고, 모든 대중이 자신에게 유익한 환경에서 건강하게 성장할 수 있도록 하는 것을 의미한다.

타이완 사회의 공공화와 민주화는 최종적으로 사회 주체 세력이 공공 영역에서 보편적 권리에 대해 논의할 수 있게 되는 것을 의미한다. 그런데 만약 이러한 권리에 대한 논의가 늘 성적 혹은 통일과 독립에 관한 논의로 치환되어 버린다면, 바로 이러한 현실 자체가 그 치환의 기제를 찾아내서 제거하도록 우리를 압박하는 것이라 할 수 있다. 다시 말해 성적 중심 민주화와 오늘날 이로부터 파생한 여러 사태를 바로잡기 위해서는 반드시 문제의 근원을 찾아 얽혀 있는 매듭을 풀어야 하는 것이다. 그리고 이 매듭은 바로 양안 민중 사이의 관계다. 탈권위주의에서 빠져 나오려면 우선적으로 양안 민중 사이에 형성된 적대감의 뇌관(雷管)을 해제해야 한다. 이 뇌관은 지금까지 양안의 정권에 이용되어 이 지역의 평화를 위협했으며, 근본적으로 타이완 사회의 정치 공공화를 방해했다. 어째서 타이완의 민주가 역으로 양안 민중의 관계 문제로 확대되어야 하는가? 간단히 말해서 만약 타이완 사회의 국족-대중의 여론이 '외부의 적'으로 인해 계속 단순한 정치적 올바름과 동원의 준비 단계에 머문다면, 탈권위주의, 대중적 권위주의, 심지어 고전적 권위주의까지도 하나의 가능성으로 재부상하게 된다. 그리고 정치적 주체는 그저 성적, '민중' 혹은 국족에 그칠 것이며, 정치적 개념은 계속 준(準)파시즘적 정치관에 머무를 수밖에 없다. 이 썩은 매듭에서는 공공성의 정치가 열릴 수 없다. 비판적 지식 차원의 논의로 지배적 구조인 국가와 정당정치에 실질적인 영향력을 발휘하기는 어렵지만, 우리는 지식계를 시작으로, 또 여러 대중적 공공 영역을 필두로 해 양안 민중 사이의 대화를 성립시킬 수 있다. 이 대화의 향후 결론이 통일이 될지 독립이 될지는 잠시 논외로 하더라도 대화 자체만으로도 타이완 사회의 민주주의 실천에 중요한 의미를 갖는다. 우리는 반드시 참된 평화와 민주에 기회를 주어야 한다.

양안 민중 사이의 진정한 대화는 우선 평등한 대화 주체 간의 대화이어야 한다. 여기에서의 평등은 주류 관변의 정의에 따른 대등한 정치적 실체를 의미할 필요는 없으며, 이 대화는 문화적 정체성 차원에서의 평등한 주체의 대화를 가리킨다. 과거의 대중적 권위주의 방식, 혹은 타이완 독립파가 구축한 '내가 한수 위'라는 식의 문화적 우월감은 반드시 조정되어야 한다. 우리는 종족주의 혹은 문명주의라는 선험적 구분과 차별적 시선을 반성해야 할 뿐 아니라, 역사 목적론적 자기 정립에 기대어 자신을 문명 혹은 역사 발전의 선진자로 자인하고 상대를 후진자로 규정하는 태도에서 벗어나야 한다. 이 때문에 소위 평등한 대화는 다시 개방적인 대화를 의미하게 되며, 쌍방은 서로에 대해 알아 가려는 태도를 갖춰야 한다. 최소한 차이를 존중하고 이를 포용해야 하는 것이다.

더욱 중요한 것은 이 대화는 비판적이고 협력적이어야 하며, 그 목표는 급박한 현실 문제에 대한 공동의 대응이어야 한다는 것이다. 쌍방이 공동으로 수용할 수 있는 규범적 목표의 수립을 시도함으로써 대화가 더욱 이상적이고 인간적인 목표를 향해 진행되도록 무게를 실어 주어야 한다. 이를 현실적 맥락에서 설명한다면, 양안의 민중은 반드시 각자의 발전주의 국가 조직과 이데올로기에 대해 비판적 거리를 유지해, 전쟁과 평화 문제, 생태 문제, 시장 규제 문제, 사회 보건 문제 및 최근 부상한 전염병 문제 등에 공동으로 대처해야 한다. 이러한 공동의 문제에 대한 대화는 사실 양안의 정권이나 타이완의 재계, 혹은 타이완의 범람-범록 진영에서 진행할 수도 없고, 진행하려 하지도 않는다. 반드시 비판적 지식계와 기타 공공의 실천가(가령 진보적 사회운동 세력과 비정부조직)를 호출해 신자유주의 전 지구화의 위협에 어떻게 공동으로 대처할 것인지, 사회의 진보적 유산을 어떻게 공동으로 확립하고 보존할 것인지, 양안이 서로 이웃 나라를 배수지로 삼은 결과 모든 생태 및 사회가 폐허화 되는 것을 어떻게 방지할 것인지 등에 대해 함께 고민해야 한다.

따라서 우리가 목전의 탈권위주의적 곤경에서 벗어날 수 있는 진정한 출로는 양안 민중 사이의 평등하고 개방적이며 비판적이고 협력적인 대화임이 분명하다. 우리가 보기에 이 대화의 중요한 성과 중 하나로 공공화된 정치가 타이완 사회에 찾아올 것이다. 이렇게 되었을 때 타이완 사회의 대중은 비로소 정치인이 어리석은 권력 다툼에서 깨어나 공공의 수요에 부응하도록, 즉 대중에 대해 책임을 지도록 할 수 있으며, 국가 또한 사회적인 국가가 될 것이다. 이렇게 되었을 때 자본은 비로소 사회적 통제 아래에서 일정한 사회적 책임을 갖게 될 것이다. 이렇게 되었을 때 민중 또한 비로소 무력한 상태에서 껍질을 깨고 나와 역사를 여는 주체로 거듭남으로써 탈권위주의 시기의 이원 구조 — 한쪽에는 끝도 없이 흥분하고, 무원칙적이며, 온갖 계책을 동원하는 권력 다툼이, 다른 한쪽에는 마음은 있으나 능력이 없는 방관자 대중이 존재하는 구조 — 를 타파할 수 있을 것이다.

2) 민주 좌파가 당면한 4대 목표

정치 공공화는 매우 중요한 과정 혹은 하나의 형식으로서, 이를 통해 비로소 여러 정체성 간의 평등과 사회정의라는 두 가지 중요한 가치 혹은 정치적 목표가 실현될 기회를 맞는다. 1989년 이후 10년간의 진보적 논의(예컨대 『대만사회연구계간』)의 노력은 국족주의 및 대중주의의 지배적 담론과 다양한 정체성 간의 불평등, 예컨대 성별, 인종, 생활 방식 및 기호 등의 불평등에 도전하는 가운데 전개되었으나, 사회 자원의 분배를 위한 좀 더 중요한 정치투쟁에는 상대적으로 소홀했다. 이러한 불균형에는 역사적 원인이 존재하는데, 80년대 말 약 2년간의 사회운동 황금기에 진보 혹은 좌익 진영 지식인들은 분배 정치를 기조로 하는 사회운동을 지지할 만한 논의를 충분히 전개하지 못했으며, 이후에도 이 시기의 역사적 경험을 반성하는 논의를 전개하지 못했다. 이러한 논의상의 공백은 역사의 흐름 속에서 지속적으로 확대되었다. 이후 대중적 권위주의 시기에는 대중이라는 거대한 유령이 지평선에서 떠올라 커다란 검은 그림자를 드리웠다. 좌익 지식인은 이러한 형세에서 그 역할이 완전히 제한되었는데, 이는 일면 안타까우면서도 이해할 수밖에 없는 현실이었다. 이들은 국족주의, 대중주의, 식민주의에 대해 방어적으로 비판하며 논의 공간을 확보하고자 했다. 그리고 이곳에서 절대화된 정치적 올바름에 억압된 여러 소외 계층을 해방하고 자신뿐 아니라 서로를 인정할 수 있는 정당성을 제공하고자 했다.

다원적 정체성 사이의 평등을 추구하고, 온갖 명분으로 자행되는 차별을 거부하며, 사회의 다양한 목소리를 장려하려는 노력은 그 자체로 줄곧 광의의 자유주의 모델에서의 문제의식이었다. 각 단계의 권위 시기에는 모두 그 시대만의 급소가 있었으며, 앞으로도 그러할 것이다. 하지만 1980년대 중후반에 들어서부터, 다원적 정체성 사이의 평등을 추구하는 문화다원주의의 논의만으로는 날로 증가하는 사회적 불평등 문제와 대면하기에 부족한 것으로 보인다. 자본은 천천히 정권의 정책 결정에서 핵심적 지위를 차지했고, 신자유주의 자유화 정책이 점차적으로 형성되어 갔다. 이어 주식과 부동산의 투기화와 거품화에 따른 폭리와 이에 따른 일반 민중의 상대적 박탈감 또한 여지없이 드러났다. 이러한 상황 속에서 우리는 이제 분배 정의를 좌익의 논의 구조에 결합시켜야 하며, 줄곧 소홀하게 다뤄졌거나 근래에 위협 당했던 정의와 관계된 모든 진보적 사회정책에 적극 대응해야 한다. 그 안에는, 재세(財稅), 교육, 의료, 주택, 도시, 매체, 여성, 아동, 노인, 실업 구제 등에 관한 보편적 사회정책, 사회의 특정 하층계급 혹은 소외 집단(농민, 원주민, 이주 노동자, '외국인 신부', 정신지체 장애인, 결손가정, 성 노동자, 9·21 재난자, 에이즈 환자 등)에 대한 적극적인 지원, 인류 사회의 타자로서의 동물과 생태 환경에 대한 적극적 보호정책 등이 포함된다. 이러한 의제는 범람-범록이 맞서고 있는 '탈권위주의' 상태에서 진정한 토론 공간을 전혀 확보하고 있지 못하는 것 같다. 근래 형성된 '범자'[8] 결맹은 사회 약소 집단이 오랜 시간 범람-범록 진영에 이중으로 포위된 상황에서 이뤄 낸 집단적 돌파 노력의 일환이며, 매우 유의미한 개혁의 징후이다. 우리는 이것이 가까운 미래에 범람-범록의 기존 구도를 근본적으로 넘어서는 완정한 사회에 관한 논의로 발전되기를 희망한다.

8_[옮긴이] 범자(泛紫) 진영 혹은 범자연맹: 공평정의연맹이라고도 불리며, 2008년에 타이완의 9대 사회복지 및 사회운동 단체가 공동으로 발기했다. 이 연맹은 약체를 상징하는 자색을 내세워 사회적 약자의 목소리를 대표한다. 이 연맹의 취지로 '사회 안전망 공동 건립', '재야 공동 노력을 통한 사회복지 제도 추진', '사회복지 및 사회운동단체 역량 강화를 통한 타이완의 선거 문화 및 가치관 변혁' 등을 들 수 있다.

이 때문에 '탈권위주의를 넘어서'라는 기획은 단지 정치의 공공화를 통해 극장의 혼란에서 벗어나는 것만이 아니며, 문화 혹은 정체성의 백가쟁명을 유일한 목표로 삼는 것만도 아니다. 비록 모두가 중요한 목표이기는 하지만, 좀 더 평등하고 정의의 원칙에 부합하는 사회구조를 목표로 하는 것이 더욱 중요하다. 그곳에서는 제도적으로 부당한 경쟁의 우위를 누리거나 출발선에서부터 열세를 감당해야하는 개인이나 집단이 있을 수 없다. 또한 사회는 가장 기본적인 존엄성에 부합하는 삶의 수요를 제공할 책임을 질 것이다. 이러한 목표의 제시는 탈권위주의로부터의 탈출이 단지 하나의 문화주의나 가치 다원주의의 수립에 머무는 것이 아니라, 좀 더 물질적이고 평등주의적인 기획이 되어야 한다는 것을 의미한다. 그리고 이러한 의미에서 우리는 200년간 지속된 자유주의와 사회주의의 유업을 새롭게 계승함과 동시에 그 실패와 성과에 마주하고, 바로 이 지점에서부터 앞을 향해 새롭게 전진할 필요가 있다.

비록 모두가 '분배'를 강조하고 있지만 우리의 이 기획과 전후 서구 복지국가의 사회 민주제는 중요한 사상적 차원에서 주목할 만한 차이가 있다. 전후 서구의 사회 민주 경험은 전후 황금기 남북의 불균형한 발전과 동서 냉전의 대치 상황에서 자본주의의 핵심적 국가들이 사회 안정을 꾀하고자 노동계급에게 제시한 타협의 결과다. 이 타협의 즉각적인 장점은 조직화된 노동자계급에 있어 노동조건의 개선과 임금 인상이었다. 그러나 그 대가로 소비주의의 범람, 포드주의(Fordism)식의 노동조직 및 문화 규범, 전통 노동자 지역과 조직의 와해 및 소외 노동인구의 만성화를 떠안았다. 사회 민주파와는 달리 우리의 기획은 일반 대중의 정치적 능력을 배가시키는 것이다. 일반 대중은 반드시 각종 공공 정책 제정의 주체로서, 그리고 문화적 정체성의 창조자로서의 역량과 자유를 지녀야 한다. 우리는 각종 '외피'로서의 대의제도(국가 영역에서든 노동 영역에서든)를 결코 배척하지 않는다. 하지만 이러한 제도는 사회생활에서 이성적 대화 능력과 실천 능력을 갖춘 주체, 즉 투쟁적 공민을 전제로 삼고 있으며, 바로 이 공민이야말로 새로운 역사적 상황에서 새로운 어려움과 대면하고 새로운 문제를 해결함으로써 그 외피를 충실히 채우는 존재라는 사실에 주목할 필요가 있다. 이러한 과정을 통해 제도는 비로소 소외된 권위가 아닌 인류를 위한 공공 수단이 되는 것이다.

요컨대 '탈권위주의를 넘어서'라는 민주 좌파 기획은 양안 민중 관계의 진정한 대화합, 정치의 공공화, 다양한 정체성의 평등, 분배 정의라는 4대 목표를 포함하고 있다. 이와 같은 일련의 중대 목표를 달성하기 위해서 민주 좌파는 향후 대중의 정치적 권한의 강화 및 경제 생산 체제로서의 역사적 자본주의에 대해 더욱 깊이 있는 탐색을 도모해야 한다. 이 두 가지 문제의식은 과거 타이완에서 개별적으로조차 충분히 논의되지 못한 것으로, 지금 양자의 결합을 논할 단계는 더욱 아닐 것이다. 이러한 상황은 우리가 타이완의 사회, 정치, 문화의 앞날을 향해 품는 상상에 매우 중대한 제약을 가했다. 범람-범록의 정치권이 서로 야합해 타이완의 정치 지도를 제작함으로써 민주적 상상 능력을 농락하고 질식시키고 있는 오늘날의 현실에서, 우리 민주 좌파의 기획은 저속하고 무가치하고 과장되고 왜곡과 뒷거래를 일삼는 주류 정치에 대해 모든 측면에서 반명제가 되어야 한다. 민주 좌파는 결코 범람-범록 주류 정치권의 대립을 지향하지 않으며, 이를 초월하고 극복한다. 그들과 정권을 다투려는 것이 아니며, 이러한 정권을 폐기하려는 것이다. 민중의 지지를 두고 그들과 경합하려는 것이 아니며, 논의를 형성해 민중을 지지하고 변화시키려는 것이다. 『대만사회연구계간』은 창간 15주년을 맞아 이러한 집단 선언적 글을 발표함으로써 고견을 청하기에 앞서 우리의 미숙한 의견을 던지고자 한다. 그리하여 탈권위주의 시기 범람-범록 진영의 독재 패턴에 대해 분노와 우려를 표하고 있는, 급진적 민주와 사회정의에 대해 신념을 견지하고 있는, 역사적 주체로서의 일반 대중에 대해 기대를 품고 있는, 억압과 착취에 대해 화난 눈초리를 던지고 있는 모든 개인과 집단을 초대해, 비판적 대화를 통해 대중의 논의와 실천을 전개함으로써 정치, 경제, 문화 및 양안 의제의 전면 공공화를 실현하고자 한다. 우리는 이것이 역사적 중대성을 띤 하나의 집단적 논의와 실천의 서막이 되기를 간절히 기대하지만, 동시에 사회적 집단으로서『대만사회연구계간』이 사회 및 역사의 정상에 올라설 능력도, 자격도 없다는 사실 또한 분명히 자각하고 있다. 비록 우리의 포부는 억압당한 진보의 논리를 확대하는 것이지만, 우리 자신 또한 이 사회와 역사의 곤혹스러운 기존 구조의 일부라는 점에서, 민주 사회에서 진정한 공공의 실천가가 되기 위해서는 개인적이고 미숙한 정치적 역할에서 탈피하도록 스스로에게 엄격하게 요구하고, 공공 영역에서 공공의 논의를 진행하는 것을 배워야 한다. 이러한 이유로 전면적인 공공화는 단지 외부 지향적일 뿐 아니라 자기 지향적이기도 하다. 마찬가지로 민주 좌파의 '민주' 또한 단지 제도에 대한 요구에 그치는 것이 아니라 좌파 자신을 향한 요구이기도 하다.

우리는 이러한 모든 개인과 집단이 실망감과 무력감에서 벗어나 공공의 역할을 학습해 실천하고, 아울러 정의, 평등, 다원, 자유 등의 가치가 지금, 여기에서 실현되도록 공공의 차원에서 논의함으로써 탈권위주의를 넘어서 새로운 역사를 창조하기를 호소한다. 이러한 군중은 이 섬에서 양안의 평화, 정치 공동화, 문화적 평등 그리고 사회정의라는 4대 목표를 공유하는 비판적 대중일 것이며, 타이완 사회의 진보 역량의 원천일 것이다. 그러나 '진보'라는 개념은 무엇보다도 먼저 최근 20년간 전 세계 학계의 문인들이 자아도취에 빠져 사고 능력을 포기하고 앞 다투어 화려한 교조적 상대주의를 좇던 치욕으로부터 해방되어, 역사적 조건을 기초로 한 반성, 논의 및 행위의 척도가 되어야 한다. 정치적 스타가 '부상과 퇴조'로서 시대적 상황을 정의하고 뻔뻔스럽게 군중에 호소하며 자신의 세력을 보존하는 때에, 공공의 논의는 더욱 대담하게 사회의 가치에 대한 투쟁에 개입해 구체적인 역사 조건에 의거해 진보와 반동을 구분해야 한다.

만약 타이완의 진보 세력이 논의와 실천을 결집해 양안 민중의 역사적 대화합을 전개함으로써 처음부터 다시 민주화 과정을 추동한다면, 그리하여 탈권위주의를 초월하고 나아가 역사의 새로운 장을 연다면, 이 위대한 실천에서 얻어진 사회 개혁의 경험은 단지 타이완 사회만을 위한 권위의 축출로 끝나지는 않을 것이다. 이 경험은 나아가 중국 대륙 민중에게 기존 노선에 비해 좀 더 급진적인 대안을 제시해 줄 수도 있다. 그렇게만 된다면 이 경험은 상대 측 민중에 보내는 우리의 소중한 선물이라고도 감히 말할 수 있을 것이다. 그리고 이것은 21세기 초 타이완인의 인류 문명을 향한 공헌이었다고 말할 수 있을지 모른다.

• 옮긴이 | 박은석, 이화진

10장

비판적 지식인의 사회적 책임과 현실 개입

『대만사회연구계간』 편집 동인의 지식 실천을 중심으로

_쉬진위 / 천광싱

1.

이 논문은 타이완 사회에 대한 지식인의 비판적 개입을 주창해 온 계간 『대만사회연구』 편집 동인이 진보적·비판적 지식 단체로서 지난 20년간 남겨 온 지식 담론 및 사회적 실천의 족적들을 정리하는 데 그 목적이 있다. 이는 한편으로 과거 20년간 타이완의 사회, 정치, 경제 및 문화 사상의 발전을 비판적 시각에서 반성적으로 되돌아보는 작업이 될 것이라 생각된다. 더욱 중요하게는 이러한 기초 작업을 통해 스스로에 대한 반성의 계기를

• 이 글은 『臺灣社會研究季刊』(영문명 Taiwan: A Radical Quarterly in Social Studies)을 발간하는 타이완의 비판적 지식인 그룹 '대만사회연구계간 발행동인'(台灣社會研究季刊社, 이하 관행적 약칭인 '타이서'[臺社]로 칭함)의 20년 활동을 정리하는 기념회의(2008년 9월 27~28일, 타이완 스신 대학[世新大學] 개최)에서 기조 발제 논문으로 발표된 글을 필자들의 허락을 얻어 번역한 것이다.

마련함으로써 타이완 사회의 역사의 흐름과 맥락에 대한 담론과 실천을 한층 심화할 수 있을 것으로 기대된다.

우리 편집 동인은 일찍이 "민주주의를 받들고 실천하는 사람으로서, 우리는 어떠한 종류의 보수적이거나 반동적인 권위의 유혹도 거절하며, 일반인들이 일상생활에서 정치의 주체가 되게끔 하는 능력과 제도를 지지한다. 좌파로서 우리는 일체의 형식적 착취와 억압, 차별을 거부하고 시장 만능주의와 형식 민주주의, 각종 문화적 패권주의에 도전하며 사회정의와 개성 해방 그리고 역사의 창건을 추구한다"는 입장을 창간 15주년 선언에서 밝힌 바 있다. 창간 후 세 번째 10년을 향해 큰 걸음을 내딛기 시작한 지금 우리는 이러한 비판적 입장을 계승함과 동시에 그 담론의 기초를 한층 강화할 필요를 절감한다. 또한 빠르게 변화하는 타이완과 동아시아 그리고 전 세계의 정세에 대한 비판적 이해를 통해 다음 단계 활동의 사유와 실천의 기준을 재정립하고자 한다. "역사란 직접 부딪쳐야 할, 이미 정해져 있는, 그리고 과거로부터 이어 내려온 조건하에서 만들어지는 것"임을 절감하고 있다. 따라서 역사적 조건 속에서 구성된 사회적 담론과 실천만이 비판성과 진보성을 지닐 수 있다는 우리의 믿음 또한 확고하다.

그렇다면 우리가 물려받은 것은 어떠한 역사이며 어떠한 사회인가. 전후(戰後) 타이완 사회는 고전적 권위주의(장제스 시기), 개혁적 권위주의(장징궈 시기), 대중적 권위주의(리덩후이 시기)를 차례로 겪어 왔으며 2000년 이후 민진당 집권으로 '탈권위주의'의 시대를 맞이했다는 인식이 우리의 일관된 입장이다. 그러나 또한 "탈권위주의는 반(反)권위주의나 비(非)권위주의가 아니며, 더욱이 민주주의와 동일시될 수는 없다"고 주장해 온 것처럼 민주주의의 기본 가치에는 참여와 책임의 정치가 포함되기에, 정당 교체가 이뤄졌다고 해서 권위주의의 소멸이 곧바로 민주의 참된 결과로 이어지는 것은 아니다. 오히려 민진당 집권 세력은 절차상으로 정당한 지지를 확보함으로써 더욱 복잡하게 권력과 자본 간의 착종과 융합을 진전시켰다. 또한 족군(族群)[1]의 정치적 올바름을 표상하는 기호를 더욱 멋대로 농단함으로써 그들 내부의 부패와 부당한 통치의 실체를 은폐했다. 2008년 또 한 차례의 정당 교체가 이뤄진 지금, 이에 대한 자세한 분석과 해부를 통해 과거 상투적으로 내세워진 '본토화'(本土化), '민주화', '다원화', '자유화' 및 '전 지구화'와 같은 개념에서 그 거품을 걷어 내고 비판적 기초를 세우는 작업이 더욱 요구된다. 이를 통해 이전 정권 시기의 실패들 즉, '본토화를 지향하되 외지 출신자는 배척하고', '민주화를 지향하되 책임정치는 거부하며', '다원화를 지향하되 다양성은 압박하고', '자유화를 지향하되 정의는 저버리며', '전 지구화를 지향하되 평등은 무시하는' 식의 역사적 난투극이 또 한 차례 재연(再演)되는 것을 피해야 한다. 개인이나 정당에 따른 편차가 있겠지만, 현 집권 세력 내부 구성원은 과거 정권에서의 행태 즉, 기본적으로 평등한 참여에 적대적이고, 사회정의를 무시하며, 수단과 방법을 가리지 않고 본토주의(本土主義)에 영합하는 등의 유사점이 확실히 존재하는 것으로 보인다. 단지 절차상의 민주화와 정치상의 본토화를 이루었다고 해서 그 차별성이 자동적으로 확보되는 것은 아니다. 때문에 활동 20주년을 맞은 이 시점에서 우리는 과거 민진당 8년 집권기에 대한 철저한 비판적 재검토를 통해, 국민당으로 정당을 바꾸어 또 한 차례 부패 정권이 되살아나는 것을 견제해야

1_[옮긴이] 원문의 '족군'(族群)은 우리말의 계층에 가까운 의미이나 이곳에서는 일반적 의미에서의 다양한 사회계층보다는 출신 지역이나 양안관계, 즉 대륙과 타이완의 통일 문제에 대한 입장에 따라 구분되는 타이완 특유의 사회적 계층을 주로 지칭하므로 원문의 '족군'을 그대로 사용하였다.

할 필요가 분명히 존재한다. 이러한 작업이 현 집권당인 국민당의 마잉주(馬英九) 정권에 대해 진지한 경고로 작용하기를 희망한다.

1) '본토화를 지향하되 외지 출신자는 배척하다'

15주년 기조연설에서 분명하게 밝혔듯이 본토화는 전 지구화 과정에서 진보와 저항의 가치를 내포하지만 폐쇄와 배척의 위험성을 동시에 안고 있다. 본토화 그 자체를 본질적 가치로 인식해서는 안 되며 반드시 구체적인 사회 및 정치적 요구 속에서 검토해야만 그 방향을 확정할 수 있다. 본토화는 타이완의 발전 맥락에서 일정한 진보적 요소를 갖추고 있다. 가령 국가가 주도하는 근대화 및 문화 패권주의에 저항하고 '족군'에 근거한 불평등한 분배 시스템을 타파하는 데 기여할 수 있다. 그러나 이러한 출신지역에 근거한 정체성 형성은 종교와 유사한 방식의 결합에 기초한 '족군 정치'의 독점을 야기하며, 진보적 자유주의 전통과 단절되어 있기에 배타적 방식의 강력한 정치적 동원으로 귀결되어 왔다. 불행히도 이러한 방식의 본토화 운동은 보수적 '신국가주의 운동' 세력을 결집시켜 과거 20년 동안 정치 이데올로기상의 주류적 지위로 군림해 왔다. 이는 권위주의적 체제의 동요나 약화로 인한 결과가 결코 아니었다. 오히려 정권 교체를 통해 확보된 집권당의 정치적 우세 속에서 모든 가능한 진보 담론을 대체하는 배타적 패권으로 변질되었으며, 다소 느슨해진 권위 체제 속에서 성장한 사회 진보 역량은 신(新)집권 세력이 주도하는 획일적 의제에 의해 그 존재가 은폐되거나 와해되었다. 민진당은 집권 후반기였던 과거 5년간, 특히 연임 직후 시기에 의도적으로 화해의 몸짓을 취하며 '다원적 정체성론'을 설파한 바 있다. 그러나 이 '다원론'의 실질적 함의가 '타이완 출신자 독식'[獨尊本土論]에 그치고, 심녹(深綠)[2] 세력이 약진하고 민진당 정권이 부정부패의 덫에 빠지면서 이 같은 말로만의 화해 무드는 급속히 의미를 상실했다. 본토론은 민진당만이 내세울 수 있는 공약이 결코 아니다. 훨씬 복잡하게 얽혀있는 신정권에서도 채택 가능한 하나의 구호라는 점을 강조하고 싶다. 이것은 신정권의 소위 '타이완 우선' 원칙에 입각한 일련의 '타이완 사랑' 정책에서도 볼 수 있다. 마(馬) 정권은 '매국'으로 몰리지 않기 위해 이러한 구호를 채택한 것이기에 마 정권의 '본토 우선'이 굳이 '외지 출신자 배척'과 동일시될 필연성은 없다. 그러나 현 집권 세력이 주창하는 '본토론'에는 진보적인 정치·사회 의식과의 관련성을 거의 살펴볼 수 없으며, 이 때문에 우리는 '대체 어떤 타이완을 사랑하자는 것인가' 혹은 '당신들이 내세우는 '본토'가 계급과 족군의 구별 없이 다 함께 향유할 수 있는 가치인가' 같은 기초적 질문을 제기하지 않을 수 없다. 이러한 원칙적 문제가 담론의 차원에서 분명하게 정리되지 않는다면 마 정권이 내세운 '본토 우선'의 구호를 포함한 모든 새로운 '본토론' 역시 과거의 경험이 보여 주듯, 억압적 파시즘으로 전락될 위험에서 자유로울 수 없을 것이다.

2_[옮긴이] 타이완인은 양안관계에 대한 입장을 중심으로 '독립'(녹색 진영)과 '통일'(남색 진영) 사이에서 대체로 심녹(深綠), 중녹(中綠), 천녹(淺綠), 천남(淺藍), 중남(中藍), 심남(深藍), 및 자색(紫色, 양자에 비판적인 사민주의 경향의 진보주의)의 일곱 가지 입장으로 나뉜다. 그중 심녹파는 곧 민주당 근본주의자[基本教義派]로서, 대륙의 중국공산당을 극도로 혐오하며 하루 빨리 타이완 독립을 통한 독립국가를 건설해야 한다고 주장하는 세력을 말한다.

2) '민주화를 지향하되 책임정치는 사양하다'

책임정치의 원칙은 모든 민주주의의 제도적 설계에 있어서 가장 기본적인 요소다. 그러나 매우 아이러니한 것은 타이완 민주주의의 성숙을 운위하는 지금에도, 국민당과 민진당 간의 상호 비방, 심지어는 공모로 인해 드러난 정책상의 오류에 대한 책임을 물을 곳 없는 상황이 정당 교체 이후에 더욱 빈번하다는 사실이다. 가장 비상식적인 것은 집권당의 부패가 드러난 경우에도 그 책임을 묻지 못한다는 점이다(혹자는 이 같은 책임 회피를 '선거에 따른 결과'라며 당연시하기도 한다). 이 때문에 시민들이 거리로 나가 항의를 하는데도 부패한 공직자는 아랑곳없이 자리를 보전하는 상황이 비일비재하다.

그 배후에서 일차적으로 작동하는 정치적 요소는 '통일-독립' 간의 정치적 갈등이다. 그러나 좀 더 큰 문제는 형식 민주주의만으로는 사회정의가 실현될 수 없으며 이는 종종 부당한 '사회적 관행'[共識]의 문제를 은폐한다는 사실이다. 이러한 관점에서 홍샨쥔(紅衫軍) 운동[3]을 살펴보면 더욱 의미 있는 논의를 끌어낼 수 있다. 자오강(趙剛)은 다음과 같이 지적했다. "홍샨쥔 운동은 타이완의 형식 민주주의가 완성되었다는 전제 아래, 형식 민주주의 그 자체가 (적어도 타이완에서) 초래한 중대한 문제들, 더욱이 형식 민주주의로는 도저히 해결할 수 없는 문제들의 존재를 역으로 드러내 준다. 바로 부정부페, 국가 분열, 정치 지도자 집단의 기본적 도덕의식 결여, 재벌에

3_[옮긴이] 2006년 9월 100만이 넘는 타이완 시민들이 붉은색 티셔츠를 입고 당시 천수이볜의 측근 및 친인척의 비리와 부정부패를 규탄하며 천수이볜의 퇴진을 외친 대규모 평화 시위를 지칭한다.

대한 국가기관의 무절제한 편향, 빈부 격차의 심화 등이 그것이다." 마잉주 정권이 집권한 후에도 이러한 방향이 시정될 것 같지는 않다. 오히려 두 번째 정당 교체라는 구호 아래에서 그러한 형세는 더욱 공고해졌으며 심지어 권력은 더욱 오만해지기까지 했다. 민주주의를 가장한 이러한 책임 회피식 정치 논리는 지난 몇 년 동안 학술계에서도 횡행했다. 특히 현행의 학술 평가 제도[評鑑]가 타이완 인문학계 지식 생산의 공동화를 초래하고 있는 것이 분명한 지금에도 이를 책임질 주체는 없다. 사회, 정치, 문화 및 역사적 맥락과 관심 대상을 잃어 가는 흐름 속에서, 인문 사회과학 연구는 자연과학과 마찬가지의 '일원화'로 치달아 갈 것이다. 이는 최근 세계 학술계의 흐름이 다양성[多元異質]을 강조하는 것과 완전히 배치된다.

3) '다원화를 지향하나 가치의 다양성은 말살하다'

다원주의적 문화 담론 또한 민주화 이후의 사회 발전을 설명하기 위해 도입된 것이었으나, 오히려 소수자를 배제하는 핑계로 활용되었다. 더욱이 이른바 '제3부문'(the third sector)이 타이완 시민사회 세력의 주류가 된 상황에서 '정부도 민간도 아닌' 혹은 '정부이자 동시에 민간이기도 한' 이러한 조직은 표면적으로 성숙한 시민사회의 발전적 모습을 보여 주었지만 아이러니하게도 새로운 통치 형태로 기능하며 다양한 의견과 행동의 가능성을 말살했다. 그 가운데에서 가장 문제가 된 사태는 바로 동성애자와 매춘 여성, 성적 소수자들과 관련된 사건들이다. 이 제3부문에 속하는 반관반민의 조직들은 '도덕'과 '공포'를 내세워 폭력적이고 파시즘적인 방식으로 자신의 의지를 관철시켰다. 이러한 사례는 법적 소송을 통해 구체적으로 확인할 수 있다. '공포'에 사로잡힌 다수가 폭력에 호소해 소수자[異分子]를 뿌리 뽑으려는 행위는 새로운 통치 형태로 자리 잡았으며, 이는 과거 권위주의 시기의 통치와는 그 양상을 달리했다. 사실상 "탈권위주의 다원사회에서 나타난 새로운 종류의 '통치 권력'은 종종 그 자체가 시민사회 혹은 시민 집단 내부에 형성되었다. 이러한 형태의 새로운 권력은 포용과 배제의 반복 속에서 국민[國族]의 이익을 강조하는 전 세계적 추세와 보조를 같이 했다." 다원적 가치를 표방하는 듯 보이는 타이완의 시민사회는 그 자체에 심각한 내부적 모순과 갈등 요소를 안고 있으며, 권위주의 퇴진 이후 반사적으로 결집한 보수 세력은 공공 담론에서 주변부, 소수자의 목소리를 배제시키는 데 주도적 역할을 담당했다.

4) '경제 자유는 지향하되 경제 정의는 방기하다'

1980년대 이래 자유화는 경제정책의 준칙으로 받들어져 왔다. 반드시 정당 교체에 따른 변화는 아니라 하더라도 집권 세력 교체 이후 강도가 더해지고 더욱 교조화된 경향이 나타났다. 80년대에 자유화와 사유화 문제가 의제로 발의되었을 때만 해도 그것은 뚜렷한 정치적 목표를 지니고 있었다. 국민당이 경제적으로 장악한 고지를 무너뜨리는 것이 바로 그 목표였다. 그러나 이러한 경제 자유화의 흐름은 후진 국가의 경제 발전 가능성을 스스로 말살시키는 것으로 귀결되었다. '계획적'으로 국가 자산을 헐값에 처분하고 경제 재분배의 기능을 국가 스스로 내팽개쳤으며, 경제 부정의의 모든 원인은 국가가 아닌 불건전한 시장 기제 탓으로 돌려졌다. 민진당 집권 후 이 같은 흐름은 한층 악화되어 지역 파벌의 근절과 금융 개혁이라는 미명하에 금융 합병과 정경 유착이 진행되었다. 그 결과 국가 자산은 공동화되고 향촌 지역은 금융 서비스에서 배제되었으며 경제 자유화는 국가 자산을 사적 자본에 넘겨주기 위해 동원되는 미사여구로 전락했다. 기본적인 사회 재분배에서 국가의 역할은 모호해지고 심지어 왜곡되었다. 또한 국영기업의 사회적 공공기능까지 시장에 내맡긴 결과 대중교통수단을 포함한 기초 서비스는 더 이상 지역 주민의 요구를 충족시키지 못했다. 그러나 다른 한편으로 과거 민진당 정권과 지금의 국민당 마잉주 정권은 앞 다투어 영업세와 상속세 등을 폐지하거나 인하하는 등의 조치로 세제개혁 과정에서 자본 편향을 노골화했다. 또한 토지세 우대 등을 포함한 다양한 혜택을 마련해 대륙으로의 자본 이탈을 막는 데만 골몰했다. 이러한 여러 조치들은 자본을 위한 일종의 보너스였으며 사회적 불공정을 격화시켰다. 집권 100일을 맞은 마 정권의 일부 정책 역시 이러한 점이 우려되는데, 특히 '타이완 사랑'을 명분으로 내세워 추진되는 국가 주도의 대규모 토건 사업은 실상 자본가를 위한 경제특구 조성에 다름 아니다.

5) '글로벌화를 지향하되 평등은 방기하다'

신자유주의를 핵심으로 하는 글로벌화의 역량은 '워싱턴 컨센서스'(Washington Consensus)[4]로 확립된 패권을 등에 업고 과거 20년간 타이완의 정치,

4_[옮긴이] 미국식 시장경제체제의 대외 확산 전략을 뜻한다. 미국의 정치경제학자인 존 윌리엄슨이 지난 1989년 자신의 저서에서 제시한 남미 등 개도국에 대한 개혁 처방을 "워싱턴 컨센서스"로 명명한 데서 유래됐다. 이후 90년대 초 IMF와 세계은행, 미국 내 정치경제학자들, 행

경제, 사회·문화의 각 방면에 침투했다. 이러한 추세는 다양한 토착적 역량에 의해 일부 저지되고 다소간의 조정을 거치기도 했으나, 논리와 힘에서 압도적인 전 지구적 패권주의에 맞서기에 토착 세력은 늘 역부족이었다. 눈앞에 전개되는 글로벌화의 추세는 시장 개방과 관세 철폐 등 경제 영역에서 국가의 퇴장을 공공연히 요구하고 있다. 그러나 이들은 표면적으로는 '시장 기제 존중'이라는 미명을 내세우면서 필요시에는 국가에 기대어 편파적 개입을 일삼는 한편 자본의 방임적 지위 확보를 정책적 목표로 삼고 있다. 이러한 글로벌화 정책 아래에서 타이완은 한편으로 국가 경쟁력을 강조하며 자본 유인책을 제공해 국내외 투자를 유치해야 했으며, 다른 한편으로는 약세 부문에 대한 보조를 점차적으로 삭감하면서 국제 규범에 부응해 WTO 체제에 가입하지 않을 수 없었다. 이러한 흐름 속에서 부문 간 지역 간 격차는 더욱 확대되었다. 현재의 글로벌화는 다수의 이익을 위한 발전이 아니라 약자에 대한 수탈을 통해 이뤄진 계급, 부문, 지역 간의 재분배 과정이었다. 여기에서 자본은 자유롭게 이동해 더욱 큰 가격 결정권을 획득할 수 있는 권한을 부여받았으며, 노동자와 농민 그리고 대다수의 봉급생활자와 그들의 거주 지역은 상대적으로 고착되고 임의로 통제되었다. 표면적으로 평등한 이익을 보장하는 것처럼 보이는 '글로벌화의 신화'는 실질적으로 승자와 패자의 격차를 확대하는 가장 거대한 불평등 구조였다. 그리고 이러한 전 지구화의 거짓 평등은 지난 5년 동안 농민과 이주 노동자 문제에서 가장 두드러졌다. 쌀 테러범 양루먼(楊儒門)[5] 사건조차도 전 지구화 과정 속

정부 관료들의 논의를 거쳐 이른바 "워싱턴 컨센서스"가 정립됐다.

5_[옮긴이] 양루먼은 2003년에서 2004년까지 타이베이 시에 총 17차례의 폭발물을 설치했다. 이때마다 '쌀 수입 반대', '정부는 인민을 보호하라' 등의 메모를 남기며 쌀 수입 개방 이후의 농

에서 농업, 농민, 농촌의 '삼농' 문제의 중요성을 양당의 정치인들에게 환기시키는 데 실패했으며, 단순 치안사건이나 농촌 소비적인 '무미락'(無米樂, let it be)[6] 정도로 축소 이해되었다. 이주 노동자 문제에서는 선별적 고용정책을 통해 집단화의 가능성을 약화시켰으며, 이주 노동자에 대한 혹독한 착취가 방치된 결과 결국 태국 노동자에 의한 테러 사건까지 발생했다. 그러나 이 또한 양당의 대립 속에서 하나의 일과성 스캔들 정도로 처리되었으며 글로벌화의 심화로 초래된 노사 관계의 불평등 문제에 대한 반성은 이뤄지지 않았다.

2.

과거 20년간 우리는 학술 사상 집단으로서 '지식 생산'을 통해 타이완 사회에 개입하기 위한 노력을 경주해 왔다. 『대만사회연구계간』이 창간된 1988년은 국민당 권위주의 체제가 막 계엄령을 해제하고 사회운동이 활발히 일어나던 시기였다. 당시 학술 사상계의 타이완 사회에 대한 이해는 구미 사조에 입각해 서구화 문제를 중심에 두는 쪽에 편향되어 있어 타이완

민의 생계 문제를 책임질 것을 정부에 요구했다.

6_[옮긴이] 옌란추안(顏蘭權), 주앙이첑(莊益增) 감독이 공동 연출해 2005년에 개봉한 타이완의 기록영화다. 타이완의 곡창지대인 가남(嘉南) 평원을 배경으로 한 이 영화는 외부 환경이 허락하지 않는 상황에서 타이완의 농민이 어떻게 쌀농사를 이어 나가는지에 대해 소박한 촬영 기법을 통해 사실적으로 묘사했다. 당시 작품성과 대중성을 모두 인정받아 영화제 수상과 극장 흥행 모두에서 성공했다.

사회의 역사적 변동에 대한 내재적 관점이 부재했음을 알 수 있다. 사회과학계의 주류는 실용주의, 현대화 이론, 신고전경제학이었으며, 연구의 목적 또한 타이완이 어떻게 구미 사회의 현대화를 따라잡을 것인지를 밝히는 데에 있었다.

이러한 당시의 주류 학술계에 대한 비판적 입장에 의거해 당시 편집 동인들은 시민사회에 뿌리를 두고 구체적 현실로부터 출발해야 한다는 입장을 가졌다. 이런 노선상의 출발점은 타이완 사회에 대한 적극적 참여와 비판이라는 전통의 형성에 크게 기여했다. 이쯤에서 창간 당시 외부의 정치적 압력과 학술계 내부의 압력을 언급하지 않을 수 없다. 타이완의 경제적 성공 원인을 설명하는 데 치중했던 주류 학계와 달리, 우리는 주요한 관심을 경제 발전의 '사회적 결과'에 두었다. 이는 과거 타이완의 비판적 학술 매체들이 구체적 현실보다 이론의 소개에 치중했던 것과도 달랐다. 이 때문에 우리는 경제 발전이 초래한 사회적 결과에 대한 관심을 통해 '시민사회론'을 당시의 타이완 사회를 분석하는 방법론으로 채택하게 된다.[7] 이후 이 노선의 실현 방식과 그 양상에 대해서는 별도의 자세한 검토가 요구된다. 그러나 1980년대 후반 이후 분명한 비판적 입장을 띤 지식인 집단의 공론장이 형성되었다는 사실은 중요한 의미를 갖는다. 여기에 참여한 지식인들은 학술 권력의 영향력에서 비교적 독립적이었기에 비판적 논의들이 상대적으로 제약을 덜 받으며 꾸준히 유통될 수 있었으며 이는 당시 인문 사회 분야의 연구자와 학술기관에 깊은 영향을 미쳤다.

초기 편집 동인의 주요 역량은 출판에 집중되었으며, 월례 모임의 초점

7_이 시기 타이완 지식계의 상황에 대한 샤주주(夏鑄九)의 설명에 감사를 표한다.

은 테마 기획에 맞춰졌다.[8] 그러나 동시에 구성원들 또한 적극적으로 사회운동에 참여하고 개입했다. 특히 원동화학섬유(遠東化纖), 신광방직(新光紡織), 중국시보(中國時報) 등에서 노동운동에 참여한 사례[9]는 타이서 초창기 편집 동인 일부의 '운동적' 배경과 관련 있다.[10] 1990년 3월 학생운동에는 거의 전원이 참여[11]했으며, 이후 군부의 정치 간섭 반대, 헌법 제100조 반대 운동에서도 여러 구성원은 지식계를 대표해 중요한 역할을 수행했다.

1990년에서 1994년 사이의 주요 외부 연계 활동으로는 칭화(淸華) 대학 문학연구소와 공동 주관한 '문화 비판 연구 토론회'가 있다. 타이베이 시 금화가(金華街)에 소재한 칭화 대학 부속 월함당(月涵堂)에서 매월 논단 형식으로 진행되었는데, 학술 강연과 시사 문제에 대한 원탁회의 등 다양한 형식으로 진행되었다. 우리 편집 동인이 집단적 차원에서 타이완 사회문제에 개입한 사례 또한 1994년 6월, 바로 이 논단을 통해 이뤄졌다. 1994년 6월 초 발표된 천광싱의 논문[12]은 당시 리덩휘(李登輝) 정권의 '남향 정책'(南向政策)[13]을 겨냥했다. 『중국시보』(中國時報) "인간부간"(人間副刊)의 적극적

8_본 논문의 두 저자는 창립 멤버가 아니다. 천광싱은 1989년, 쉬진위는 2001년에 타이서의 정식 멤버로 참여했다. 타이서의 월례 모임은 1989년부터 지금까지 한 차례도 중단된 적이 없다.

9_현 성원인 정춘치(鄭村棋)와 초기 멤버인 차이젠런(蔡建仁)은 공업·운송업계 출신이다.

10_1988년 『대만사회연구계간』의 창립은 타이완 좌파 지식단체 및 미국에 체류하던 타이완 출신 좌파 지식인 그룹의 활동과 밀접히 관계된다.

11_회원 샤주주와 정춘치는 정책 결정 소위원회 구성원이었는데 이는 당시 좌파 민학(民學) 연계 시스템과 관련이 있다.

12_[옮긴이] 이 논문의 한국어판은 창비의 〈동아시아의 비판적 지성 시리즈〉 가운데 한 권으로 출판된 『제국의 눈』(창비, 2003)에 수록되어 있다.

13_[옮긴이] 1994년 타이완의 기업이 대규모로 대륙 진출을 시도하자 타이완 당국은 타이완 본토 산업이 공동화될 것을 우려해 '남향 정책'을 시행하였다. 초기에는 싱가포르, 말레이시아, 태국, 필리핀 등을 주요 투자 대상으로 삼았으나, 1998년 이후 그 투자 대상을 대부분의 동

인 호응을 얻어 기획된 "남향 특집"[南向專輯]에서는 이 정책에 대한 비판이 진행되었다. 당시의 정치적 분위기는 리덩휘 집권 이후, 중국의 국민당에서 타이완의 국민당으로 방향 전환을 시도하는 과정에서 국가의 새로운 총체적 전략 수립을 통해 권력의 공고화를 도모하는 상황이었다. 천광싱은 당시 일부 문화계의 진보적 인사가 국민당 정책의 지지를 공개 선언하고 나선 것은 동남아로의 자본 진출을 통해 국가이익을 극대화하려는 타이완 민족주의의 팽창 욕망에 대한 무비판적 지지라는 점을 비판했다. 이 욕망의 배후에는 일본 제국주의의 남진 정책에 대한 선망이 자리 잡고 있으며, 이는 식민주의와 불가분의 관계를 가진 것임을 지적했다. "제국의 눈"은 당시 타이완 지식계에 상당히 큰 쟁론과 암류(暗流)를 야기했고 그 과정에서 타이서의 구성원들은 처음으로 지식인으로서의 집단행동을 통해 좌파·반제국주의의 입장에서 정권 차원에서 기획되는 자본 팽창 정책에 도전했다. 이후 1994년 6월 11일 개최된 '문화 비판 연구 토론회'에서 '남진 담론 비판'을 주제로 한 심화된 토론이 전개되었다.[14] 소수적 지위에 있었던 타이완 지식계의 비판적 좌파 지식인이 한 자리에 모여 진행된 이 토론을 통해 타이서의 성원들은 '족군-민족주의'에 대한 반성적 시각을 형성해 나가게 되었다.

반 년 후인 1995년 1월 창립 7주년 회의를 계기로 편집위원회는 수차례 토론을 거쳐 "신국가에서 신사회로: 대만사회연구의 래디컬한 시각"(由新國家到新社會: 兼論基進的臺灣社會研究)을 공동으로 발표했다. 이 논문은 타이완이 이미 '자유화·민주화'되었다는 주류 정치계의 담론을 반박하고, 리

맹 국가로 확대했다.

14_편집 동인인 취완원, 우쯔중, 왕쩐환, 치우옌량 등의 발언은 『대만사회연구계간』 18기(1995)에서 확인할 수 있다. 고(故) 첸신주의 회답 또한 같은 권에서 확인하기 바란다.

덩휘 정권을 '대중적 권위주의'로 규정함과 동시에 그의 주요 패권 계획이 신국가 건립에 있음을 밝히는 것이었다. 이후 왕쩐환(王振寰)과 첸용샹(錢永祥)이 공동 집필한 논문 "신국가를 향하여?: 대중적 권위의 형성과 민주주의 문제"(邁向新國家?: 民粹權威主義的形成與民主問題)는 동일한 문제의식 속에서 위 논문의 문제의식을 심화·발전시킨 것이었다. 한편 취완원(瞿宛文)은 "타이완의 자본주의적 발전과 국가의 역할: 『당-국가 자본주의 체제의 재구성』에 대한 평론"(國家與臺灣資本主義的發展: 評論『解構黨國資本主義』)에서 주류 경제학계의 입장, 즉 경제 '자유화'를 내세워 국민당에 의해 직접 통제되는 소위 '당-국가'(黨國) 자본에 반대하고 국가와 긴밀히 결탁한 사영 자본[官商]에 대한 비판을 유보하는 것은 전적으로 자본에만 유리한 입장을 설파하는 것이라고 비판했다. 이 때문에 취완원은 권위주의적 통제에 대한 저항이 무분별한 경제 자유화와 및 국유 자산의 사유화를 찬성하는 것과 같을 수 없다는 점을 강력히 호소했다.

1994년에서 1995년 사이에 있었던 두 차례 사회적 개입은 리덩휘 체제의 패권 강화 및 대중적 권위주의에 대한 비판으로서, 리덩휘 정권의 사상적 정당성을 약화시키기 위해 소위 신국가 건설 노선을 주시하면서 이뤄졌다. 2000년 리덩휘의 퇴진 이후 집권한 민진당 천수이볜(陳水扁) 정권 역시 과거 노선을 답습했다. 신국가 건설 노선이 초래한 재앙적 결과에 대해 취완원은 자신의 논문에서 '공공화'의 기본입장과 그 비전을 제시하며 공영사업의 헐값 매각에 반대하고 공공성 확립을 호소한 바 있다. 이 굵직한 경제적 의제는 지금까지도 매우 중요한 문제로 남아 있다.

『대만사회연구계간』 창립 7주년 회의에서 발표된 또 한편의 중요한 논문으로 자오강의 "새로운 민족주의인가, 과거의 민족주의인가?"(新的民族主義, 還是舊的?)를 들 수 있다. 이 논문은 타이완에서 새롭게 일어난 민족주의 붐에 대한 사회과학계의 영합적 태도를 비판하고 진보와 민주의 원칙이 결여된 이론의 구축이 보수주의로 경도되는 문제를 지적하는 한편, 대안으로서 '민주 지향적 민족주의'라는 새로운 노선을 제시했다. 자오강의 논문은 당시 커다란 논쟁을 야기해 반대파의 격렬한 반응을 불러일으켰다. "새로운 민족주의인가, 과거의 민족주의인가?" 및 "제국의 눈" 이 두 논문이 미친 영향은 타이완 학술 사상계가 민족주의 붐에 이성적 거리를 유지해야 하며, 국가와 지식인 간의 비판적 거리를 확보해야 한다는 중요한 의제를 제기했다는 데 그 가치가 있다. 창립 7주년을 맞아 발표한 일련의 논문으로 인해 타이서는 신국가 건설 노선을 부정하고 타이완 민족주의에 반대하는 세력으로 각인되었다. 타이완의 관행적인 이분법적 사고 구조에 의거하자면 타이서는 독립을 반대하는 '외성 출신 통일파'로 규정되어야 한다. 그러나 내부 구성원의 스펙트럼은 매우 다양해, '본성 출신 통일파', '본성 출신 독립파', 나아가 '외성 출신 통일파', '외성 출신 독립파' 등이 두루 존재한다. 물론 대다수 성원의 주요 관심은 통/독 문제를 넘어선 사회운동에 있다고 할 수 있다. 1990년대 중반 타이완 사람의 대다수는 대륙에 대한 이해가 지극히 제한적이었다. 그러나 대체로는 국민당의 반공정책에 동의하지 않았으며 대륙과 접촉을 통해 그 실제를 이해할 필요가 있다는 것에 기본적인 합의가 이뤄져 있는 상황이었다. 이에 97년 타이서 성원들이 집단으로 북경과 상해를 방문한 사건은 대다수 성원들에게 첫 번째 대륙 방문 경험인 동시에 대륙 학술 사상계와의 최초의 접촉이었다. 이후 10년간 몇몇 구성원은 대륙에서 방문 연구를 진행하는 등, 대체로 대륙의 비판적 인사들과 빈번하게 왕래하며 좋은 관계를 유지하고 있다.

1990년대 말 타이완의 신국가 건설 노선과 민족주의 붐이 탄력을 받기 시작한 상황에서 주웨이청(朱偉誠)이 2000년 발표한 "동성애 '나라'의 건설?:

성(性) 이의(異議) 정치체제를 향한 유토피아 비전"(建立同志'國'? 朝向一個性異議政體的烏托邦想像)은 '동성애자 권리 수호 운동'의 차원에서 이뤄진 사상적 실천의 일환이었다. 주웨이청은 이 글을 통해 당시 타이완 민족주의가 은폐한 심각한 배타성과 주변부의 소수자에 대한 불평등한 처우를 폭로했으며, '동성애 나라 건설'이라는 역설적 유토피아 비전을 제시함으로써 새로운 정치적 사유를 전개하고자 했다. 이런 맥락에서 『대만사회연구계간』 40기에 수록된 치우옌량(丘延亮)의 "중화민국 '제2공화'의 시작?"(中華民國'第二共和'的啓始?)이라는 논문은 2000년 민진당의 정권 탈취를 겨냥해 중화민국은 제2공화에 진입했음을 선포해야 한다던 리덩휘 총통의 언사에 관한 다른 방향의 해석을 시도했다. 치우옌량은 정권 교체라는 새로운 정세에 직면해 장기간의 사회운동을 통해 축적된 타이완 사회의 민주 역량을 집권 민주당에 통째로 갖다 바칠 수는 없으며, 사회운동 세력과 민주당 정권 사이에 경계선을 그어 인민성에 입각한 대안적 공화주의를 사회운동 세력이 주체가 되어 추동할 것을 주장했다. 이러한 의미에서 '제1공화'가 국가 주도적 체제로 특징지워진다면 '제2공화'는 민중[人民] 주도적 체제로 정의되어야 한다는 것이다. 이 두 편의 논문은 사회적 주체의 입장에 서서 목전의 변화하는 국가 체제를 어떻게 이해할 것인가 하는 문제를 다루고 있다. 초기 타이서 내부에서는 '헌정체제파'와 '사회운동파' 사이에 사상적 긴장이 존재했다. 전자는 국가 개조를 통한 타이완의 민주주의 추동에 비중을 두었으며, 후자는 운동을 통해 사회적 주체성을 형성하고 자주적 사회 공간을 확대하는 것에 비중을 두었다. 양자 사이의 이러한 내부적 긴장은 민진당 집권 이후 약화되었으나 소멸되지는 않았다.

좌파적 사회운동 노선을 지지하는 지식계 내부의 이의(異議) 그룹으로서 타이서가 가진 '재야'적 입장 즉 국가 체제로부터의 거리두기는 일관되게 유지되었다. 1988년 창립 이래 국민당의 권위주의 체제에 대한 반대는 전체 구성원의 기본 입장이었으며, 국민당에 반대하는 세력인 당시의 민진당에 대해서는 일정한 공감대를 가지고 있었다. 2000년 국민당 패배와 정권 교체는 타이완 민주주의 운동에 장기간 헌신한 모든 단체가 일제히 환영을 표할 만큼 중대한 역사적 사건이었다. 그러나 민진당의 근본주의 그룹 및 그들이 장기간 유포해 온 성적(省籍)[15] 정치 등에 대해 타이서의 성원들은 강도 높은 우려와 비판을 표해 왔다. 우리의 우려가 근거 없는 것이 아니었음은 곧 드러나, 민진당은 집권 후 정권 공고화 방안으로 '통일-독립' 간의 이념적 갈등에 불을 지피고 성적 간의 충돌을 부채질했다. 천광싱의 "대화합은 왜 가능한가 혹은 가능하지 않은가?"(爲什么大和解不/可能)는 이 같은 분위기 속에서 타이완의 정치적 금기에 도전해 '성적' 문제를 정면으로 다루었다. 타이완 좌파 진영의 기본 입장은 계급적 시각만을 중시하는 까닭에 눈앞에서 벌어지고 있던 '족군' 간의 충돌을 정치인들의 농간으로만 치부했다. 그러나 천광싱은 이 논문을 통해 좌파 진영의 계급 중심적 분석이 가진 맹점을 지적하며 성적 간의 모순이 어떤 방식으로 정치인들에 의한 대중동원의 기제로 작동하는지를 역사적 시각으로 분석할 필요성을 강조했다. 천광싱은 그의 논문에서 일본의 식민주의를 통해 형성된 본성인의 삶의 체험[生命經驗]과 전후 냉전(미국)을 중심으로 형성된 외성인의 체험이라는 두 가지 상이한 감성 구조가 이 충돌의 기초적인 토대임을 주장했다. 천광싱의 이 논문과 랴오차오양(廖朝陽)의 "재난과 희망"(災難與希望), 그리고 이에 대

15_[옮긴이] 타이완의 인구구성은 크게 본성인(本省人, 장제스 이전, 주로 명·청대에 대륙에서 건너온 사람들), 외성인(外省人, 장제스와 함께 대륙에서 건너온 사람들), 원주민으로 나뉘며, 이와 같은 출신의 구분을 성적(省籍)이라 한다.

한 쑹저라이(宋澤萊), 주톈신(朱天心), 치우궤이펀(邱貴芬), 쩡훙셩(鄭鴻生), 천잉쩐(陳映眞) 등의 회답은[16] 타이완 사상계에서 드물게 형성된 긴급한 공공적 의제에 대한 토론의 장으로서 다양한 진영의 인사들이 모여 이 문제의 심각성을 절감하며 공동 대처의 방안을 토의했다. 성적 모순의 해소가 얼마나 성공적으로 이뤄졌는가와는 무관하게 이러한 실천은 '족군-정치'의 극복이라는 타이서의 지식 실천의 지향점을 잘 보여 주는 사례다.

성적 차별[性/別] 문제의 극복 역시 타이완 지식사회의 주요 관심사 가운데 하나였으나, 좌파적 시각에서 이 문제에 접근하고 공론화한 타이서 성원 허춘루이(何春蕤)와 닝잉빈(甯應斌)에게 그 공을 돌리지 않을 수 없다. 이들의 노력을 통해 이 문제에 대한 비판적 지식인 사회의 관심이 증대되었고, 이에 대한 실천이 진전되는 데 있어서도 위 두 사람은 중심적 역량이 되었다. 이들은 1980년대에는 매춘 여성의 권리 문제를 제기했으며, 90년대에는 동성애자의 권리 문제를 발의한 바 있으나 이들이 제기해 온 문제는 사상계 내부에서 그 합당한 평가를 받지 못했다. 최근 이들의 관심은 사회적으로 금기시되던 트랜스젠더 및 성 노동 문제로 향했는데, 허춘루이의 "'성적 차별에 대한 억압': 타이완의 트랜스젠더 주체"('性/別壓迫': 跨性別主體在臺灣)는 이에 대한 시발점이 되는 글로, 조직 구성과 방문 취재를 통해 타이완 TG접원(蝶園)[17] 회원의 실태를 깊이 있게 분석했다. 이를 통해 우리는

16_『대만사회연구계간』 43기(2001)의 특집 "대화합?"을 참고. 이 특집호에 실린 상기 두 논문과 네 편의 회답은 원래 2001년 5월 26일 타이완 문화연구학회가 주관한 '제4회 문화비판논단'에 발표되었다. "대화합은 왜 가능한가, 혹은 가능하지 않은가?: 성적 문제에서의 재난과 희망"을 의제로 한 것이었으며, 리우지훼이(劉紀蕙)가 주재했다.

17_[옮긴이] 타이완 최초의 트랜스젠더로 구성된 민간 조직이며 2000년 종리(中壢) 시에 설립되었다. 경찰의 악의적 현장 검사 비판, 매체의 사생활 침범 규탄, 교육부 국어사전에서의 차별

트랜스젠더 집단의 실태를 직시할 수 있었을 뿐 아니라 성별(젠더)에 대한 페미니즘의 이분법적인 인식론에 도전함으로써 자신의 성적 정체성의 구성 요소와 트랜스젠더 주체를 향해 형성된 무차별적인 억압에 대해 돌이켜 볼 수 있었다. 이 글을 읽는 것은 사상 해방의 기점이 된다. 모든 사람의 신체는 트랜스젠더의 잠재성을 지니고 있으며 조건과 환경은 제각기 다양하기에 일상생활에서 지속적으로 관심을 가지고 실천해야만 사회체제가 성적 차이에 채운 족쇄를 풀어 버릴 수 있다. 닝잉빈의 "성 노동은 '노동'인가?: 마르크스의 상품론과 성 노동의 사회건설론"(性工作是否爲'工作'?: 馬克思的商品論與性工作的社會建構論)은 매춘 여성의 권리를 쟁취하기 위한 이론적 개입이었으며, 1997년부터 3년이라는 긴 시간 동안 전개된 타이베이 공창(公娼) 운동을 배경으로 하고 있다. 이것은 마르크스주의 관점에 의거해 성 노동을 노동으로 인정하지 않는 주류 페미니즘의 반(反)매춘의 입장을 반박한 것으로, 성 노동의 주체성을 인정한 중요한 글이다. 이 두 사람은 새로운 사회 주체의 출현을 과감하게 인정하고 세속의 금기에 도전했다. 그 성과물 또한 창조력과 비전을 지닌 논의를 상당 부분 담고 있어 학술 사상계에서도 결코 무시할 수도, 무시해서도 안 되는 것으로 인정받았다. 바로 이 때문에 타이완 시민사회의 보수적 여성단체는 2003년 4월 허춘루이를 법원에 고소했으나, 2004년 9월까지 1년 반의 법정 공방을 겪은 후 허춘루이는 최종이심(二審)에서 무죄판결을 받았다. 2005년 『대만사회연구계간』 57기에 발표된 "한 차례 법정 공방이 있기까지"(一場官司的誕生)는 이 사건의 경과를 허춘루이 자신이 직접 기록한 것이다.[18] 편집 동인들은 이 사건을 통해,

---

적 언어 사용 항의, 성전환자의 신분, 병역, 의료, 직업, 교육 등에 관련된 권익 보장 등을 주장하며 하나의 사회운동의 주체로 부상했다.

미성숙한 타이완 사회에서 민주에 대한 기본 소양이 결여된 시민사회 단체가 국가기관을 등에 업고 성적 소수자에 대한 폭력을 자행하는 광경과 더불어 허춘루이의 지칠 줄 모르는 분투를 동시에 목격할 수 있었다.

성차별, 족군 문제 외에도 타이서 구성원들이 적극적으로 관심을 가지고 참여 및 개입하고 있는 사회문제는 매스컴의 공공화, 이주민, 노동자, 원주민, 지역사회, 사회복지 등 그 범위가 매우 넓다. 지난 20년간의 활동 가운데 가장 큰 어려움을 겪었고 또 가장 심혈을 기울였던 작업으로는 2003년 10월 "공공화를 향하여, 탈권위를 넘어서"라는 주제로 열린 창립 15주년 기념회의의 개최를 들 수 있다. 당시는 2000년 정권 교체 이후 천수이볜의 독단적 행보가 국민당과 민진당 간의 극심한 대립을 불러와, 정국이 불안정하고 사회 분위기 역시 침체 일로를 걷고 있는 상황이었다. 천수이볜이 당선될 당시 득표율은 전체의 3분의 1에 불과해 다수 정권을 이루는 데 실패했는데, 그의 집권은 국민당의 내부 갈등에 의해 나뉜 두 파의 후보자가 각각 표를 나눠 가진 어부지리에 불과했다. 집권 후 민진당 정권은 국가 자원에 대한 파당적 혹은 사적 전유를 대규모로 자행해 사회·경제적 자원에 대한 불공정한 분배가 급속도로 진행되었다. 천수이볜 정권은 기본 지지층의 공고화를 위해 대내적으로는 성적 갈등을 이용하고 대외적으로는 양안의 대립을 부추겨, 타이완 전체가 대륙에 대한 적대적 분위기에 휩싸였다. 이런 상황에 대한 타이서의 개입은 당시 타이완이 처한 상황에 대한 분석을 통해 정치적 난국을 타개하려는 노력의 소산이었다. 당시 편집장인 자오강이 기획해 초고를 쓰고 충분한 토론을 거친 후에 『대만사회연구계간』 편집

18_사건에 대한 완결된 자료는 何春蕤 編(2006)을 참조.

위원회의 이름으로 발표한 "공공화를 향하여, 탈권위를 넘어서"[19]는 7주년 기념회의 당시 리덩휘 정권을 대중적 권위주의로 규정한 데 이어 천수이볜 정권을 '탈권위주의'로 규정했다. 이것은 그들이 내건 민주화가 하나의 겉껍질에 불과한 미완의 것이며 여전히 과거 권위주의 체제의 연속선상에 놓여 있음을 지적한 것이었다. 나아가 그들의 민주주의 발전에 대한 전망이 '성적 중심 민주화'[省籍路徑民主化] 노선이라는 치명적 한계를 가진다는 점을 지적하는 것이었다. 이후 타이서의 성원들은 스스로를 '민주 좌파'로 규정하며, 사회정의, 정치 공공화, 다양한 정체성의 평등, 양안(兩岸) 평화 및 민중의 화해 등의 4대 목표를 제시했다. 취완원의 "탈권위 시대의 '민영화' 문제에 대한 재론"(後權威下再論'民營化')은 그가 7주년 회의에 이어 공공화 문제를 다시 제기한 글로서, 새로운 상황에 맞춰 보다 심화된 논의를 전개하고 있다. 이 선언적 논문은 후에 단행본으로 출판되었고, 지식 운동의 형식으로 타이완 각 지역의 대학에서 그 이념을 설명하는 공개 토론회가 여섯 차례 마련되기도 했으며[20] 『보스턴리뷰』(*Boston Review*)에 영문 번역본이 실리기도 했다(The Editors of Taiwan 2004).

앞에서 이 창립 15주년 기념회의의 개최가 타이서에 있어 가장 어려웠던 일이라고 토로했던 주된 이유는 다음과 같다. 2000년 민진당 집권 이후, 타이완의 학술 사상계에서는 대체적으로 타이완의 민주화가 완성되었으며[21] 특히 민진당이 정당정치 차원에서 민주화에 기여한 바가 분명히 있다

19_[옮긴이] 이 논문의 한국어 번역본은 『아세아연구』 제52권 2호(2009)에 "공공화를 향하여, 탈권위주의를 넘어서: 대만의 지식 상황과 극복 과제"라는 제목으로 발표되었고, 이 책 9장의 글로 실려 있다.

20_『臺灣社會研究季刊』 53期, 주제 논문에 대한 여섯 편의 답변.

21_상대적으로 비판적인 시각을 갖고 있는 학자들 역시 이와 같이 생각했다. 창립 15주년 기조

고 보고 있었기 때문이다. 또한 50년 만의 정권 교체라는 상황 앞에서 차분하고 객관적이면서도 있는 그대로 당시 상황을 비판하되 사상적인 면에서 기존의 틀을 깨야 하는 다층적 요구에 놓이게 되었으니 이는 실로 어려운 일이 아닐 수 없었다. 비록 정치권과 학계에 속해 있던 많은 사람들이 '탈권위주의 시대의 도래'와 '성적 중심 민주화'에 대한 비판이라는 우리의 관점에 대해 큰 불만을 표했으나, 다양한 반응을 통해 그간 우리가 경주해 온 노력이 타이완 사상계에 비판적 공론장을 형성하는 데 기여해 왔음을 확인할 수 있었다. 다른 학술 사상 단체들이 민주당의 신정권(新政權)과 밀착 관계를 유지하는 데 비해 타이서의 비판적 개입은 스스로를 국가 혹은 정권으로부터 독립적인 지식 단체로 규정하는 하나의 이정표가 된 셈이다. 이로써 창립 이래 우리는 국민당에 대한 비판적 입장을 견지해 왔으며 민진당 집권 후에도 동일한 비판적 태도를 유지하게 되었고, 이를 통해 정당정치로부터 독립적인 비판적 지식인 집단으로서의 신념과 성향을 확립하게 되었다.

점차 확립된 독립성은 향후 좀 더 활발한 활동의 기폭제가 되었다. 타이서의 주요 관심은 사회문제에 집중되어 있었지만, 여전히 학술과 사상 영역이 주요 활동 무대였으며, 구성원 역시 대부분 대학[學院]에 소속되어 있어[22] 학계 내부에서 진행되는 급속한 체제 변화에 대해 잘 알고 있었다. 1990년대 중반부터 교육 담당 기관과 학술계의 지도층은 각종 평가제를 통

논문에 답한 푸타웨이(傅大爲)는 "왜 '민주'에 이처럼 높은 수준을 요구하는가? …… 나는 정치적 민주가 어느 정도 완성되었다고 생각한다"고 공개적으로 밝혔다. 푸타웨이, 2003, "20031004 타이서의 '민주 좌파'(民主左派) 논의에 대한 답변"(20031003對臺社 "民主左派"論述的一個回應). http://dispatch2.blogspot.com/2005/01/2003.html 참고.

22_성원 가운데 학술계 외부에 생업을 가진`예로는 초창기에 편집장을 담당했던 천종신(陳忠信)과 정춘치가 있다.

해 학문의 '산업 차원의 업그레이드'[産業昇級]라는 문제에 힘을 실어 주기 시작했다. 그중 가장 문제가 되는 것은 경제학자들을 중심으로 추진되어 온 SSCI[23]를 학술적 수준을 가늠하는 기준으로 삼자는 움직임이었다. 이러한 일련의 조치는 그것이 학문의 '국제화'를 위한 불가피한 선택임을 내세워 학계 내부의 어떠한 합의나 상세한 논의도 거치지 않은 상태에서 독단적으로 진행되었다. 학계 관료들이 독단적으로 그것을 밀어붙여 단일한 잣대로 인문사회학 전체를 평가하게 되자 하부 조직에서는 이에 대해 극도로 불만스러워하면서도 겉으로는 드러낼 수가 없었다. 타이서 구성원들은 내부 토론을 통해 영어에 치중해 자국어 출판을 경시하는 SSCI 정책이 향후 타이완의 학술 발전에 전례 없는 타격을 주게 될 것이라는 결론을 내리고 학계에서 뜻을 함께 할 구성원을 불러 모아 적절한 대책을 마련하기로 했다. 2004년 3월 말 모임에서 공개 논단의 토론회 형식으로 대학 평가 제도 전체에 대한 반성을 진행하기로 결정하고 이후 여섯 차례의 기획 회의를 거쳐 9월 말 타이베이 국가도서관에서 이틀에 걸친 회의를 열었는데, 개별적으로 관련이 있는 학자들 외에 뜻을 함께 하는 협력 학술 단체가 총 14개나 됐다.[24] 천광싱과 첸융샹의 "신자유주의의 전 지구화 상황에서의 지식 생산"(新自由主義全地球化下的學術生產)은 이 회의에서 가장 먼저 발표된 논문으로, 회의의 사상적 배경에 대해 설명하고 있다.[25] 당시 우리는 이 토론회

23_[옮긴이] SSCI: Social Sciences Citation Index, 톰슨 사가 제공하는 사회과학 분야 학술 논문 인용 지수.

24_회의에서 발표된 논문 및 토론 내용은 이후에 모두 모아 책으로 출판했다. 反思會議工作小組 編(2005) 참조.

25_이 논문은 후에 여러 곳에 실렸다. 한국어 번역본은 『창작과 비평』 2004년 12월호(통권 126호)에 실려 있으며, 중국 대륙본은 『讀書』 2005년 2월호에, 일어본은 『現代思想』 2005년 제

가 이 문제를 논의하기 위해 타이완의 학술 사상 최초로 학계 구성원들이 모인 자리임을 알고 있었다. 우리는 공개 토론회 형식으로 학계의 체제를 비판하는 동시에 전 지구화를 영문화 및 SSCI화와 동일시하는 것에 대해 국제 학술 대회에서 공개적으로 반대하기도 했다. 이러한 모든 활동의 구체적인 목적은 학술 사상계의 발전적 미래를 위한 공간을 마련해 주고, 특히 학계의 젊은 학자들이 더욱더 자유롭고 폭넓게 연구 및 교학을 할 수 있도록 하기 위해서였다. 이 운동에 참여하는 과정에서 학술 단체와 체제 간의 관계가 매우 긴밀하며, 심지어 어떤 학술 단체는 감히 공개적으로 협력 관계를 맺을 수 없음을 알게 되었다. 그러나 체제에 대한 독립성과 단일 학문 영역에 국한되지 않는 포괄성, 오랫동안 활동하면서 쌓았던 암묵적 신뢰를 바탕으로 다양한 학술 단체들 사이의 조율이라는 임무를 성공적으로 수행할 수 있었다. 이러한 실천의 경험을 통해 타이완 학계 전반에 기여하는 동시에 대외적 공신력을 강화한 것은 부수적 성과였다.

2004년 3월 큰 논란을 불러일으킨 선거 유세 총격 사건[26]의 여파 속에서 천수이볜이 연임되고, 양안관계가 계속 악화되어 타이완 해협의 긴장이 지속되는 상황에 이르자, 어떻게 중국 대륙과 우호적으로 협력하고 화해할 수 있을 것인지의 문제는 민진당을 제외한 모든 이들의 관심사가 되었다. 앞에서 언급한 바와 같이 1997년에 우리가 지식계에서는 선도적으로 대륙과의 교류를 시작했으나 지난 10년 동안 상당히 많은 문제와 곤란에 직면하게 되었다. 우리는 양안 전쟁 후 40년간 지속된 단절로 인해 이 기간 동안 대륙에서 어떤 일이 있었는지 모르고 있었음을 차츰 깨닫게 되었다. 당

4호에 실려 있다. 영문본은 *Inter-Asia Cultural Studies* 10, No. 2에 실렸다.

26_[옮긴이] 2004년 3월 천수이볜이 총통 선거 전날 유세를 하던 도중 총격으로 부상을 당한 사건.

대 중국이 어떤 과정을 거쳐 오늘날의 상황에 이르렀는지에 대한 내재적이고 감각적인 이해가 매우 어려웠기에 문제를 대하는 중국 지식사회의 정서적 배경[感情基礎]에 공감할 수가 없었다. 동시에 이 기간의 단절로 인해 여러 난처한 상황도 발생했다. 우리는 이미 타이완이 안정적이며 자주적이라는 분석틀에 익숙해져 있었고, 게다가 대륙의 실제 상황에 대해 무지(無知)[27]하여 양안 문제를 어떻게 분석해야 하는지도 몰랐다. 한마디로, 중국 대륙의 지식사회에 대해 발언할 능력이 갖춰지지 않았으며, '현대 중국' 전반을 조망하는 위치에서 발언하는 법에 대해서도 몰랐다고 할 수 있다. 이는 타이완 독립을 지지하는 근본주의 그룹에는 문제가 되지 않으나 양안의 화해를 바라는 단체들에는 피할 수 없는 문제로서, 어떻게 부족한 부분을 채우고, 대륙 지식사회의 사유 방식을 파악할 것이며, 대륙에 대해 말하는 능력을 기를 것인지 등은 우리가 지금까지도 고민하고 있는 부분이다. 쩡훙셩의 "타이완의 대륙 상상"(臺灣的大陸想像), 천이종(陳宜中)의 "탈국족주의적 관점의 양안 문제 인식"(後國族的兩岸思考)과 자오강의 "화해의 보루: 룽잉타이(龍應臺)의 '당신이 알고 있어야 하는 타이완: 롄송(連宋)[28]의 대륙 방문에 대하여'에 대한 평론"(和解的壁壘: 評龍應臺的 "你不能不知道的臺灣: 觀連宋訪大陸有感") 등은 모두 같은 맥락에서 나온 글로서, 양안의 긴장 관계 해

27_여기서 말하는 것은 추상적인 것이 아닌 상당히 실질적인 문제다. 편자(編者) 중 한 사람이 2005년에 대학 교육의 문제에 대해 토론하는 자리에 초청을 받은 적이 있는데, 회의 중에 대륙의 학술 체제가 어떻게 분류되는지, 대학 구조 및 교원의 편제는 어떻게 이뤄지는지, 평가는 어떻게 하는지 등 상당히 많은 문제에 대해 전혀 모르고 있었던 탓에 추상적 이념에 대해서만 몇 마디 했을 뿐 전체 대학 문제에 대해서는 발언하기가 매우 어려웠다.

28_[옮긴이] 롄송(連宋): 2005년 4월 중국의 후진타오(胡錦濤) 주석의 초청으로 중국 대륙을 방문한 타이완의 국민당 주석 롄잔(連戰)과 친민당(親民黨) 주석 송추위(宋楚瑜)를 가리킨다.

소를 목표로 편집 동인들이 각자 할 수 있는 방법으로 사상적 측면에서 대륙과의 관계 맺기를 시도한 것이기도 했다. 쩡홍셩은 자신만의 독특한 서술 방식으로 일상생활과 거대한 역사를 연관 지음으로써 타이완이 100년 동안 중국을 어떻게 상상해 왔는지를 거슬러 올라가며, 이미 잊혔거나 마치 끊어진 선과 같은 연결 지점을 새로이 잇는 작업을 했다. 천이종은 정치 이론 영역을 다루었는데, 페리 앤더슨(Perry Anderson)과의 대화[29]를 통해 민족주의를 뛰어넘어 지역공동체적 틀 안에서 양안 문제를 해결할 수 있는 정치적인 방안을 구상했음을 보여 주었다. 또한 자오강은 타이완 문화계에서 꽤 큰 영향력을 행사하는 룽잉타이의 글을 날카로운 필력으로 비평해 당시 양안의 지식사회에 큰 반향을 불러일으켰다. 그는 양안 교류 시에 타이완 지식인들이 먼저 타이완의 오랜 문제에 대해 스스로 생각해 봐야 한다고 주장했다. 우리에게 필요한 것은 대륙의 현 상황에 대한 본질적 이해에 있지, 성급한 미국 추종 노선에 따라 타이완의 민주화 및 현대화를 찬양하면서 냉전적 사고방식에 입각해 대륙의 모든 것에 대해 고자세를 취하며 부정적 입장을 가져서는 안 된다고 주장했다. 요컨대 양안 문제는 타이서 구성원 모두의 관심사다. 우리의 한계는 무엇보다 사상적인 면에서 과감하게 기존의 패러다임을 깨는 주장을 제출하지 못했고, 그로 인해 기존의 정치적 상상에 의해 제약을 받았다는 데 있었다. 이번 창립 20주년 기념회의에서 양안 문제에 대한 타이완 민족주의의 패러다임을 과감하게 뛰어넘는 참신한 의견이 제기되기를 희망한다.

2006년 9월에 일어난 홍샨쥔 반부패 운동은 타이완 역사상 가장 규모

29_앤더슨은 2004년 타이완 총통 선거 당시 타이완을 방문했고, 후에 자신이 보고 느낀 바를 발표했다(Anderson 2005 참조).

가 컸으며 참여의 폭이 넓었던 운동으로 평가된다. 이 운동은 천수이볜의 가족과 측근들의 비리 문제에 대한 시민적 항의가 발단이 되었으나, 기실 천수이볜 집권 이후 누적되어 온 대중의 복합적인 원망과 불만이 폭발한 결과였다. 이 운동의 기조는 '홍'(紅)으로, 이것은 타이완 사회가 국민당(藍)과 민진당(綠)의 갈등에 지쳐 정당정치 밖에서 새로운 정치적 공간을 마련해 보고자 했음을 시사한다. 타이서 구성원들은 이 운동에 적극적으로 참여했으며 가두시위 외에도 매체 기고를 통해 민진당 체제에 대한 저항을 표출했고, 이를 단행본(핸드북)으로 만들어 집회 현장에서 배포하기도 했다(馮建三 2006 참조). 이 운동은 천수이볜의 즉각적 퇴진을 이끌어 내지는 못했으나 대중들의 거대한 에너지를 결집시켜 2008년 1월 입법위원 선거와 3월 총통 선거에서 민진당의 참패를 불러오는 데 크게 기여했다. 이런 점에서 홍샨쥔 운동은 천수이볜 일족의 비리와 민진당의 파당적 이익 추구를 비판하면서 정당을 민주화의 유일한 수단으로 보는 기존의 사유에 과감히 도전한 것이라 하겠다. 천이종과 자오강이 공동으로 작성한 선언적 논문 "자주 공민의 참여: 공민 전체를 향해 호소한다"(自主公民進場: 我們對全體公民的呼籲)는 민중의 자주성을 환기하고 타이완의 '시민사회 중심의' 민주에 대한 상상을 재구축했다. 자오강의 "희망의 싹: 반부패 천(陳) 총통 타도 운동을 돌아보며"(希望之苗: 反思反貪倒扁運動)는 사회학의 방법론인 현장 참여 관찰(필드웍)을 통해 홍샨쥔 운동 전체를 기록하고 분석한 것으로, 출판에 앞서 시위 현장을 포함해 몇 군데서 공개 발표를 거쳤다. 홍샨쥔 운동의 참여는, 타이서 성원들로 하여금 대규모의 사회운동 속에서 지식인 집단 스스로의 위치와 영향력에 대해 좀 더 명확히 인식하게 했고, 내부 성원 사이에 존재하는 견해 차이에 대한 상호 이해의 계기가 되기도 했다. 홍샨쥔 운동의 강도와 내용의 다양성은 과거에 타이서 성원들이 겪어 왔던 타이완의 사회 정치 운동과는 크게 달랐기에 이에 대해 좀 더 세밀한 분석이 새로운 지식의 과제로 떠올랐다. 홍샨쥔 운동을 통해 드러난 대중의 에너지와 자주 의식은 향후 타이완 사회 발전의 원동력이 시민사회에 잠재된 에너지를 어떻게 지속적으로 활성화하는가에 달려 있음을 다시 한 번 확인시켜 주었다. 또한 이론적 차원에서도 '민주'와 '정치'의 궁극적 의미는 무엇이며 타이완의 현실적 조건에 부합하는 민주주의의 창의적 형식은 무엇인지를 되묻는 계기가 되었다.

지난 20년간 우리의 활동을 요약하자면, 현실과의 긴밀한 상호작용 속에서 형성된 우리의 입장은 사회에 대한 비판적 입장의 제출이라는 지식인의 고유 영역에서 한 걸음 더 나아가 시민사회와 연대를 통해 국가권력에 대해 직접적으로 저항하는 데까지 확대되기에 이르렀으며, 이는 우리로 하여금 1998년의 발간사를 공허한 수사에 그치지 않도록 해주었다. 사회적·학술적 관심의 내부적 다양성 덕분에, 범좌파적 성향으로 분류될 수 있는 우리의 입장은 예외적으로 동시에 대단히 개방적 성격을 유지할 수 있었다. 이는 학술 사상계의 공론장으로서 타이서의 사회적 기여를 가능하게 해주었다. 성원들의 학술적 관심이 세분화된 전공 영역에 머무르기보다 현실 문제를 지향한 점과 내부 성원 사이에 존재하는 유무형의 이론적 긴장과 상호 자극으로 인해, 편집 동인 내부의 학술 기풍은 분과 학문의 초월을 지향하게 되었다. 학문 체계가 점차 전문화·관리중심화되고, 학문 내부적으로 권력화·서열화되는 가운데 경직되고 보수화된 타이완 학계의 현실 속에서 타이서는 학술적 비판적 공간을 지켜내는 일에 힘을 기울여 왔다. 누군가의 말처럼 타이서의 존재가 단지 '살아 있는 화석'과 같은 계엄 해제[解嚴] 시대의 유물일 뿐, 학술적 관리 중심 구조가 강화되는 오늘날 더 이상 유지될 수 없는 것이라는 견해에는 동의할 수 없다. 오히려 학술 발전의 의미가 협애

화될수록 타이서의 사상적 발전 공간은 더욱 확대될 것이다.

3.

지난 20년간 편집 동인들이 독립적 민간 지식 단체로서 행한 구체적 실천에 대한 평가는 타이완 지성사에 관심을 가진 사람의 몫으로 남겨 두어야 할 일이지만, 이번 기회를 통해 우리는 독자들과 몇 가지 생각을 공유하고자 한다.

2000년 중반, 활동 10주년 시기까지 우리의 관심은 기본적으로 타이완 내부의 사회정치적 변화에 집중되어 있었다. 바꾸어 말하면 타이서는 타이완 사회의 본토화 운동과 그 행보를 같이해 왔고, 이론과 분석 방법론의 측면에서 타이완 민족주의와 대화해 왔다. 그러나 이러한 타이완 본토주의는 우리에게 하나의 인식론적 제약으로 작용하기도 했다. 그리하여 대륙에 관해 적극적이고 선도적인 관심을 표명했으나 방법론적 시각에 있어서는 여전히 '타이완 중심주의'를 고수했다는 문제점을 안고 있었다.

예컨대, 좌파 학술계의 원로 가운데 한 사람인 진바오위(金寶瑜)는 활동 15주년 기념 학술 대회의 기조 논문에 대한 강평에서 다음과 같이 지적했다. "전 세계적 차원에서 가장 주요한 사회적 '압력'의 원천은 제국주의에 있다. 그러나 '민주 좌파'로 자처하는 타이서의 이론적 입장 속에는 제국주의에 대한 비판이 결여되어 있다. 타이완 현실에 대한 분석에서도 제국주의 문제는 시야에서 빠져 있다." 물론 미국의 이라크 침공 반대 운동에 대한 편집 동인들의 적극적 참여(馮建三 編 2003)나 『탈제국』(去帝國)의 출판 사례에서 볼 수 있듯이, '제국'을 향한 타이완 사회의 욕망을 지적하기는 했으나(陳光興 2006), 타이완을 세계사나 지역사의 역동적 범주에 명확하게 위치지어 분석하거나 타이완에 대한 미 제국주의의 통제가 작동해 온 방식에 대한 구체적 연구는 충분히 이뤄지지 않은 것이 사실이다. 동아시아에서의 타이완의 정치적 위상에 대한 분석이나 타이완 학술 사상이 미국 학계의 지식 생산에 종속되는 메커니즘에 대한 연구의 공백 상태는 말할 것도 없다. 이러한 시각과 구체적 연구 성과의 축적이 결여되어 있었기에 국민당과 민진당, 그리고 타이완 독립을 주장하는 근본주의 그룹의 친미 반공 노선에 대한 이론적 도전 역시 그 한계가 뚜렷했다. 결론적으로 어떻게 분석의 지평을 확장할 것이며, 이를 통해 타이완 사회에 관한 좀 더 폭넓은 이해에 도달할 것인지가 다음의 과제라고 하겠다.

상황의 변화 속에서 상술한 문제점을 극복하기 위해 2005년부터 우리는 『대만사회연구계간』을 '타이완을 발판으로 삼되 대륙의 현실과 적극 대면하며 동아시아 속에 뿌리내리는 중국어 국제 간행물'로 새롭게 규정했다. 편집위원회를 개편해 중국 대륙, 홍콩, 한국, 일본, 싱가포르, 영국, 미국 등지의 학자들을 편집위원으로 초청하고, 여러 지역에서 기고된 글들을 적극적으로 실었으며, 로컬리제이션과 글로벌리제이션 속에서 스스로를 상대화해 과거의 폐쇄성을 극복하고자 했다. 이미 1990년대 중반부터 아시아학에서 동아시아 지식인의 주체적 지위 회복을 주제로 한 아시아 각국의 논문들이 자주 실려 왔는데 2005년의 편집위원회 재편으로 이러한 추세가 더욱 강화되었다. 독자들은 이미 최근 잡지의 논의 주제들이 차츰 아시아 지역화되고 있는 추세를 발견했을 것이다. 이러한 시도는 시간의 경과 속에서 더욱 성숙해질 것이다.

사회참여와 지식 생산의 관계에 대한 고민은 구성원 모두가 공유하고 있는 문제다. 구성원들이 다양한 사회운동에 개별적으로 참여해 직접 현실과 부딪친 결과 타이서 전체의 문제의식은 사회적 실제 상황을 좀 더 성공적으로 반영할 수 있었다. 따라서 일부 지식인들에게서 나타나는 '이론적 전형'과 '개념'을 통해 현실에 접근할 때 생기는 문제점으로부터 자유로울 수 있었다. 그러나 아직 갈 길은 멀다.

사회참여를 통해 현실의 복잡성을 인식하고 이를 다시 기존 학술에 대한 이론적 도전의 계기로 삼아 현실에 대한 새로운 분석에 적용하는 이론과 실천의 선순환 관계를 형성하는 것, 당면한 일상적 투쟁에 대해 처방을 내리기 급급한 운동 세력이 더 깊은 역사적 맥락에 대한 이해 속에서 운동을 사회구조에 깊숙이 뿌리내리도록 하는 것, 총괄하자면 우리의 목표는 여기에 있다고 할 수 있다. 사회참여와 지식 생산 사이의 변증적 구조에 대한 이해의 제약으로 인해 지식 형태가 아직 모습을 드러내지 않은 까닭에, 우리의 지식 생산은 오랜 습관에서 아직 벗어나지 못하고 있다. 역사 해석에 대한 설득력이 충분하지 못하기에 우리의 실천은 이론적·정치적 입장을 사회 현실에 주관적으로 대입해 규범적 명제로써 상대와 맞서는 수준에 머무르고 있다. 타이서의 중간 세대 구성원들의 자기반성은 여기에 강조점이 놓인다. 우리는 이론 및 정치적 입장 중심에서 '역사' 중시로의 방법적 전환이 향후 타이서의 지식 생산에 역사적 깊이를 더하는 한편, 현실이 구성되는 역사적 맥락[縱深]을 좀 더 생생히 이해하는 데 기여하며, 이러한 바탕 위에서 우리의 사회적 참여와 개입이 이뤄지기를 희망한다. 권위주의적 체제는 막을 내렸고 단순히 도덕적 입장에만 근거해 정치적 올바름을 강조하던 시대도 이미 지나갔다. 사회 변화의 핵심 동력의 소재와 좀 더 현실에 부합되는 민주주의의 기제를 찾아내기 위해 지식 생산의 방식을 변화시켜야 한다. 후퇴하거나 상아탑으로 숨어들지 않고서도 이 새로운 가능성을 찾을 수 있느냐의 여부가 향후 비판적 지식 집단으로서 타이서의 향방을 결정하게 될 것이다.

• 옮긴이 | 이화진, 문수정

참고문헌

1장

孔寒冰. 2004.『中蘇關系其中國社會發展的影響』. 北京: 中國國際廣播出版社.

白永瑞. 1999. "世紀之交再思東亞."『讀書』第8期, pp. 3-8.

山室信一. 2001.『思想課題としてのアジア—基軸·連鎖·投企』. 東京: 岩波書店.

沈志華·李丹慧. 2006.『戰後中蘇關系若干問題硏究』. 人民出版社.

沈志華 主編. 2006.『冷戰時期蘇聯與東歐的關系』. 北京: 北京大學出版社.

沈志華. 2003.『毛澤東·斯大林與朝鮮戰爭』. 廣東: 廣東人民出版社.

楊奎松 主編. 2006.『冷戰時期的中國對外關系』. 北京: 北京大學出版社.

吳建民. 2007.『外交案例』. 北京: 中國人民大學出版社.

牛軍 主編. 2006.『冷戰時期的美蘇關系』. 北京: 北京大學出版社.

Fleming, Denna Frank. 1961. *The Cold War and Its Origins, 1917~1960*. New York: Doubleday.

2장

한중일3국공동편찬위원회. 2005.『미래를 여는 역사: 한중일이 함께 만든 동아시아 3국의 근현대사』. 서울: 한겨레출판사.

우카이 사토시 외 지음, 연구공간 '수유+넘어' 옮김. 2006.『반일과 동아시아: 사상 과제로서의 반일』. 서울: 소명출판.

共同编写委员会 编. 2005.『东亚三国的近现代史－中日韩三国共同历史读本』. 北京: 社会科学文献出版社.

汪晖. 2004.『现代中国思想的兴起』. 北京: 三联书店.

錢理群. 2005. "我們這一代人的世界想像."『台灣社會硏究季刊』第57期, pp. 255-274.

陳光興. 2005. "亞洲獨立的問題."『現代思想』六月號, pp. 80-89.

Atsushi, Toriyama. 2003. "Okinawa's 'Postwar': some observations on the formation of American military bases in the aftermath of terrestrial warfare." *Inter-Asia Cultural Studies* 4, No. 3, pp. 400-417.

Berger, Mark T. 2004. *The Battle for Asia: From Decolonization to Globalization*. London: Routledge Curzon.

Ching, Leo T. S. 2001. *Becoming 'Japanese': Colonial Taiwan and the Politics of Identity Formation*. Berkeley: University of California Press.

Chou, Wan-yao. 1996. "The Kominka Movement in Taiwan and Korea: Comparisons and Interpretations." in Peter Duus, Ramon H. Myers, and Mark R. Peattie eds. *The Japanese Wartime Empire, 1931~1945*. Princeton, NJ: Princeton University Press, pp. 40-68.

Cumings, Bruce. 1990[1981]. *The Origins of the Korean War* (2 vols). Princeton: Princeton University Press.

______. 1999. *Parallax Visions: Making Sense of American-East Asian Relations at the End of the Century*. Durham and London: Duke University Press.

Downer, John W. 1999. *Embracing Defeat: Japan in the Wake of World War II*. New York: W. W. Norton & Company/The New Press.

Duara, Prasenjit. 2003. *Sovereignty and Authenticity: Manchukuo and the East Asian Modern*. Lanham, Md.: Rowman & Littlefield.

Hall, Catherine. 2002. *Civilising Subjects: Colony and Metropole in the English Imagination*. Chicago: University of Chicago Press.

Hamashita, Takeshi. 2003. "Tribute and treaties: maritime Asia and treaty port networks in the era of negotiation, 1800~1900." in Giovanni Arrighi, Hamashita Takeshi, and Mark Selden eds. *The Resurgence of East Asia: 500, 150, 50 year perspective*. London: Routledge

Hardt, Michael and Antonio Negri. 2000. *Empire*. Cambridge, MA: Harvard University Press.

Hanasaki Kohei. 2000. "Decolonization and the assumption of war responsibility." *Inter-Asia Cultural Studies* 1, No. 1, pp. 71-83.

Law, Wing-sang. 2003. "Post-Colonial Criticisms and Cultural Politics (in Chinese)." Ngai Pun and Lai-man Yee eds. *Narrating Hong Kong Culture and Identity*. Hong Kong: Oxford University Press, pp. 95-112.

Memmi, Albert. 1991[1965]. *The Colonizer and the Colonized*. Howard Greenfeld trans. Boston: Beacon Press.

Myers, Ramon H. and Mark R. Peattie eds. 1984. *The Japanese Colonial Empire, 1895~1945*. Princeton, New Jersey: Princeton University Press.

Nandy, Ashis. 1983. "The Uncolonized Mind: A Post Colonial View of India and the West." in A. Nandy ed. *The Intimate Enemy: Loss and Recovery of Self Under Colonialism*. Oxford, Oxford University Press, pp. 64-113.

3장

Balibar, Etienne. 1991. "Citizen subject." E. Cadava, P. Connor and J.-L. Nancy eds. *Who comes after the subject?* New York, London: Routledge.

Bhabha, Homi. 1994. "The other question: stereotype, discrimination and the discourse of colonialism." in H. Bhabha ed. *The Location of Culture*. London & New York: Routledge.

Bourdieu, Pierre. 1984. *Distinction: Social critique of the judgment of taste*. trans. by R. Nice. Cambridge, MA: Harvard University Press.

Chen, W. 1995. "Yume to genjitsu (Dreams and reality)." in S. Shimomura, T. Nakajima, S. Fujii & Y. Huang eds. *Yomigaeru Taiwan bungaku* (Resurrecting Taiwanese literature). Tokyo: Tôhô Shoten.

Chow, Ray. 1995. *Primitive passions: Visuality, sexuality, ethnography, and contemporary Chinese cinema*. New York: Columbia University Press.

Critchley, S. 1999. "Post-deconstructive subjectivity?" in S. Critchley ed. *Ethics, Politics, Subjectivity*. London & New York: Verso.

Delueze, Gill and Félix Guattari. 1987. *A thousand plateaus*. trans. by B. Massumi. Minneapolis: University of Minnesota Press.

Duras, Marguerite. 1985. *Sea wall*. trans. by H. Griffault. New York: Farrar, Starus & Giroux.

______. 1992. *The North China lover*. trans. by L. Hafrey. New York: New Press.

______. 1997[1950]. "Un barrage contre le Pacifique." in M. Duras ed. *Romans, cinéma, thé âtre, un parcours 1943-1993*. Paris: Gallimard.

______. 1998. *The Lover*. trans. by B. Bray. New York: Pantheon Books.

Foucault, Michel. 1973. *The order of things*. New York: Random House.

Hage, Ghassan. 1998. *White nation-Fantasies of white supremacy in a multicultural society*. Annandale, Australia & West Wickham, UK: Pluto Press.

Komori, Y. 1998. "Higashi kara nishi e, nishi kara higashi e." in Y. Komori ed. *〈Yuragi〉 nonakano Nihon-bungaku* (Japanese literature in oscillation). Tokyo: NHK.

Legendre, P. 1974. *L'amour du censeur: Essai sur l'ordre dogmatique*. Paris: Éditions du Seuil.

Nishida, K. Z. 1965a. *Hataraku mono kara mirumono e (From that the agency of functioning to the agency of seeing)*. Volume 4, Nishida Kitarô Zenshuû. Tokyo: Iwanami Shoten.

______. 1965b. *Ippansha no jikakuteki taikei (Determination in terms of the general in the awareness of the self)*. Volume 5, Nishida Kitarô Zenshuû. Tokyo: Iwanami Shoten.

______. 1965c. *Muno jikakuteki gentei (Determination in terms of nothingness in the awareness of the self)*. Volume 6, Nishida Kitarô Zenshuû. Tokyo: Iwanami Shoten.

Sakai, N. 1991. *Voices of the past*. Ithaca & London: Cornell University Press.

______. 1997. *Translation and subjectivity*. Minneapolis & London: University of Minnesota Press.

Stoler, A. L. 2002. *Carnal knowledge and imperial power*. Berkeley & London: University of California Press.

Tarumi, C. 1995. *Taiwan no Nihongo bungaku (Japanese language literature in Taiwan)*. Tokyo: Goryü Shoin.

Watsuji, T. Z. 1961. *Climate and culture*. trans. by G. Bownas. Tokyo: Japanese Ministry of Education.

______. 1963. *Fûdo*. Volume 8. Tokyo: Iwanami Shoten.

4장

강상중 지음, 이경덕·임성모 옮김. 1997. 『오리엔탈리즘을 넘어서』. 서울: 이산.

고병익. 1993. "동아시아 나라들의 상호 소원과 통합." 『창작과 비평』 제79호, pp. 276-283.

______. 1996. 『동아시아사의 전통과 변용』. 서울: 문학과지성사.

고성빈. 2007. "한국과 중국의 '동아시아 담론': 상호 연관성과 쟁점의 비교 및 평가." 『국제지역연구』 제16권 제3호, pp. 31-67.

김광억. 1999. "동아시아 담론의 실체: 그 분석과 해석." 정재서 엮음. 『동아시아 연구, 글쓰기에서 담론까지』. 서울: 살림.

김동택. 2001. "동아시아 발전 모델론과 유교 자본주의론의 상호 소원(疏遠)과 소통(疏通)."『한국정치외교사논총』 제22집 2호, pp. 179-215.

김은실. 2000. "동아시아 담론의 문화 정체성에 대한 문제 제기." 정문길 외 엮음.『발견으로서의 동아시아』. 서울: 문학과지성사.

다케우치 요시미. 1997[1966]. "방법으로서의 아시아." 최원식·백영서 엮음.『동아시아인의 '동양' 인식, 19-20세기』. 서울: 문학과지성사.

아리프 딜릭. 1995. "아시아-태평양권이라는 개념." 백영서 외 엮음.『동아시아, 문제와 시각』. 서울: 문학과지성사.

______. 2000. "역사와 대립되는 문화인가?: 동아시아 정체성의 정치학." 정문길 외 엮음.『발견으로서의 동아시아』. 서울: 문학과지성사.

루시안 파이. 2001. "'아시아적 가치': 발전기에서 도미노로?" 로렌스 해리슨·새뮤얼 헌팅턴 엮음, 이종인 옮김.『문화가 중요하다』. 서울: 김영사.

류준필. 2009. "분단 체제론과 동아시아론."『아세아연구』 제52권 4호, pp. 38-72.

박명규. 2000. "복합적 정치 공동체와 변혁의 논리."『창작과 비평』 제107호, pp. 8-26.

______. 2005. "한국 동아시아 담론의 지식사회학적 이해." 김시섭·마인섭 엮음.『동아시아학의 모색과 지향』. 서울: 성균관대학교 출판부.

박사명. 2008. "동아시아 공동체의 의의와 과제." 아시아공동체연구회 엮음.『동아시아 공동체와 한국의 미래: 동북아를 넘어 동아시아로』. 서울: 이매진.

박상수. 2005. "20세기 전환기 중국 네이션(nation) 개념의 형성."『중국학논총』 제19집, pp. 565-590.

박승우. 2008. "동아시아 담론의 현황과 문제". 아시아공동체연구회.『동아시아 공동체와 한국의 미래: 동북아를 넘어 동아시아로』. 서울: 이매진.

백낙청. 1995. "민족문학론, 분단 체제론, 근대 극복론."『창작과 비평』 제89호, pp. 8-26.

______. 1996. "새로운 전 지구적 문명을 향하여."『창작과 비평』 제92호, pp. 8-17.

______. 1999. "한반도에서의 식민성문제와 근대 한국의 이중 과제."『창작과 비평』 제105호, pp. 6-28.

______. 2006. "21세기 한국과 한반도의 발전 전략을 위해."『한반도식 통일, 현재진행형』. 파주: 창비.

백영서 외 엮음. 1995.『동아시아, 문제와 시각』. 서울: 문학과지성사.

백영서. 2000a. "중국에 '아시아'가 있는가?: 한국인의 시각." 정문길 외 엮음.『발견으로서의 동아시아』. 서울: 문학과지성사.

______. 2000b.『동아시아의 귀환』. 파주: 창비.

______. 2009. "동아시아론과 근대 적응·근대 극복의 이중 과제." 이남주 엮음.『이중 과제론』. 파주: 창비.

백원담. 2005. "동아시아에서 문화 지역주의의 가능성."『동아시아의 문화 선택』. 서울: 팬타그램.

백지운. 2007. "다께우찌 요시미라는 아포리아." 『창작과 비평』 제136호, pp. 310-313.

손열. 2006. "지역, 지역주의, 동아시아" 정용화 외 지음. 『동아시아와 지역주의: 지역의 인식·구상·전략·전략』. 서울: 지식마당.

신윤환. 2009. "동남아의 지역주의와 '동아시아 공동체': 그 역사에 대한 재해석." 『동아연구』 제56호, pp. 107-137.

쑨거 지음, 김월회·최정호 옮김. 류준필 외 엮음. 2003. 『아시아라는 사유 공간』. 파주: 창비.

쑨거. 2004. "아시아 담론과 우리의 딜레마." 정문길 외 엮음. 『주변에서 본 동아시아』. 서울: 문학과지성사.

______. 2007a. "포스트 동아시아 서술의 가능성." 한림대학교 아시아문화연구소. 『동아시아 경제 문화 네트워크』. 파주: 태학사.

______. 2007b. 『다케우치 요시미라는 물음』. 서울: 그린비.

쑨원. 1997[1924]. "대아시아주의." 최원식·백영서 엮음. 『동아시아인의 '동양' 인식, 19-20세기』. 서울: 문학과지성사.

아시아공동체연구회. 2008. 『동아시아 공동체와 한국의 미래: 동북아를 넘어 동아시아로』. 서울: 이매진.

안중근. 1997[1910]. "동양 평화론." 최원식·백영서 엮음. 『동아시아인의 '동양' 인식, 19-20세기』. 서울: 문학과지성사.

에드워드 사이드 지음, 박홍규 옮김. 2007. 『오리엔탈리즘』. 서울: 교보문고.

오카쿠라 텐신(岡倉天心). 1997[1903]. "동양의 이상." 최원식·백영서 엮음. 『동아시아인의 '동양' 인식, 19-20세기』. 서울: 문학과지성사.

와다 하루키(和田春樹) 지음, 이원덕 옮김. 2004. 『동북아시아 공동의 집』. 서울: 일조각.

왕후이(汪暉) 지음, 이욱연 외 옮김. 2003. 『새로운 아시아를 상상한다』. 파주: 창비.

유석춘. 1997. "동아시아 유교 자본주의 재해석: 제도주의적 시각." 『전통과 현대』 제3호, pp. 124-145.

이욱연. 2007. "동아시아 공동체 문화담론에 대한 비판적 고찰." 『동아연구』 제52호, pp. 5-28.

이정훈. 2007. "비판적 지식 담론의 자기비판과 동아시아론." 『중국현대문학』 제41호, pp. 1-29.

임우경. 2007. "비판적 지역주의로서의 한국 동아시아론의 전개." 『중국현대문학』 제40호, pp. 1-51.

임지현. 1999. 『민족주의는 반역이다』. 서울: 소나무.

장인성. 2005. "한국의 동아시아론과 동아시아 정체성." 『세계정치』 제26집 제2호, pp. 3-27.

전형준. 1997. "같은 것과 다른 것: 방법으로서의 동아시아." 최원식·백영서 엮음. 『동아시아인의 '동양' 인식, 19-20세기』. 서울: 문학과지성사.

정문길 외 엮음. 2000. 『발견으로서의 동아시아』. 서울: 문학과지성사.

______. 2004. 『주변에서 본 동아시아』. 서울: 문학과지성사.

정용화 외 지음. 2006. 『동아시아와 지역주의: 지역의 인식·구상·전략·전략』. 서울: 지식마당.

정재서. 2006. “동아시아 기층문화로서의 도교.” 정문길 외 엮음. 『발견으로서의 동아시아』. 서울: 문학과지성사.
조동일. 2007. “동아시아 철학사를 위하여.” 한림대학교 아시아문화연구소. 『동아시아 경제 문화 네트워크』. 파주: 태학사.
채수홍. 2008. “동아시아 지역 협력의 현황과 과제.” 아시아공동체연구회. 『동아시아 공동체와 한국의 미래: 동북아를 넘어 동아시아로』. 서울: 이매진.
최병헌. 2007. “동아시아 불교권의 성립과 한국 일본의 불교.” 한림대학교 아시아문화연구소. 『동아시아 경제 문화 네트워크』. 파주: 태학사.
최원식 엮음. 2009. 『동아시아의 오늘과 내일』. 서울: 논형.
최원식. 1993. “탈냉전 시대와 동아시아적 시각의 모색.” 『창작과 비평』 제79호, pp. 204-225.
______. 2000. “한국발(發) 또는 동아시아발(發) 대안?: 한국과 동아시아.” 정문길 외 엮음. 『발견으로서의 동아시아』. 서울: 문학과지성사.
최원식· 백영서 엮음. 1997. 『동아시아인의 ‘동양’ 인식, 19-20세기』. 서울: 문학과지성사.
최장집. 2004. “동아시아 공동체의 이념적 기초: 공존과 평화를 위한 공동의 의미 지평.” 『아세아연구』 제47권 4호, pp. 93-122.
투 웨이-밍(Tu Wei-ming). 2001. “다중 모더니티: 동아시아 모너니티에 대한 예비적 고찰.” 로렌스 해리슨· 새뮤얼 헌팅턴 엮음, 이종인 옮김. 『문화가 중요하다』. 서울: 김영사.
한경구. 1996. “동아시아적인 것을 찾아서?” 『문학과 사회』 제9권 4호, pp. 1716-1741.
한림대학교 아시아문화연구소. 2007. 『동아시아 경제 문화 네트워크』. 파주: 태학사.
로렌스 해리슨· 새뮤얼 헌팅턴 엮음, 이종인 옮김. 2001. 『문화가 중요하다』. 서울: 김영사.
홍원식. 2006. “총론: ‘동아시아 담론’의 어제와 오늘.” 『오늘의 동양사상』 제14집, pp. 49-59.

史桂芳. 2002. 『同文同種的騙局: 日僞東亞聯盟運動的興亡』. 北京: 社會科學文獻出版社.

5장

김종엽. 2009. “87년체제론에 부쳐.” 김종엽 엮음. 『87년체제론』. 파주: 창비.
류준필. 2008. “韓國知識界 東亞論述 現況試探.” 『臺灣社會硏究季刊』 72期. 臺北: 臺灣社會硏究會.
백낙청. 1985a. “리얼리즘에 대하여.” 『민족문학과 세계문학 Ⅱ』. 서울: 창작과비평사.
______. 1985b. “모더니즘 논의에 덧붙여.” 『민족문학과 세계문학 Ⅱ』. 서울: 창작과비평사.
______. 1994. “분단 체제의 인식을 위하여.” 『분단 체제 변혁의 공부길』. 서울: 창작과비평사.
______. 1998. 『흔들리는 분단 체제』. 서울: 창작과비평사.
______. 2006a. “통일작업과 개혁작업.” 『한반도식 통일, 현재진행형』. 파주: 창비.
______. 2006b. “분단 체제와 ‘참여정부’.” 『한반도식 통일, 현재진행형』. 파주: 창비.
______. 2006c. “변혁적 중도주의와 한국 민주주의.” 『한반도식 통일, 현재진행형』. 파주: 창비.

______. 2006d. “한반도에 ‘일류 사회’를 만들기 위해.” 『한반도식 통일, 현재진행형』. 파주: 창비.
______. 2006e. “6·15 시대의 대한민국.” 『한반도식 통일, 현재진행형』. 파주: 창비.
______. 2006f. “다시 지혜의 시대를 위하여.” 『한반도식 통일, 현재진행형』. 파주: 창비.
______. 2006g. “동북아와 한반도의 평화 체제는 가능한가.” 『한반도식 통일, 현재진행형』. 파주: 창비.
______. 2006h. “한반도의 통일 시대와 한일관계.” 『한반도식 통일, 현재진행형』. 파주: 창비.
______. 2006i. “21세기 한국과 한반도의 발전 전략을 위해.” 『한반도식 통일, 현재진행형』. 파주: 창비.
______. 2006j. “통일작업과 개혁 작업.” 『한반도식 통일, 현재진행형』. 파주: 창비.
______. 2006k. “6·15시대의 한반도와 동북아 평화.” 『한반도식 통일, 현재진행형』. 파주: 창비.
______. 2009a. “남남 갈등에서 한반도 선진 사회로.” 『어디가 중도며 어째서 변혁인가』. 파주: 창비.
______. 2009b. “시민 참여형 통일 과정은 안녕한가.” 『어디가 중도며 어째서 변혁인가』. 파주: 창비.
______. 2009c. “6월 항쟁 20주년에 본 87년 체제.” 『어디가 중도며 어째서 변혁인가』. 파주: 창비.
______. 2009d. “2009년 분단 현실의 한 성찰.” 『어디가 중도며 어째서 변혁인가』. 파주: 창비.
______. 2009e. “‘5월 광주’에서 시민 참여형 통일로.” 『어디가 중도며 어째서 변혁인가』. 파주: 창비.
______. 2009f. “북의 핵실험 이후: 남북 관계의 ‘제3당사자’로서 남쪽 민간 사회의 역할.” 『어디가 중도며 어째서 변혁인가』. 파주: 창비.
______. 2009g. “2007 남북정상회담 이후의 시민 참여형 통일.” 『어디가 중도며 어째서 변혁인가』. 파주: 창비.
______. 2009h. “한반도에서의 식민성 문제와 근대 한국의 이중 과제.” 이남주 엮음. 『이중 과제론』. 파주: 창비,
백영서. 2004. “주변에서 동아시아를 본다는 것.” 『주변에서 보는 동아시아』. 서울: 문학과지성사.
______. 2009. “동아시아론과 근대 적응·근대 극복의 이중 과제.” 이남주 엮음. 『이중 과제론』. 파주: 창비.
이남주. 2005. “동아시아 협력론에 대한 비판적 검토.” 백영서 외.『동아시아 지역 질서』. 파주: 창비.
______. 2009. “전 지구적 자본주의와 한반도 변혁.” 이남주 엮음. 『이중 과제론』. 파주: 창비.
이일영. 2009. “위기 이후의 대안, ‘한반도 경제’.” 『창작과 비평』 제145호,
장인성. 2005. “한국의 동아시아론과 동아시아 정체성.” 『세계 정치』 제26집 2호.
최원식. 2009a. “탈냉전 시대와 동아시아적 시각의 모색.” 『제국 이후의 동아시아』. 파주: 창비.
______. 2009b. “세계 체제의 바깥은 없다.” 『제국 이후의 동아시아』. 파주: 창비.
______. 2009c. “동아시아 공동어를 찾아.” 『제국 이후의 동아시아』. 파주: 창비.
______. 2009d. “천하삼분지계로서의 동아시아론.” 『제국 이후의 동아시아』. 파주: 창비.
______. 2009f. “동북아의 평화를 위한 비망기.” 『제국 이후의 동아시아』. 파주: 창비.
______. 2009g. “주변, 국가주의 극복의 실험적 거점.” 『제국 이후의 동아시아』. 파주: 창비.

최태욱 엮음. 2009.『신자유주의 대안론』. 파주: 창비.

6장

公羊 编. 2003.『思潮－中国"新左派"及其影响』. 北京: 中国社会科学出版社.

张承志. 1994. "黄土与金子."『荒芜英雄路』. 上海: 东方出版中心.

贺照田. 2006."时代的认知要求与人文知识思想的再出发."『当代中国的知识感觉与观念感觉』. 广西: 广西师范大学出版社.

7장

竹内好. 1951. "문학에 있어서의 저항."(좌담회)『文学』6月.

______. 1970. "나의 중국문화대혁명관."(타케다 타이쥰[武田泰淳]과의 대담)『状況的－竹内好対談集』. 東京: 合同出版.

______. 1980-2.『竹内好全集』全17巻. 筑摩書房.

* 위의 두 글을 제외하고 모든 인용은 전집에서 인용했다.

8장

岸信介. 1983.『岸信介回顧錄: 保守合同と安保改正』. 廣濟堂書店.

竹内好. 1960a. "日本の獨立と日中關係."『世界』第一七三号. 岩波書店.

______. 1960b. "民主か獨裁か."『讀書新聞』. 6월 4일자. 讀書新聞社.

______. 1960c. "評價における中國と日本."『思想』第四三四号. 岩波書店.

______. 1960d. "私たちの憲法感覺."『世界』第一七六号. 岩波書店.

______. 1980. "あとがき　終末論について."『竹内好全集 第七巻』. 筑摩書房(『週間 讀書人』, 1961/06/01).

______. 1981a. "大事件と小事件."『竹内好全集 第九巻』. 筑摩書房(1960.『世界』第一七六号. 岩波書店).

______. 1981b. "屈辱の事件."『竹内好全集 第一三巻』. 筑摩書房(1953.『世界』第九十二号, 岩波書店).

10장

Anderson, Perry 著, 王超華 譯. 2005. "南中國海上的藍與綠."『臺灣社會研究季刊』55期, pp. 225-242.

反思會議工作小 編. 2005.『全球化與知識生産: 反思臺灣學術評鑑』, 臺北: 唐山.

陳光興. 2006.『去帝國: 亞洲做爲方法』(臺灣社會研究書系12). 臺北: 行人.

馮建三 編. 2003.『戰爭沒有發生? 2003年英美出兵伊拉克評論與記實』, 臺北: 臺灣社會研究季刊社.

______. 2006.『自主公民進場: 對百萬人民倒扁運動的觀察與期望』, 臺北: 臺灣社會研究季刊社.

何春蕤 編. 2006.『動物戀網頁事件薄』. 國立中央大學性別研究室.

The Editors of Taiwan. 2004. "Manifesto: Arguments for Democracy in Taiwan." *Boston Review*, October/November, http://bostonreview.net/BR29.5/manifesto.php.

아연동북아총서 1

동아시아, 인식지평과 실천공간

1판1쇄 | 2010년 10월 29일

엮은이 | 이정훈, 박상수
펴낸이 | 이내영
펴낸 곳 | 아연출판부
등록 | 2000년 5월 24일 제6-376호
주소 | 서울시 성북구 안암동 5가 고려대학교 아세아문제연구소 (136-701)
전화 | 02-3290-1600 팩스 | 02-923-4661
홈페이지 | www.asiaticresearch.org

값 15,000원

ISBN 978-89-90769-30-5 94300
978-89-90769-29-9 (세트)

이 도서의 국립중앙도서관 출판시도서목록(CIP)은 e-CIP 홈페이지(http://www.nl.go.kr/ecip)에서 이용하실 수 있습니다(CIP제어번호: CIP2010003346).